NEW MEDIA

21世纪新媒体专业系列教材

网络新闻编辑

NETWORK NEWS EDITING

胡明川 / 著

中国人民大学出版社
·北京·

总序

周锡生

当今世界充满变革与创新。在阐释当今世界变革特征的时候，“新媒体”被时常提及，尽管人们对它的定义还有不少争议。

20 多年来，随着数字技术、信息技术的飞速发展，以互联网为代表的新媒体从诞生到逐步发展壮大，深刻改变了旧有的新闻信息传播方式，系统重塑了新的媒介生态和传播格局。旧媒体时代，新闻信息的传播速度还曾与交通工具竞跑；新媒体时代，昨日甚至数小时、数十分钟之前的新闻，都可能瞬息即逝，转眼间“轻舟已过万重山”。旧媒体时代，“受众”这个词体现了公众被动接受各类新闻信息的地位；新媒体时代，媒体人已经不再是专属的职业称号，自制互动、共享交流成为普遍行为。旧媒体时代，内容占据着绝对的核心地位，其他各个环节只是附属；新媒体时代，内容为王的观念在被继续强调的同时，网络、渠道、平台和终端的作用和价值日渐凸显，服务与市场的理念正在逐步深化。可以说，当今的新媒体已经跨越了媒介形态的界限，跨越了时空的拘囿，甚至也跨越了文化的隔阂。在这种态势下，建设新媒体、发展新媒体，成为传统媒体求生存、寻突破、谋发展的必由之路。

滚滚而来的新媒体浪潮绝不仅仅是改变了传媒业本身，更深刻渗入世界的政治、经济、文化、科技等各个领域。“世界是平的”引发人们无限遐想，平的世界创造了无限的空间。放眼全球，新媒体已经成为世界政治较量的重要因素，成为各国执政者了解社情民意的重要手段，成为社会公众参政议政的重要平台，网络动员、网络聚集、网络拷问在社交媒体上成为常态，新媒体的运用和掌控能力日益成为执政水平的重要衡量标准。与此同时，以互联网产业为核心，逐步形成了包括媒体业、电信业、IT 业等在内的比较完整的新媒体产业链，产业体系也日趋完善，有力地推动了文化创意产业的发展，成为国民经济的有机组成部分，且生机盎然，潜力巨大。新媒体的文化价值也在不断迸发当中，随着平板电脑、电子阅读器的迅速普及，数字阅读、数字出版势不可当，新媒体的文化传播和社会建设功能日益强大，跨界文化交流与合作的作用更加突出，极大地丰富和满足了人们的精神文化生活需求。从这个层面来说，建设新媒体、发展新媒体，已经不再单单是传媒业的职责，更需要从历史发展的宏观视野与现实的综合因素层面加以考量与谋划。

在全球加速向网络化社会、数字化生存转型的过程中，我国的新媒体建设也与世界同步，与时代同行。目前，我国的网民数量已经超过6亿，手机用户突破了12亿大关，均位居世界第一位，且还处于强劲增长当中。如此庞大用户规模的背后，是我国近年来新媒体征程中一个个开拓的脚印与卓然的成效。在当今中国，我们可以看到，新媒体的作用被普遍认可，新媒体的影响被广泛重视，新媒体的理念深入人心，传统媒体加快向新兴媒体战略转型，各类新媒体机构不断涌现且各具特色。从网络、手机、平板电脑到户外大屏、流动媒体，从主流新闻网站到各类商业网站和专业网站，新技术不断涌现，新功能不断被挖掘，新产品不断推出，呈现出万马奔腾、一日千里之势。

当然，新媒体在我国发展的时间还比较短，在采编、经营、技术、市场、管理、人才等方面还处于探索的阶段，实践过程中出现了诸多困惑与迷思，存在着各种矛盾与冲突，远未成熟。尽管如此，新媒体的蓬勃生机让我们对它的未来充满信心，而这蓬勃生机则是来自创新。创新是新媒体时代永恒的主题，谁能够加强创新，谁就能把握未来。新媒体本身就是创新的产物，创新是新媒体的生命力所在。为此，必须根据党和政府提出的新要求，适应时代的新特点，着力把握受众需求的新变化，着力把握技术突破的新契机，着力把握媒体发展的新态势，进一步创新思想观念、创新体制机制、创新内容生产、创新方式手段，加快新兴媒体建设，大力发展新兴业务，从而更好地贯彻落实中央战略部署，为加强国际传播能力建设、构建先进强大的现代传播体系做出贡献，为促进社会主义文化大繁荣、大发展发挥更加显著的作用。

新媒体是推动社会进步的重要力量，同时也要看到，新媒体是一柄双刃剑，随着新媒体地位和作用的日益增强，其所应承担的责任也越来越重要。从某些意义上讲，新媒体所应承担的社会责任甚至比传统媒体还要更重一些。多年来，我一直强调的一句话就是“网络无改稿”。如果说传统媒体的稿件签发后发现了错误，还有时间和可能予以纠正的话，新媒体的稿件一旦签发，几秒钟之内就可与全球不计其数的受众见面，根本没有时间和可能对稿件进行改正。因此，新媒体的把关责任十分重大，这既是对社会公众负责，也是对新媒体本身负责。在强调和开发新媒体的“媒体功能”的同时，有必要进一步强化其“媒体责任”。

新媒体领域日新月异的发展实践，以及在此过程中出现的矛盾与问题，要求理论研究总结规律、升华认识，并从理论层面加以阐释和指引。中国人民大学新闻学院有几位多年来潜心研究新媒体的专家学者，由他们领衔撰写的这套新媒体丛书，对新媒体的理论、技术、经营管理、业务流程、最新发展动态进行了全面深入的研究，反映了国内外新媒体研究的最新成果，对新媒体的管理者、研究者、学习者及业界从业人员都具有重要的参考价值。本套丛书的出版，相信会有助于推动我国新媒体的快速健康发展。

（作者曾任新华社副社长兼常务副总编辑、新华网董事长）

2012年7月

前言

大约自 7 万年到 3 万年前，因为有几个基因与其他动物不同，人这种动物可以更灵活地控制发音器官，逐渐发展出复杂的口语符号系统。正如赫拉利在《人类简史：从动物到上帝》中所说，在许多动物只能用叫声表示“小心！有狮子!”时，智人却能说出“狮子是我们部落的守护神”。讨论虚构事物的能力，让智人可以精细化地分工合作、组成复杂庞大的社会组织，开始了认知革命。①

我是谁？从哪儿来？到哪儿去？哲学三问，启人深思。人是会说话的动物，人是会用工具的动物。媒介工具对人的感知模式、感知表达方式、人际交往方式、社会发展状况有着巨大的影响力。人类制造工具以适应生存环境，同时也被工具所改造的环境所改造。叔本华认为，人的本质是其意志，而世界是意志的表象。② 米德进一步认为，客我是认知到的（世界：包括自己、他人以及其他万物）信息情境，主我对客我作出行为反应。自我由主我和客我组成。语言帮助人认知复杂信息情境，帮助人进行反思性思维，帮助人形成具反思能力的心灵。人在感知外部信息环境变化的同时，不断有新信息进入客我，主我也在不断创造性地对客我作出行为反应，从而自我在动态的不断发展中成长。③ 维纳在《人有人的用处：控制论与社会》中也提出“把有机体看作消息”，认为人通过知觉和语言让肉体的控制能力扩展到知觉和语言能达到的地方。④ 麦克卢汉在《理解媒介：论人的延伸》中说，电力信息瞬息万里的速度造就了类似于有机体的、自动同步化发展的信息统一场——地球村，要求人们在一切领域和一切时候都对世界的变动抱深刻介入的态度。从印刷文字时代机械分割、相对来说缓慢发展的世界，发展到电力信息时代有机统一的、以光速共动快速变化的世界，人们突然成为游徙不定的知识采集者，顷刻之间与人类的一切经

① 赫拉利．人类简史：从动物到上帝［M］．林俊宏，译．北京：中信出版社，2014．

② 叔本华．作为意志和表象的世界［M］．石冲白，译．北京：商务印书馆，1982．

③ 米德．心灵、自我与社会［M］．赵月瑟，译．上海：上海译文出版社，2005．

④ 维纳．人有人的用处：控制论与社会［M］．陈步，译．北京：商务印书馆，1989．

验互相关联，卷入社会过程的深度前所未有。①

李普曼在《公众舆论》中提出拟态环境的概念，认为人们容易把媒体建构的信息环境误认为真实环境本身，并对认知到的拟态环境进行现实中的行为反应，从而真正在现实生活中引起一系列后果。② 在《幻影公众》中，李普曼接着探讨了公众由于缺乏时间，不可能像了解亲身经历的事情那样详尽地了解所有公共事务，最多只能依靠认同检验和遵从检验的方法来判断哪些问题演变成了危机，需要公众干预帮助缓解危机、制衡专横力量。但公众毕竟是不可能像直接相关者那样了解具体情况的局外人，最终仍只能借助专家进行调查，监督作为局内人的相关专家作出适当的决策和行动。监督的标准，是看各种问题是解决了，还是严重了，以此为基础作出是否要求更换专家代理人的选择。③ 杜威在《公众及其问题》中接着探讨说，哪怕是两个人私下的谈话，如果这谈话的后果会影响到两人之外的其他人，那这私下谈话也具有公众性。由于公众受他人影响的程度如此之深，以至于有必要系统地关注这些后果。④ 哈贝马斯在《公共领域的结构转型》中提出，公共领域可理解为一个由私人领域集合而成的公众的领域，对具公共性质的商品交换和社会劳动领域的一般交换规则等问题同公共权力机关展开讨论，服从论辩权威而非命令权威。哈贝马斯认为，英国的咖啡馆、法国的沙龙、德国的学术团体等，是自由资本主义阶段公共领域的典型场所。但当资本主义发展到垄断阶段时，媒体集中到少数人手中，一些利益群体通过舆论管理制造伪共识，欺骗原子化的、难明真相的大众，公共领域又有了封建制下代表型公共领域的特征。⑤ 科瓦奇和罗森斯蒂尔在《新闻的十大基本原则：新闻从业者须知和公众的期待》中提出，新闻从业者必须成为权力的独立监督者，独立于被报道对象，忠于公民，根据个人良心行事，并用核实加以约束，做到对真相负责且全面均衡，努力使重要的信息有趣且和公众息息相关，并为公众提供批评和交流的论坛。⑥ 但是，网络媒介和网络媒体的快速发展，冲击了传统媒体的经济来源，导致其广告收益断崖式下滑，传统媒体不再有足够的资金进行需花费大量时间和金钱的调查报道。社交平台的兴起，自媒体的发展，让信息消费者同时也成为信息生产者。人人都有麦克风的时代，信息大量涌现，为减轻信息处理压力，搜索、算法推荐、机器写稿、大数据分析、实时更新热榜纷纷出现……然而，真相并不会自动呈现，信息变得更为庞杂难解。科瓦奇和罗森斯蒂尔又在《真相：信息超载时代如何知道该相信什么》中提出，在传统的确证式新闻被更多的断言式、肯定式和利益集团式新闻所淹没的新状态下，公众必须自己学会从信源、证据、完整性等多方面来辨别信息真假。他们还提出，消费者对下一代新闻业的需求主要有8个方面，即需要新闻实现以下功能：鉴定者、释义者、调查者、见证者、赋权者、聪明的聚合者、论坛的组织者、新闻榜样。⑦

---

① 麦克卢汉．理解媒介：论人的延伸［M］．何道宽，译．北京：商务印书馆，2000.

② 李普曼．公众舆论［M］．阎克文，江红，译．上海：上海人民出版社，2006.

③ 李普曼．幻影公众［M］．林牧茵，译．上海：复旦大学出版社，2013.

④ 杜威．公众及其问题［M］．魏晓慧，译．北京：新华出版社，2017.

⑤ 哈贝马斯．公共领域的结构转型［M］．曹卫东，王晓珏，译．上海：学林出版社，1999.

⑥ 科瓦奇，罗森斯蒂尔．新闻的十大基本原则：新闻从业者须知和公众的期待［M］．刘海龙，连晓东，译．北京：北京大学出版社，2011.

⑦ 科瓦奇，罗森斯蒂尔．真相：信息超载时代如何知道该相信什么［M］．陆佳怡，孙志刚，译．北京：中国人民大学出版社，2014.

生活在信息时代的人们，作为信息学习体，对宇宙现时与历时的认知范围和程度在不断加大，但也面临着实时刷新信息以监测环境变化并进行适当行为反应的动力与压力。对每个人来说，提高自身的信息处理效能，成为比以往任何时代都更艰巨而紧迫的任务。而不断发展的网络媒体，在不断迭代更新信息传递手段的多种功能实现的过程中，尽力为广大用户传递世界实时变动信息的责任，也变得更为重要了。网络新闻编辑需要提高对信息的判断处理能力，不断创新编辑手法，才能帮助广大用户尽量有效率地监测环境以更好地生活。

可以说，网络新闻编辑推送的信息，在很大程度上影响着人们相互交流信息的环境，对自己、他人与社会发展的影响非常大。网络新闻编辑的工作，是非常有意义、有成就感的工作，也是必须为自己、为公众负责的工作。网络新闻编辑从业者，只有不断提高自己的认知判断能力，不断训练自己专业的信息处理能力，才能更好地完成网络新闻编辑工作。

本书试图从密切契合网络新闻编辑日常工作的各细分环节出发，透彻分析大量编辑实例好与不好在哪里，实操训练文字信息编辑、多媒介信息编辑、多终端内容推送等技能。

本书共分为四大部分：史论篇、基础篇、多媒介篇和多终端篇。

史论篇第 1 章论述了媒介的发展及影响。同学们将被引导从信息交流本质的角度来思考媒介发展的影响力，更明白身上肩负的为公众报道事实的责任。第 2 章简单梳理了我国网络媒体的早期发展，同学们可快速了解网络新闻编辑不断创新编辑手法的简要历史。

基础篇包括编辑判断推荐、正文编辑、标题和摘要写作。第 3 章探讨了编辑判断推荐的方法，将从日常生活事件对人们产生多方面影响的角度出发来分析其新闻价值，同学们将学到如何具体地比较判断多条新闻价值的高低，还将学到可从哪些维度来为用户有效地推荐信息。第 4 章探讨了网络新闻正文编辑的方法。同学们将学到如何质疑和核查信息、应增添哪些信息、应如何改写信息、应如何转载信息等基本的信息编辑方法。在第 5 章通过大量标题实例训练和分析，同学们将了解网络新闻标题的特点，将在训练中学到网络新闻标题的写作方法、写作规范和写作模式。在第 6 章通过大量摘要实例训练和分析，同学们将了解摘要的作用与写法，将在训练中学到多种类型信息的摘要写作方法。

多媒介篇涉及图片、图表、音频、视频、链接、跟帖、调查、专题等。第 7 章探讨了网络新闻图片图表的编辑思路。同学们将了解新闻图片的特点、作用和编辑原则，将学到构图、裁剪、选择不同景别图片的思路，将学到如何为不同的信息选择适宜的图表。第 8 章探讨了网络新闻音视频的编辑思路。同学们将了解音频的特点、作用、要素和编辑原则，思考兼容性特点对网络新闻音频带来的多种独立与融合的可能性。同学们将了解视频的特点、作用、要素和编辑原则，思考新闻视频在页面显示、功能实现方面迭代更新的呈现方式。第 9 章探讨了网络新闻链接、跟帖及调查的编辑思路。首先，同学们将了解链接的形式和类型，将学到如何为简单和复杂的连续性新闻选择相关新闻，并思考借助链接可实现哪些功能。其次，同学们将了解跟帖是对正文的信息增量，思考不断创新的跟帖编辑手法各自的优劣。最后，同学们将思考怎样才能更好地发挥网络新闻调查的作用。第 10 章探讨了网络新闻专题的选题策划与包装方法。同学们将了解专题的选题原则和制作过程，思考多种专题包装呈现的创新方式及作用。

多终端篇包括 PC 端、微博、微信、新闻客户端、手机通知栏等。在第 11 章，同学们将学到如何让复杂繁多的信息在PC端网页上有序呈现出来的编辑方式，将学到在推送时间、推送条数、话题设置、叙事结构、表情运用等方面的微博新闻编辑处理手法，将学到在微信订阅号新旧版式下如何获得更好推送效果的编辑处理手法，以及微信新闻中标题、摘要、字体字号、图文音视频等多媒介信息安排等方面的编辑处理手法。第12章探讨了新闻客户端的编辑与创新。同学们将了解多家新闻客户端不断迭代更新的状况，思考新闻客户端在顶底栏设计、信息流标题区设计、推荐方式、信息呈现、功能实现等方面创新编辑手法的可能性，思考手机通知栏新闻的推送时间策略、推送内容策略、推送标题与摘要策略及编辑手法创新的可能性。

本书还在每章前提出了本章学习目标，在章后设置了本章小结、思考题、训练，多数章设置了推荐阅读。同学们可利用思考题和训练，进行大量的实际练习，提高自己的网络新闻编辑工作能力。

目录

史论篇

第 1 章　媒介的发展及影响 …… 003

第一节　语言文字媒介的发展及影响 …… 003

第二节　电子媒介的发展及影响 …… 008

第三节　网络媒介的早期发展及影响 …… 012

第 2 章　我国网络媒体的早期发展 …… 017

第一节　我国传统媒体早期的触网潮 …… 017

第二节　我国商业门户网站的诞生 …… 018

第三节　我国网络新闻表现方式的发展 …… 022

基础篇

第 3 章　编辑判断推荐 …… 031

第一节　编辑选择建立信源库 …… 031

第二节　编辑如何判断新闻价值？ …… 033

第三节　编辑对重要新闻推荐排序 …… 050

案例 3 - 1　用量化新闻价值的加权方法分析某天的重要新闻推荐排序 …… 051

案例 3 - 2　头条、腾讯、百度等某天某时点重要新闻推荐排序比较 …… 056

第4章 网络新闻正文编辑 …… 062

第一节 改错 …… 063
案例4-1 你能从网页信息里分析出“盖茨被暗杀身亡”值得存疑吗? …… 065
案例4-2 为何很多媒体转发了“李光耀去世”假新闻，有媒体没转发? …… 068
案例4-3 你能发现这则新闻中的错误吗? …… 072
第二节 压缩删除 …… 072
第三节 增添 …… 074
案例4-4 比较多家网站对同一篇新闻转载的编辑方法 …… 077
第四节 改写 …… 079
案例4-5 你会如何转载此新闻? …… 083
案例4-6 对同一新闻事件多篇报道转载方式的比较与思考 …… 085

第5章 网络新闻标题写作 …… 088

第一节 网络新闻标题的写作方法与特点 …… 088
案例5-1 “9·11”事件突发新闻标题的写作 …… 095
案例5-2 把一行短题改成一行长题 …… 100
案例5-3 把多行题改为一行题 …… 100
第二节 标题规范及案例 …… 103
案例5-4 找出下列不准确标题的问题并修改标题 …… 104
案例5-5 找出下列不客观标题的问题并修改标题 …… 105
案例5-6 找出下列不实在标题的问题并修改标题 …… 107
案例5-7 找出下列标题的结构问题并修改标题 …… 107
案例5-8 找出下列不简洁标题的问题并修改标题 …… 108
案例5-9 找出下列标题的用语问题并修改标题 …… 108
案例5-10 找出下列标题的情绪问题并修改标题 …… 109
案例5-11 找出下列标题的夸大问题并修改标题 …… 110
第三节 标题模式及案例 …… 110
案例5-12 请分析以下事件型新闻标题的结构模式 …… 111
案例5-13 请为以下事件型新闻写作标题 …… 112
案例5-14 请为以下事件后续报道写作标题 …… 112
案例5-15 请分析以下灾难型新闻标题的结构模式 …… 113
案例5-16 请为以下灾难型新闻写作标题 …… 114
案例5-17 请为以下灾难型新闻写作标题 …… 115
案例5-18 请为以下灾难型新闻写作标题 …… 116
案例5-19 请分析以下人物型新闻标题的结构模式 …… 117
案例5-20 请为以下人物型新闻写作标题 …… 118

案例 5－21　请为以下人物型新闻写作标题 …… 119
案例 5－22　请分析以下政策型新闻标题的结构模式 …… 121
案例 5－23　请为以下政策型新闻写作标题 …… 122

第 6 章　网络新闻摘要写作 …… 124

第一节　摘要的作用与写法 …… 124
第二节　事件新闻的摘要写作 …… 127
案例 6－1　请为以下突发灾难新闻写作摘要 …… 128
案例 6－2　请为以下连续报道写作摘要 …… 130
案例 6－3　请为以下社会新闻写作摘要 …… 131
案例 6－4　请为以下社会新闻写作摘要 …… 133
第三节　非事件新闻的摘要写作 …… 134
案例 6－5　请为以下政策信息写作摘要 …… 135
案例 6－6　请为以下实用信息写作摘要 …… 136
案例 6－7　请为以下解释信息写作摘要 …… 137
第四节　专题的摘要写作 …… 139
案例 6－8　请根据新闻标题及相关事实信息，为专题写作摘要 …… 139

多媒介篇

第 7 章　网络新闻图片图表编辑思路 …… 147

第一节　网络新闻图片的选择 …… 147
案例 7－1　你会如何裁剪这张新闻图片？ …… 150
案例 7－2　你会如何裁剪这张新闻图片？ …… 151
案例 7－3　一个图片故事应如何选择不同景别的图片？ …… 152
第二节　网络新闻图表的可视化设计 …… 154

第 8 章　网络新闻音视频编辑思路 …… 163

第一节　网络新闻音频的独立与融合 …… 163
案例 8－1　搜狐的“听新闻” …… 168
案例 8－2　百度的“播报” …… 169
第二节　网络新闻视频的编辑思路 …… 171
案例 8－3　腾讯新闻视频页面显示的迭代更新 …… 178

第 9 章　网络新闻链接、跟帖及调查编辑思路 …… 185

第一节　网络新闻链接的编辑 …… 185

案例 9-1　选择简单连续性新闻的相关新闻 …… 188
案例 9-2　选择复杂连续性新闻的相关新闻 …… 190
第二节　网络新闻跟帖的信息挖掘与展示 …… 203
第三节　网络新闻调查的编辑手法 …… 209

第 10 章　网络新闻专题的选题策划与包装 …… 215

第一节　专题的选题和制作过程 …… 215
第二节　专题的包装呈现 …… 216
案例 10-1　从《恢复高考 30 周年纪念》看可预测新闻专题包装呈现 …… 216
案例 10-2　从《美国波士顿马拉松恐怖袭击》看突发新闻专题包装呈现 …… 219
案例 10-3　新闻客户端极简专题的呈现 …… 221
案例 10-4　互动直播专题的呈现 …… 222
案例 10-5　视频互动直播专题的呈现 …… 223

多终端篇

第 11 章　PC 端、微博、微信新闻的编辑特点 …… 229

第一节　PC 端新闻网页的编辑特点 …… 229
第二节　微博新闻的编辑特点 …… 232
第三节　微信新闻的编辑特点 …… 236
案例 11-1　从“订阅号”新旧版式对比看微信新闻的编辑技巧 …… 237
案例 11-2　微信公众号“新京报”的一天发布状况分析 …… 239
案例 11-3　一篇微信公众号新闻的编辑呈现分析 …… 241

第 12 章　新闻客户端的编辑与创新 …… 246

第一节　新闻客户端的迭代更新 …… 246
第二节　手机通知栏中新闻推送的策略与创新 …… 259

史论篇

第 1 章　媒介的发展及影响

本章学习目标

小节	学习目标
第一节　语言文字媒介的发展及影响	学习目标：了解前语言、口语、手写文字、印刷文字的发展对人与社会的影响。
第二节　电子媒介的发展及影响	学习目标：了解电报、电话、摄影、广播、电影电视的发展对人与社会的影响。
第三节　网络媒介的早期发展及影响	学习目标：了解网络媒介的早期发展及影响。

从媒介的发展阶段看，人类经历了前语言、口语、文字、印刷、电子媒介、网络媒介等几大媒介的发展阶段。每一种媒介的发展，都对个人感知外部世界的方式、人际交往的方式和社会组织的方式等方面产生了重大的影响。

第一节　语言文字媒介的发展及影响

人类相互交流所借助的媒介，从前语言的姿态动作，发展到有声的姿态动作，让人们能利用复杂的符号系统相互交流更详尽的经验。人们对世界的认知，开始从亲身感知的有限的直接经验，扩展到借助于他人告知的广阔的间接经验。人类的经验和知识不断积淀下来，并代代相传，逐渐开始了认知革命。

一、前语言的影响

（一）前语言的种类

1. 身体语言

如，动作、手势、表情、简单的音节（类似动物的声音）。

2. 图像语言

如，洞穴壁画。

3. 记号语言

如，结绳记事。

（二）影响

达尔文在《人类和动物的表情》一书中，主要通过观察自己几个小孩的表情动作，并与殖民地官员通信了解不同地方人的表情动作，发现世界各地不同人种，以及各种年龄、性别的人，在表达某种情绪时，其表情动作极为相似。他认为，现代人类的表情和姿势是人类祖先表情动作的遗迹，这些表情动作是为了适应环境而不断发展出来的，有着表达并交流信息的功能，具有适应环境的意义。例如，愤怒时咬牙切齿、鼻孔张大的表情，是人类祖先在行将到来的搏斗中的适应动作。动物也有表情，它们产生表情也不是为了好玩，也是为了适应环境；而人类表情正是由动物表情进化而来。正因为表情有其生物学根源，所以许多最基本的情绪，如喜、怒、哀、乐等原始表情是具有全人类性的。[①]

二、口语的影响

（一）产生时间

7 万到 3 万年前，人类获得说话的身体能力。[②]

至于为什么只有人类发展出了复杂的语言体系，一些生物学家研究认为，人类的基因组中有那么几个基因跟其他动物不同，导致了人类对发音器官的控制比其他动物更强，能发出比其他动物更复杂的音节，由此慢慢地发展出了复杂的口语系统。

（二）影响

1. 口语促进人类心灵的产生和自我的发展

到底是先有心灵才有交流，还是先有交流才有心灵？乔治·H. 米德在《心灵、自我与社会》中说："心灵通过交流产生，而不是交流通过心灵产生；交流是借助于社会经验过程中的姿态的会话而进行的。"[③] 在库利提出"镜中自我"的基础上，米德提出了"泛化的他人态度"，即人对包括自己在内的生命体和非生命体的物质世界的信息环境的认知，也就是"客我"。"'主我'是有机体对他人态度的反应；'客我'是有机体自己采取的一组有组织的他人态度。他人的态度构成了有组织的'客我'，然后有机体作为一个'主我'对之作出反应。"[④] 也就是说，虽然需要有一定的生物功能基础才能具备感知外部世界和表达对世界的感知的能力，但是，与低等动物不同的是，人类作为高等动物所具有的具备复杂反思能力的心灵，是通过人与人之间借助语言符号系统进行复杂姿态的会话交流而逐渐产生的。

可以说，口语系统的发展，促进了人类心灵的产生和自我的发展。人们对感知到的世界复杂精细的口语表达和信息传递，让关于世界变动的新信息不断传递进人们的感知系统中，让人们对作为信息环境的"客我"的认知不断迭代更新，"主我"也不断地对认知到的信息环境进行行为反应，这不断的行为反应过程构成了不断发展变化的"自我"。

但也有人认为，口语系统的发展，削弱了人的集体无意识和直觉，减少了人对事物的注意与卷入的程度。"伯格森认为，如果没有语言，人的智能会全部卷入其注意的客体。语言之于智能犹如轮子之于脚和人体。轮子使人的肢体更轻盈、快速地在事物之间移动，而卷入却日益减少。语言使人延伸和拓展，可它又使人的官能割裂。人的集体意识或直觉，由于言语这种意识的技术延伸而被削弱了。伯格森在《创造进化论》中认为，就连意

---

① 达尔文．人类和动物的表情［M］．周邦立，译．北京：科学出版社，1958.

② 赫拉利．人类简史：从动物到上帝［M］．林俊宏，译．北京：中信出版社，2014：23.

③ 米德．心灵、自我与社会［M］．赵月瑟，译．上海：上海译文出版社，2005：39.

④ 同③137.

识本身也是人的延伸，意识使集体无意识中的极乐境界暗淡无光。言语的作用是把人和人分开，把人类和宇宙无意识分开。”①

2. 人类开始了认知革命

人们对世界的了解，只依靠自己亲身经历所获得的直接经验，是很有局限性的。更多是靠了解其他人所了解的世界所获得的间接经验，才扩大了自己对世界的认知。

通过能够精细复杂地映射复杂世界的语言符号体系，人们能够表达和传递世界变动的复杂情况给其他人，从而极大地扩充了每个人的间接经验，增进了每个人对复杂世界变动情况的认知。

有了复杂口语系统的助力，人类个体头脑中感知到的世界信息，从原来不知道其是不是对世界的真实认知，到现在可以通过语言交流，在交流中相互印证个人认知的真伪。不论何种程度上的证实或证伪，人们都能在复杂信息的互动交流中，不断积累更多对世界的认知，积淀下越来越多对适应生存有用的知识。人类的知识与文化，通过口口相传积淀下来，开始了认知革命。

借由复杂口语系统的信息传递与控制的力量，人们开始组成复杂的社会组织系统，控制更多人的组织和更大范围的生存空间。

3. 操纵意义成为可能

想象一下人感知外部世界的过程：通过眼睛、耳朵、鼻子、手等器官获得的感知信息，传递到大脑中枢神经系统中。在依照一定量的阈值决定“传”或“不传”的规则下，信息通过电化学信号，在神经元之间进行传递。多种信息在视觉区、听觉区等区域进行信息综合后，在你的头脑中形成了现在你看到的这个世界。

但实际上，你看到的这个世界，是在你的头脑中综合各种感知器官所传递进来的信息形成的一个虚像。只不过这个虚像太直接了，它简直就在你的眼前，所以你认为它是真实存在的客观的东西。

口语所描述的那些事情并不是全息化影像的全部，你只选择了注意到的一小部分细节中的某几个细节进行描述。你的描述，强调了某些细节、淡化了某些细节、忽略了某些细节、刻意隐瞒了某些细节；你的描述，安排了先后顺序、选择了不同词语、给词语注入了某种特定的含义；你的描述，基于主观的认知判断，给这段描述赋予了某种意义。也就是说，在感知信息情境并以口语的形式传递出来时，操纵口语符号的意义就成为可能。

三、文字的影响

（一）发明时间

公元前3500多年，埃及出现象形文字、石刻、莎草纸。

公元前3000多年，两河流域出现楔形文字、泥板。

公元前1000多年，中国商代出现甲骨文。

---

① 麦克卢汉．理解媒介：论人的延伸［M］．何道宽，译．北京：商务印书馆，2000：115－116.

（二）影响

1. 文字使人们的抽象思辨能力增强

文字是符号的符号，即是口语的符号。有了文字，人们可以记录更复杂的信息。文字信息更有利于条分缕析、层层深入，使人们的抽象思辨能力增强。

与消散在风中的声音相比，固化在物质承载媒介上的文字，可洋洋洒洒数万言来全面、系统、深入地记录分析某事。我们把思想用文字保存下来，可延伸记忆，借文字来积累知识、拓展思维、提高分析能力。可对某事以某种逻辑来进行因果分析、逻辑推理，进行条理分析和综合分析。所以，有文字以后，人类的抽象概括、深度思辨、因果分析的能力得到了提高。

2. 文字促进了跨时空传播

文字可长期保存，可远距传播，打破了时空限制，促进了跨时空传播。

通过书籍等文字资料，我们可阅读不同时代人的生活与思想。人类文化的传承，不再依赖于口耳相传的只有简单轮廓的神话或传说，而是有了可靠的、浩如烟海的文献和资料。有了文字记录可长期保存海量信息，人类知识总量快速增长。

3. 文字是一种易生误解的贫媒介

口语交流，配合着当时整个场景，可有临场发挥的即兴表达、相互触发的对话互动、及时灵活的调整应对，交流的信息有着更丰富、灵活、不易误解、直达本质的可能性。文字交流，由于缺乏口语丰富的语调和语气、离开了具体丰富的语境，不能及时互动释疑，与口语这种富媒介比起来，是一种容易产生多种解码、滋生误解的贫媒介。

4. 大规模社会组织的控制与管理成为可能

埃及刻在石头上、写在莎草纸上的象形文字，有利于埃及的帝国统治。两河流域写在泥板上的楔形文字，有利于苏美尔、亚述帝国、波斯帝国的统治。我国秦汉时期，书同文、车同轨，通过驿站上情下达、下情上达，大规模社会组织的控制与管理成为可能。

需要花大量时间来熟练掌握的文字和知识，使知识垄断的阶层出现，少数掌握大量知识的精英参与管理控制庞大复杂的组织。

随着需要处理事务的量的激增，科层制官僚组织发展起来。组织的规章制度、法规法典用文字记录下来，规范着组织中行事的规则，在很大程度上控制了人们的行为。

四、印刷的影响

（一）发明时间

唐朝发明的雕版印刷术，在其中后期被普遍使用。现存最早标有年代的雕版印刷品，是公元 868 年印刷的《金刚经》。

11 世纪中叶（北宋庆历年间），中国的毕昇发明了活字印刷术，但活字印刷术在中国古代从来没有普遍使用。

1450 年，古登堡发明机械印刷。先是印刷《圣经》和其他书籍，后来用于印刷报纸。

（二）影响

1. 宗教改革、文艺复兴、科学兴起、资本主义发展

同样是文字，手写的文字传播和经过机器印刷的文字传播，给人类社会带来的变化有很大不同。手写的一页页文字，需要手抄，很花时间，不便大量复制传递。印刷机器把文字印刷在纸张上，能批量化生产信息，快速大范围地面向大众传播。

1450年，古登堡发明了机械印刷，先是印《圣经》。《圣经》此前仅有拉丁文版本，并没有以各国文字翻译出的《圣经》。自从古登堡发明的印刷机械开始印《圣经》以后，英、法、德等国才开始出现不同语言文字转译的《圣经》。对《圣经》的转译，让人们感受到，可通过看《圣经》这本书直面上帝，不必非要通过牧师传道去了解上帝。《圣经》的通俗化过程，促进了新教兴起，开始了宗教改革。

除了印《圣经》，人们后来又印其他书籍，包括印刷图书馆里面找到的古希腊古罗马书籍。通过回溯古希腊古罗马的文化知识，开始了文艺复兴。每个人的一小点科学知识技术方面的发明发现，通过印刷文字的传播，能很快被众多的其他人看到。每个人在别人的基础上再去发展一点点知识，渐渐地，各行业、各门类、各学科领域的科学技术知识，得以快速地发现、传播、积淀、发展。量变慢慢积累起来，形成质变。

德国社会学家韦伯在《新教伦理与资本主义精神》中分析资本主义为什么在西方发生，认为中国的儒学提倡读书清高，蔑视财富，而新教倡导禁欲苦行主义，教徒为了证明自己确实是上帝已挑选好的要进天堂的人，必须在尘世里辛勤工作、节欲生活。辛苦劳动创造财富的过程被赋予了神圣的意义，不再被蔑视。这样，大量的财富被节余、积累起来，投入再生产，成为不断滚动扩大的资本。于是，资本主义开始发展起来。①

2. 书籍报刊等大众传媒发展起来

古希腊雅典城邦撇开了奴隶和女性的民主政治，主要表现形式是在广场上进行演讲，让大家了解主张后，发表意见来参与民主政治，参与的民众人数受限于口语传播的范围。

有了报纸和小册子之后，很多人通过看报纸和小册子了解时事，能了解更详细、更多、更大范围内的事。更多人可以就涉及公众的一般性问题进行讨论、发表意见，影响公共政策的制定与实施，参与到民主化的进程当中。

报纸书籍等大众传媒是偏单向的传播，用户很难在报纸书籍上及时回复自己的意见让更多人看见。因此，报纸书籍等制作者就可通过选择性事实、选择性意义的灌注，来传播有利于某些人的意识形态观念，来控制大众。

而进入资本主义大生产阶段的大众，从原来的家族关系、邻里村落关系的密切联系中抽身出来，进到大城市，在各大厂矿、企业、跨国公司里，成为孤独人群中的一员，成为原子化的大众。

大众媒介传递的很多信息，常超出个人的专业知识和常识。人们对呼啸而来的大量信息，很难进行真伪程度的判断，很难对灌注在里面的意义进行协商性或对抗性的解读。对人际关系弱化的、原子化的大众来说，人们对信息的判断力在下降，容易被某些利益集团刻意制造的伪共识所欺骗。

---

① 韦伯．新教伦理与资本主义精神［M］．黄晓京，彭强，译．成都：四川人民出版社，1986.

第二节　电子媒介的发展及影响

电子媒介的发展，让信息能够以电波传递的速度进行传递。信息传递到哪里，影响就会到达哪里。从电报开始发明以来，人类开始步入借助电子媒介使信息瞬间在全球发生影响力的时代。

一、电报的影响

（一）发明时间

1844 年，美国发明家塞缪尔·莫尔斯发明电报。

（二）影响

1. 全球开始进入一体化发展的风险社会

电报让信息以电的速度传递，而电的速度接近于光速，所以信息是以接近于光速的速度在人们之间传递、互动，甚至可以说是共动的。

以光速传递信息，加快了社会共动的节奏。整个地球渐渐像是缩小为一个村庄——地球村。世界像一个统一的有机体一样，快速地共动变化，未来的不确定性激增，全球开始进入一体化发展的风险社会。每个人都不可避免地随时受到其他所有人的影响，且这影响不仅是快速的，也是深刻的，甚至可以说是猝不及防、令人恐惧的。

2. 新闻的写作方法与作用发生巨变

从电报对新闻的影响来看，首先是提高了新闻的时效性。无论什么地方发生了战争，电报几秒钟就传来了信息。其次，倒金字塔结构开始出现并成为主要的新闻写作结构方式。因为电报成本很高，且可能随时中断，记者必须先把最重要的信息发出去，有时间才发次要信息。因此，新闻的写作结构，由此前流行的时序结构，变成了倒金字塔结构为主。倒金字塔结构新闻，方便编辑编排和删稿。报纸有版面限制，电视有时间限制，想要快速删稿，可一段一段地从后往前删。倒金字塔结构新闻，还方便用户阅读和提取信息。用户时间少，只需浏览一下标题；多一点时间，再浏览一下导语；如果对这件事很关注，且还有更多时间，再仔细看看正文。你随时都可停下来，而在停下来之前，已按重要性排序看到了最重要信息，信息获取效率很高。在新闻正文中，时序结构仍然非常重要。如果涉及叙述一件事的前因后果，陈述时还是要尽量按时间顺序写，才有利于用户按时序组织对这件事的理解。

新闻的题材内容，从注重社论式的观点类内容、到船日期到货清单等经济类信息，扩大到对人们的日常生活行为等故事类信息。人们对日常生活中具“人情味”的故事感兴趣，对名人故事感兴趣，对有不平凡经历的普通人故事感兴趣。人们渐渐表现出对世界各地正在发生的各种各样事情的兴趣。通讯社开始兴起，记者被派往世界各地，每天在各地采写人们的生活故事。人们开始了快速接收世界各地变动状况的信息爆炸时代，也开始了对汇集的世界各地有关变动的信息快速地理解、判断并作出行为反应的时代。[①]

① 麦克卢汉．理解媒介：论人的延伸［M］．何道宽，译．北京：商务印书馆，2000：310－333.

二、电话的影响

（一）发明时间

1876年，贝尔发明电话。

1973年，美国摩托罗拉工程师马丁·库帕发明了世界上第一部商业化手机。

（二）影响

1. *电话要求立刻作出行为反应*

美国摩托罗拉工程师发明的世界上第一部商业化手机，大如砖头，后来慢慢变成很小的迷你手机。当人们需要在屏幕上看大量信息时，智能手机的屏幕又由小变大了。

传播学者莱文森提出，媒介有一种发展"抵消技术引起的问题的技术"的"补救性媒介的传统"。[①] 比如，我们建一个房子，可以住在里面，把虎狼豺豹关在外面。需要进出房子，就开个门。黑洞洞的没光线，就开个窗。开了窗，其他动物还是可以进来，那再安个玻璃窗。但透过玻璃窗，外面也能看见里面，那再弄个布帘子遮上。如此等等。人类创造的工具，是根据人的生活需要而不断地发展完善的。媒介也是这样，根据人的信息传递需要，不断地发展完善着。

从电话的发展变化来看，最早电话机还很少，打电话得去邮电局或去装有电话的商铺；后来街道上装了很多公用电话亭；再后来越来越多私人住宅里装了固定电话；一个座机难以满足多人同时接听，发明出一机带多机；一时没人接听，可以电话录音再回放；接电话前就想知道是谁打的电话，以决定接不接，所以发明了来电显示功能；固定电话固定在某一处，难以随时接打电话，又发明出移动电话。

手机把我们从必须固定地点通话的状态解放了出来，让通话有了无时无处不在的自由，但优点的另一面也是其缺点所在，手机通话的方便性让骚扰与控制也无处不在。以前还可以躲，但现在一个电话，一定要把信息硬性地传递过来，你必须立刻作出行为反应。

2. *手机把传播互动性发挥到了光速共动的极致*

很多公司都要求员工必须24小时开机，随时待命。通过手机移动办公，意味着虽然不需要朝九晚五去坐班，但也就会要求24小时随时随地上班。以前过了下班时间几乎不做工作，但现在随时待命，对信息的处理工作量和强度比以前更大。手机让社会组织对人的控制达到了随时渗透的程度，手机让人们随时随地处于生活与工作交替进行甚至同时进行的状态。

手机作为我们随身便携的多媒介融合终端，融合了电话、短信、上网、微博、微信、短视频、购物、阅读、游戏、娱乐等媒介功能，以多媒介融合的方式进行着大量日常生活、工作信息的快速传递。人手一台的智能手机，已经成了随身携带的电脑，是我们的器官性媒介——大脑的延伸。手机把人际传播、群体传播、组织传播和大众传播快速跨界结合起来，把传播的互动性发挥到了光速共动的极致。

---

① 莱文森．思想无羁：技术时代的认识论［M］．何道宽，译．南京：南京大学出版社，2003：269.

三、摄影、广播、电影、电视的影响

（一）发明时间

1794 年，全景画出现，它被认为是电影院的前身。

1839 年，法国画家达盖尔公布了他发明的“达盖尔银版摄影术”。

1877 年，爱迪生发明了留声机。

1884 年，德国人保罗·尼普科夫发明了机械扫描盘。

1888 年，乔治·伊斯特曼发明了胶卷。

1894 年，法国的卢米埃尔兄弟发明了便携式摄影机。

1895 年，无线电通信系统诞生。

1907 年，美国的李·德福雷斯特在纽约进行了音乐和语言的无线电实验广播。

1920 年，美国宾夕法尼亚州匹兹堡市私人经营的 KDKA 广播电台取得政府发放的营业执照，开始播音，成为美国也是世界第一家正式广播的私营商业广播电台。

1922 年前后，英国、法国、德国、苏联开办广播。

1925 年，英国人约翰·洛奇·贝尔德，根据德国工程师尼普科夫设计的“尼普科夫圆盘”进行了新的研究工作，成功发明了世界上第一台电视机。

1927 年，《爵士歌王》成为第一部流行的有声电影。

1936 年，英国开办世界第一座电视台。

1958 年，中国有了电视台。

（二）影响

1. “沙发土豆”们开始了在“景观社会”里娱乐的时代

19 世纪中期到 20 世纪初期，在发明电报、电话、广播等声音类电子媒介的差不多同时期，又相继发明出摄影、电影、电视等声像类电子媒介。通过电子媒介传递的声像信息，瞬息万里。人们头脑中接收到的世界各地大大小小变动的各种声像信息，如潮水般涌来。无论在世界的哪个角落，每个人都在电子媒介传递信息的辐射之下，逃无可逃。

广播把声音以一对多的方式、偏单向地传递给大众，让现场面对面的口语信息传递变成了废弃空间向度的、世界各地可同步收听的声音信息传递。原本就很容易灌注某种意义的口语信息对接收者认知与行为的影响，不再被局限在身边声音能被听到的、有限的物理现场，不再需要口口相传地、多层级地、缓慢地传递，而是通过广播这种电子媒介，瞬时地撒播到世界各地人们的耳朵中。语言对认知与行为的影响力，被广播瞬时放大到难以想象的地步。这种巨大的社会影响力被利用起来，使得社会组织对人们思想与行为的影响与控制越来越强、越来越深入、越来越紧密。

有了留住画面的达盖尔银版摄影术后，人们对三维现实生活的“写实”记忆可以外化固定到二维相片上了。一开始，还模仿绘画，流行人像摄影、风景摄影；后来，跳出对绘画的模仿，开始大量拍摄“街头一角”之类的日常生活中各种琐碎的事物、日常发生的各种事情的瞬间场景，照相技术开始被用来记录日常生活。配上图片说明的相片，被大量刊登在报纸上，让人们能够以二维图像的方式，跨越时空地看到——被选取画面及图说编码了一定意义的——世界各地人们日常生活的瞬间片段。

电影故事片和纪录片，其快速连接的影像配上音频，通过有蒙太奇效果的剪辑，注入了摄制者想要灌注的意义。以前，人们在接收身边日常生活影像时，可联系自己长期积累的对信息环境“客我”的丰富认知，来审慎判断身边日常生活影像的意义。但电影观众在接收遥在世界传递过来的影像时，对因刻意剪辑而快速变化的影像应接不暇，常被迫以外行人身份观赏“景观社会”，倾向于在摄制者灌注的意义框架内解码，难以批判性地判断与思考。

有了更多的时间和信息容量，人们可通过每天观看电视新闻，快速了解当天或实时发生的世界各地新闻。人们足不出户，只需坐沙发上，眼睛盯着电视，或者边做家务边听电视，就能了解当天世界的重大变动。我们成了坐在电视机前不需要移动的“沙发土豆”。实际上，全世界的很多大事，就是在“沙发土豆”眼睛盯着的电视屏幕前，实实在在地发生的。就如《媒介事件》一书所言，通过媒介传播某事件信息和众人参与接收该事件信息，才导致这个事件在众人头脑中真实存在并产生影响。① 正如法国哲学家鲍德里亚说，海湾战争并没有发生，或者说，海湾战争是通过电视发生的。

众多的电视新闻，对现实生活中发生的事件，选取某些镜头视角来摄录，节选只言片语、非常有限的片段画面，却给人以现场亲历的假象。人们自以为通过电视新闻看到了更大的世界，其实却只是对真实世界有偏向、有省略、浮光掠影的了解。电视新闻起到了让人们泛泛了解“景观社会”的功能和娱乐的作用。

2. 平等地拉近遥在世界的信息，然而“灵光”消逝

人们通过收听广播、观看电视，通过接收遥在世界的接近全息化的复制信息，而从知觉上感受并拥有更人性化的、犹如近在眼前的遥在世界。人们受限于仅此一次的、独一无二的生命存在，借由大量的电子媒介接近全息化的复制品，竟然也能达到平等地享有各种生命存在的可能。由此，人们感受与接收信息的方式、人类团体的存在模式都发生了变化——平等地拉近遥在世界的信息，然而“灵光”消逝。

本雅明把灵光（aura）解释为“遥远之物的独一显现，虽远，犹如近在眼前”的“此时此地”性。② 笔者理解，灵光是我们把“那时那地”感知感受为“此时此地”的“亲密地接近”的心理感受程度。如果我们不在乎自己的存在，那么，对自己存在的“此时此地”也只是感知为与己无关的“那时那地”，充满冷漠。如果我们不在乎别人的存在，那么，对与自己现实地交往的人们的“此时此地”的感知，也只是充满冷漠疏远的“那时那地”。如果我们在乎某个人的存在，那么，虽然我们难以真正地感知那个人的“此时此地”，但我们可以借由“回忆”信息、“复制”信息，来感受与那个人“此时此地”的“亲密的接近”。当然，这种亲密接近的程度如何，是由人们借由复制信息而从内心感受里真正的付出决定的。灵光的消逝，是说我们借由信息复制品，能幸运地且尽量多地、“平等”地占有众多遥在世界中那些独一无二的事物的同时，却不幸地常常占有那些片段的、疏远

---

① 戴扬，卡茨．媒介事件［M］．麻争旗，译．北京：北京广播学院出版社，2000.

② 本雅明．迎向灵光消逝的年代：本雅明论艺术［M］．许绮玲，林志明，译．桂林：广西师范大学出版社，2004：65.

的、对之并无深切生活感受的影像。这种存在方式，并非亲在，而是疏在，冲淡了存在的此在感。[①]

第三节　网络媒介的早期发展及影响

当电子信息的传递以互联网络的形式密切联系起来时，地球连成了一个信息光速共动的地球村。人们之间的相互影响不断加速、扩大。人们创造的媒介工具，反过来又极大地影响、改变了环境。在快速变动的不确定的世界里，人们必须有效率地监测环境变化，以更好地生存下去。

一、网络媒介的早期发展

（一）世界范围内的网络媒介早期发展

1946 年，世界上第一台计算机 ENIAC 在美国宾夕法尼亚大学诞生。

1967 年，超文本（Hypertext）首次被提出来。

1968 年，恩格尔巴特（Douglas Engelbart）向世界展示了第一个鼠标器。

1969 年，美国 BELL 实验室率先开发出了 UNIX 操作系统。

1969 年，互联网雏形 ARPANET 诞生于美国。

1987 年，位于美国硅谷的《圣何塞信使报》开始利用互联网传送报纸内容。

1993 年，美国的信息高速公路计划开始实行。

1993 年，Mosaic 浏览器诞生于美国。

1993 年，Intel x86 时代结束，CPU 进入 Pentium 时代。

1993 年，博客的原型出现，1999 年定名为 blog。

1994 年，Yahoo！搜索引擎诞生。

1995 年，SUN 公司开发的 JAVA 语言正式发布。

2001 年，维基百科（Wikipedia）诞生。

2003 年，《第二人生》（Second Life）由林登实验室创建。

2003 年，MySpace 初创。

2004 年，播客（podcast）诞生。

2004 年，Facebook 诞生。

2004 年，掘客网（digg）创立。

2005 年，YouTube 问世。

2006 年，Twitter 创建。

（二）网络媒介在中国的早期发展

第一阶段（1986 年—1994 年）：研究试验阶段

1987 年 9 月 20 日，钱天白发出我国第一封电子邮件。

---

① 胡明川．复制对作为信息体的人的影响 [J]. 天府新论，2017 (1)：57 - 58.

第二阶段（1994年—1997年）：起步阶段

1994年4月20日，中国与国际互联网相连的64k网络信道开通。

1995年1月，北京和上海两条专线开通，开始向社会提供互联网接入服务。

1996年1月，中国公用互联网全国骨干网建成并正式开通。

第三阶段（1997年至今）：快速增长阶段

1997年6月3日，中国互联网络信息中心（CNNIC）成立。

二、网络媒介的影响[①]

（一）人们面临着逼近实时刷新海量信息的动力与压力

数字复制时代，由仍偏向于单向大众传播的Web 1.0时代，开始进入以“互动”“消费者成为生产者”“自媒体”“大众/分众/个人传播快速跨界渗透”“移动互联”“逼近实时刷新并反应信息”为特征的Web 2.0移动互联时代。

以几十亿数字终端为“感觉器官”、以不断指数级增长的网页为“神经元”、以网页上的超链接为“神经纤维”和“突触”，以光速进行电波信息互动反应的“数字电子中枢神经系统”——“地球脑”，已在地球表面初步敷设成形。人们通过各种数字终端设备接入“地球脑”，实现人脑与“地球脑”的互联。[②]

人这个信息学习体，对宇宙现时与历时的认知范围和程度在不断扩大和提升，人作为虚拟实在场，对宇宙的了解程度在不断向认知极限逼近。

鲍德里亚认为，人构造出了一个虚拟世界，直接在屏幕上生活、思索、爱恨、受苦、娱乐，人类靠虚像生活，虚像代替人类生活，造出超越真伪界限的超真实，人类在虚像后消失。[③]

每个人的近在世界，都被地球村统一场中各处的遥在虚像所影响。这种并非虚拟而是实实在在的影响，是数十亿电脑加人脑以光速互动的。

为了在数字复制时代赶上光速变动的客我情境的变化，人们面临着逼近实时刷新海量信息的动力与压力。

要想在数字复制时代满足生理需要、安全需要、爱与归属的需要、尊重需要、认知需要、自我实现需要、超自我需要等各层级基本需要[④]，人们就不得不被卷入信息光速共动的洪流。否则，信息客我情境已快速改变，作为信息体的人却缺乏及时适宜的信息以资决策，这样是无法适时、恰当地应对外界的变化的。人们必须参与遥在世界海量数字信息的光速共动，才能监视客我情境变化，适时应对外界要求，做出适当的行为反应。

人们通过海量阅读信息以加深对世界的认知，通过发出信息以应对世界并同时改变着世界。个人的信息影响力，在从零到无穷大的区间里，向着光速共动、影响以指数量级增

① 胡明川．复制对作为信息体的人的影响［J］．天府新论，2017（1）：58－62．

② 凯利．科技想要什么［M］．熊祥，译．北京：中信出版社，2011：266．

③ 博德里亚尔．完美的罪行［M］．王为民，译．北京：商务印书馆，2000：28－29．

④ 马斯洛．动机与人格［M］．许金声，程朝翔，译．北京：华夏出版社，1987：40－68．

加、共同渗透进化的方向发展。作为信息学习体的人，能够方便、快速、实实在在地参与近在世界与遥在世界的改变进程，蝴蝶效应更为明显了。

随着直播的推广，人们日常生活场景被海量数字化录制、存储、传播，然后，大量的遥在世界铺天盖地而来，每个人的吞吐信息中，近在世界信息占比愈来愈小，数字化虚拟的遥在世界信息占比愈来愈大。

因为每个人选择关注的信息来源有很大差异，选择接收与互动的遥在世界信息形形色色，导致每个人收发信息的差异部分愈来愈多样化，导致人们经常难以了解别人的信息世界状况，导致分众化现象愈加细化，导致人们认知能力的差距也在拉大。

以有限应对无限的大脑信息处理系统的压力骤然增大，人们在不得不阅读海量数字信息的要求下，普遍感受到信息压力和信息焦虑。

一条信息发出以后，便独立存在，不受自媒体主人的控制，可能在未来某时成为“信息地雷”，把自媒体主人的生活炸碎。

各种网络行为被记录、监控、整合、分析，人们在享受大数据带来的益处的同时，也面临着个人隐私全面泄露的危险，面临着被整合、画像、夺利、出卖、欺骗、定位、盯梢、预测、有罪推定甚至消灭的危险。个人日常生活信息在电子网络中留下痕迹后，面临着被不怀好意的人恶意利用、被人肉搜索、落入各种电子信息骗局的危险，甚至财产安全、人身安全也受到威胁。信息光速共动导致世界变化太快，让跟不上信息变化的人处于各种不明信息情境而反应失当的危险中。

当遥在虚像以指数量级奔涌而来，人们在兴奋地观赏景观社会的同时，知觉却变得麻木冷漠。以碎片化形式呈现的遥在虚像，难以产生“此时此地”的亲密感，而易于产生疏在感，让人们在不停地以自拍等行为刷“存在感”的同时，却落寞地感受到无尽的孤独与存在感的缺失。

（二）提高自身的信息处理效能成为比以往任何时代都更艰巨而紧迫的任务

信息，是对不确定性的消除。人作为信息学习体，为了提高信息获取和处理的效能，采用的是化简的办法。通过选择性注意、选择性理解，人在处理信息问题时抓重点、找规律、找因果关系，运用有限列举的归纳法、演绎推理法，加上虽有缺陷但能提高效率的成见与偏见、对有限样本进行过度解释、遵循规则习俗等方法，以尽量获得有价值的信息与知识，由此来部分消除不确定，并在预测的基础上对信息环境进行适当的行为反应。但化简的缺陷是缺乏精确度，不确定性仍很大，难以避免小概率事件。

输入机器的大数据，具有这样三个特征：一是数据量极大，几乎是接近穷举的全样本量；二是数据获取时无目的，而进行数据分析时却能多维度提取特征进行综合分析；三是数据具备完备性，以至于交叉熵小到近于零，从而可避免黑天鹅事件发生。在人类的很多体力劳动工作被机器代替之后，通过大数据和算法进行并行运算和深度学习的智能机器，也已经开始了一步步代替人类大脑信息处理的脑力劳动工作的进程。在机器大数据处理智能可能在多方面超过人类大脑信息处理智能的机器智能时代，只有那些能转变思维方式的人，即从建立在确定性世界和找因果关系基础上的机械思维方式，转变到基于不确定性世界和用大数据找强相关关系及后推因果关系的互联网思维方式（大数据思维方式）的人，才能想办法利用智能机器的大数据处理能力，和智能机器这种智能工具协同工作，给机器以有用的目的，以提高人类对海量信息客我世界的认知、判断、选择、反应的能力，适应在海量信息光速共动的世界统一信息场中的生活。①

作为信息体学习的人，要想更好地在基于数字复制的机器大数据智能时代生存，不被甩下成为落伍者，不被大数据智能机器挤得无工作可做，而能驾驭大数据智能工具为自己工作，提高自身的信息处理效能就成为比以往任何时代都更艰巨而紧迫的任务。

作为信息学习体的主我，在新媒介层出不穷、信息节点众多、信息量指数级增长、遥在世界信息量远超近在世界信息量、所有人的生活信息数据被多渠道收集分析利用的智能时代，必须对自己的信息输入输出系统进行有目的的有效控制。要尽可能主动精选信息源，学会组合选择有很大价值的信息输入自己大脑，如好书、好文、专业人士和专业媒体的观点、中心节点等。只有通过向大脑中输入具有极大价值的优质信息，不断完善大脑中的知识结构和经验结构以构筑合宜的大脑，才能在先天生理限制下尽量提高信息认知判断与处理能力，随时关注机器智能等科技的最新发展以资利用和趋利避害，避免因不了解大数据的威力而反被大数据所害，避免因信息泄露而遭损害，避免以有限大脑应对无限数据及信息的崩溃危险，避免以路人姿态消费景观社会，有意识地平衡近在世界与遥在世界在自我生活世界中所占据的比例与轻重，有意识地把远观奇景的疏在世界变为存在介入的亲在世界，以存在者的姿态参与人类共同体的发展。

网络新闻编辑首先应做好自己的信源管理和时间管理，以不断提高对世界的认知判断能力。同时，还应提高自己对新闻信息的判断处理能力，这样才能帮助广大用户在监测环境方面尽量省时间、提高效率，有效应对光速共动的风险性社会。

【本章小结】

本章探讨了媒介的发展及对人与社会的影响：表情动作是为了适应环境而不断发展出来的；口语促进人类心灵的产生和自我的发展，人类开始了认知革命，但操纵意义也成为可能；手写文字促进了跨时空传播，使人们的抽象思辨能力增强，使大规模社会组织的控制与管理成为可能，但文字也是一种易生误解的贫媒介；印刷文字使书籍报刊等大众传媒发展起来，促进了宗教改革、文艺复兴、科学兴起、资本主义发展；电报使新闻业的方法与作用发生巨变，全球开始进入一体化发展的风险社会；电话要求立刻作出行为反应，手机把传播互动性发挥到了光速共动的极致；摄影、广播、电影、电视等声像类媒介的发展，使“沙发土豆”们开始了在“景观社会”里娱乐的时代，但也在让人们平等地拉近遥在世界信息的同时失去了“灵光”；网络媒介的发展，让人这个信息学习体，对宇宙现时与历时的认知范围和程度在不断加大，但也让人面临着实时刷新信息监测环境变化以适当行为反应的压力。网络新闻编辑应做好信源管理和时间管理，提高对信息的判断处理能力，这样才能帮助广大用户尽量省时间、有效率地监测环境。

---

① 吴军．智能时代［M］．北京：中信出版社，2016．

【思考题】

1. 除了本章提到的这些媒介，还有哪些媒介？它们有哪些影响？
2. 微博、微信、算法推荐等媒介，对人与社会的影响是什么？

【训练】

1. 请回想你今天所有的媒介接触行为，分析媒介对你的影响有哪些。
2. 请找一个最近热点新闻事件，分析媒介在其中所起作用，对你的影响又是什么。

【推荐阅读】

1. 米德．心灵、自我与社会［M］．赵月瑟，译．上海：上海译文出版社，2005.
2. 麦克卢汉．理解媒介：论人的延伸［M］．何道宽，译．北京：商务印书馆，2000.
3. 林文刚．媒介环境学：思想沿革与多维视野［M］．何道宽，译．北京：北京大学出版社，2007.

第 2 章　我国网络媒体的早期发展

本章学习目标

- 第一节　我国传统媒体早期的触网潮——学习目标：了解我国传统媒体早期的网络化进程。
- 第二节　我国商业门户网站的诞生——学习目标：了解新浪、搜狐、网易、腾讯向新闻门户网站发展的进程。
- 第三节　我国网络新闻表现方式的发展——学习目标：了解我国网络新闻不断创新发展的多种表现方式，思考如何进一步创新网络新闻的编辑手法。

网络新闻业是一个快速变化的行业，此刻用手机看到的网络新闻呈现状态，是此刻能了解到的网络新闻行业呈现出的状态。此前它的发展历程中呈现的状态是些什么样子，无法仅仅从现在的观察和使用中来了解。学史以明智，我们还是需要对网络新闻发展历程有一定的了解，才能从更宽广的视野来思考，可以怎样进一步改进网络新闻的编辑状况，以更好地满足人们监测环境以作出行为反应的信息需求。

第一节　我国传统媒体早期的触网潮

其实，我国传统媒体比商业新闻网站更早把新闻信息放到网上去。但是，由于早期过度局限于把自己的原创内容搬上网，忽视了大量整合信息及相关用户服务的开发，在网络新闻信息的综合影响力上远远落后于以转载整合信息为特色的商业新闻网站。

一、传统媒体开始尝试上网

中国新闻传播媒体的网络化进程，虽然可追溯到 1993 年 12 月 6 日的《杭州日报》电子版，但真正拉开序幕的是 1995 年中国公用计算机因特网的开通。

1995 年，七八家报刊尝试上网。

1995 年 1 月 12 日，《神州学人》杂志开中国出版刊物上网之先河。

1995 年 4 月，中新社以 www.chinanews.com 域名在香港上网。

1995 年 10 月 20 日，《中国贸易报》首先开通网络版，成为新闻上网的先行者。

1995 年 12 月，《中国日报》网站开通，在中国开全国性日报办网站之先河。

二、电信的一些网站开通

1996 年 12 月，中国公众多媒体通信网（169 网）开始全面启动，广东视聆通、天府热线、上海热线作为首批站点正式开通。

三、传统媒体早期的两次触网潮

（一）传统媒体早期的第一次触网潮

1996 年到 1998 年，是中国传统媒体的第一次触网潮。经过几年的发展，全国已有1/7的报纸办起了自己的网络版。

1997 年 1 月 1 日，《人民日报》正式开通了网站，定名为“《人民日报》网络版”。

1997 年 4 月，中国新闻社的《华声月报》社申请了独立域名，制作了五个专栏共 10 多万字的网络版，正式定名为“《华声报》电子版”，于 5 月 25 日亮相互联网。

1997 年 11 月 7 日，新华社开通网站。

据中国记协报纸电子网络版调研会统计，1998 年底，全国电子报刊总数为 127 家。

（二）传统媒体早期的第二次触网潮

1999 年到 2000 年，是中国传统媒体的第二次触网潮。传统媒体上网的规模进一步发展，由报纸网络版改进为综合新闻网站，由多家传统媒体联合而成的大型网站也出现了。

传统媒体发现仅仅将自己有限的新闻内容简单生硬地搬上网并不能吸引太多的用户，于是一些传统媒体开始建网站，欲在原有自己刊发新闻的基础上，广泛拷贝更多的新闻，经营更多方面的在线业务，建新闻综合网站。

1999 年起，一批冠有“××网”“××在线”的媒体网站应运而生。如《电脑报》改称为“天极网”，《中国计算机报》网站改为“赛迪网”，上海文汇新民联合报业集团网站改名为“申网”，《广州日报》网站改名“《广州日报》大洋网”，《深圳商报》网站改名为“深圳新闻网”，《浙江日报》网站除了提供网络版外，还建立了“浙江在线”这一地方门户网站。

重要的新闻网站还有新华网、中新网、中青在线、人民网、中国网、央视国际、国际在线、南方网、大洋网等。

地方媒体还开始探索联合的网络发展模式。四川新闻网 1998 年筹备就绪并试运行，1999 年 1 月正式开通，先后汇聚了全省 106 家报纸、广播、电视、期刊等媒体上网。四川新闻网重视推出原创新闻，自称在国内首批组建了网络记者队伍，每天都有自采自写的新闻上网。

千龙网、东方网是由报社、电视台、广播电台等联合建立的新闻网站。

据中国记协报纸电子网络版调研会统计，1999 年底，全国上网报纸有 1 000 多家，上网的广播电视机构近 200 家。2000 年底，在全国总共一万多家传播媒体中，共有 2 000 多家媒体上了网。

第二节　我国商业门户网站的诞生

我国早期的四大商业门户网站是新浪、搜狐、网易、腾讯。这四大商业门户网站基本都成立于 1996 年到 1998 年间，分别从早期的论坛、搜索、邮件、即时通信等主打服务，转为提供大量新闻和资讯信息的新闻综合门户网站，获得大量流量并获利。

一、新浪：从体育论坛发展为新闻门户网站

1996年4月29日，汪延和他的新驿多媒体小组正式加盟四通利方公司，四通利方国际网络部正式成立，srsnet.com中文网站建设启动。

1996年6月，四通利方网站开通。四通利方网站作为一个提供技术服务的软件公司网站，为客户服务开通BBS。后来，由于人们在论坛上讨论更多的是时政话题，尤其关注体育，四通利方网站于1996年8月开通了“体育沙龙BBS”。

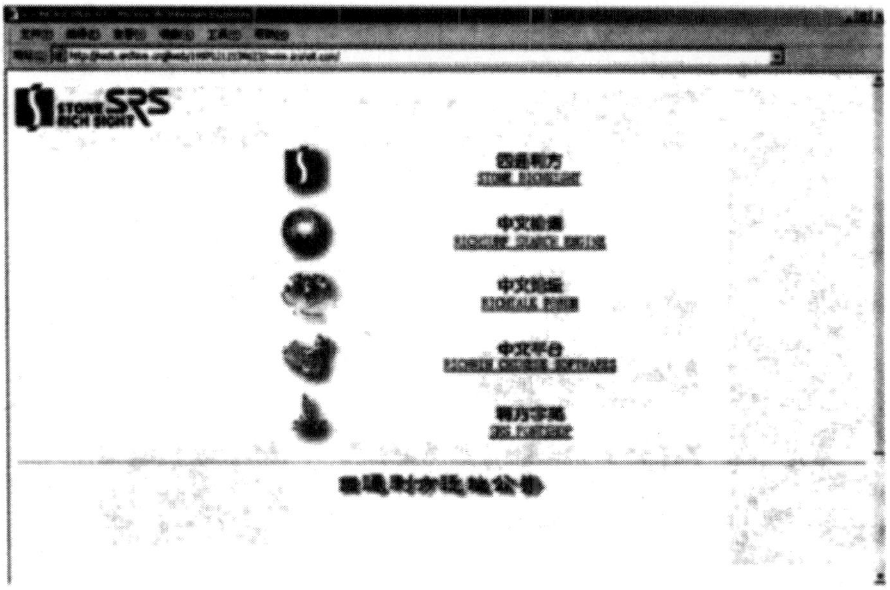

图2-1 只有简单导航的首页（1997年4月四通利方网站首页截屏）

图片来源：陈彤、曾祥雪：《新浪之道：门户网站新闻频道的运营》，福州，福建人民出版社，2005。

1997年4月，陈彤出任体育沙龙分文不取的义务版主时，那里只有不到一万次的日访问量。当时的体育沙龙只能保存300个帖子，常常上午的帖子在晚上就被顶不见了，但仍然有很多体育爱好者积极地发帖。

1997年9月13日，十强赛中国队第一场比赛在大连举行，中国队2∶4败给伊朗，四通利方网站开创网络直播。1997年9月至11月，四通利方体育沙龙栏目对1998年世界杯亚洲区预赛进行网上视频、音频、文字的实况直播。

1997年11月2日，老榕在当时的四通利方体育沙龙（即后来的新浪体育沙龙）发帖《10·31：大连金州没有眼泪!》。帖子发布后，四通利方编辑高度重视，加上编者按后在网页正文页中发布。“陈彤这时开始意识到一个问题：虽然，论坛具有互动、及时等优势，但它更存在着主观、可选择性差等弱点，如果把新闻放在论坛中作为弥补又似乎不大合适，性质不同，且跟帖也不多，他大胆建议尽快建立单独的体育新闻频道。”① 1997年11月底，在汪延、陈彤的推动下，四通利方推出了它的第一个频道——体育频道，分为国内

① 陈彤，曾祥雪.新浪之道：门户网站新闻频道的运营[M].福州：福建人民出版社，2005：26.

足球和国际足球。发布大量新闻的体育频道流量，很快超过了体育论坛流量。

1997年12月1日，srsnet体育沙龙主办的以足球为主的网上多媒体杂志《竞技网刊》推出。

1998年5月，四通利方“法国’98足球风暴”站点开通。“汪延在法国担任前方特派记者，陈彤坐镇北京，在比赛期间，通过ICQ与5位公司同事和20多位特约网友联络报道事宜。此外他们还聘请了黄健翔做特约评论员，重要的比赛往往在赛前、中场、赛后会有三篇特约评论。‘陈彤更是拿出了玩命的劲头，采用了全新的工作流程——24小时滚动更新，所有编辑24小时不间断录入、上传、更新内容’。”①

1998年8月，四通利方网站开通游戏板块——游民部落，创建后日访问量近万人。

1998年9月，四通利方建立了独立于体育的时政新闻频道——新闻中心——新浪网新闻中心的前身。

1998年10月20日，srsnet改版为“利方在线”，在国内首推“中文门户”概念。“改版之前的四通利方站点一直以论坛为核心向前发展，站点主动提供的内容很少。改版后的利方在线把新闻内容放在了首页上，这在当时是一个创举，因为当时的网站首页通常是一个简单网站导航页，而首页长长的滚动更新、排列的新闻后来成为独特的新浪新闻呈现模式并被广泛效仿。汪延后来回忆说：‘为了增加主动提供的内容，站点曾经尝试提供新闻服务，但是，统计结果表明新闻栏目的访问量非常糟糕。为什么新闻没人看，而看过的人又交口称赞？最后找到的症结是，四通利方站点一直没有把首页的作用发挥出来。’”②

1998年12月1日，四通利方宣布并购海外最大的华人网站公司“华渊资讯”，正式成立全球最大的华人网站“新浪网”。

1998年12月，开通科技频道“科技时代”，同期开通的还有“新浪论坛”。

1999年8月，开通财经频道“财经纵横”。

1999年11月，开通娱乐频道“影音娱乐世界”。

2000年4月，开通汽车频道。

2000年6月，开通信息中心（包括文教、女性等频道）。

2001年，开通“新浪读书”。

2001年11月，开通新浪房产频道。

2002年7月，开通“新浪观察”。

到2004年，新浪网已拥有40多个内容频道，初步完成了大型门户网站综合性的网络新闻的构建。

二、搜狐：从搜索发展为综合性网络门户

1996年9月，张朝阳说服了包括尼葛洛·庞帝在内的几个美国人，获得第一笔风险投资22.5万美元。1996年10月，爱特信公司（ITC）在北京注册。1997年1月初，ITC网站开通，并把《数字化生存》一书的内容放了上去。

1998年2月，爱特信推出“搜狐”，以搜索为主要服务。“出门靠地图，上网找搜狐”

① 陈彤，曾祥雪. 新浪之道：门户网站新闻频道的运营［M］. 福州：福建人民出版社，2005：23－24.

② 同①25.

广告随之而来。1999 年 3 月，在分类搜索的基础上，搜狐发展成为综合性网络门户，推出丰富的特色频道，提供多种网络服务。

1999 年 5 月 8 日凌晨，中国驻南联盟大使馆被炸，搜狐在接近中午时分才发布第一条消息，而此时的新浪网已有几十条消息和评论。搜狐从中认识到网络新闻对于一个门户网站的重要作用，开始加强新闻频道的建设。①

三、网易：从免费邮件拓展到新闻、社区服务

1997 年 6 月，网易公司在广州成立。那时，丁磊看好搜索引擎和免费邮件服务。1998 年 2 月 16 日，由丁磊主持开发的国内第一个全中文界面的免费邮件系统 www.163.net 开始提供服务。“网易靠免费邮件为网易的其他项目（例如个人主页、免费 FTP）提供了很好的宣传途径，网易 BBS 也为网易积聚了人气，这为以后的虚拟社区转型打下了基础。网易的免费个人主页服务令网易名声大振，这是网易发展史上的里程碑。”②

1999 年的中国驻南联盟大使馆被炸事件也让网易认识到，网络新闻对于一个大型门户网站来说是绝对不可缺少的。几天后，网易开通新闻频道。而从网易此前的首页可看出，当时的主要内容是分类搜索和社区，首页只有零零散散几条新闻（见图 2-2）。③

图 2-2　网易早期的首页：主要为分类搜索、社区，只有少部分新闻内容

图片来源：陈彤、曾祥雪：《新浪之道：门户网站新闻频道的运营》，福州，福建人民出版社，2005。

---

① 陈彤，曾祥雪．新浪之道：门户网站新闻频道的运营［M］．福州：福建人民出版社，2005：33.

② 同①34.

③ 同①36.

四、腾讯：从即时通信软件公司发展为社交平台

1998 年 11 月，腾讯公司成立。

1999 年 2 月，腾讯 QQ 诞生。

2000 年 6 月，推出手机 QQ。

2003 年 8 月，推出休闲游戏平台“QQ 游戏”。

2003 年 11 月，推出综合门户网站腾讯网。

2005 年 5 月，推出社交网络平台 QQ 空间。

2011 年 1 月，推出微信。

五、商业门户网站取得登载新闻资格并开始盈利

（一）取得登载新闻资格

2000 年 11 月 6 日，国务院新闻办公室、信息产业部发布《互联网站从事登载新闻业务管理暂行条例》。这是中国政府有关商业网站从事网络新闻业务的第一个正式规定，是当时门户网站新闻运作的主要法律依据。

2000 年 12 月 27 日，新浪网首先获得登载新闻资格。随后，搜狐、网易分别在 2000 年 12 月 29 日及 2001 年 2 月 15 日获得登载新闻资格。这也是中国政府首次将新闻登载权授予民营商业网站。

（二）商业门户网站开始盈利

2000 年 4 月 13 日，新浪登陆纳斯达克，网易、搜狐紧随其后。这一年，中国互联网泡沫由顶峰走向破裂。也是由此，网站开始不断地开发收费项目与形式。

2004 年，新浪、搜狐和网易公布了 2003 年度业绩报告，分别实现了 1.14 亿美元、8 900万美元和 8 000 万美元全年度营业收入，以及 3 100 万美元、3 900 万美元和 2 600 万美元全年度净利润。中国门户网站首次迎来了全年度盈利。

第三节　我国网络新闻表现方式的发展①

随着网络技术的不断发展，我国网络媒体的新闻表现方式也在不断地创新。从简单的复制粘贴，到对重要新闻和专题进行创造性整合编辑。从文图简单的多媒介信息组合，到有机融合了图片、图表、音频、视频、链接、跟帖、调查等信息的多媒介融合新闻。从手动转发，到 RSS、新闻自动聚合、算法推荐等信息推荐方式。信息接收方式，也从 PC 端独大，发展到以手机端为主的多终端收发信息：微博、微信、新闻客户端、各大社交平台等。网络新闻的编辑手法，结合着技术的发展，也在不断地创新发展中。

---

① 此节部分内容从各大新闻网站的大事记中收集整理而来。

一、1995—1999 年：直播、24 小时滚动新闻、专题、多媒介、视频访谈、嘉宾主持论坛

在 1995—1999 年的上网初期，网络新闻的媒介表现方式基本上是以文字手段为主。

1997 年 5 月，四通利方网上直播足球赛。

1997 年 9 月至 11 月，四通利方体育沙龙栏目对 1998 年世界杯足球赛亚洲区预赛进行网上视频、音频、文字的实况直播。

1998 年世界杯，四通利方为满足网友对赛事信息的需要，陈彤负责的体育频道在整个世界杯报道期间，采用了所有编辑 24 小时不间断录入、上传、更新内容的滚动发布新闻的报道方式。

1999 年 5 月 8 日，中国驻南联盟大使馆被炸，新浪网率先发出网络新闻，并以滚动新闻实时跟进，更有在线评论让人畅所欲言，新浪网的新闻从此出名。

1999 年，《人民日报》网络版全面开通包括音频、视频和 360 度照片等多媒介服务。

1999 年 2 月，新浪网推出科索沃战争专题报道。“当时一个非常难得的机遇是，由于当时还没有制订有关网络新闻登载的规则，除了新华社等国内通讯社和媒体外，新浪网还向法新社北京分社购买稿件，结果获得了法新社中消息最快最多的一路——广播电视专供稿（让人难以置信的是，‘9・11 事件’期间新浪网再次获得了广播电视专供稿），因为当时还没有互联网专供稿。编辑们还发现，这一路稿件中速度上明显快于其他通讯社和 CNN，数量也极多。有了外电的充足消息来源，‘科索沃战争专题’通过 24 小时不间断的密集图文报道的方式，几乎直播了战争的每一步细微发展，开创了中国网络新闻的一个新里程碑。‘科索沃战争专题’也形成了新浪网报道突发事件的基本模式。”①

1999 年 3 月 4 日，人民网推出自采自编的视频访谈栏目“网上记者谈‘两会’”，“网上电视台”“网上电台”初具雏形。

1999 年 4 月 11 日，人民网邀请资深足球记者汪大昭主持“体育在线”专栏中的 BBS 论坛，尝试利用网络的互动功能让媒体记者在网上与用户进行直接对话。

二、2000—2002 年：跟帖、调查、手机上网、快讯＋短信、多媒介直播访谈、FLASH 新闻

2000 年 4 月 7 日，人民网推出个人电子报纸订阅、免费邮件、资料库和网络版全文检索、在线调查等服务。

2000 年 6 月，搜狐推出“我来说两句”新闻跟帖模式，突破了网友只能“读”新闻的限制，提高了网友对新闻的参与度。

2000 年 6 月 19 日，人民网在国内率先实现手机上网。

2001 年 3 月 21 日，人民网推出新闻评论性专栏“人民时评”，每天发一篇署名评论。

2001 年 8 月 7 日，人民网邀请北京音乐台《零点乐话》主持人伍洲彤做客情感时空，进行网上音频直播访谈。

2001 年 9 月 11 日，美国发生恐怖袭击（北京时间 9 月 11 日 20 时 46 分，第一架飞机

---

① 陈彤，曾祥雪．新浪之道：门户网站新闻频道的运营［M］．福州：福建人民出版社，2005：26－27.

撞击纽约世贸大楼），9分钟后（20时55分）新浪网在国内发出第一条消息。随后，“美国遭遇恐怖袭击”专题在24小时内滚动报道590多条消息。新浪、搜狐等主要门户网站以新闻快讯、手机短信、邮件等方式多渠道快速传播这一新闻事件。

2003年3月20日10时30分左右，美国对伊拉克开战。10时33分，新华社巴格达报道员贾迈勒向全世界发出第一条英文快讯，10时34分，新华网据此发出中文快讯。新浪称它于上午10时35分发布了第一条开战新闻，并通过手机短信将该消息发送到几十万手机用户。搜狐也称它于10时35分，由新闻中心发出第一条快讯——“巴格达遭到美军轰炸”，并在10时36分向其用户发出报道开战的短信。

2001年11月7日，人民网强国论坛首次试行由主持人主持嘉宾访谈。这是对网络主持人制的一次探索和尝试。

2001年12月，新浪推出“新浪观察”，搜狐推出“搜狐视线”，千龙网推出“千龙视野”，新华网推出“焦点网谈”，用自己的声音和视角进行深度报道。

2002年1月10日，人民网登载新闻时开始署责任编辑的名字。

2002年1月22日，人民网“强国论坛”开始试行版主（主持人）实名制。

2002年2月11日，强国论坛推出“除夕网上大联欢”春节晚会。

2002年2月21日，新华网获得独家授权在人民大会堂对中美两国元首共同会见记者等重大活动进行多媒体现场直播。

2002年3月，“两会”期间，新华网获准在人民大会堂设立“两会”历史上第一个多媒体直播间。多名政协委员和人大代表先后做客新华网直播间，与网民在线交流。

2002年3月3日—15日，人民网实时、滚动报道“两会”全部10次全体大会和12场新闻发布会、记者招待会；对“两会”重要会议或记者招待会进行了现场直播；采、编、导播“两会”视频新闻。“两会”专题开设的“一语惊人”“网友评说”等栏目深受网民欢迎。

2002年5月21日，强国论坛邀请首届“中国青年五四奖章”获得者秦文贵做客人民网，并进行文字、音频同步直播。这是强国论坛首次在嘉宾访谈中采取这种方式。

2002年6月13日，强国论坛邀请我国足球界元老史万春在人民网演播室点评世界杯小组赛中国与土耳其之战。人民网首次进行了文字、音频、视频的现场直播。

2002年7月，搜狐推出FLASH新闻、每日网闻联播和每日网评。

三、2003—2005年：RSS、新闻自动聚合、博客、网络视频直播、手机网站

2004年3月，“博客中国”网站推出15个频道的RSS新闻服务。

2004年8月9日，新华网推出RSS聚合新闻服务，11个聚合新闻栏目试运行。

2005年初，新浪网开发了自己的RSS阅读器“新浪点点通”。

许多主要的新闻网站都开通了RSS服务，各类博客网站也嵌入了RSS服务。

2004年8月10日，人民网首次异地视频直播近8小时，报道首届中国汽车峰会。

2004年9月，Google继在2002年夏推出英文版新闻自动聚合服务后，推出中文新闻自动聚合服务。从1 000多个简体中文新闻源的新闻中，利用搜索技术和自动页面生成技术制作出新闻汇集的网页，不用编辑人员，仅靠计算机逻辑运算来自动推出当天重要网络

新闻报道。同时推出快讯功能，用户可设定要追踪的新闻或话题，有相关新闻内容更新时，Google快讯会以电邮形式通知用户。

2005年2月9日，人民网首次推出特别为网友量身定做的FLASH动画春节联欢晚会，并于4月26日，举行了“动画春晚数字艺术年度大奖暨2005动画春节联欢晚会颁奖典礼”。

2005年4月6日，人民网对主页进行调整，使用户登录后可看到当日《人民日报》一版版面，且《人民日报》当日所有版面的PDF版可在主页上直接打开阅读。

2005年9月，新浪成为第一家发布博客服务的门户网站。

2005年10月12日早上5时48分，人民网经授权，开始对“神六”发射实况进行了120多个小时的图文直播。从12日7时30分开始，人民网还对“神六”发射进行了Real和Windows Media两种格式的网络视频直播，其中Media格式视频首次尝试使用了P2P技术。人民网各外文网站均开设了相关专题，英文网站还特别制作了专门的留言板和RSS新闻。

2005年12月16日，由人民网、新华网、千龙网联合推出“掌上天下”手机新闻互联网站。

四、2006—2009年：推动事件发展、特大突发报道、微博

2007年10月12日，陕西省林业厅宣布“镇坪县发现野生华南虎”，同时公布了周正龙拍摄的两张华南虎照片。随后这两张照片在互联网上广为传播，很快其真假性遭到网友广泛质疑。来自社会各领域的普通网友、专业人士自发地参与到虎照鉴定中来。2007年11月26日，中国门户网站网易独家发布周正龙拍摄的全套40张原始“野生华南虎”数码照片，开始主动地介入新闻事件。12月2日，网易再次公布来自六个方面的鉴定报告和专家意见，认为“虎照为假”，舆论一片哗然。在“华南虎”事件中，广大网友与互联网媒体第一次成为推动新闻事件发展的主角，这也成为中国互联网新闻发展史上的经典案例。

2008年5月12日14时28分，四川汶川发生8.0级特大地震。各大网络媒体快速反应，投入大量人力，进行快速、全面、系统、深度、多频道、多栏目、多媒介等全方位密集报道，从此形成了对特大突发新闻快速进行全方位报道的传统。

2008年8月，众多网络媒体对北京奥运会进行了大量报道，借助于网页可大量存储发布信息的特点，大大超过了传统媒体受限于版面、时间的有限报道量，成为特大体育新闻报道的主要内容生产者。

2009年8月，新浪上线微博平台。

在21世纪的最初十年，网络媒体报道中的文字、图片、声音与视频等多媒介表现手段仍多是相互分离的。例如，《人民日报》网络版的视频，一部分来源于网站自身的采集，另一方面来源于中央电视台的节目。这些内容与网站的文字报道之间，没有相互的衔接与配合。音频报道也是如此。对于哪些内容适合用哪些手段有机地融合起来表现，网站似乎还显得无暇顾及。

五、2010—2020年：新闻客户端、社交平台、算法推荐、微信等自媒体号、多媒介融合新闻

进入21世纪的第二个十年，几大新闻门户网站纷纷从PC端转战手机端，相继推出新

闻客户端。2010 年 10 月，腾讯新闻客户端的第一个版本在苹果商店上架，是国内最早推出客户端产品的新闻门户之一。2010 年底，搜狐新闻客户端首创“搜狐早晚报”，2012 年首创订阅模式。2011 年初，网易新闻客户端正式上线。2013 年 4 月，新浪发布新浪新闻客户端。

在 2009 年新浪推出新浪微博社交平台之后，2011 年腾讯推出微信社交平台，与 1999 年就推出的 QQ 即时通信软件和 2005 年推出的 QQ 空间社交平台一起，开启了我国社交媒体发展的时代。

各大机构媒体纷纷开通官方微博、官方微信公众号，并打造自己的新闻客户端，开始了“两微一端”的新媒体矩阵建设。

2012 年 8 月，一款基于数据挖掘技术的算法推荐产品“今日头条”上线。算法模型会记录用户在今日头条上的每一次行为，把资讯与用户兴趣匹配起来进行自动推送。由此，多个新闻客户端都逐渐采用了这种把人工判断与算法推荐结合起来的个性化推荐模式。

2012 年 8 月 23 日，微信公众号正式上线，吸引了众多自媒体作者。各大平台开始开通自媒体号，并推出各种计划来扶持自媒体内容的创作与分发。比较知名的自媒体平台有：头条号、百家号、企鹅号、微信公众号、微博、一点号、大鱼号、网易号、大风号、搜狐号、知乎、简书、抖音、B 站、小红书等等。不仅有很多个人创作者开通多个平台的自媒体号，机构媒体也大多开通了多个平台的官方账号。

机构媒体开始超越原来“两微一端”的发布格局，在自己的新闻客户端发布新闻的同时，也会基本同步向数十个平台的官方账号发布新闻，以多点触达潜在的用户，覆盖全网可能获得的新闻流量。

在 21 世纪的第二个十年，网络新闻的主流载体从 PC 端转到手机端。智能手机在大众中普及，人人都会跟帖、写文、录音、拍照、摄像等，日常生活空间与网络信息空间无缝连接起来。网络带宽从 2G、3G 发展到 4G、5G。各大平台上普普通通一篇文章，都常是融合了文字、图片、声音、视频、链接、跟帖、调查等多媒介表现手段的，多媒介融合新闻已是寻常。

【本章小结】

本章梳理了我国网络媒体的早期发展状况。首先，梳理了我国传统媒体早期的两次触网潮。其次，梳理了新浪、搜狐、网易、腾讯向新闻综合门户网站发展的历程。最后，梳理了我国网络新闻不断创新发展的多种表现方式：从简单的复制粘贴，到对重要新闻和专题进行创造性整合编辑；从文图简单多媒介信息组合，到有机融合了图片、图表、音频、视频、链接、跟帖、调查等信息的多媒介融合新闻；从手动转发，到 RSS、新闻自动聚合、算法推荐等信息推荐方式；信息接收方式，也从 PC 端独大，发展到以手机端为主的微博、微信、新闻客户端、各大社交平台等多终端收发信息。

【思考题】

1. 为什么传统媒体触网早却仍然落后于商业新闻门户网站?

2. 传统媒体在社交平台时代应如何应对才能更好地生存下去?

3. 社交平台对新闻信息采集、编辑的影响有哪些?

【训练】

1. 请记录自己一天的网络新闻信息接收渠道及内容的状况，从用户使用角度，分析这些网络新闻信息是否满足了你的需求，你还需要怎样的网络新闻信息服务。

2. 请观察某种信息接收终端，分析其网络新闻表现方式有哪些。

3. 请分别找一家传统媒体和一家自媒体，观察并比较它们在哪些终端渠道推送新闻，推送内容和形式的特点如何。

【推荐阅读】

1. 陈彤，曾祥雪．新浪之道：门户网站新闻频道的运营［M］．福州：福建人民出版社，2005.

2. 彭兰．中国网络媒体的第一个十年［M］．北京：清华大学出版社，2005.

基础篇

第 3 章　编辑判断推荐

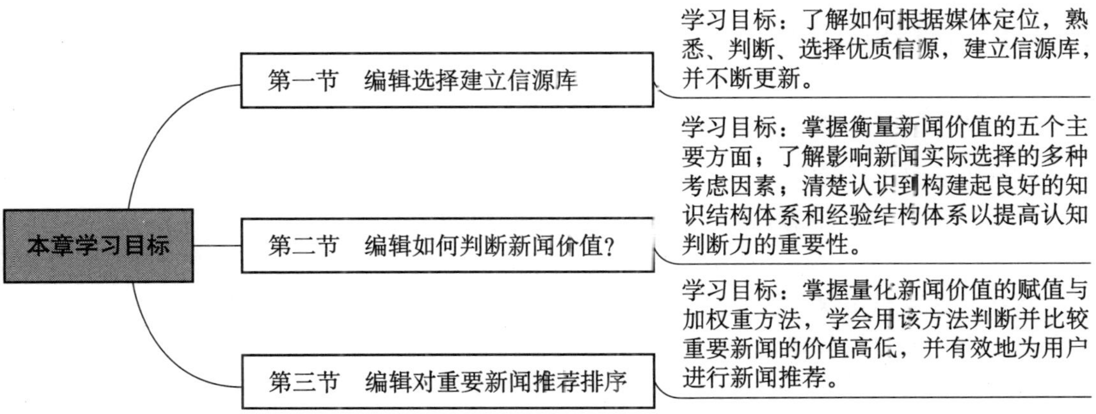

对网络新闻编辑来说，最重要的专业知识莫过于新闻价值判断方面的知识，最重要的专业能力，莫过于在掌握相关知识的基础上，通过长期判断实践获得丰富的经验，从而形成对新闻价值的敏感和准确判断。所以，这章内容主要讲述编辑应如何选择建立信源库、应如何判断新闻价值、应如何对重要新闻推荐排序。

第一节　编辑选择建立信源库

不管是平台、机构媒体的编辑，还是自媒体的编辑，对于发布内容的质量、偏向等方面的把关，首先是对信源库的把关。根据某平台、某机构媒体、某自媒体的定位，其信源库需要引入哪些 PGC 和 UGC 信源，既需要编辑在建立信源库前期进行人工干预，也需要编辑在后续中根据情况变化不断地更新信源库。

一、扶持海量内容的可持续生产，并清理不可靠信源

各大平台希望入驻的机构媒体和自媒体账号越多越好，拿出大量金钱和资源，提出各种扶持补贴计划，如“千人万元”“芒种”“大鱼”“熊掌”等，投入 10 亿元、20 亿元、100 亿元不等，对内容生产进行补贴和扶持，以维持海量内容的可持续生产。但是，海量内容泥沙俱下，要想更准确地辨识出不可靠信源并把其清理出去，就需要在算法基础上，配合人工判断进行干预。如，一点资讯建立了自媒体拓展团队，想方设法地增加自媒体入驻数量，同时也通过资讯审核团队，对不可靠信源进行清理。一点资讯的编辑拟定了比较严苛的审核标准，在 2016 年到 2017 年两年中，清理了几十万个自媒体账号，其中很多都是财经、股票、古玩、健康、情感方面的自媒体账号。2017 年末，一点资讯发布了年度

“黑榜”，曝光了当年因发布违规信息被封号的自媒体账号。①

二、列出清单，主动通过 RSS 方式抓取优质信源内容

除了自动入驻的机构媒体和自媒体账号，一些平台为了拓展、丰富内容生产资源，还会主动通过 RSS 抓取的方式，对适合自己需要的机构媒体和自媒体内容进行接入。

这就需要编辑预先进行人工判断，哪些机构媒体、自媒体的内容是该平台所需要却还没有的优质信源内容。列出清单后，让机器对这些媒体内容进行主动抓取和呈现。

三、对重要信源质量进行细分类别的评级

对重要信源质量的评级，有利于预先对信源可能生产的内容进行质量评分，以更快速准确地帮助对其内容推荐排序。而对重要信源质量的评级，也需要编辑人工进行预先判断。

如，一点资讯不仅会对重要信源进行从一级到六级的质量评级，还会对一些大内容源进行分类别的分别评级。比如，新华社的新闻，有极为重要的，也有比较一般的，那如何为新华社的新闻内容评级呢？一点资讯就对新华社的新闻内容进行拆解，拆解成新华时政、新华财经、新华军事、新华娱乐、新华文化等等。新华时政类别的新闻内容常常是很重要的，就给它评六级；某某类别的新闻内容通常比较一般，只给它二级。而新华时政还可以再拆解，比如人事变化、重大会议、政策解读等等。每个领域，都可以细分拆解后，根据具体状况来定义它的级别。对一般的可靠信源，可以默认为一级，不用编辑个个都去花时间评级，把编辑的时间精力用到能产生更好效果的重要信源质量评级上就可以了。②

四、建立分频道的优选信源库，倒时序混排浏览、择优转发

一些大型的机构媒体和自媒体账号，不仅发布自己机构内部的编采人员采写的内容，也存在着选择转发其他媒体内容的需要。全网内其他媒体账号那么多，分分钟都在发出海量内容，该媒体需要如何做，才能及时地转发其他媒体发布的、该媒体需要转发的重要内容呢？可行的做法是，根据该媒体需要转发的各频道内容分类，分别选择最可能发布该频道内容方面重要内容的信源，建立分频道的信源库。

如，某机构媒体的要闻频道，除了发布自己采编原创的时政新闻、社会新闻之外，还需要及时转发全国性重要的时政新闻和社会新闻。那么，可以选择在时政和社会新闻方面最可能发布重要新闻的信源，如新华网、人民网、澎湃新闻、《新京报》等信源，进入要闻频道信源库。该机构媒体的财经频道，除了发布自己采编原创的财经新闻之外，可以选择在财经方面最可能发布重要新闻的信源，如财新、财经、每日经济新闻等信源，进入财经频道信源库。

被选择进入某频道信源库的信源，当其发布新闻时，会自动在该机构媒体编辑后台系

---

① 吴晨光．自媒体之道［M］．北京：中国人民大学出版社，2018.

② 同①．

统的某频道待选新闻列表中出现。所有该频道信源库信源发布的新闻标题，会按倒时序，自动在待选新闻列表中混排出现。点击某条新闻标题，可查看该条新闻正文内容。

若信源是 PGC 媒体机构，其新闻内容已经过多次审核，一般来说在信息风险性方面无须多虑。所以，在快速处理海量信息、抢秒发布新闻的时候，对 PGC 媒体机构的新闻，若只根据标题内容就能判断其重要性的，很多时候连点击查看正文都不是完全必要的了，可以直接浏览完标题就判断是否转发。

若信源是 UGC 自媒体账号，其信息内容没有经过多次审核，一般来说在信息风险性方面需要严加注意。所以，即便是想抢秒发布，依然必须点击查看正文，并审慎判断其信息风险、事实准确性等各方面的可能问题，判断其没有问题后，才能依照判断进行转发。

负责某频道转发信息的编辑，在人工判断选择信源、建立信源库之后，就可以在编辑后台系统中，随时对入选信源最新发布的信息，快速浏览标题或正文后进行判断，决定是否转发及推荐排序呈现的位置。

第二节　编辑如何判断新闻价值？

编辑要想提高自己准确判断新闻价值的能力，不仅需要掌握衡量新闻价值的五个主要方面，了解影响新闻实际选择的多种考虑因素，还需要构建起良好的知识结构体系和经验结构体系以提高认知判断力。

一、新闻价值

新闻价值常可从重要性、接近性、显要性、人情味和时新性等五个方面来判断。其中，对新闻价值判断最为关键的，是重要性和接近性两个方面。

（一）重要性（影响力）

在新闻的重要性方面，你说这条重要，别人说那条重要，很难客观判断。如果我们把重要性这个词换成影响力，就能帮助我们更好理解判断一些。一条新闻的重要性或说影响力，取决于它所报道的事情能影响多少人，以及影响的程度。

1. 影响的广度

考量影响力的第一个方面，是影响的广度。

首先，可以看这条新闻会影响多少人。是影响一两个？还是影响千百个？

其次，可以看这条新闻影响空间的大小。比如，是只影响一个学校内的人群？还是要影响整个城市？影响整个省？影响整个国家？影响全世界？

影响人数越多、影响空间越大，影响的广度就越广。影响的广度越广，这条新闻的新闻价值会相对越高。

2. 影响的深度

考量影响力的第二个方面，是影响的深度，即这条新闻影响人们的利益程度如何。

首先，可看这条新闻影响人们的经济利益程度如何。经济利益程度如何考量呢？可大致归约为这条信息对人们钱袋子的影响到底有多大。比如，《个税抵扣细则来了，6 项支出可以抵税！帮你算个账，你的个税还能省多少钱?》这条新闻，涉及人们每年个税上缴的金额变化。个税应纳税所得额，在 5 000 元基本减除费用扣除和“三险一金”等专项扣除外，还可享受子女教育、继续教育、大病医疗、住房贷款利息或住房租金，以及赡养老人等专项附加扣除。也许你会因此消息所报道的规则变动而每年少缴 500 元的个税，500 元的节省对你来说，也许是可多要几份外卖，也许是可为孩子多存点教育费用，也许是可为自己准备更多养老金。再如，《金价日内一度大涨 10 美元 分析师最新走势预测》，这条新闻对炒黄金的人来说，可能会帮助其判断黄金走势，并进行相应操作，而带来一定的经济损益；对不炒黄金的人来说，可能只是稍微了解一下黄金走势，只是其判断社会经济发展状况的考虑因素之一。这两条新闻比较起来，对绝大多数人来说，个税规则变化的新闻，给他们带来钱方面的直接损益更大；而金价变化的新闻，虽说对某个人或某一小部分人来说，钱方面直接损益可能更大，但对绝大多数人来说，金价变化的新闻对其钱方面的直接损益几乎为零。因此，可根据新闻对人们经济利益影响程度的大小，来判断个税规则变化的新闻价值比金价变化的新闻价值更大。

其次，可看这条新闻影响人们生活的程度。对人们生活的影响，包括了吃喝拉撒睡等很多方面。比如，某电影会在周末上映的新闻，可能会影响到你是否会在这周末去电影院。某超级明星暑假会在上海开演唱会的新闻，可能会影响到包括你在内的全国范围内众多粉丝，是否抛开其他事情、买票专程去上海看这场演唱会的决定。从这两条新闻对你生活的影响程度来看，后者比前者对你的影响程度更大，其对你来说，影响力或说重要性更大。

对人们生活的影响尤其重要的方面是生命安全。比如，某地某餐厅清洁卫生方面存在问题的新闻，会影响到该地方人们外出就餐安全，所以，该新闻会引起该地人们的关注。某地公交车发生爆炸死伤多人的新闻，虽说也只是发生在某地的新闻，却会引起全国范围内人们的普遍关注。因为，这虽然只是发生在某地的公交车上的事件，但是由于几乎每个人出门都可能乘坐公交车，那么任何一辆公交车上可能发生的普遍危及人们生命安全的事件，就对几乎每个人的生命存在着潜在的威胁。所以全国范围内的人都几乎会出于对自己生命安全的关切而感到这条新闻很重要。

再次，影响的深度，还应考虑影响的时间长度。在差不多的情况下，影响的时间越长，影响的深度愈深，新闻的价值越大。比如，某条新闻可能只会影响到你今年年休假去哪里度假；而延迟退休年龄可能会使被涉及的人再多上好几年班。所以，延迟退休的新闻，仅从影响人们的时间长度来说，也值得受到人们的极大关注。

从影响力的角度来分析新闻价值的大小，你会发现，民生新闻的新闻价值往往很大。民生新闻的新闻价值为什么常偏大？是因为，既然是涉及民生，也就是影响到人民生活的某个方面了，会影响到很多人、影响范围广时间长、影响到金钱方面的利益常较大、会影响到日常生活的某个方面甚至影响到人们的生命安全。所以，一些表面上看起来很平常的民生新闻，却常是影响力很大的，是很重要的新闻。

（二）接近性（感兴趣）

接近性包括两个方面：一是地点接近性，一是心理接近性。

以前说接近性，主要理解为它的地点接近性，即某信息离用户生活的那个地点越接近，用户可能对它越关注，因为离用户越近，越有可能对用户某方面的影响很大。

但是，在地球村的环境下，遥远地方的一件事情对用户的影响也是比较快速的，也会对用户产生很多方面的影响。“一只蝴蝶扇一下翅膀”产生的“蝴蝶效应”，渐渐在新闻信息发布当中也呈现出来。所以，现在考虑接近性，更多是考虑心理接近性。

心理接近性也可以换一个词来帮助理解：感兴趣。心理接近性的大小，可由用户在心理上对某信息因感兴趣而关切的程度来考量。有很多事情，它可能不直接影响用户的经济利益，不直接影响用户的生活或生命安全，但是它可能对用户会存在着一些潜在的影响。这些间接、潜在的影响，可能会对用户的生活、生命安全产生某方面的影响，所以用户对它会比较关切、感兴趣。

心理接近性具体来分析，是指人们在心理上对新闻事件中的人物、人群、事件、现象、观点、时间、地点、环境、历史、文化、风俗、经济、政治、生活等方面感兴趣与关切的程度。

1. 用户会对新闻中的哪些人更感兴趣呢？

比较熟悉的人？有名的人？比较精英的人？比较特别的人？

用户会对哪些群体更关注呢？比较熟悉的群体？偏精英的群体？比较特别的群体？

比如，很多人会对学生、大学生、女大学生这样的群体更关注一些。为什么呢？因为作为每个家庭重点培养的孩子所组成的学生群体，得到大家的关注是很自然的。学生群体，是年轻人的群体，而年轻人的群体决定着这个社会未来的发展趋势。大学生群体，又是年轻人群体中偏精英的群体。所以，从功利的角度看，人们对大学生群体会更关注一些。

2. 用户会对新闻中的哪些事件更感兴趣呢？

奇闻逸事？虽然对用户的生活不会产生直接影响，但可以看个稀奇，得点乐趣，去些无聊。

平凡人经历的不平凡事？虽然那人是平凡普通之人，但他经历的那些不平凡的、曲折的甚至传奇的事情，令人感慨，令人同情，令人震惊，令人唏嘘不已。

不平凡之人经历的平凡事？虽然那事是寻常之事，但是不平凡之人做的，看来也让人顿觉“他竟然是这样生活的啊”“我的‘爱豆’是这样的人啊”“名人在这方面也同普通人差不多”“不过如此”之类的，满足人们好奇之心或亲近之心。

一些大型的事件？比如，一场大型体育赛事？比赛竞技的场面，对喜欢体育的人来说，魅力不可挡。

影响到人们生活、生命安全的公共安全事件？因为潜在地影响着人们的安全，所以人们会非常关注这些事件，并会考虑如何才能把相应的危险降到最低。比如，笔者曾看了一个新闻，报道说有两辆车进公交站的时候，因为抢客，一辆车直接冲到了公交站台上，造成了十几人伤亡，有好些受害者是因为站在公交站牌前，即便看到车冲过来，想退却退无可退。看了这个新闻以后，笔者真的受到影响了，每次在公交站台等车时，尽量不站在公交站牌正前面，而是站在公交站牌间有空位的地方，还把这种站空位的选择告诉了亲朋好友。所以，虽然报道的是两个公交车冲站的新闻，跟用户没有直接关系，但它潜在地威胁着用户出行的安全。所以，用户在心理上对这个信息关切重视的程度是很高的。

3. 用户会对什么样的现象更感兴趣呢？

当类似的事件多了以后，就成为一种现象。按说一个长期的现象已经不是新的东西，新闻价值就不太大了。但是有一些现象，因为其影响到了人们生活中某方面重要的利益，价值反而会比较大。

比如，公交车上有老人硬逼别人让座的现象。大家尊老敬老，但不是说每个人都有义务去让座。有一些老人，别人不让他，非要硬逼着别人让他，不让就指责打骂，这就不对了。像这样的新闻报道多了以后，类似事件的新闻价值就相对下降了。但这个现象，与日常出行可能遇到的场景密切相关。我们几乎每天都可能会在遇到类似情况时，考虑是否为老人让座。所以，一旦有这样的事情出现，人们就会关注，此事就会成为一个新闻。

再如，见义勇为却被讹诈的现象。虽然类似事情已报道多起，其新闻价值已相对下降，但一旦再出现见义勇为却被讹诈的事时，人们依然会非常关注，这件事依然会影响到人们对外部环境的判断，依然会影响到人们今后在遇到类似场景时所作出的行为选择。在大街上走路，遇到有人受伤倒地，你扶不扶？遇到有小孩子呼救，你救不救？类似见义勇为却被讹诈的事情多了以后，人们怕做好事不成却引火烧身，渐渐地就形成了一种大家不敢去见义勇为的现象。这种现象影响的另一面，是很多人开始担心，自己在外面出现紧急状况时，周围人可能也不敢伸出援手了。由于涉及人们潜在的切身安全方面的利益，发生见义勇为被讹诈、身处危境却无人施救的现象，人们对其感兴趣的程度就非常高。

4. 用户会对什么样的观点更感兴趣呢？

选择性接触理论认为，用户在接触信息时，存在着对信息选择性注意、选择性理解、选择性接收的情况。人们更倾向于注意、理解、接收与他们原有经验、原有观点相符合的信息，同时更倾向于有意无意地回避那些与其原有经验、观点不一致的信息。这就意味着，我们对跟自己观点比较接近的观点，会因为熟悉而更愿意接触，会因为自己原有观点被别人再度提及而感到被认同，因此更喜欢去看这些信息。

但是，也要注意到一个反面的现象，即有强烈冲突性的观点，可能会因其与自己原有观点太不一样而使我们觉得诧异，会想要了解一下。

5. 用户对什么样的时间点更感兴趣呢？

用户常对一些特别的时间点更感兴趣。

比如，五一节、国庆节、春节、端午节、中秋节等节假日，与这些节假日相关的信息，我们会更感兴趣些。国庆长假大家去哪儿玩，春节人们的回家盛况，中秋节人们喜欢吃什么口味的月饼，等等。这些节假日是一些特别的时间点，与这些时间点相关的信息，在这些时间点上发生的一些事情，大家会更感兴趣。

用户还会对发生过重要新闻事件的一些时间点感兴趣。比如，汶川“5・12”大地震发生后，每年在“5・12”纪念日前后，与当年地震相关的一些人、事、地方，其新闻价值就会被提升，与之相关的信息就会被报道出来。我们可搜集相关历史背景信息，并采访最近相关信息，以时间点的相关性为由头，作出一系列相关报道。

6. 用户对什么样的地点更感兴趣呢？

一般来说，用户会对离他们距离更近的地点信息更感兴趣。

用户对发达地区的信息会比不发达地区更感兴趣一些。比如，北上广的一些新闻，会比发生在偏僻乡村的一些新闻，更让人们感兴趣些。

历史上有名的一些地点，或原来曾发生过大新闻的一些地点又发生的新闻，人们关注度会更高些。比如，都江堰是历史名城，都江堰发生的新闻，人们会更关注些。再如，发生过大地震的北川县城、映秀镇的相关新闻，会获得更高关注度。

7. 用户对什么样的环境更感兴趣呢？

用户对日常熟悉的环境、可能会去的环境发生的新闻，会更感兴趣。

比如，大家日常都在办公室里工作，那么办公室里发生的一些新闻，可能就有比较多的人关注。

比如，很多人常去麦当劳、肯德基之类的快餐连锁店，那么在麦当劳、肯德基里发生的新闻，就会更吸引大家注意。

比如，人们常会去旅游，那么旅游环境下发生的新闻，如导游逼游客买东西、景区餐馆天价宰客等新闻，就更能激起人们关注和反应。

另外，自工业革命以来，工业发展一方面提高了人们生活水平，但另一方面又带来了环境污染，威胁到人们的生活。现在，人们越来越关注环境保护问题。对每个人生活都影响巨大的空气污染、水质污染、食品污染、各种工业制品安全等方面的问题，尤其受到高度关注。

8. 用户对什么样的历史更感兴趣呢？

一般来说，与现在时间越接近的历史，人们越会感兴趣。与某新闻事件关系越密切的历史背景信息，人们越会深入了解。

9. 用户对什么样的文化更感兴趣呢？

越接近的、越熟悉的文化，用户越容易选择性接触、理解、接收。另一方面，与其有差异甚至冲突的那些文化，用户也会因诧异或好奇而更关注。与某新闻事件关系越密切的文化方面的信息，人们觉得了解此信息对深入了解该新闻事件有很大帮助，就越愿意花时间去了解。

10. 用户对什么样的风俗更感兴趣呢？

与用户日常生活有关的风俗，用户会更有兴趣去了解。比如，教师节要给老师送礼吗？孩子 18 岁后是不是该自己挣钱养活自己呢？放假是不是一定要去旅游呢？春节是不是一定要回家呢？是不是结婚后要与夫家住一起呢？父母老了后送他们进养老院是不是不孝呢？这些生活中的风俗，因为几乎和每个人在生活中的抉择有关系，所以人们会关注这些方面的信息，以帮助自己进行恰当的选择判断。

另一方面，与用户生活很不一样的其他地方的风俗习惯，其也有一定的兴趣去了解。一是可了解自己不知道的新奇事物，二是可通过了解其他地方人的风俗习惯，与自己习以为常的相比较，来思考自己日常生活中的风俗习惯是否值得去遵循。

11. 用户对哪些方面的经济信息更感兴趣呢？

用户对涉及切身利益方面的信息都非常关切。跟用户钱包有关系的，用户常会比较关注。比如，国家收了多少税？你的个税应缴多少？劳动合同签订的相关规则如何？最低工资标准是多少？公积金每月交多少？医保每月交多少？医保报销规则如何？社保每月交多少？到时候养老金每月能拿多少？退休年龄如何确定？等等。这些涉及几乎每个人经济利益的信息，有着广泛的关注度。

另外，一些与宏观经济形势、就业状况、物价情况、各行业发展状况、房地产状况、科技对经济各方面产生的影响等等相关的经济信息，也密切影响着人们生活状况，人们对这些方面的信息也会较为关注。

自发明货币以后，人们的财富以货币形式积累起来，金融方面的信息涉及每个人财富的缩水或增值，所以人们对银行存贷款利率变化、汇率变化、基金投资、股票投资等金融方面的信息都很关注。在某方面有实际投资的人群，对相关的信息会尤其关注。

12. 用户对哪些方面的政治信息更感兴趣呢？

人类社会组织中的制度规则，规范并影响着组织中每个人的生活。因此人们会非常关注法律法规以及各项政策制度的制定与实施状况。

13. 用户对哪些方面的生活信息更感兴趣呢？

以前可能觉得不具价值的消费信息、生活方式信息，现在有更多的新闻媒体提高对这些信息的价值判断，并进行大量的报道。比如，某些人群的生活方式如何？某些人群的生活状态如何？消费状况怎样？人们选择什么样的房子？装修要考虑一些什么？流行什么外卖？等等。

因为人是社会动物，人对世界变动的信息监测，其中很大部分是对其他人群的生活世界状况及变化的信息监测。所以，人们会对其他人群过着什么样的生活、过得怎么样、心理状态如何、消费状况如何、人际关系状况如何、对一些事情的看法如何等等方面，会有兴趣和好奇心。

（三）显要性

显要性，是指涉及有影响力的或重要的人、事、时间、地点等新闻要素的新闻，与只涉及普通的人、事、时间、地点等新闻要素的新闻相比，其新闻价值更大。人、事、时间、地点等新闻要素越显著或重要，其新闻价值越大。

1. 显要的人和人群

显要的人，一个意思是指有名的人，一个意思是指重要的人。一个有名的人，并不一定同时是重要的人。一个重要的人，不一定同时是有名的人。当然，也有既重要也有名的人。

有时，某事放到普通人身上，不会成为引人关注的新闻，但同样的事放到显要的人身上，却成为很多人愿意关注的新闻。如，普通人离婚，并没有多少人愿意关注，但某明星离婚，却成为众多吃瓜群众茶余饭后的谈资。

显要的人，主要有政要、明星、大 V、网红、达人、各细分领域的名人等。准社会互动理论提出，人们通过媒体传播接收到某人的信息，了解并不断熟悉某人的生活状况，会对其产生犹如对生活中熟悉的人的感觉。人们对通过媒介信息而了解的人，也类似于在现实生活中直接接触而了解的人那样，会产生熟悉、亲近的感觉。虽然常只是单方面接收某名人的信息，但也会觉得那人是自己熟悉的人甚至信赖的朋友，想要持续地关注其生活变化的状况，就如同自己在与其一起经历着生活的变化一样。人们接收到的某名人信息，通过某种媒介方式所进行的与该名人的信息互动，或以该名人为中介与其他也关注此名人的同好们的信息互动，会让人产生犹如与生活中亲朋好友进行人际互动一样的社会互动亲密感受，并受到这些互动信息的影响。所以，从准社会互动的角度来看，人们对显要的人、尤其是明星们的关注，接收他们的信息并与之信息互动，以及与喜爱某明星同好们的信息互动，有着类似甚至超过现实生活中人际互动的重要性和影响力。因此，涉及明星们的信息，其被关注的程度极为“夸张”。

还有一些人，虽然是普通人，但曾因涉及某新闻被报道过，并得到了广泛的关注，于是成了有一定知名度的人。当此人所涉及的事件有后续的，或仅是此人有后续的变动信息时，就更容易被持续关注。如，周正龙只是个普通人，但因涉及编造拍到了真老虎照片的新闻而广为人知。当此新闻事件有后续变动信息时，或仅是周正龙的生活状况有后续变动信息时，就更容易被报道出来，也能吸引到很多人的关注。所以，对于产生广泛影响的报道相关的后继消息，编辑应适当提高对其新闻价值的判断。

显要的人群，是指因某种特征而有名的或重要的人群。主要有官员群体、娱乐圈人士、富豪们、企业高层管理者们、意见领袖们、大学生群体、留学生群体、白领群体、农民工群体等等。由于某种特征而显要的人群，因为其某方面的特别、某方面的重要性，而更能获得人们的关注度。因此，与这些显要的人群有关的新闻，其新闻价值会更大一些。

2. 显要的事

显要的事，是指有名的、重要的事。常包括一些重大事件，尤其是重大时政新闻，如“两会”新闻；重大的冲突和公共安全报道，如战争报道、恐袭报道等；重大的灾害报道，如地震报道、火灾报道、水灾报道、疫情报道等；重大的庆典和赛事报道，如奥运报道等。一些单独看起来并没有多少关注度的信息，如一些背景信息、人物信息等，如果能够和显要的事相联系，将其放入报道显要的事的相关信息的范围内，将会提高该信息被关注的程度。

还有一类事情，虽然不是什么重大的事情，但由于其曾经被报道过并得到了广泛的关注，于是在人们记忆中具有了一定的知名度。当这件事有后续变动信息时，或有类似的事情发生时，此信息就更容易被持续关注。如，高铁霸座的事情被第一次报道并引起人们关注后，其后续信息以及更多霸座的事情，被接二连三地报道出来，也持续地引起了人们的关注。

3. 显要的地点

显要的地点，是指显著的、有名的、重要的地点。相比发展中国家，发达国家更显要，如美国、英国等欧美发达国家。相比中小型城市，北上广等大型城市更显要。相比政局稳定、社会生活秩序正常的地方，那些正在发生战争或政局动荡不安的地方更吸引世界性的关注。相比历史上默默无闻的地方，那些历史上有名的地方更引人注意。还有一些地方，因涉及某新闻事件，而在一段时间内成为有知名度的地方。

4. 显要的时间

显要的时间，是指显著的、有名的、重要的时间。相比普通的日子，节假日更显要，历史上曾发生重要事件的纪念日更显要，与某有影响力的新闻事件相关的时间点更显要。

（四）人情味（有故事）

人情味，是指这个信息呈现出复杂的人性，有丰富多元的蕴含，能激发读者复杂深沉的情绪。具人情味的新闻，常有曲折的故事情节，复杂的事件，有血有肉、可感可泣、可悲可叹的人物，以及具体丰富的细节。

因此，判断新闻是否有人情味，常可从看这条新闻是否“有故事”，是否故事性强，来帮助判断。一般来说，新闻中叙述了故事的，其故事中的细节越具体越多、情节越复杂、人物越丰富多面，呈现出的人性越复杂，蕴含的意义越丰富多元，激发出的读者情绪越复杂深沉，其人情味就越高。

（五）时新性

时新性，是指时间上近、新鲜度高。

新闻，本意就是新人之闻。新人之闻，与历史不同，需要在时间上越近越好。时间上离现在越近的信息，如果它本身的内容上越有新意，越出人意料，以前越没有报道过类似信息，新闻价值就越高。

但在进行新闻价值判断时，时间上近这个因素，恰恰又是最不需要太去分析判断的一个点。为什么呢？因为现在基本上都是当日新闻，甚至是延迟很少的几乎实时的新闻，以及实时直播报道。在时间的及时性上，大家都差异不大了。如果一个信息在时间上是实时直播，但这信息不重要，那么对它的新闻价值判断仍然无法因为它的时效性而提得太高。

1. 突发性或跃进性事实，越快报道价值越高

突发的重要新闻，需要去抢时效。发稿时间抢得越快，对它的新闻价值判断越高。在做新闻价值判断时，最需要考虑的，首先是信息的重要性，其次才考虑信息的时效性。在进行稿件价值判断比较、决定它在首页上排序的时候，编辑所面对的这些稿件，差不多都是当日新闻，时间差距不是太大，所以最终决定其新闻价值大小判断的，不是其时效性上早几分钟还是晚几分钟，而仍然是前面提到的重要性、影响力、人们感兴趣的程度、显要性、人情味这些更本质的方面。

进行突发新闻的跟进报道时，该事件不断发展、跃进，有新的信息发生，有新的事实披露。在滚动报道、连续报道中，越快去报道它，新闻价值越高。

一般来说，若其他因素相同，当日发生的新闻事件，其受关注程度通常比前一日发生的新闻事件更高。实时发生的新闻事件，比几小时前发生的新闻事件受关注度更高。前几天发生的重要新闻，如果没有关键的新进展，很难再在今天持续占据重要新闻区。

2. 渐进性的事实，需找一个最新最近的事实变动时间点

在新闻报道中，有很多并不是突发的事实，而是一些渐进性的事实。为提升渐进性事实的新闻性，可尽量去找一个最新最近的事实变动时间点，将其放入标题或导语中，以使其关注程度得以提高。

比如，有一个新闻事件是几天前开始发生的，但现在该事件仍在发展进行过程中，若导语里的时间用词选“几天前……”，其新闻价值的时效性就显得很差，若换个词“正在……”,其时效性就提高了，其新闻价值也得以提高。

再如，在连续性报道中，可在标题或导语里使用“某某事件续：……”之类的句式，表明这是某个曾受关注新闻事件的最新事实变动。很多网友曾感叹，一个新闻事件的热度起来后，博得了众多关注，但过不了几天，这件事的热度就被挤下去了，不再有这件事的后续报道，也无从了解到这件事的最终结果到底如何。这种不完整的信息接收状况，无法让网友通过跟踪其事件后续发展和最后结果，来了解或促进此事的发展及同类事情的发展。所以，对一个新闻事件的后续报道，虽然后续内容也许不太多不太重要，但其对满足网友知情权的重要性很大。加上“后续”特征词的新闻，会使附着于此前某件新闻事件的那些渐进性事实的受关注程度得以提高。

3. 过去很久发生的事实，可找“新闻由头”拉近时间

一般来说，尽量不要用“近日”“日前”这样的时间用语，因为这些模糊的时间用语，会降低事件的新闻价值。应该用离现在最近的、具体准确的时间，以提高其新闻价值。但有时候，事实确实是前几天，甚至是前几年、前几十年发生的，只是现在才被发现，怎么才能在报道中把这件事与现在的时间点拉近一点呢？一个办法是，可说明自己得到该信息的时间。比如，一件发生在30年前的性侵案，但今天才被曝光出来，可表述成“记者刚刚从某信源处得到披露某事的信息”。这样，从时间上把过去很久的事情和现在的时间点拉近了。

二、影响新闻选择的一些条件①

维基百科“新闻价值”条目下的子条目“影响新闻选择的条件”，列出了十几条影响新闻选择的条件。这些因素会在实际的新闻选择操作过程中综合地起作用，影响到编辑对多条新闻的价值大小判断和实际选择结果。

（一）频率

突然发生的并与新闻机构工作的时间表合拍的事件，比那些逐渐发生或在报道不方便的时候发生的事件，更可能得到报道。长期趋势不大可能得到太多的不断的报道。

频率，是指某个事件发生的次数多少及间隔时间的长短。一个事件发生的次数多且间隔时间短，其发生的频率就高。一个事件发生的次数少且间隔时间长，其发生的频率就低。相比起来，发生频率越低的事件，比起发生频率高的事件，其新闻价值就相对更高。

一种长期趋势，尽管也是人们生活中非常重要的一个趋势，对人们生活造成的影响可能非常大，但如果这种巨大的影响并不是突然发生的，并不能由具体明确的某事来作为明显转折点，而是细水长流式的、接近于无形无影的、温水煮青蛙式的慢慢起作用，是由很多类似的小事情所积淀起来的趋势，那这种长期趋势，尽管非常重要，也常难得到匹配其影响力的报道。除非在这种长期趋势中，出现某件突发的、明确的事件，比较符合有形的、适合记录的、新闻价值高的报道的特性，才可能被报道出来。如，出租车司机聚集起来罢工，是一件突发的、有形的、适合记录的、新闻价值高的可被报道的事件，但其

① 参见维基百科“News values”条目下的子条目“Conditions for news”，https://en.wikipedia.org/wiki/News_values。原文为英文，笔者将其译成了中文。并在文内对每一个细化的条目进行了一些解释。

实出租车司机们每天上交出租车公司几百元管理费、出租车太少尤其在高峰期很难打到出租车的现象，已出现很多年了。再如，富士康员工接连自杀的事件出现后，得到一小段时间的大量报道，但产业工人的工作内容单调枯燥，经常加班超长时工作，工余娱乐活动也很少，爱与归属、求知、尊重、自我实现等高级需求很少被满足的现象，是一直存在着的。

新闻报道更倾向于报道突发情况，报道需有明确的发生时间、明确的发生地点、明确的发生事件、明确的涉及人物等有形因素，且事件发生的时间点离现在越近越好。只要发生的时间点离现在近，其事件的新闻价值相对较小也能得到报道和一定的关注。再重要的趋势，对人们影响再重大的事情，只要其难有明确的时间发生点，难有有形的人物和事件，其能获得报道的可能性也较小。昨日的重要新闻，虽然比今日的所有新闻都更重要，但那已是昨日新闻，不可能再持续占据重要新闻区。现在几乎实时报道的环境里，信息瀑布流时时更新，秒秒刷新，首屏出现的很可能连当日重要新闻，甚至几小时内的重要新闻都不是，而只是每秒倒时序自动呈现的不知其重要性如何的信息。

新闻不是历史，不是文学，不是心理学，不是哲学，不是社会学，不是经济学，而是有着新闻特征的信息。新闻的特征，有其概念中天然已含有的偏向性。天然地偏向时间的及时性，天然地偏向事件的有形性，天然地偏向新鲜而非陈旧，天然地偏向记录的而非创造的，天然地偏向外显的而非内心的，天然地偏向细节的而非抽象的，天然地偏向个体的而非群体的，天然地偏向故事的而非分析的。我们仍然要在弄清楚具新闻特征信息的优势与劣势的基础上，尽量发挥其优势，但也不要过犹不及，有意识地去想办法弥补其劣势，尽量让新闻信息在人们生活中发挥其应该发挥出的、让人们生活更好的作用。比如，离现在越近的信息越受重视这点，应该和信息重要性结合起来，不应该让无价值的信息流冲得重要信息都无处可寻。在重要新闻的推荐排序上，需要编辑人工进行一定的干预，确保人们能在尽量短的时间内获得真正有价值的重要信息。再如，有意识地加强对长期趋势性现象的报道，对影响人们生活的长期现象，想办法给予应有的报道和关注，以真正有利于人们的生活。再如，意识到新闻容易对名人进行过度报道之后，应有意识地多报道普通人的生活。如中国青年报《冰点周刊》所做的那样，适当地把聚光灯转移到普通人的生活上面，其报道依然能获得大家的关注，并引发人们对自己和其他普通人生活状态的深度思考。

（二）消极

坏消息比好消息更具新闻价值。

为什么坏消息比好消息更具新闻价值？因为新闻最重要的作用是监测环境。有新闻帮助用户监测外部环境的变化，用户才好根据接收到的外部环境的变化信息，做出他认为适当的行为反应。哪些信息对用户做出行为反应具有的价值更大呢？当然是坏消息。

但这会造成坏消息获得报道的概率比好消息获得报道的概率大得多。新闻信息偏向于坏消息的特征，会造成一种什么状况呢？会造成我们通过新闻消息了解到的外部世界，绝大部分都是坏消息。由于我们每个人对外部世界的了解，除亲身经历的事件外，绝大部分是通过间接信息，尤其是由新闻报道所传递的间接信息所了解。这会让长期看新闻的人，感知到的外部世界风险比实际风险大得多。在新闻报道的拟态环境中，坏事情常占了百分之六七十的比例。如果接收新闻的用户，是一个没有太高信息判断力的人，不能更准确地认识到是因为新闻偏向于报道坏消息才造成的坏消息太多、负面事件比例过大的拟态环境，那他就会认为外面的世界充满了风险。当把外面的世界危险度认知为比真实世界实际危险度更高的情况在很多用户那里实际发生了时，这些用户会更偏向于减少外出，宅在家里；更偏向于不相信人性，不相信别人，心情灰暗；更偏向于少与人交往，少做事情，缺乏积极参与生活的心态。本来为了监测外部环境变化以更好地适应环境的人们，却因为坏消息更多被报道，误判外部世界危险重重，动辄有风险，而过于谨小慎微、放弃掉很多好的发展机会。要减轻坏消息造成的对风险比例的误判，真正利用好坏消息对监测环境的预警作用，还需要用户有良好的信息判断能力。

（三）意外性

如果一个事件与众不同，它将比每天都会发生的影响更大。

有人说，“狗咬人不是新闻，人咬狗才是新闻”。一个事件越让人意外，越反常，其新闻价值越大。新闻的特征偏向于意外和反常的事情，这个特征导致的另一面是，很多经常发生的事情，虽然对人们的生活影响更大，但因其看起来太寻常，而难以得到报道和关注，相关的一些重要问题也就难以得到改进。所以，在认识到新闻偏向于意外和反常的特征后，应有意识地去发现对人们有较大影响的寻常事情，提高对其新闻价值的判断，增多对有影响的“寻常”事情的报道力度，以改进人们的生活状态。

（四）明确性

其影响是显而易见的事件，更容易获得报道。那些可有不止一种解释的事情，或那些有难以理解的复杂背景的事件，则较不易获得报道。

明确性会提高事件被报道的可能性，这一个特点也会造成新闻信息肤浅化。容易理解的事件更容易被报道，需要复杂理解的事件不太容易得到报道，这会让新闻事件看起来很浅显易读，但却可能因过于明确、简单，而丧失了它的多角度、多层次、多元化及认知的深度。

为什么更明确、显而易见的，更易获得报道呢？因为新闻需要获得最大限度的用户注意，才能更好地获取到用户注意力，并售卖给广告商换取广告利益。而大量的用户更愿意接收简单一点的信息。如果给新闻添加很多背景信息，多角度多层次地去深度解释，也许能够得到一部分愿意接触深度信息的人的注意和赞赏，但也可能会丧失掉很多只想简单了解、不愿意接触深度信息的人的注意。所以，很多新闻更偏向于通俗易懂，缺乏深度分析。应该有意识地多做深度报道，并提高对深度报道的新闻价值判断，尽量纠正新闻肤浅化的倾向。

（五）个性化

那些可被描绘为个人行动的故事，比那些没有人情味的事情，更有吸引力。

比起抽象的概念，人们更喜欢看具体的事情。比起群体的画像，人们更喜欢看特写的个人。人们对具体的个人经历故事更感兴趣、更容易受到个人故事的感动。仅报道死伤人数，只是一个数据，让人内心的波澜有些起伏而已；而细描一个普通人的死亡，却会让人心痛不已，泪如雨下。鲁迅说："悲剧将人生的有价值的东西毁灭给人看"。《冰点周刊》的编辑们总结了一句："再广大的悲伤，也比不上一个小人物具体的悲伤。"

在人物报道中，需要采访到丰富的细节，以细描人物的个人故事，才能让人通过具体的个人行动的故事，进入人物的生活世界，去同感同悲喜。

在事件报道中，也需要采访到具体的事件经过及相关个人行动反应的细节，才能让事件的描述有人物、有行动、有情节，更具体可感。

在现象报道中，还是需要利用具象的故事细节，让人具体可感地了解并思考复杂抽象的现象。现象报道需要采访到一个或几个有代表性的人物生活故事，把复杂抽象的现象通过与此现象有关的具体生活故事细节表现出来。

（六）意义

这关系到用户对这个主题的认识。"文化接近"是这里的一个因素——人们更关心那些与他们说同一种语言，看起来差不多，见解接近的人的故事。

某篇报道内容所表达的意思，如果和用户对此内容原有的认知较为贴近，会更容易被用户所注意、理解和接受。人们更关心自己熟悉的人、地方、思想、事情。相比起国外，人们对国内的人更关心。相比起国外的事情，人们对国内的事情更关心。一般来说，对国际新闻重要性的判断，常会比类似国内新闻的重要性低上几个层级。

（七）精英国家

与发达国家相关的故事，比与那些影响力小的国家相关的故事，获得更多的关注。

（八）精英人士

富人、权贵、名人的故事往往能得到更多的关注。

（九）冲突

人类之间的争端或战争，导致戏剧性的效果。涉及冲突的故事常很有新闻价值。

人类社会当中最大的冲突是战争。很明显，战争威胁到了被卷入战争的每个人的生命安全、经济安全等全方位的利益。即便没被直接威胁到的人们，其经济利益也可能被影响到。战争的惨烈，也会引发人们对被战争所害的人的深深同情及关注。所以，关于战争的信息，新闻价值特别大。哪怕只是几方冲突不断、可能引发战争的讯息，新闻价值也非常大。

日常生活中，人们激发出的小冲突，也会提升这个事情的新闻价值。比如，有一家三口去斯德哥尔摩住店，提前去了十几个小时，别人不愿意他们在大堂里彻夜等待，把他们赶出来，这就激发出一个冲突。且这个冲突还不断发酵，升级到了大使馆提抗议、外交部提相关要求的程度。这个发生在一家人身上的旅游入住酒店的小事，因其冲突性而引人关注，新闻价值得以提高，经过媒体报道，形成了一个关注度极高的当日热点新闻。

（十）一致性

那些符合媒体期待的故事，比那些媒体抗拒的（他们因而没有准备好）的故事，更容易得到报道。媒体更倾向报道与之期待一致的新闻事件。

不同的媒体，有自己不同的定位，在风格、选稿、判断等方面也各有特点或者说偏向。符合某媒体的定位、风格的稿件，更容易被选出来进行报道。有时，一篇不符合某媒体的定位、风格的稿件，也许符合另一媒体的定位、风格，而出现不被某家媒体选择刊发却被其他媒体选择刊发，或者被某家媒体刊发到重要位置却被其他媒体刊发到不太重要位置的差异化现象。

（十一）连续性

报道故事还存在惯性，部分原因是媒体机构已给了位置去报道此事，也因为之前的报道可能使故事更易被公众接受（使它减少不确定）。

一件事被报道出来后，对它的后续报道，用户是比较关心的，关心这件事发展到什么程度了、怎么样了。因为能减少用户对此事发展及结果的不确定性，所以对此前已报道的事再进行报道，被选择刊发的可能性就更大。哪怕只是有一丁点儿新发展，都有可能再度被滚动连续报道出来。

实际上，我们还应加强连续性报道。目前有很多热点新闻有头无尾，前面报道了，然后在大家的群情激愤、热心关注中，接连几天对它重点报道，但常常也只热乎这么几天。当下一个新闻热点覆盖过来，就很少见新闻媒体把此前热点事件的目前发展状况再报道出来了。在热点追踪这方面，我们还应该加强。连续性的报道，要有头有尾。对于引起用户关注的事，用户欲知、应知却未知的事，应连续地把它报道下去。

（十二）组成

故事必须在媒体上相互竞争空间。例如，编辑会寻求提供不同类型稿件覆盖面的平衡，国际新闻可能不得不让位给国内新闻。以这种方式突出某个故事，不仅要看它自己的消息价值，而且要考虑这些相互竞争的事件。

每天的稿件选择，不仅看其绝对的新闻价值如何，还要将它跟当日其他新闻的新闻价值进行比较，看其相对新闻价值如何。可能某一天的新闻，其绝对新闻价值都不怎么样，编辑就会选在当天所有新闻中相对来说新闻价值比较重要的，放在重要新闻区里面。每天重要新闻区稿件的推荐排序，是基于当时稿件相对价值的判断和选择。如果有一条新闻，它绝对新闻价值是比较大，但当天有更多重要的新闻，它就可能就会被压到比较低的位置。

另外，编辑在选择推荐重要新闻区稿件时，会考虑提供不同类型的稿件，而不仅是考虑新闻的绝对价值。一般来说，重要新闻区的推荐稿件，常会平衡这样几种重要稿件：重大的国内时政新闻、重大的国内民生新闻、重大的国际时政新闻、重大的国内社会新闻、重大的国内财经新闻，以及几条科技、娱乐、体育新闻等。总之，重要新闻区的新闻推荐上，需要考虑在新闻类型上形成一定的平衡。

（十三）比赛

媒体之间的竞争，会影响相互之间对某个事件的新闻价值判断的高低。

比如，当天的一个热点，澎湃去报道了，《新京报》去报道了，其他媒体的记者一看，两家重点媒体都报道了，说明这是个重要的新闻事件，我们得赶快去，不要错过重要新闻的报道。

或者，新浪的编辑，本来已在重要新闻区发布了一些新闻，但他看到对手网站腾讯或网易或搜狐的重要新闻区发布了哪几条自己没有发布的重要新闻，会补充发布，不能漏发重要新闻。

或者，对手网站发布的某条新闻，他也发布了，对其新闻价值判断得比较低，放在比较低一点的位置上。然后他看到对手网站的排序与自己不同，不由得自问：是不是自己判断不准确呢？是不是需要把它提升一下？那他就有可能把对手网站判断得比较高、而他原来判断得比较低的那一条，往上再提升一下，在推荐排序中放到更突出的位置。这些观察对手网站排序从而调整自己网站排序的相互影响的现象，是非常常见的。所以，为什么新闻媒体慢慢地会同质化发展？也是因为它们在互相竞争，会密切地关注对手媒体对某件事情的新闻价值判断，经常会受到对手媒体的新闻价值判断的影响。

（十四）增选

一个价值不大的故事，如果它与一个正在报道的重要新闻有关，也可能被选上。

在报道重要新闻时，常会选一些跟它相关的次要信息进来，组成一个综合性的报道，或组成一个专题。如果不是要刊发这条重要新闻，可能那些次要信息就出不来。比如，一个重要新闻中涉及某个人物，那这个人物的简历、其此前的新闻报道等等，就可能会被增选出来。再如，一个重要新闻中涉及某个事件，这个事件发生的地点相关的信息，如此地的历史沿革、风俗文化、地理状况等，就有可能被增选出来，以丰富对此重要新闻的报道。

（十五）预制

一个已经写出的故事，虽然新闻价值小些，但比起那些需要调查和从头开始写作的故事来，还是会优先被选择。

一家媒体，如果既发布自己原创采写的稿件，同时又转发其他媒体稿件，当遇到对同一件新闻的报道的时候，一般来说，会优先考虑重点刊发自己原创采写的稿件。即便自己原创采写的稿件内容比不上别家媒体，也会因为是原创稿件，而被在发布体系中赋予更高的重视程度。当然，一家媒体也可以既发布自己原创的稿件，也转发其他媒体稿件，以避免自己的视野和能力局限，更好地为用户了解该新闻事件而服务。

（十六）可预测性

事前安排好了要报道的可预测性新闻，更容易发表。

可预测性新闻，往往在事件发生前几天甚至前几个月，就已预先考虑了如何报道、派谁去报道、搜集哪些信息、采访哪些人、采访哪些内容、写哪些方面、系列报道由哪些方面的稿件组成，甚至预先写出了部分稿件。这种已花了很多时间精力去做的报道，更容易发布出来。

（十七）时间限制

传统的新闻媒体，如广播、电视和报纸都有严格的最后期限，生产周期短，它常选择可迅速做出来的报道。

现在的网络记者，也有采写稿件的时间契合度的问题。虽然网络可以一天 24 小时随时发布新闻，但记者编辑的上班时间，一般来说是实行三班倒制度的，且在白天正常的朝九晚五时段，上班的人数最多，其他时间只象征性地安排人员值班。出于精力的限制，非白天上班时段发生的事件，其被采写报道的可能性会大大低于白天上班时段发生的事件。

从采访的角度看，全球一体化的时代，有很多涉及对国外发生事情的采访报道。比如，在斯德哥尔摩住店引起冲突的那则新闻，记者想去追踪采访时，斯德哥尔摩正是晚上，无论是想联系警察局等相关机构，还是联系相关人物，都很难找得到人。这些导致采访受限的时间因素，也会导致更有价值的信息难以被及时采写报道出来，不太有价值的信息却因采访时间合宜而被提升了价值，被突出报道出来。

另外，新媒体发稿也有时间上的规律，不是说可以 24 小时发，就真的 24 小时都同等力度地发。新媒体会根据大数据的挖掘，分析出用户阅读的高峰时段，然后尽量集中在阅读高峰时段多发一些稿。

所以，因契合于媒体稿件的采写规律及用户阅读信息的时间规律，出现了某些信息更易得到报道的偏向。

（十八）后勤

现在全球网络通信非常发达，地球上不同国家发生的事，甚至远至北极、南极发生的事，都能快速传信息过来。但是，在网络带来的去中心化、分散化的发展趋势中，仍然存在着中心地区、中心城市和偏远地区、非中心城市的差别。甚至因为交通的发展，飞机、高铁、高速公路等交通方面的便利，使得人群更为集中，出现了一个个超级城市群，每个超级城市群辐射周围一大片非中心地区。超级城市群中，各种资源聚集，有影响力的事件更多，去采写报道的记者更多，获得关注的程度更大。非中心地区，尤其是偏远地区，比如说偏远的乡村，或是人迹罕至的地方，有影响力的事件更少，去采写报道的记者更少。往往是有重大突发事情的时候，才可能专门派出采访人员和后勤技术支持人员，去偏远之地采访报道。相比起来，城市里发生的事件，记者自己开个车就去了现场，能快速地发回报道；且城市里的事件目击者众多，信息发布也更直接、详细、多元。

（十九）数据

媒体需要备份所有的故事与数据，以保持相关性和可靠性。记者喜欢看原始数据，以便能采取不偏不倚的观点。

数据，不仅指数字类的数据，还包括文字类、声像类、行为类数据。不是所有散在的数据都能解析出一定的意义，但有些是可从中解析出有一定意义的。媒体需要搜集分析大量散在的数据，以从中发现相关性，发现值得报道的信息；或让各种数据交叉互证，以保证某信息的可靠性。

媒体发布信息，须尽力保持公平公正的立场，以尽量客观地挖掘出事件真相。因此，记者在每一篇具体的新闻报道中，需搜集采访尽量多的原始数据、第一手资料，以便能尽量客观、全面地去判断这件事情的真相是什么，并依照自己的判断，把相关事件信息尽量真诚、真实、不偏不倚地表达出来。同时，为避免事件涉及的某方信息被遮蔽，还要多方采访，在报道中给予多方发言的机会。

三、提高新闻价值判断水平的途径

要提高判断新闻价值的水平，锻炼从千千万万条稿子里沙里淘金、准确识别的能力，除了学习判断新闻价值的专业知识以外，还需要构建起自己的知识结构体系和经验结构体系。

（一）构建起基础的知识结构体系

构建知识结构体系，首先需要对各学科领域的基本知识有一个框架性的了解。其次，需要对各行业知识及社会生活基本知识有一个基础的了解。记者编辑应是杂家。杂家，要对社会各方面事务，有通盘、基础、常识的了解。常识，虽说是常见的知识，但也是社会生活各领域中最为基础的知识，是必须要掌握才能进行基本信息判断的知识，因此恰恰是最为重要的必备知识。要想成为杂家，需要有各学科领域和社会生活各领域的常识，需要有通识基础，以及在通识基础上的丰富生活经验。

一般来说，需要学习历史、政治、经济、法律、社会、心理、传播、哲学，以及宗教、思想、文化、自然科学、文学等方面的知识。

只有了解历史，尤其了解近代史、当代史，才能在历史与现实的对比中，辨识出真正具新闻价值的信息，辨识出对社会发展走向有重大意义的信息。

只有了解政治方面的知识，才能对复杂的社会制度与规则有直抵本质的认识，才能在分析各种复杂社会事件时有更高的认知判断能力。

只有学习经济方面的知识，才能从经济角度去思考，理清很多表象背后的复杂动机、利益冲突等多方博弈的过程与影响。

只有学习法律方面的知识，才能了解规制社会行为的各种法律法规，帮助记者编辑们从法律角度去分析社会中发生的对人们生活造成很大影响的事件。

学习社会学方面的知识，更深入地了解社会各群体的不同处境、不同想法、不同行为方式、不同文化风俗等，能帮助记者编辑们在同情地了解的基础上，去作出对社会不同群体的报道，以更好地提升社会各群体之间的相互了解，促进社会各群体之间良性的合作发展。

学习心理学方面的知识，了解人格心理学、社会心理学、发展心理学、教育心理学、进化心理学、生物心理学、认知心理学、变态心理学、健康心理学、积极心理学、心理咨询与治疗、精神分析学派等方面的知识，能帮助记者编辑洞悉人们的内心世界，更本质地认知各种新闻事件背后人们的心态和想法，在进行采写报道时，能更深入、更丰富地呈现出人们复杂的生活和心理状态。

学习传播学方面的知识，了解自我传播、人际传播、群体传播、组织传播、大众传播等方面的知识，了解传播者、传播渠道、传播内容、传播接收者、传播效果、传播技术、媒介环境影响、符号学、叙事学等方面的知识，能帮助记者编辑们从信息传播角度去思考传播什么样的信息，如何传播，对人们及社会的影响会是什么。

学习哲学方面的知识，了解历代学者们对人自身及社会和世界的理解，能帮助记者编辑们站在更高层面来观照日常生活，从更本质的角度来判断对人生真正重要的东西是什么，从而提高我们对某个具体事件新闻价值如何的判断能力。

学习宗教、思想、文化等方面的知识，了解人们的信仰、思想、风俗习惯、生活方式等方面的知识，能够了解复杂多元的人类社会思想史，帮助记者编辑们从复杂多元的社会现象和事件中，看出其源远流长的思想发展脉络，审慎思辨其在现代生活中多方面的复杂影响。

学习自然科学方面的知识，了解物理、化学、天文、地理、生物、医学、农学、工学、通信技术、软件工程、人工智能等方面的常识，掌握科学技术方面的一些基本知识，能够帮助记者编辑们跟上时代的科技发展，在理解社会发展各方面影响因素的基础上，更好地判断某个信息的重要性程度。

通过阅看诗歌、散文、戏剧、小说、电影等文学影视作品，更容易直抵生活的深处，直面生活的本质，洞悉人性的复杂和生活的真相。文学影视作品的阅看，不仅能帮助记者编辑们提高对人性复杂性的认识，提高对社会生活各方面的洞察能力，还能提高对语言、文字、图片、声音、影像等表现媒介的运用能力，提升信息的传播效果。

要构建起你自己所掌握的各学科领域基础知识体系，需要在以上每个学科领域里，至少阅读一本概论性著作和五到十本专业名著。阅读概论性著作，可快速了解该学科领域的知识体系框架及主要理论观点。但概论性著作因篇幅所限，对很多方面常点到为止，直接呈现结论，缺乏丰富复杂的思考与论证过程。要深入思考该领域的核心问题，还需要阅读多本专业名著。应选该专业领域中绕都绕不过去的根本性书籍去读，是无论谁要讨论该专业领域问题都不得不提到的。一本几百页的专业名著，常就某个核心问题进行多角度、多层次丰富复杂的思考与论证。这样的专业名著，有助于读者了解该领域顶级学者判断哪些问题是该领域核心问题，应从哪些方面、如何层层深入去思考这些问题，从而在沉浸于对此问题的多维思考中不断学习，并获得丰富深厚的学养和分析解决问题的能力。

在有了该专业几本根本性书籍打底的情况下，可根据你的兴趣和需要，滚雪球式地延伸阅读更多相关专业书籍和前沿研究文章，深入地思考该领域的问题。在构建你自己掌握的各学科知识领域基本知识体系的过程中，还应有意识地发展自己的专长领域，发挥自己的长处去进行相应类别的采编报道。如，在通识的基础上深入研究和掌握某类别的专业知识，可以有针对性地去专门采编时政新闻、国际新闻、社会新闻、经济新闻、法律新闻、科技新闻、娱乐新闻、体育新闻、教育新闻、医疗新闻、某行业新闻等等。但纵使只专门采编报道某类别的新闻，记者编辑们仍不应被该类别所限，仍应具备各学科知识领域基础知识体系的基础，才能在日益深度互联的信息社会中，提高对信息价值的判断能力。

（二）构建起适宜的经验结构体系

经验结构体系的构建，指我们通过自己的经历，不断地积累、丰富个人生活经验，构建起自己对人、社会、世界的知觉和认识判断。这样所形成的个人经验结构体系，会反作用于个人在社会生活中的信息接收与理解，会影响个人的行为反应及此后的信息判断。

要构建起适宜的经验结构体系，需要你在个人生活中做个善于观察与思考的人，对自己、他人与社会进行长期有意识的观察。除了有意识地思考直接经验的生活，并锻炼认知判断力以外，还要通过接收其他人提供的丰富间接经验，有意识地积累生活各方面信息，了解生活中各种人的生活状况，了解社会各行业的情况，了解社会中各种现象和事情的原因及影响，通过对社会各方面的深入观察和思考，来提高对社会事件的认知判断能力。

尤其要对社会热点现象和关键事件、行业热点现象和关键事件，重点地进行相关历史和知识信息的搜集和研判。把理解、掌握各种热点现象和事件所需要的知识和经验方面的长期准备工作提前做到位，才能在遇到层出不穷的新事件时，根据以往的经验，快速而准确地作出新闻价值判断。

准确地判断新闻价值的能力对记者编辑来说非常重要。但这能力不是说一下子就能得以提高的，它需要你在日常生活中丰富自己的经验结构体系以提高自己的信息认知判断力，在每天普普通通的工作中，通过日积月累地判断信息价值、发布新闻、推荐排序、观察传播效果等，不断地积累经验，才能锻炼出准确判断新闻价值的专业判断能力。

也就是说，我们必须通过对自己的知识结构体系和经验结构体系有意识地积累和完善，才能真正提高对社会热点事件的认知判断能力，才能水滴石穿地把自己锻炼成专业上的“高手”。

第三节　编辑对重要新闻推荐排序

编辑对新闻价值进行判断，靠的是编辑自身的经验和知识水平。对同一条新闻的价值高低的判断，每一个编辑都会有不同的看法，有时候差异还非常之大。

比如，网易内部的新闻业务交流中，曾讨论过对《张宏民打嗝》这条信息的价值判断。当时的网易副总编辑张锐，在看到编辑把这条信息放在新闻首页的推荐小图中后，表示很不赞同其对此信息的价值判断，并专门写了一篇“什么是新闻”的内部业务交流文章，来探讨对新闻价值的判断应遵循什么样的标准。张锐认为，“小人物＋小事”是世俗小事，“小人物＋大事”可能成为新闻，“大人物＋小事”是八卦，“大人物＋大事”是新闻。而《张宏民打嗝》这条信息，是“大人物＋小事”，只是八卦，不是新闻。然而，相关编辑与之争论说，播音员张宏民在《新闻联播》的直播中打了个嗝，此信息就是新闻。在该业务交流文章中，张锐试着提出：“寻找支撑你判断的要点，总能找到，事实上，和你意见相左的人也可以在其中找到，甚至找到更多的依据；……新闻价值判断是一个综合的要素比较过程。例如《重庆出租罢工》一稿的重要性肯定比不过《两岸大三通》，但在冲突性上肯定比后者要强。如果我们在业务争论的时候，只看到一点，或者只强调一点，自然无法得出准确判断。我们大多数的争论也都是因其一点，不及其余，并且努力用此一点来说服别人，自然很难做到。……比较合理的新闻价值判断，可以用各个要素加权给值，然后综合统计的方法来进行训练，时间长了，久了，就可以成为本能。”①

在受到张锐此见解的启发下，为了简化操作，笔者试着从重要性、接近性、显要性、人情味和时新性等五个关涉新闻价值的重要方面出发，对其分别赋予不同的权重，以图通过加权方法来量化出某条信息的新闻价值，从而能够比较综合地与其他新闻进行价值比较。希望能够通过不时地练习几条重要新闻的量化比较，不断地积累比较判断的经验，借

① 张锐．网易内部业务交流：什么是新闻？[EB/OL].（2019-01-06)[2020-03-28]. https://wenku.baidu.com/view/8023ff32814d2b160b4e767f5acfa1c7aa008228.html.

助数字量化的可琢磨、可比较的训练，帮助实训出对新闻价值判断的不可捉摸、难以言说的“手感”。

具体来说，采用的量化新闻价值的赋值与加权重的方法是：

(1) 对每条新闻进行重要性（影响力）、接近性（感兴趣）、显要性、人情味（有故事）、时新性等5个维度的评分。

(2) 某条新闻的新闻价值，从每个维度来看，可分别评出0～5分的基本分数。

5分表示这条新闻此维度的新闻价值非常大；

4分表示这条新闻此维度的新闻价值比较大；

3分表示这条新闻此维度的新闻价值一般；

2分表示这条新闻此维度的新闻价值比较小；

1分表示这条新闻此维度的新闻价值非常小；

0分表示这条新闻此维度的新闻价值几乎为零，可以忽略不计。

(3) 再把各维度的基本评分，乘以不同系数，得出各维度加权重后的实际分数：

1) 重要性（影响力）×5；

2) 接近性（感兴趣）×4；

3) 显要性×3；

4) 人情味（有故事）×2；

5) 时新性×1。

(4) 把各维度加权重后的实际分数相加，得到该条新闻的新闻价值综合分数。

这样设计赋值与加权重的基本理由是：对一条新闻来说，决定其新闻价值大小的，从由高到低影响排列的话，依次是重要性（影响力）、接近性（感兴趣）、显要性、人情味（有故事）、时新性5个基本维度。因此，对这5个维度的基本评分分值，分别乘以系数5、4、3、2、1，以体现出不同维度对新闻价值的不同贡献度。每个维度的基本评分分值最高为5，最低为0，这样的基本评分分值差异比较小，更好进行态度量表式的简单比较来评出基本分。若想评分计算再简便一点，也可对时新性不进行评分。因各条新闻都几乎是当日新闻，时新性相差不大，为更简便起见，可直接默认时新性为0分，也基本不会对各条新闻的新闻价值综合总分的排序产生影响。但若刚好有两条新闻评出的新闻价值综合分数一样，可以加入对时间因素的考虑，以倒时序排列。

【案例3-1】 用量化新闻价值的加权方法分析某天的重要新闻推荐排序

以下是2014年2月28日8时左右，新浪、搜狐、网易、凤凰等多个网站PC端新闻频道首页及腾讯网迷你版的重要新闻区曾发布的一些新闻标题（这些新闻的正文可在网上搜索了解）。笔者试着为这些新闻从重要性、接近性、显要性、人情味等维度来量化打分，看其综合新闻价值的高低，进行重要新闻试推荐排序，并分析比较这几个网站重要新闻区标题排序的异同与特色。

表 3-1　用量化新闻价值的加权方法分析某天的重要新闻推荐排序

新闻	重要×5	接近×4	显要×3	人情×2	时新×1	总分	排序
《中央网络安全和信息化领导小组成立》27 日 20：39	5	4	5	0	2	58	1.1
《李克强：完善生育政策促进人口均衡发展》27 日 19：28	5	4	5	0	2	58	1.2
《习近平：京津冀要打破一亩三分地思维》27 日 17：49	5	3	5	0	2	54	1.3
《贵阳公交车起火致 6 死 35 伤》28 日 02：39	4	5	0	5	3	53	2.1
《亲历者称大火数秒烧到身上》28 日 03：19	3	5	0	5	3	48	2.2
《俄强硬声明声援乌境内同胞 战机巡逻边境》28 日 05：18	3	4	2	3	3	46	3.1
《乌克兰南部半岛“易帜” 升起俄国旗(图)》28 日 03：17	2	4	2	3	3	41	3.2
《亚努科维奇请求俄庇护获准 今将开发布会》28 日 02：24	0	2	2	1	3	19	3.3
《山西落马人大副主任涉嫌包养多名情妇》28 日 03：06	2	4	3	3	3	44	4.1
《山西一群老干部合力举报金道铭》28 日 05：40	2	3	3	2	3	38	4.2
《18 大后 65 位厅局级以上官员落马原因盘点》28 日	2	3	3	2	3	38	4.3
《一家 4 口捡到银行卡取走 1.67 万 全被刑拘》28 日 05：03	3	4	0	4	3	42	5
《美女富豪刘迎霞被曝行贿 被查时已外逃》28 日 02：40	1	4	2	3	3	36	6
《局长遭“二奶”举报：他每月给我 2 万生活费》27 日 15：25	0	4	1	3	2	27	7

每个人在进行评分时，具体的分值很可能不一样，但每个人从同一维度对不同新闻的评分，应在分数的相对差异上尽量保证其准确性。

重要性维度，我们主要考虑新闻的影响力，即影响多少人、影响的程度有多深。笔者认为，从重要性维度来看，这些新闻当中影响力非常大的应该是：《中央网络安全和信息化领导小组成立》《李克强：完善生育政策促进人口均衡发展》《习近平：京津冀要打破一亩三分地思维》。

《中央网络安全和信息化领导小组成立》这条新闻，显示出我国将在网络安全和信息化方面加强发展和治理。从影响的广度来看，网络安全和信息化方面的政策会对每个人都产生影响。从影响的程度来看，对每个人的信息交流、生活、生产等各方面的影响也会非常深远。就如新闻中所说，“新设立的中央网络安全和信息化领导小组将着眼国家安全和长远发展，统筹协调涉及经济、政治、文化、社会及军事等各个领域的网络安全和信息化重大问题，研究制定网络安全和信息化发展战略、宏观规划和重大政策，推动国家网络安全和信息化法治建设，不断增强安全保障能力。”① 虽说用户直接感受到的影响可能比较少，但实际上，在现代的网络信息化生存环境中，中央级的网络安全和信息化领导小组的成立，意味着以后将有很多与网络安全和信息化发展方面相关的政策陆续出台。

《李克强：完善生育政策促进人口均衡发展》这条新闻，从影响的广度上来说，生育政策几乎会影响到所有人。从影响的时间方面来说，会影响多数人的一生。从影响的利益方面的程度来说，原来我国人口众多，为了控制人口，施行了独生子女政策。这虽然可控制人口总数，但每个独生子女需要照顾的老人数量相应增加。青壮年所占比例较小、老年人所占比例较大的不合理的人口结构，会对经济、社会等各方面造成深远的影响。所以，人口结构和人口政策问题，是一个影响十分重大的问题。虽然这条新闻里，只是提到了一个政策方向，即完善生育政策来促进人口均衡发展这个理念，还没有更具体的政策出台。但思想会影响行为，政策方向会影响具体政策的制订。这条新闻出来后，接下来没多久，放开单独政策、放开二孩政策等一系列的相关政策就陆续出来了。如果这次的新闻里就包含有放开二孩这样的具体政策出来，那新闻价值会更高。

《习近平：京津冀要打破一亩三分地思维》这条新闻，显示出京津冀地区的发展会更突出协同发展方向。从影响的广度来看，主要会直接影响到京津冀地区的人们，其次可能间接辐射影响到其他地方的人们。从影响的方面及程度来看，会影响到京津冀三地的功能定位、产业分工、城市布局、设施配套、综合交通体系、财政政策、投资政策、项目安排等方面的发展方向及具体措施等问题。

在网站手机端，一般会随着时间流选择在2小时到4个小时内最重要的几条新闻置顶于重要新闻区或热点新闻区。也可能会专门设置一个要闻栏目或要闻页面，把当日尤其是6到8小时内最重要的数条新闻按其新闻价值大小与发布时间的综合考量，以信息流的呈现方式，依次排列在要闻栏目或要闻页面里。这样的排列方式更偏重时间性，很难保证让用户不错过重要新闻。

若是在PC端，一般是在重要新闻区，选择当日尤其是6小时到8小时内最重要的数条新闻，主要按其新闻价值大小来考虑标题放置位置和形式。其排列方式更偏新闻价值，重要新闻放在最前面，更显眼，不太容易错过。比如，以上三条重要的时政新闻，如果在PC端推荐，可考虑组成一个标题组，放到当日重要新闻区的头条位置。在一个标题组中，一般会选择其中某一条新闻标题加大字号和（或）加黑显示，作为统领此标题组的头条新闻标题。在这三条具体的新闻中，仅从时间上来看，京津冀这条新闻报道的是26日的会议内容，时效性稍低；网络安全和生育政策这两条新闻报道的是27日的会议内容，时效性更强。综合起来看，可考虑选择网络安全这条新闻标题作为标题组的头条新闻标题。

① 国务院新闻办公室网站．中央网络安全和信息化领导小组成立［EB/OL］.（2014-02-28）［2020-03-28］. http://www.scio.gov.cn/ztk/hlwxx/zywlaqhxxhldxzdychyzk/30595/Document/1365615/1365615.htm.

《贵阳公交车起火致6死35伤》这条新闻，从影响的广度来看，直接影响到起火公交车上的几十个乘客，间接潜在地影响到几乎每个可能去坐公交车的人。从影响的程度来看，虽说人们出门遇到公交车起火的概率比较小，但公交车是基本上每个人出门出行都会去乘坐的，不排除人们随时都有可能遇到这样的事发生，且可能危及生命，产生致命性的影响。

一般来说，发生在公交、地铁、火车、飞机等日常交通工具上的事情，如果危及到生命安全，那一定是影响力非常大的新闻。比如，“7·23”动车追尾事件，死伤人数众多，这个新闻事件就是当天乃至后面几天中影响力非常大的新闻，因为它涉及每一个公民乘动车出行的生命安全问题。

《亲历者称大火数秒烧到身上》这条新闻，是贵阳公交车起火事件报道中的一篇特写报道。可考虑把此篇与对此事件进行总体情况报道的新闻一起，组合成一个标题组，放到重要新闻区。

在标题组内部的排序上，一般来说，新闻价值最大的报道（常常是总括性的硬新闻报道）可作为标题组的核心标题，加大字号和（或）加黑显示。其他相关新闻标题，一般根据一定的逻辑安排顺序。比如，可先排现场特写，再排深度报道；先排各细分领域报道，再排各方反应和代表性评论；先排图片、视频等不同媒介表现形式的报道，再排活动、服务等延伸类的报道。

《俄强硬声明声援乌境内同胞 战机巡逻边境》《乌克兰南部半岛“易帜” 升起俄国旗（图）》《亚努科维奇请求俄庇护获准 今将开发布会》这几条是国际新闻。相对来说，国际方面重要的新闻相比于国内其重要性要降一格。这几条新闻涉及国与国冲突，但对我们的影响不是太直接；只是有可能爆发战争，但还没有爆发战争。所以，这几条新闻虽是当日重要的国际新闻，但其重要性依然小于当日国内的重要新闻。如果是直接爆发战争，哪怕不直接涉及我国，也绝对是当日最重要的突发新闻。对国际新闻与国内新闻的重要性判断及推荐排序，主要应以对我国人民的各方面影响的程度来判断。

一般来说，当日重要新闻推荐排序，会考虑国内重要新闻和国际重要新闻的兼顾。但一般国际重要新闻不会过多，经常只有一条，而且会排在国内几条重要时政新闻之下。除非有特别重大如战争或恐袭之类的突发重要新闻发生，才可能会排到第一头条。

《曝山西落马人大副主任金道铭包养多名情妇》《18大后65位厅局级以上官员落马原因盘点》《美女富豪刘迎霞被曝行贿被查时已外逃》《局长遭“二奶”举报：他每月给我2万生活费》这几条新闻，都与贪腐有关。涉及贪腐的事件，虽说对人们的生活没有直接影响，但有一定的间接影响，所以人们对涉及贪腐的报道感兴趣的程度较高。前两条都是曝光原山西人大副主任金道铭的报道，由于其职位较高，又涉及包养多名情妇、一群老干部合力举报等吸引眼球的词语，显要性和人情因素较高。65位厅局级以上官员落马原因盘点的新闻，是条集合报道，显要性较高，但比较中规中矩。美女富豪外逃这条新闻，因为涉及美女、富豪，涉嫌行贿、外逃等吸引眼球的词语，虽然显要性不高，文内也缺乏详细的故事叙述，但人们好奇想看的程度还算较高的。局长遭“二奶”举报这条新闻，其实是一个月前发的举报帖子，这次是对处理结果的报道。这条新闻因为涉及“二奶”、举报等吸引眼球的词语，且标题中有每月给2万生活费这样的细节，虽然显要性较低，感兴趣程度也比不上原举报帖内容，但这条新闻属于后续报道，对于减少人们对此事的不确定有帮助，想看的程度应该较高。这几条新闻相比起来，后两条的显要性程度较低，综合新闻价值要小许多。

《一家4口捡到银行卡取走1.67万 全被刑拘》这条新闻，虽然只直接涉及一家几口人被刑拘，但是这样的事情对人们也有着普遍潜在的影响。捡到别人的银行卡去取走钱这样的事情，法律会如何判？这与在路边捡到钱并拿走是一样的性质吗？在路边捡到钱并拿走会不会也触犯法律呢？报道中律师也提到，捡到银行卡取走钱是犯罪行为，可判处拘役或有期徒刑；但在路边捡到钱没归还给失主，不属于犯罪，只需要把钱退还给失主即可。再如，前几年的许霆案，许霆取出1 000元后发现银行卡账户里只被扣了1元，狂喜之下，先后取款17.5万元后潜逃。一年后许霆被抓，先是被判无期徒刑，后改判有期徒刑5年。此案引发了极高关注度，众多网友对到底该如何判议论纷纷。如果你去取钱时自动取款机出错吐出的钱多了，你没有归还，是不是犯罪呢？会判多久呢？许霆案作为判例，会影响到此后遇到类似事件时的判决力度。所以，看起来只涉及某一个人的社会新闻，实际上会潜在地影响到所有人在遇到这类似情景时的行为。因此，这类对几乎每个人都有影响或潜在影响的社会新闻，其新闻价值也是很高的。

从图3-1可看到，新浪、搜狐、网易、凤凰这几家网站PC端的重要新闻区，以及腾讯网迷你版重要新闻区，当时标题排序的状况。

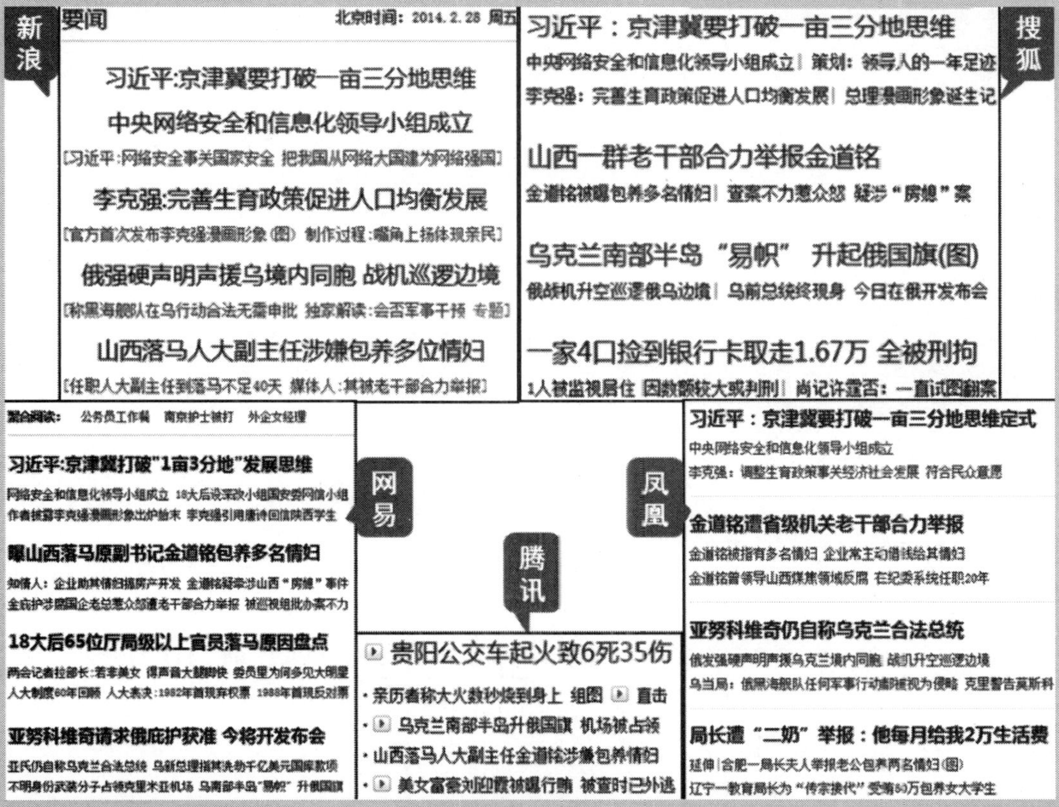

图3-1　新浪、搜狐、网易、凤凰PC端新闻频道首页及腾讯网迷你版重要新闻区排序比较（2014-02-28）

新浪是把三条重要时政新闻分别放了前三条的位置：第一条是京津冀，第二条是网络安全，第三条是生育政策。接下来第四条是国际新闻。第五条是金道铭落马。

搜狐第一条用标题组的形式，把京津冀、网络安全以及生育政策放在一起，主头条是选的京津冀。第二条是金道铭落马。第三条是国际新闻。第四条选的是捡银行卡获刑。

网易的第一条，也是把几条重要时政新闻组成标题组，主头条是京津冀，但缺了生育政策这条新闻。第二条是金道铭落马。第三条是官员落马原因。第四条是国际新闻。

凤凰的第一条，是几条重要时政新闻组成标题组，主头条是京津冀。第二条是金道铭落马。第三条是国际新闻。第四条是局长被“二奶”举报。

腾讯网迷你版重要新闻区的第一条，是公交车起火。第二条还是公交车起火的现场特写及组图。第三条是国际新闻。第四条是金道铭落马。第五条是美女富豪外逃。

可以看出来，相对来说，新浪PC端新闻频道重要新闻区更偏重于重要时政新闻，把三条重要时政新闻分别突出显示，且网络安全和生育政策都分别是标题组的形式。搜狐、网易、凤凰则采用把三条重要时政新闻组成一个标题组的形式呈现。且几个网站选择的主头条都是京津冀要打破一亩三分地思维这条新闻。不过，在几个小时后，新浪的主头条换成了网络安全和信息化领导小组成立这条新闻，而搜狐、网易、凤凰则没有换主头条。

国际新闻标题组里的主头条，每个网站的选择都不太一样。新浪选《俄强硬声明声援乌境内同胞 战机巡逻边境》，搜狐选《乌克兰南部半岛“易帜” 升起俄国旗(图)》，网易选《亚努科维奇请求俄庇护获准 今将开发布会》，凤凰选《亚努科维奇仍自称乌克兰合法总统》，腾讯选《乌克兰南部半岛升俄国旗》《机场被占领》。在这个冲突事件中，俄方的态度和动作是至关重要的，新浪在该标题组中还加入了《独家解读：会否军事干预》以及专题链接。笔者认为，新浪对此国际新闻的认知判断和处理更直抵根本。

【案例3-2】头条、腾讯、百度等某天某时点重要新闻推荐排序比较

以下是2019年8月3日11时30分左右，今日头条、腾讯新闻、百度搜索等多个平台默认首页的首屏发布的一些新闻标题，以及百度热榜前5条新闻标题（这些新闻的正文可在网上搜索了解）。笔者试着为这些新闻从重要性、接近性、显要性、人情味、时新性等维度来量化打分，对各平台的实际推荐排序状况进行比较，并与百度热榜前5条新闻进行比较。

表3-2 头条、腾讯、百度等重要新闻推荐排序比较（2019-08-03）

新闻	重要×5	接近×4	显要×3	人情×2	时新×1	总分	排序
《上半年三场主场外交这一理念贯穿始终》58分钟前	5	3	5	1	5	59	今日头条推荐1、腾讯新闻要闻1、百度搜索首页1

续表

新闻	重要×5	接近×4	显要×3	人情×2	时新×1	总分	排序
《习近平牵挂的这个地方发生大变化》3 小时前	4	3	5	4	2	57	今日头条推荐 2、腾讯新闻要闻 2
《过路出租司机对被捅女子见死不救？本人出来说话了》14 分钟前	3	5	1	5	5	53	今日头条推荐 3
《8 月 4 日驻港部队对香港实施戒严？谣言！》1 小时前	4	5	3	1	4	55	腾讯新闻要闻 3
《山东投毒案被告羁押 8 年获释：我不承认就挨打 出来后手机不会用》27 分钟前	3	4	1	5	5	49	腾讯新闻要闻 4
《散布中美“文明冲突论”的美国务院官员被开除》4 小时前	1	2	2	2	1	24	百度搜索首页 2
《今天凌晨，特朗普期待的结果出来了！大失所望！》1 天前	1	3	4	2	0	33	百度搜索首页 3
《＃章莹颖遗骸或在垃圾填埋场＃》4754490，4 小时前	3	4	4	5	1	54	百度热榜 1
《＃新闻联播罕见五连发：后果美方承担＃》4588083，13 小时前	5	4	4	1	0	55	百度热榜 2
《＃保时捷女车主老公下一个严书记？＃》4427500，14 小时前	2	4	4	5	0	48	百度热榜 3
《泰国国王公开纳妃》4272537，3 小时前	1	4	4	5	2	45	百度热榜 4
《杨紫体重多少》4122999，24 小时前	0	4	4	2	0	32	百度热榜 5

图 3-2　头条、腾讯、百度首页首屏和百度热榜前 5 条新闻标题（2019 年 8 月 3 日 11 时 30 分左右）

今日头条、腾讯新闻、百度搜索默认首页的首屏头条，都是置顶国内重要时政新闻。头条和腾讯置顶了2条，百度置顶了1条。在手机端，重要新闻以标题组打包呈现的形式不适合手机屏幕点击。一条一条独立的信息瀑布流的呈现形式，才更适合手机屏幕点击。一条独立的信息，常包括文字标题、配图、信源、评论数、发布时间、相关标签等标题区信息。配图，常是配一张大图或一排三张小图。这样，每条信息会占据一个矩形框位置。一个手机屏幕，目前一般同时呈现出4条左右的信息。国内重要时政新闻，一般以人工选择的方式置顶呈现在默认首页首屏上方。

默认首页首屏上其他信息呈现空间，最好能再推荐两条当日重要新闻，或一条重要新闻加一条个性化信息。时间跨度最好是能包括至少4小时内的重要新闻。因为目前人们刷新闻的频率，一般大多是一天三次或四次，常在早、中、晚、深夜几个时间段里。平台编辑对重要新闻推荐排序呈现情况的把握，应尽量让用户打开平台首页首屏时，能看到近4小时或6小时内发生的重要新闻，以让用户在一天三次或四次的集中刷新时点，比较顺当地连接起对当日重要新闻的接收。

在上面笔者截图的那个时点，各平台默认首页首屏的其他新闻推送时间跨度和具体信息选择都完全不一样。今日头条为笔者呈现的是14分钟前的《过路出租司机对被捅女子见死不救？本人出来说话了》及一条大图广告。腾讯新闻呈现的是1小时前的《8月4日驻港部队对香港实施戒严？谣言!》及“查看更多热点事件”的链接文字、27分钟前的《山东投毒案被告羁押8年获释：我不承认就挨打 出来后手机不会用》。百度搜索呈现的是4小时前的《散布中美“文明冲突论”的美国务院官员被开除》、1天前的《今天凌晨，特朗普期待的结果出来了！大失所望!》。从以上特点可以看出，各平台默认首页首屏的其他重要新闻发布时间段跨度，今日头条最短，为14分钟前；其次是腾讯新闻，为27分钟前和1小时前；最后是百度搜索，为4小时前、1天前。尽管百度搜索时间跨度最长，但其所显示的2条新闻却并非这一天24小时内能排名前几的重要新闻，也并非笔者想要看的新闻。今日头条的时间跨度最短，为14分钟多，其显示的1条新闻，也还算得上是短时段中较为重要的新闻。腾讯新闻的时间跨度居中，为1小时多，其显示的2条新闻，基本上可算得上是当日2小时内的重要新闻。看来，腾讯新闻平台编辑的判断能力是比较专业的。

再看百度热榜点击量数据最高的前5名，其新闻发布时间相对更长些，最近的是3小时前、4小时前，居中的是13小时前、14小时前，最远的已是24小时前。可看出，依靠点击数据来计算排序信息，确实存在着与信息发布时间有几个小时甚至十几、二十几个小时的时滞。因此，对重要新闻的推荐排序，确实仍需在首次发布时以编辑判断来人工干预推荐排序，才能第一时间准确推荐重要新闻，以避免重要新闻被淹没掉。同时，编辑也需随时关注发布新闻后的点击数据排行，以从用户点击数据显示的感兴趣程度角度，来调整最初发布时判断排序不太准确的新闻推荐位置。

由于手机屏幕不可能太大，手机新闻信息展示已简化为主要是（上下）滑动的瀑布流。信息瀑布流的展示特点，突出了信息呈现的时效性，随时点开App进去，看到的基本都是“刚刚”“几分钟前”“几十分钟前”“1小时前”“2小时前”的信息。这种趋于实时的时效性，在碎片化信息接收的时代，更偏向于当下生活、即刻生活。前几年只要了解了当日重要新闻，就觉得已及时了解了世界最新变动；现在跟别人说起当日重要新闻某某某，别人可能会说你知道得好迟。

前几年想快速了解当日重要新闻，主流渠道是各门户网站尤其是新浪网PC端新闻频道首页重要新闻区，是由编辑判断选择的、基本上是24小时内发出的、最重要的几条新闻及比较重要的几十条新闻推荐排序区域。现在其实PC端新闻频道首页重要新闻区仍在，但人们很少主动去看了。

看信息的主流方式转到手机移动端后，接收新闻的主渠道已转至各大型社交平台、大型资讯平台、大型新闻客户端App。大量自媒体、机构媒体主动入驻各大平台发布信息，而平台则借助算法推荐为用户推荐个性化的信息。平台给用户推荐的个性化信息流、人们在社交平台关注的账号推送的信息流、朋友圈朋友们发出的信息流，都极度碎片化，难以从中快速全面地了解当日重要新闻。

只有从海量用户点击出的热榜排名，才可快速全面地了解当日或近几小时内的热点信息。但热榜排名的大数据计算前提，是用户已发生的点击行为数据，当一条重要信息刚发出来，就如其他不重要信息一样被快速冲走，用户不一定能及时捕捉到此重要信息，从而产生的点击数据较少，这会让热榜排名对信息重要性的显示度并不准确。况且，还存在着买热榜、刷数据等作弊行为，还存在着爱看娱乐和浅层次信息，不爱看深度复杂和枯燥信息的人性选择弱点，会导致热榜排名对信息重要性的显示度偏差很大，一些真正具影响力的重要信息，容易被忽略掉。

从用户的接收端来看，屏幕上的信息流呈现出即刻变化的特点。犹如一条河流，不停往下流，人几乎不可能两次踏入同一条河流，用户也几乎不可能两次刷新出同样的信息流。连大型资讯平台默认首页首屏上的信息也快速变换不停，当日重要新闻甚至8小时内、4小时内、2小时内的重要新闻，如果没有编辑人工干预，都会被不怎么重要、仅是时间上近的新信息快速冲走。

腾讯新闻有“要闻”和“推荐”频道，且默认首页是“要闻”频道。目前，腾讯新闻“要闻”频道首屏的呈现策略，是在置顶的一两条国内重要时政新闻下，有一个“热点精选”矩形区域，采用完整出现一个大图新闻，并在其右侧窄条不完整显示另一大图新闻的方式，提醒用户可左滑，看更多的几条热点精选大图新闻，并在热点精选矩形框底部提供“查看更多热点事件”链接，以及用在左滑至六条热点精选新闻最右边以“查看更多”和“松开查看”的自动显现方式，给予用户便捷进入“热点精选”频道页面的入口，可供想快速全面了解当日重要新闻的用户，在热点精选页面查看更多几十条由编辑判断推荐的当日重要新闻。这样，第一热点新闻和更多热点新闻入口可只占首屏一张矩形图位置，剩下来的首屏位置还可放一条与用户个人相关度大的个性化信息。另外，点击顶栏搜索框，会出现有几条“热榜”信息的页面，再点击才能进入完全的“热榜”页面。看来，腾讯新闻兼顾了“重要”“算法”“热榜”这3个信息推荐维度。只是，腾讯“热榜”页面藏得较深，不易一点即得，应想法让用户更易看到“热榜”页面。

今日头条的默认首页是“推荐”频道，“推荐”频道左边有“关注”频道。“推荐”频道首页首屏上，除了置顶的一两条国内重要时政新闻外，接下来只有一条时间上很近的、相对重要的新闻，首屏下半部被一个大图广告占据。再上拉滑动，就基本上都是算不上重要的、算法认为与用户相关度大的个性化推荐信息，但常是乱七八糟、无甚价值，且并非笔者想看的信息。看来，今日头条更偏重“算法”“关注”这2个信息推荐维度，忽视了“重要”和“热榜”这2个信息推荐维度。后来，今日头条在首页默认“推荐”频道的两条时政要闻置顶之下，放置了一窄条信息：左边是“头条热榜”字样，右边是一条具体热榜信息，点击可进入“头条热榜”页面。再后来，笔者在2020年3月16日下载的今日头条里，发现其底栏正中出现了“热榜”图标，点击即换为“头条热榜”页面，清单式呈现50条热榜信息。

百度搜索的呈现策略，是把“推荐”频道设为默认首页。但在“推荐”频道左边有“关注”频道，右边有“热榜”频道。“百度热榜”频道，首先会显示“今日热点事件TOP30”，按点击量从高到低列清单，从上至下列出热点信息。每条热点信息占一行，显示信息内容包括：序号、标题、点击数，及“新”“热”“沸”等标签。30条标题清单下，开始呈现详细图文的“今日热点资讯”。即以一条一条信息流的形式，上拉滑动显示有完整新闻标题及配图的矩形标题区信息。这样，用户可自己选择，是在默认首页“推荐”频道看算法推荐的个性化信息，还是点“关注”频道看自己选择关注的账号发布汇集的信息流，还是点“热榜”频道了解海量用户点击出的热榜信息。

综合来看，对用户进行新闻推荐可分成共性和个性两大维度。共性维度是指大多数用户都需要的维度，个性维度是指对某个用户来说个性化需要的维度。共性维度又可分为由编辑判断新闻价值而形成的重要推荐维度，及由海量用户点击而形成的热榜推荐维度。个性维度又可分为通过算法进行大数据分析形成的个性化推荐维度，及由用户自己关注某些账号而形成的关注推荐维度。重要、热榜、算法、关注等4个推荐维度，应该结合起来，共同为用户服务。

平台对用户进行信息推荐时，可实现兼顾共性和个性两大推荐维度的一个办法是，分别设置如“重要”“热榜”“算法”“关注”频道，让用户自己选择点击阅看的顺序。但平台默认首页只能选其中一个频道，不同的选择体现出不同平台在推荐信息方面的判断和偏好。虽然目前几个平台的首页默认频道都固定不可选择，但其实平台应把首页默认频道定义为用户可选择，让用户自己根据需要随时调整首页默认频道，以提高信息接收效率。今日头条在默认首页频道底栏呈现“热榜”的做法，也算一种兼顾办法。

【本章小结】

本章探讨了编辑应如何提高新闻价值判断能力，以及如何更好地为用户进行新闻推荐。首先，探讨了编辑应如何根据媒体定位，熟悉、判断、选择优质信源，建立信源库，并不断更新。其次，探讨了衡量新闻价值的五个主要方面——重要性、接近性、显要性、人情味和时新性，尤其对衡量新闻价值最为关键的方面——重要性和心理接近性——进行了深入细致的探讨；还探讨了影响新闻实际选择的多种考虑因素——频率、消极、意外性、明确性、个性化、意义、精英国家、精英人士、冲突、一致性、连续性、组成、比赛、增选、预制、可预测性、时间限制、后勤、数据；并提出清楚认识到构建起良好的知识结构体系和经验结构体系以提高认知判断力的重要性。最后，介绍了一种量化新闻价值的赋值与加权的方法，用该方法分析了某天的重要新闻推荐排序；还对今日头条、腾讯新闻、百度搜索等3个平台某天某时点重要新闻推荐排序进行了比较，从实际案例探讨了编辑应如何为用户进行新闻推荐。

【思考题】

1. 新闻信息对用户来说有什么价值?

2. 如何判断推荐新闻才能为用户监测环境节省时间?

3. 目前，用户在信息接收方面有哪些需求还未得到满足? 应如何改进判断推荐方式，才能更好地满足用户的新闻信息需求?

【训练】

1. 请在某天某时点截屏新浪、网易两家网站PC端新闻频道首页重要新闻区新闻标题，比较2家网站新闻标题排序异同，并评价两家的排序。对这些新闻进行新闻价值评分，从中选出你判断为最重要的5条新闻。请从高到低降序排列你推荐的重要新闻区5条新闻标题（组），并评价你的推荐排序。

2. 请在某天某时点截屏今日头条、腾讯新闻、搜狐新闻、网易新闻、新浪新闻等多家新闻客户端首页首屏，比较它们首页首屏上推荐的新闻标题，评价它们的新闻信息推荐状况。

【推荐阅读】

1. 科瓦奇，罗森斯蒂尔. 新闻的十大基本原则：新闻从业者须知和公众的期待［M］. 刘海龙，连晓东，译. 北京：北京大学出版社，2011.

2. 富勒. 信息时代的新闻价值观［M］. 展江，译. 北京：新华出版社，1999.

第4章　网络新闻正文编辑*

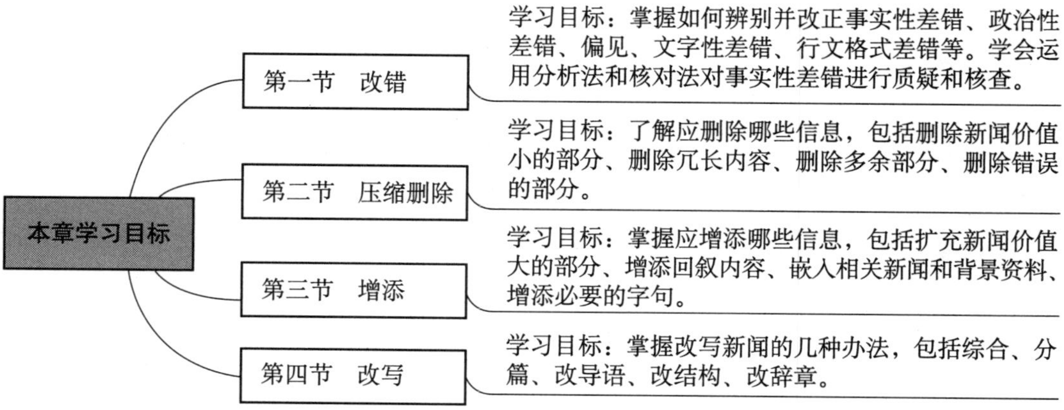

编辑网络新闻首先应考虑用户的网上信息阅读模式。有研究表明，网上阅读模式通常是浅尝辄止和深入阅读的结合。用户常是先在网上快速浏览新闻，待发现值得阅读的新闻时，便转入深入阅读。用户的快速浏览，是在被动地接收网站提供信息的同时，不断地做出是否值得深入阅读的价值判断；用户由浅尝辄止转入深入阅读，是经过价值判断后，主动地接触、注意、理解、记忆新闻信息。

用户的浅尝辄止，常表现在先浏览网络新闻标题，从短短的标题来推测、判断该新闻是否有他所寻求的有用信息。如果他认为该标题提供的新闻不是所需要的信息，就不会点击正文阅读，还会认为这种快速浏览也是浪费时间。如果他认为该标题提供的新闻有一定用处，但只了解该标题所提供的简单信息已足够，没必要再深入了解更多详情，也不会点击正文阅读，但在他看来这种快速阅读不是浪费时间，反而能在短时间内获得大量所需要的简单信息。如果他被新闻标题吸引，点击进入正文页面，通常仍先采用快速浏览的阅读方法以快速获得概略印象，同时进行价值判断。如果他先前判断标题时失误，将没用的新闻信息误断为有用，那快速浏览正文的时间也是一种浪费，但快速浏览正文时的再次价值判断可及时遏止这种浪费。如果他浏览时判断该新闻的正文信息对他有用，值得花时间仔细阅读，便会自觉地转入深入阅读模式。这样，经过重重快速浏览和价值判断，用户会采取浅尝辄止和深入阅读相结合的阅读模式来有效地接收大量信息。

浅尝辄止的阅读模式，能在短时间内了解大量的概略、简单信息。深入阅读的模式，是在剔除了众多繁杂、无效信息后，对有用信息的仔细研读。两种阅读模式各有其效：浅尝辄止有利于广采信息，主要是对新闻信息进行选择性接触和选择性注意，形成模糊的、大概的印象；深入阅读有利于加工信息，重在对新闻信息的选择性理解和选择性记忆，梳

* 此章部分内容来源于：蒋晓丽．网络新闻编辑学［M］．2版．北京：高等教育出版社，2012：138－144.

理、沉淀为头脑中清晰、系统的信息。

尽管有人认为，网络新闻编辑不过是复制和粘贴，不需要精心编辑文字，而存在短时间内处理大量新闻的要求，又使网络编辑对不能精心编辑文字有了推脱的借口，但是随着网络新闻的发展，网络新闻的文字编辑越来越受到重视。许多网络编辑逐渐认识到，网络新闻同样需要精心编辑文字，以更准确、丰富、有条理、有价值、系统地为用户提供新闻信息服务。

不少网站的新闻编辑岗位设置趋向于扁平化，选稿、改稿、校对、定稿、发布的一系列把关，常由一个或至多两三个编辑全部完成。这种扁平化的岗位设置，好处是放权于编辑，有利于激发编辑的专业才能，对新闻信息的编发快速反应。但任何事都有一体两面，扁平化的岗位设置，使网络编辑处理新闻的责任更重了，对编辑专业能力的要求也相应地提高了。网上新闻具有海量的特点，需要识别出大量新闻信息中的各种错误，并很快地进行订正、修改，为用户提供真正有价值的信息。从这种意义上说，网络新闻的文字编辑工作不但不能削弱而且应该加强。有快速编发网络新闻的要求，并不是只能丢掉精心编辑的传统，而是必须在继承传统精心编辑新闻的基础之上，更快速而又细致、更果断而又审慎地编发新闻。只有这样，才是真正负责任地服务于用户，才能逐渐扭转用户对网络新闻的严重怀疑态度，一点一滴地树立起网络媒体发布新闻的公信力。

网络新闻的文字编辑，应在遵循网络媒介特点的基础上，借鉴传统媒介新闻的文字编辑改错、压缩删除、增添、改写的方法。

第一节　改错

网络新闻中差错的表现形式多种多样，主要有事实性差错、政治性差错、偏见、文字性差错、行文格式差错等。

一、改事实性差错

新闻事实出现差错，主要表现在新闻的几个基本要素方面：时间、地点、人物、事件、原因、怎么样。

由于编辑没有参与采写过程，要找出事实出错的地方，只有依靠生活常识、相关知识、逻辑分析等方法进行合理判断。这要求编辑生活经验丰富、知识面宽广、善于逻辑推理。网络新闻编辑在判断、处理新闻时，应采取怀疑的态度，对新闻事实，无论是概述性的还是细节性的，事件性的还是知识性的，描述性的还是分析性的，都应在判断之前存疑。不能轻易地相信各种新闻事实，但在运用自己的知识和方法进行小心查证、判断后，应对发布出去的新闻事实的准确性有信心。实在因保证时效性而不得不先行发布的新闻，应在后续新闻报道中继续查证、判断新闻事实的准确性，如有差错及时改过来。

对事实可信度的判断，首先要考虑信息来源的可信度高低。信源的可信度高低，有助于间接判断此信源传递事实的可信度高低。一般来说，可通过长期对一个信源发布稿件可信度的了解，来判断此信源可信度的高低。比如，新华社、人民网等全国性权威媒体所发稿件的可信度，常比一些市场报所发稿件的可信度更高一些。专业媒体所发稿件的可信度，又常比一些自媒体所发稿件的可信度更高一些。一些政府机构的政务新媒体发布的与其机构单位相关的信息，应比普通人发布的可信度更高一些。某方面专家发布的其专业领域的信息，应比普通人发布的某专业领域的信息可信度更高一些。比如，某研究房地产方面的专家，其发布的房地产市场状况、房价走势方面的信息，就比一个普通人说房地产方面的信息可信度更高一些。由于不是第一手经历某事的人，网络新闻编辑要判断其他人提供的间接经验到底可信度如何，常首先通过信源的可信度来进行判断。

即便长期以来可信度比较高，但在转发重要新闻事实时，也不能完全地信任一个单一信源，而需要多源求证。如果说每一个新闻事实，都要去多源求证，那网络新闻编辑的工作量会很大，想要抢秒发布信息，可能就来不及。但是在重要、关键的事实上，还是要尽量多源求证。至少要有两个独立的、比较可靠的信息来源，都对同一个关键事实有差不多的说法，才能把这个事实的可信度判断为基本准确。

尤其当编辑负面报道时，更要注意多源求证这一点。负面报道对准确掌握事实的要求更高。凡有一点点不准确，可能被曝光的单位或个人就会把你和新闻机构告上法庭。所以，尤其是负面新闻报道，其中的关键事实，一定要有至少两条独立的来源。如果有更多来源能证实那个事实的准确性，可以比较放心地采用它；如果不能多源求证，只是单一的信源，那最好不要用这个事实。可以略过这一事实，只报道已有多源求证过的其他事实部分。等某事实能被至少两个独立信源证实之后，再把这一点事实及时报道出来。

遇到冲突类的事情，需要采访到冲突双方或多方，以及能独立评价此事的第三方。相对来说，最容易采访到的是受害方。因为受害方更有倾诉的欲望，记者常能从受害方那里得到大量的信息。但要注意的是，不能偏向于只相信受害方一方的说法，不能只信一个单一信源的讲述。必须多源求证，要把被曝光的另一方采访到，要从冲突的另一方去求证所获信息的可信度。要从对被曝光方的采访中，去求证、核实受害方所说的话是不是真实的，有没有夸大、隐瞒、添油加醋、故意歪曲甚至凭空捏造。一定要想方设法得到被曝光方对受害方所说事实的回应。除了冲突的两方或多方外，最好还能再去采访与这个事件没有直接关系、会对此事件持有更公平合理的分析判断的第三方。比如，可去采访目击者或知情者，看他们对这个事件的描述；可去采访相关的管理机构，看他们披露的情况；可去采访律师，让他们从法律角度来评判这件事；可去采访一些路人或普通网友，看他们的一些评价和说法：这样来对此事进行更多角度的事实描述和判断。

从编辑的角度来说，如果所编稿件的记者只进行了一方采访，那事实出错的可能性很大，你得要求记者去补充采访被曝光方和更多独立第三方的说法。对稿件中的重要、关键事实，要看记者有没有采访到多个独立信源，通过多源信息的比较判断关键事实的可信度。如果记者稿件中的关键事实只有单一信源，那其可信度就较低，贸然发稿很可能会发布出错误的关键事实。这时，编辑必须要求记者去补充采访到更多信源的信息，以交叉求证。通过分析比较确认此关键事实的可信度后，再负责任地发布该事实信息。

除了看信源可信度、多源求证、三方采访之外，我们对事实的判断，还需要从常识和逻辑方面来进行判断。而运用常识和逻辑判断来帮助进行事实可信度判断的能力高低，就与编辑的知识体系和经验体系的积累有关系了。

网络新闻编辑改错的方法，可借鉴传统媒介新闻编辑常用的分析法、核对法。

分析法，是从新闻信息本身出发，分析其是否存在前后矛盾、不合情理、巧合过多、笼统含混、超越采访可能等方面的问题。

核对法，是在存疑的基础上，对存疑的事实采用多种办法进行核对。

如果是本网记者采写的新闻，可通过电话、微信等快速联系方式尽快询问记者存疑之处究竟如何。若记者也拿不准该事实的准确度，编辑必须要求记者补充采访以快速查证。

如果是转载其他媒体的新闻，必要时也可通过电话、微信等与其他媒体人员联系求证，或再多看几家其他媒体对该事的报道内容以资比较。

对某些存疑事实，编辑常可通过网络搜索快速核实事实准确度。这需要网络编辑拥有比较高的网上信息搜索、浏览、存疑阅读、判断的方法和能力。利用关键词搜索，可以查找到大量的相关信息。想缩小搜索范围，只需输入更多的关键词，在关键词中间留空格，搜索引擎会返回那些符合全部查询条件的网页。每个搜索结果都包含从该网页中抽出的一段摘要，这些摘要提供了搜索关键词在网页中的上下文，可以依据这段话判断是否与想要查阅的资料密切相关。网络编辑应该了解主要搜索引擎的高级搜索方法，必要时可利用高级搜索方法，进行更精准的搜索。除了综合的搜索引擎外，还有很多专门的数据库可利用。这些各有特色的数据库，涉及广泛，网络新闻编辑应有意识地收藏这些数据库的网址，待需要时随时可调出来查找资料。查到相关信息资料后，还需要进行有目的的快速浏览，找到最有价值的部分，进行存疑式的仔细阅读，然后判断出准确的事实，据此订正新闻中的事实差错。

网络信息搜索难以解决问题的，编辑应安排记者去采访相关方核实信息。

另外，网络新闻编辑应该十分了解网络谣言的表现形态、传播途径等，提高辨别网络谣言的能力。对重大、突发新闻，应提高警惕，在存疑的基础上多加分析，并快速进行相关方面的核实、求证，以尽量避免大的失误。

网络新闻编辑还应有意识地杜绝转载过程中的信息失真。如果该新闻已经是经过转载的了，编辑最好依据文中标明的转载出处，原路返回去找到原出处，以能找到的原载新闻为转载依据，以减少信息多次传递过程中可能发生的信息损耗、信息错漏、信息扭曲、信息失真等问题。如果没法找到原出处，就以能找到的最早信息出处为转载依据。

【案例4-1】 你能从网页信息里分析出“盖茨被暗杀身亡”值得存疑吗？

“盖茨被暗杀身亡”的假新闻，当时新浪、搜狐等门户网站都转发了，并推荐在重要新闻区。新浪转载的是中国日报网站的新闻（见图4-1）。如果你是当时的新浪编辑，在浏览中国日报网站时，突然发现了这条“盖茨被暗杀身亡”的新闻，你会如何处理呢？是快速转发此信息，还是能快速从网页信息里判断出此信息值得存疑？

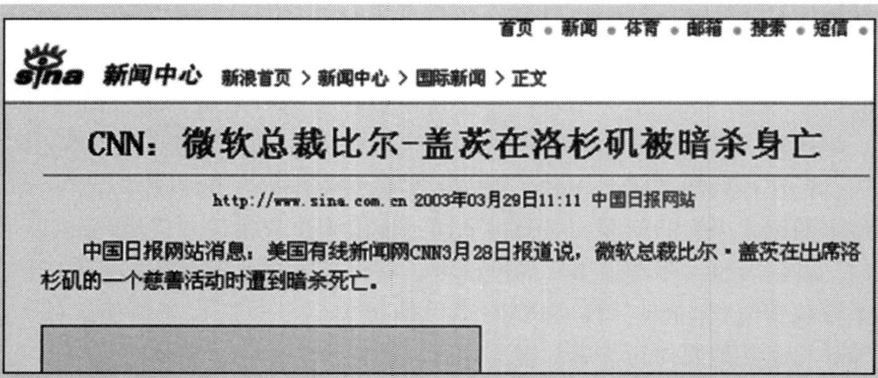
首页 · 新闻 · 体育 · 邮箱 · 搜索 · 短信 ·

sina 新闻中心 新浪首页 > 新闻中心 > 国际新闻 > 正文

CNN：微软总裁比尔-盖茨在洛杉矶被暗杀身亡

http://www.sina.com.cn 2003年03月29日11:11 中国日报网站

中国日报网站消息：美国有线新闻网CNN3月28日报道说，微软总裁比尔·盖茨在出席洛杉矶的一个慈善活动时遭到暗杀死亡。

图 4－1　新浪转载中国日报网站“盖茨被暗杀身亡”假新闻的正文页

中国日报网站里的这条新闻，只有一句话，是“美国有线新闻网 CNN 3 月 28 日报道说，微软总裁比尔·盖茨在出席洛杉矶的一个慈善活动时遭到暗杀死亡”。看新浪网转载的时间，是 2003 年 3 月 29 日 11 时 11 分。位于西八区的洛杉矶时间比东八区的北京时间要晚 16 个小时。也就是说，新浪网转载此消息的时候，洛杉矶是 28 日 19 时 11 分。由于新闻中没有说明盖茨出席慈善活动遭暗杀死亡的具体时间是多少，我们无从猜测从事件发生到被报道出来，中间有多长时间的延迟。但考虑到网络新闻几乎实时报道并及时追踪、滚动报道重大新闻的特点，我们应具有这样的常识：一个重大新闻事件，虽说第一次报道时会因为抢秒发布，而出现只有标题或只有一句话正文内容的情况，但紧接着在几分钟之内，就会快速跟进发布更多、更详细的新闻内容。而洛杉矶当地时间 19 时多，并不是半夜，应该会在很短的时间内有大量跟进的详情报道出来。当新浪编辑看到中国日报网站发布来自 CNN 的此条重要新闻时，如果不是刚巧在中国日报网站发布时秒见此新闻，应该有意识地再看看，是否还有关于此事件的更多报道发布了出来。如果只有这孤单单一条报道，就应引起警惕，对此信息的真实性存疑。

另外，对于转载的文章，尤其是重要新闻，要尽量去追本溯源。首先应到该新闻的来源网站去核实一下，是否被声称的来源网站里真的发布了这条消息，来源网站里发布的这条消息的具体内容，与被转载的内容有没有重大事实上的差异。因此，新浪编辑在突然发现中国日报网站此条重要新闻后，不应没有核实就抢秒发布，而应首先去 CNN 网站上看看，是否有对这个事件的报道。如此重要的新闻，在 CNN 网站首页上也应能很显眼地看到。如果在 CNN 网站首页并没有看到这个新闻事件的报道，那么，对此信息的真实性存疑就更大了，此时，就不能只为抢速度而发布可能不准确的信息了。

如果对此事件高度存疑，是不是不发此消息就完了？重大新闻如果是个假新闻的话，这个假新闻是从何起源、如何传播、影响如何等方面的信息，也是一个值得去了解和发布的新闻。且此事件目前只是高度存疑，还不知其真假，还需要编辑和记者去想方设法尽快从有关方面了解此事件的真相。在核实之前，专业媒体不应该像普通人那样最多写个“求辟谣”就直接转发。在自媒体时代，专业媒体在抢秒发布信息方面是处于弱势的，是怎么也抢不过第一手来源的信息发布的，也抢不过不需要专业核实就“求辟谣”转发的。既然是专业媒体，其优势在于经过记者、编辑等专业传媒人员的把关，通过从权威信源获得信息、从多方信源交叉比对信息，从而在核实判断信息可信度方面有着专业级别的认知判断能力，发布出来的信息可信度较高，人们较为相信其信息发布方面的公信力。所以，专业媒体在发布新闻时，最重要的反而不是抢秒发布，而是要尽量保证信息的可信度，在专业核实之后尽快发布。

那么，具体到“盖茨被暗杀身亡”这个信息，如何去尽快核实信息真假呢？编辑可以快速报告此重要信息的存疑之处，并提请相关负责人安排对此信息的核实。比如，可安排编辑到其他大网站去看看，看其他大网站是否报道了此重要新闻；可安排记者去寻找微软公司在中国的分公司的负责人，询问其是否有盖茨的相关消息，请其代为向外方相关方面去了解真实情况；可安排编辑与中国日报网站编辑联系，了解其消息出处的具体情况；可安排编辑与 CNN 网站编辑联系，了解其网站在此事件方面的信息；可安排编辑密切关注此事件在网上的各路信息，及时地研判信息，作出判断并进行相应处理。

后来被证实为假新闻的“盖茨被暗杀身亡”的信息，到底是怎么出笼的呢？原来，是中国日报网站的编辑，把一个错误网页上的信息（见图 4－2），看成了 CNN 新闻，报道时间也是上一年（2002 年）4 月 1 日愚人节。但中国日报网站的编辑并没有注意到网址和报道时间的错误，由此误判了。而各大新闻网站编辑，没有去声称的转载源头 CNN 网站上看看以核实，就直接转发出来，促成了这个假新闻更大范围的传播。

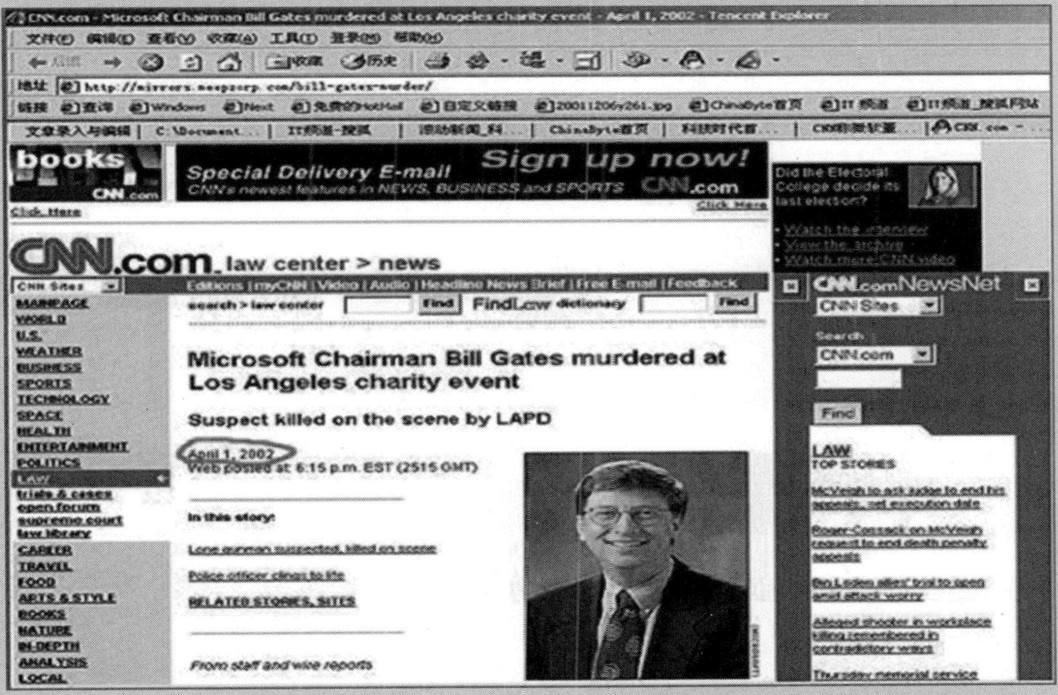

图 4－2 “盖茨被暗杀身亡”假新闻的出处

资料来源：《比尔·盖茨被传遭暗杀 网络新闻昨演连环错（图）》，参见 https：//tech. sina. com. cn/me/2003－12－31/0827275796. shtml。

【案例4-2】 为何很多媒体转发了“李光耀去世”假新闻，有媒体没转发？

2015年3月18日晚，众多媒体推送了“李光耀去世”的消息（见图4-3）。

从这几个网站的推送来看，网易、凤凰、ZAKER、今日头条等几个网站的推送里对信源的提法是“外媒称”或“外媒报道”，但都没说明是哪家外媒。对这样重要的新闻来说，连来源于哪家外媒都不提及，匿名信源的可信度很低。作为网络新闻编辑来说，转载时应首先考虑其信源是什么，其信源可信度如何，从其信源那里能否查到此信息，等等。如果消息里没点出是具体哪一家外媒，应该对它存疑了：既然是外媒报道的，又是这么重要的新闻，为什么连是哪家外媒都不说出来呢？

新浪新闻和百度新闻的推送，连匿名信源都省去了，直接报道说“新加坡前总理李光耀因肺炎感染病重不治”“新加坡开国总理李光耀因肺癌去世”。这种表述方法就更糟糕了。从报道责任来看，这样直接陈述某事实，会给用户一个错觉，以为网站已判断这是准确事实，直接把自己获得的第一手新闻信息直接报告给用户。这样自揽责任，出错了连甩锅的机会都没有。其他网站的编辑还可说是外媒报道错了，他们只是转发了失实新闻而已，比起直接报道失实的责任要小得多。所以网络新闻编辑在选择表述方式时，若是转载的，需要保留转载来源，明确表明是转发而非原创。

人民网的推送，有具体的信源“新加坡总理公署”。CNN的推送，有具体的信源“government website says”。“新加坡总理公署”或“政府网站”这样的具体信源，比起匿名信源来，可信度更高。但是，转发编辑仍然没有真正去新加坡总理公署网站查看是否有此消息报道，更没有去采访新加坡总理公署相关人士进行核实，因此，虽然给出了具体信源，但仍然因没去核实信息而转发了假新闻。

图4-3 媒体推送“李光耀去世”假消息

资料来源：刺猬公社《李光耀“去世”的传播链条，哪些媒体中招?》，参见 https://mp.weixin.qq.com/s/pFlm6u1cf_dJKSZ_SNs3qA。

手机搜狐网在新闻首页重要新闻区的二条位置，发布了此假新闻的多条相关报道，以标题组的形式推出对此事件的详细报道。标签包括“功绩”“特写”“对华”“搜狐网论”。

网易新闻甚至快速推出了专题，名为“一个时代的终结”，专题栏目包括：最新消息、图集、视频、李光耀家谱、你想都想不到的新加坡。

不得不说，搜狐和网易的编辑们前期准备工作做得很到位，对预判为可能发生的新闻，早就做好了相应的资料搜集甚至提前撰写报道的准备。但是，他们在抢发新闻时，没有首先做到核实事实真伪的关键一步，抢错了。

乌龙里面还有一个乌龙，手机凤凰网的大标题竟然写着《新加坡开国总理李显龙逝世》。看来凤凰网的编辑，慌慌张张搞错了人名，忙中出错、错上加错。

很快，人们又接到一大波更正、道歉的推送消息。

原来，此假新闻的来源是，有推特用户上传了一张“新加坡总理公署网站截图”，但该截图是伪造的。

在这一波快速抢转发重要新闻而造成的失实、更正、道歉的信息流中，腾讯新闻和联合早报网没有转发此条假新闻。

腾讯新闻的推送是：“新加坡总理公署证实，未发布前总理李光耀已经逝世信息。今晚，国内外多家媒体称李光耀已经去世。”

联合早报网的新闻标题是《假消息称李光耀去世 总理公署报警》，新闻正文内容是：“今天晚间，网上流传一个冒充新加坡总理公署网站文告的截图，称建国总理李光耀已经逝世。联合早报向总理公署查证，它未发布任何新信息，总理公署呼吁公众查证消息来源的链接。”

腾讯新闻为什么这次没有因抢发而转发假新闻呢？看来，这与腾讯新闻的编辑曾在一次业内高峰论坛上表达过的观点有关：在秒抢资讯的这个时代，我们作为专业媒体依然要首先进行核实。所以，腾讯新闻推送信息中提到“新加坡总理公署证实”，表明腾讯编辑在抢转发之前，多做了向相关权威新闻来源去核实信息真实性的这关键一步。核实信息，是尽量避免发布假新闻的专业方法和专业态度。

从联合早报网的新闻内容中也可看出，《联合早报》的记者编辑们进行了“向总理公署查证”的核实操作。且总理公署“呼吁公众查证消息来源的链接”这一点，也提醒普通公众尤其是各媒体记者编辑们，应在判断和转发前，首先查证消息来源的链接。

二、改政治性差错

对政治性差错要有高度的警惕。新闻中体现的观点不能与党和国家的路线、方针、政策相违背。在对党和国家领导人的新闻报道中，领导人的职务和排序不能弄错。不能发布泄露国家秘密、危害国家安全的新闻稿件。

在涉及港澳台的报道上，应注意纠正各种不正确的提法。如，不能把港澳台误称为“国家”，尤其要注意不能在多重列举时将其误与国家名称并列在一起。不能将海峡两岸和香港并称“两岸三地”。对台湾地区政权，称之为“台湾当局”或“台湾有关方面”，不使用“中华民国”，不用“中华民国”纪年。不直接使用台湾当局官方机构的名称，不使用台湾当局官方机构官员的职务，可称其为“台湾知名人士”或“台湾政界人士”。对台湾的某些与我们名称相同的大学或文化事业机构，如“清华大学”“故宫博物馆”等，应加引号。有关两岸关系事务是中国内部的事务，在处理涉台法律事务中，不使用国际上的用语，如“白皮书”“引渡”等，可采用“两岸公证书使用”“遣返”等。在不涉及台湾的宣传报道中，不得自称中国为“大陆”，不使用“大陆的改革开放”“大陆十大金曲排行榜”之类的提法，而应使用“我国的改革开放”等提法。对台宣传报道中，一般不用“解放前”或“解放后”，可改为“中华人民共和国成立前（后）”等。

涉及西藏问题时，应注意纠正那些不符合国家政策的观点、提法。

涉及少数民族时，应尊重少数民族的风俗习惯。不准夸张、渲染少数民族风俗习惯中落后方面，禁止沿用历史上留下来的某些歧视侮辱少数民族的语言、称谓，不用“满清”“回教”，“回教”应称为“伊斯兰教”。民族的称谓不可随意简化，有两个民族的自治地方的称谓不可任意简略其中任何一个，如湘西土家族苗族自治州等。

涉及宗教问题时，应审慎地分析、对待。新闻中不得出现违背现行宗教政策、伤害信教群众的宗教感情的内容，不能猎奇，更不能加以丑化、侮辱或胡编乱造。

严格把握宗教信仰自由与封建迷信活动的区别和界限，报道有关部门制止封建迷信活动的稿件，不要渲染封建迷信的细节，对于参加封建迷信的一般人员不宜点名，不宜用新闻图片的方式对参加封建迷信活动的群众予以曝光。

新华社在《新闻阅评动态》第 315 期发表了《新华社新闻报道中的禁用词（第一批）》，从时政和社会生活类、法律法规类、民族宗教类、港澳台和领土主权类、国际关系类等五大方面，规定了新华社新闻报道中的禁用词和慎用词，并在不断修订中。①

三、改偏见

要做到客观公正，就必须消除偏见。希望做到客观公正的编辑，应能从新闻信息中敏锐地发现各种偏见，即便是微不足道的偏见，也应予以消除。

偏见的表现形式多样，很不容易被察觉。要具备发现各种偏见的能力，编辑首先要对潜在于新闻报道中的、不易被发觉的偏见抱有警惕之心，细心地读懂字里行间的多层意思，从中发现并剔除具有偏见意味的字、词、句、段。

编辑最难认识的是自己的偏见，许多偏见取决于我们的生活经历、所处的环境，以及这些偏见被暴露、被认识的程度。要发现自己的偏见，编辑应与不同的人接触和相互了解，以有助于我们去发现不同的观点，并帮助我们认识到自己的偏见。

容易存在偏见的领域很多，主要出现的有政治偏见、民族偏见、国别偏见、地域偏见、性别偏见、宗教偏见、年龄偏见、外表偏见、残疾偏见、经济偏见、社会等级偏见、生活方式偏见、教育偏见、价值观偏见、职业偏见以及褒义偏见等。

如，在不少新闻报道中，记者把一些地方环境差、治安差的原因，很大部分归咎于农民工涌入城市，这种报道对农民工来说，是种极大的不公平。首先，农民工的处境恶劣，并不是农民工自己想要这样的，改变农民工的生存环境，是整个社会不可推卸的责任；其次，极少部分农民工的恶行，不能抹杀绝大多数农民工遵纪守法、勤勤恳恳、任劳任怨地

① 新华社新闻信息报道中的禁用词和慎用词（2019 年 2 月最新修订）[EB/OL].（2019－03－29）[2020－03－28]. http://aocs.mnnu.edu.cn/info/1003/1147.htm.

为城市建设工作的努力；再次，在扰乱社会治安的人中，也有不少是有城市户口的人，照该偏见来推理，难道可以把社会治安混乱归咎为有城市居民的缘故？

四、改容易引起纠纷的内容

容易引起纠纷的新闻主要涉及：消费纠纷报道、犯罪和案件报道、关于未成年人的报道等。

消费纠纷报道，可能涉及各行各业的商品和服务消费，其中最易产生纠纷的有：房产纠纷、医疗纠纷、家电商品纠纷等。既是纠纷，就有产生纠纷的双方，编辑纠纷新闻时，应注意查看记者是否采访了纠纷当事双方，是否公平地给了纠纷双方说话及被报道的权利，是否客观地报道了纠纷的来龙去脉，是否防止了主观性、片面性、绝对化。消费纠纷新闻中，不应该由记者、编辑站出来为某一方说话或直接评价该纠纷事件，而只能通过客观报道呈现纠纷事件及纠纷双方的说法，把评价留给用户自己通过阅读、分析、判断来得出。当然，纠纷新闻中可以采访、报道第三方的说法，通常是相关权威部门、相关专家学者的说法，来帮助用户分析判断。

犯罪和案件报道中，在法院判决前，相关嫌疑人应称“犯罪嫌疑人”，不能直接称为“罪犯”，不能在行文中称某人犯了某罪，不能代替法院判案，只能客观地报道来自警方、法院等方面的消息。

关于未成年人的负面报道，不得披露该未成年人的姓名、住所、照片及可能推断出该未成年人身份信息的资料。

五、改错别字

一时疏忽大意让错别字溜出去，可能会产生歧义、阻碍阅读，更严重的后果是，错别字会让用户觉得刺眼、别扭，对编辑的细心程度和编辑能力产生怀疑，对新闻产生不可信的感觉，从而削弱新闻媒体的公信力。因此，编辑在疏通文字时，应细心地发现并及时改正新闻中的错别字。

六、改行文格式

网站对发布的新闻通常会规定统一的行文格式，以便于阅读、形成特色。从别处转载来的新闻，其行文格式常不符合网站新闻统一格式的要求，需要编辑注意修改行文格式，以保持网站新闻发布形式上的统一。

转载新闻中的通讯社电头一般可保留，如果是报纸电头，“本报”须改为该报报名。

很多媒体的新闻中，对时间用昨日、今日等表述，不写出确切的日期。当转载其他媒体昨日发出的新闻时，应注意核对新闻事件实际发生的日期，出现日期差错应及时改过来。

一些媒体的新闻常用“本市”等说法，转载时应将容易引起歧义的地名改确切。

网络新闻的报道范围全球化趋势明显，可能涉及众多的境外地名、人名、事件名等，其译文应用词统一。如果一个名词存在多种译法而容易让人混淆的，最好在译名后注明原文。

如，有的网站对行文格式做出了以下具体规定：文章的段首空两格，与传统格式保持一致。段与段之间空一行。沿用“今天”“昨天”发生错误的，应改成具体日期。稿件中的汉字、标点符号因网络原因变成“?”“口”或空格的，应据原稿改正。港澳台和国外报纸译名与大陆译法不同，应改成规范译名，译名中的“·”不得写成“.”。例如：“星加坡”（港台称法）统一写成“新加坡”，“纽西兰”统一写成“新西兰”。文中或署名不应出现“本报”字样，应改为报名或删去。文中出现的繁体字一律改成简体字，标点用横排符号。

【案例4-3】 你能发现这则新闻中的错误吗？

这条新闻是新浪网在2009年4月9日11时26分转载的新闻（见图4-4），标题是《四川汶川县今天上午发生3.4级地震》。但是，看正文却是8日22时47分发生的地震。把标题、新闻转发时间和正文放到一起来看，就能分析出，编辑在转载改标题时，把时间弄错了，本应是“昨日晚间”，却写成“今天上午”了。

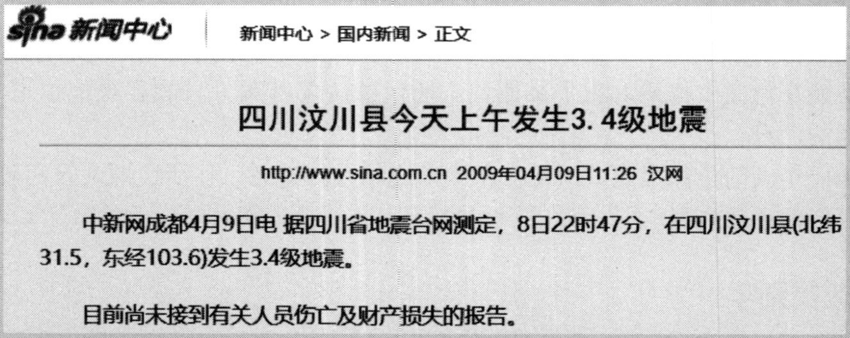
sina新闻中心 新闻中心 > 国内新闻 > 正文

四川汶川县今天上午发生3.4级地震

http://www.sina.com.cn 2009年04月09日11:26 汉网

中新网成都4月9日电 据四川省地震台网测定，8日22时47分，在四川汶川县(北纬31.5，东经103.6)发生3.4级地震。

目前尚未接到有关人员伤亡及财产损失的报告。

图4-4 新浪网转载的一篇新闻

第二节 压缩删除

新闻内容需要压缩的情况有两种：一种是原稿本身写得冗长、拖沓、啰唆、缺乏可读性；一种是原稿本身并不存在冗长、拖沓的问题，但因为版面、时间有限，不得不作压缩。前者是绝对性压缩，不压缩篇幅、挤出水分、消除赘余，就不是一篇好的新闻稿，会影响传播质量。后者是相对性压缩，是为适应特殊需要，对稿件进行压缩、剪裁，这同样是保证传播质量所必需的。

由于网络有海量储存空间，使网络新闻不必顾及刊登版面、播出时间的有限，从理论上说，有多少条新闻就可以发布多少条新闻，每条新闻有多少字节就可以发布多少字节，不需要节约网页空间。因此，有人认为，编辑网络新闻不需要删减、压缩。

但应看到，当媒介储存量有限时，在有限的版面、时间里刊载、播出的新闻，是经过记者、编辑审慎的价值判断后，严格采、写、编选出来的新闻，少而精，少而重要，少而有价值，恰好避免了因粗编产生的信息粗放、多余、错误、过剩等弊病。

为服务于用户在尽量短的时间内获取尽量多有效信息的需求，网络新闻编辑同样应对新闻中价值小、冗长、多余、错误的部分进行绝对性压缩；从人们不习惯阅读过长网页的习惯出发，网络新闻编辑有时也需要对新闻进行相对性压缩，或者对新闻进行切分，利用网页超链接特点分层次发布新闻。

一、删除新闻价值小的部分

一则新闻的价值，是这则新闻存在的理由。突出新闻价值的信息部分，是支持这则新闻存在的有效信息；反之，缺乏新闻价值、新闻价值很小或虽有一定价值却并不适合这则新闻应另辟空间让其展露价值的信息，是虚假地堆砌在这则新闻中的无效信息。对有效信息，应保留、润色、适当扩张；对无效信息，应果断地删除。只有删除缺乏新闻价值的信息，才能把淹没在无价值信息中的有效信息显露出来；只有删除新闻价值很小的信息，才能凸显出新闻价值大的有效信息；只有删除虽有一定价值却并不适合这则新闻的信息，才能使一则新闻的主题集中，不被随意地枝蔓开来，使有效信息的报道切入角度分明、条理清晰。

总之，只有删除无效信息，才能为阅读时间、精力有限的用户节约时间和精力，为用户信息寻求的利益最大化——在最短的时间内、花费最小的精力获得最多的有效信息——创造客观条件。

二、删除冗长内容

新闻中的事实有四个层次：特写事实、情节事实、简要事实、概括事实。特写事实又称新闻细节，是记者通过细节白描再现新闻事实中的人与物的个性特征或与新闻事件相关的场景特征。情节事实又称故事材料，是完整记录一个个具体的人与物在新闻事态中发生的行为或形态变动过程的事实材料，有因有果更有中间的具体行为环节。简要事实是用简要叙述方法写成的事实材料，只写事实要点的简明记录，主要方法是句句写结果。与简要事实相比，概括事实可以针对所有材料提炼概括，不论是细节事实、情节事实还是简要事实，都是概括事实的概括对象。它是用概括叙述方法，针对两个以上同类事实材料概括出一个具有总结性、代表性事实的概略记录。①

冗长主要表现为该略却详，即该提炼概括的地方却用了简要叙述，该简要叙述的地方却写出了曲折的故事情节发展，该跳过不提的情节过程却如记流水账般交代，该写情节梗概的时候却用上了白描手法对人、物、场景等细描细绘。了解了冗长的成因，编辑就可以对症下药删除冗长了。

三、删除多余部分

多余信息常表现为：只需适当地举例、解释却用了过多的例子、解释；一些用不着采写的部分却仍照写不误；记者编辑画蛇添足地直接议论、抒情一番；信息变了但文字、表述形式重复自身；同义反复的字；可有可无的赘余之词；乏力的形容词和副词；等等。

信息的有效性也适用边际效益递减的规律，过多的雷同、类似、可替代信息的呈现，

---

① 胡志平，王桥．重新发掘新闻奥秘［M］．北京：新华出版社，2000：74－93．

随着边际效益的递减，最后倒不如只用少量而适当的信息让整体效益更高。

例子不在多，能丰富地凸显新闻价值就足矣。过多地堆砌类似的例子，多占用了字节空间，却稀释了信息含量。

解释分两种：一种是狭义的解释，是对用户不懂的概念、科学术语等进行解释；一种是广义的解释，是在报道中补充新事实对主要新闻事实进行解释。前者属于名词解释，编辑时应对该名词是否需要解释、解释的详细程度进行判断。没必要解释的名词就不必解释，没必要详细解释的就不要过度解释。后者属于解释性报道。美国新闻学教授卡尔·林兹特诺姆说："所谓解释性报道，就是在报道新闻事件中补充新的事实，即'历史性的、环境性的、简历性的、数据性的、反应性的'事实，这样就能使正在发生的新闻事件更加明白易懂。"① 这个解释性报道的定义明白地指出，应用多方位多角度的事实来补充、解释新闻事实。事实信息，同样需要适当，不能过度使用、过度解释。

新闻是报道事实的，记者、编辑对新闻事实主观性的理解、体会、感情、偏向等，不宜用直接的议论、抒情表达，而宜将之化在对事实的刻画、选择、组织、呈现中，用客观报道手法来表达，让用户自己依据新闻事实的呈现来分析事实、作出判断。

不少新闻中存在"化了妆"的重复信息。有的信息，一会儿是直接引语的样子，一会儿是间接引语的模样，一会儿变成了记者从其他渠道采访到的信息。编辑往往需要仔细辨认，才能发现变了多种方式的重复信息并将之删除。

四、删除错误的部分

错误的表现可分为事实错误、观点错误、解释错误、分析错误等。

发现错误应及时删除、改正。有时，编辑对某处是否错误难以判断，或明知错了却苦于不知如何改正。在这种情况下，编辑往往只能先删除，以避免出错。

但有些编辑却常在怀疑有错时，仍硬着头皮将新闻发布上网，认为即便以后发现、判断确实是错误，也可以很方便地删除、改正。

不过，即使后来的删改在技术上很容易实现，却难以改正错误新闻信息上网后已给用户造成的不良影响。因此，网络编辑遇到怀疑有错误信息的情况下，仍应谨慎，先删除错误信息部分，再发布新闻。

传统媒体对出错的信息专辟栏目、在重要位置进行更正的严谨做法，同样值得网络编辑学习。对出错的网络新闻信息，也应想办法有效地进行更正。比如，可以及时发布最新经过更正的新闻，或有针对性地向已阅读过该新闻的用户推送更正提醒，以保证用户及时接收到准确事实。

第三节　增添

在网络新闻编辑的日常工作中，其实是很少删除新闻正文内容的，尤其是在转载机构媒体新闻时。机构媒体发布的新闻已经过了多人审核，其新闻正文内容已得到精编，一般

① 刘明华．西方新闻采访与写作［M］．北京：中国人民大学出版社，1993：81.

来说不应该存在不妥当的地方，没有做删除的必要。另外，网络新闻编辑需要在短时间内处理极大的信息量，难以对每篇转载新闻再做一次精耕细作式的删除操作，即便花时间再去删除价值小的部分，对内容价值的提升也极为有限。所以，网络新闻编辑转载的大量普通新闻，其实对正文内容基本没有改动，常改动的只是标题和摘要。

不过，对于本网站或本媒体机构原创的新闻内容，网络新闻编辑会花上相当多的时间来精编内容，一方面避免事实出错，一方面尽力提高新闻信息的有效性。

对当日几条重要新闻，无论是原创还是转载，网络新闻编辑都会重点精编。由于网页有的是空间，对于重要新闻，网络新闻编辑更常见的操作，反而是想方设法添加更多有价值的、多方面的、丰富的、多媒介的信息内容。

一、扩充新闻价值大的部分

网络新闻编辑可通过搜索，很方便、快捷地寻找到全网多家媒体机构和自媒体对某个新闻事件的报道内容。通过对这些报道内容的分析、判断、综合，可往新闻正文中增添更多延伸的、有价值的信息。尤其当遇到重要的国内国际新闻时，编辑应有意识地从不同消息来源的不同报道中找出新闻价值大的部分，有机地补充到要发布的新闻中。

若该新闻是本网记者所采写，当编辑觉得记者对新闻事实和新闻价值的挖掘还不到位，该详细、深刻的地方却有些简略、肤浅时，编辑可找记者补充采访。同时，编辑也应在全网搜索其他媒体机构和自媒体对该新闻事件的报道内容，并把搜集到的有价值的内容有机地补充到本网记者所采写的新闻中。

根据新闻正文内容，编辑还常通过改标题、加摘要等方式，来让该新闻内容最具新闻价值的部分得以更突出、更好地呈现。编辑也常通过综合多家媒体报道，为某篇新闻添加图片、更详细的事件报道内容及背景等关键信息。对一些重要新闻，若觉得有必要，编辑甚至会花更多时间来制作图表、制作动画、设计调查、设计互动活动等。

一般来说，编辑往新闻中添加内容的主要方面如下：

1. 改标题

2. 加摘要

3. 加小标题

4. 加背景

（1）嵌入事件回顾。

（2）嵌入人物简历。

（3）嵌入相关新闻。

（4）嵌入各方反应。

5. 加多媒体信息

（1）加照片、图表。

（2）加音频。

（3）加视频

（4）加动画。

（5）加调查。

(6) 加互动活动。

6. 加链接

(1) 加文内关键词链接。

(2) 加相关新闻链接。

(3) 加相关专题链接。

(4) 加网友评论链接。

(5) 加各种服务链接。

每天网络新闻数量那么大，编辑没有多余时间花在不太重要的新闻编辑处理上。但对于当天的几条、十几条、几十条重要新闻、热点新闻，编辑常会想办法把它们加工得更完整、更深入。

二、增添回叙内容

遇到连续性报道、滚动报道时，网络新闻编辑应考虑到，绝大多数用户不可能从头到尾地把报道该事件的新闻全部看完，因此，适当地增添对新闻事件发展状况的回叙内容是必要的。

回叙内容在新闻中的呈现方式多样，编辑可根据具体情况选择最适合用户快速了解回叙事实的方式：简单的回叙内容，可直接用一两句话添加在新闻开头处；较详细的回叙内容，可用一段话或好几段话，直接添加在新闻开头、中间或结尾处；也可把回叙内容报道的标题链接放在新闻开头、中间或结尾处；也可在提供标题链接的同时，把标题和摘要内容都一起放入，以方便不想点击打开太多网页、又想多了解一些相关回叙事实的用户，直接地快速浏览比标题更详细具体的摘要内容。

三、嵌入相关新闻和背景资料

有时，编辑会考虑直接把相关新闻和背景资料全文嵌入新闻中。

如，新浪网 2003 年 7 月 16 日发布的《〈纽约时报〉任命新执行主编 凯勒临危受命》，正文中除了《力求挽回因假新闻受损的声誉 凯勒临危受命重振百年老报》这则核心新闻信息外，还全文嵌入了对新闻人物比尔·凯勒的资料介绍、《“百年老店”冰冻三尺非一日之寒》这篇对假新闻出现原因的分析文章，以及《纽约时报》7 月 15 日刊登的读者对该报任命新执行主编的看法。全文嵌入的这些相关新闻和背景资料，与核心新闻信息一起，完成了对新闻点——凯勒任《纽约时报》新执行主编——较为全面、多方位、深入的报道。

四、增添必要的字句

有时，会因前面环节的工作失误，或编辑在改稿过程中删除一些字句后，出现稿件洞。稿件洞，即稿件出现前后逻辑不通、前后人名对不上号、语句不能顺利连接、缺少必要的字句等漏洞。这需要编辑发现并适当改正，增添必要的字句以疏通文字、理顺意思。

【案例4-4】比较多家网站对同一篇新闻转载的编辑方法

练习题：找一篇文章，追溯源头，并多看几家网站的转载，看各个网站的网络编辑是否做了改动。如果没有改动，评价其编辑方法；如果做了改动，评价其改动。如果是你来编辑，你会怎么做？试编之，并自评。（附上涉及的新闻网页链接地址）

试做练习：

1. 新闻来源——《新京报》

“（主）国内航空公司上调燃油附加费（副）上调幅度约20%；成品油价格连涨，物流企业成本上涨；民意油站93#汽油最高优惠0.5元/升”。①

2. 网易转载②修改之处

（1）改标题：由原主副标题改为一行题《国内航线燃油附加费上调 最高涨至110元》。

（2）加摘要：网易添加了“核心提示：7日，国航等国内航空公司‘集体’通知，今日起上调国内航线燃油附加费。根据航空公司通知，800公里（含）以下航线每航段燃油附加费由50元调整为60元；800公里以上航线，每航段燃油附加费由90元调整为110元。以此计算，上调幅度分别为20%和22%”。

（3）原文正文各段没有空行，网易编辑把每段间空行。

（4）原文正文是几篇新闻拼合在一起，但几篇新闻标题、文内小标题与正文字号一样，显不出区别。

网易编辑在转载时，把几篇新闻标题和小标题改了字号，加黑加粗，并前后空行。这样，区别就显出来了。不过，网易编辑在把各篇新闻标题加黑时，只加黑了主标题未加黑副标题。对2行的小标题，也只加黑了第1行。这样，整篇给人以多个小标题的错觉。

（5）加篇后相关新闻。

3. 凤凰转载③修改之处

（1）改标题：由原主副标题改为一行题《国内航线燃油附加费今起上调 幅度达20%》。

（2）把每段间空行。

（3）把几篇新闻标题的主副标题和2行小标题都改了字号，加黑加粗，并前后空行。

（4）把原文分成4页显示。

（5）加文内关键词链接：海航、美元、中信建投、国信证券、汽油、柴油、国际油价、原油、国金证券、股吧、摩根大通、汽油、宝马、奥迪。

（6）加篇后相关报道。

（7）加股市实时信息：在篇后加相关行业股市信息。在文内关键词后加［相关股市信息］：中信建投［0.00 0.00%］、国金证券［15.94 0.76% 股吧］。

（8）加视频：视频添加在标题区下、正文之前。且此视频是在此文已发布后，再重新添加的。

---

① 李媚玲，钟晶晶，张羽飞，等. 国内航空公司上调燃油附加费［N/OL］. 新京报，2011-04-08［2020-03-28］. http://www.bjnews.com.cn/finance/2011/04/08/116188.html.

② 网易网. 国内航线燃油附加费上调 最高涨至110元［EB/OL］.（2011-04-08）［2020-03-19］. http://news.163.com/11/0408/01/7136753D00014AED.html.

③ 凤凰网. 国内航线燃油附加费今起上调 幅度达20%［EB/OL］.（2011-04-08）［2020-03-28］. http://finance.ifeng.com/news/20110408/3835152.shtml.

4. 评价

(1)《新京报》电子版编辑粗疏，网易与凤凰转载时每段空行、每篇新闻标题和小标题加黑加粗，更利于快速浏览、重点突出。

(2) 凤凰把全文分成 4 页，虽然每页信息不长，但不断点击出新页面看新闻，还是不如在一页上就把该新闻浏览完。

(3) 凤凰的特点是添加了相关股市信息服务链接（文内关键词及篇后相关行业），显示出该网站特别注重股市信息。有利于股民通过看新闻随时分析关注股市动态。

另，新浪文内也加了关键词股市信息服务链接[①]，如："中石油（12.17，0.06，0.50%）"，且鼠标移动到此链接上时，出现下拉窗口，显示更多详细的股市信息，并可链接出去。

另，搜狐有文内关键词链接[②]，如：南航、东航和海航，中石油、中石化，国金证券，这几个都是到搜狐证券的相关个股页面的链接。

搜狐文中上部靠右区域，也加了"相关公司股票走势"（是新闻发布当天的走势），且是可多屏变动显示的。

(4) 网易与凤凰对这篇新闻的转载处理方式，都属于简单、快速的常规操作：改标题（网易、凤凰）、加摘要（网易）、加文内关键词链接（凤凰）、加相关新闻链接（网易、凤凰）、加相关服务链接（凤凰）。

(5) 标题区的排版方面，网易比凤凰更合理些。

网易的新闻时间、来源、跟帖数等放在 1 行，比凤凰分成 2 行的方式更省空间。

网易的来源不仅显示网站名还显示网站所在地名，如："《新京报》(北京)"。这样有利于用户确切了解正文中常以"本报讯"出来的新闻信息是哪个地方的。

另，搜狐标题区太杂乱，广告文图严重影响了新闻标题；新浪标题区很简洁。

5. 笔者试编

(1) 改标题。

燃油附加费由 50 元、90 元分别涨至 60 元、110 元

燃油附加费由 90 元涨至 110 元

(2) 加摘要。

4 月 7 日成品油价格上调后，国航、南航、东航和海航等国内航空公司"集体"通知，4 月 8 日起上调国内航线燃油附加费。800 公里（含）以下航线，每航段燃油附加费由 50 元调整为 60 元；800 公里以上航线，每航段燃油附加费由 90 元调整为 110 元。上调幅度分别为 20%和 22%。这是国内航空公司继 2 月份后再次上调燃油附加费。

(3) 正文：每段空行。每篇标题及小标题加黑加粗。

(4) 加图表：学习《新京报》，搜索或自己搜集数据制作图表。

(5) 加视频。

(6) 加文内关键词链接。

如，对"航油套保业务"进行名词解释，采取的方式是：该词变色，鼠标移动到该词出现下拉小窗口，解释该名词，也提供更详细的链接。

---

① 新浪网．国内航空公司上调燃油附加费［EB/OL］.（2011－04－08）［2020－03－28］. http://finance.sina.com.cn/chanjing/cyxw/20110408/01589654545.shtml.

② 搜狐网．国内航空公司上调燃油附加费［EB/OL］.（2011－04－08）［2020－03－28］. http://business.sohu.com/20110408/n280178279.shtml.

试拟该名词在小窗口里的解释文字为：“什么是航油套保？

套期保值是相对于现货商而言的，是指把航油期货市场当作转移价格风险的场所，利用期货合约作为将来在现货市场上买卖商品的临时替代物，对其现在买进准备以后售出航油或对将来需要买进航油的价格进行保险的交易活动。

航油套期保值是航空公司面对油价波动时固化成本的一种金融工具，油价上涨时公司可以节省燃油成本，但一旦油价下跌，就有可能出现亏损。”

(7) 加股市信息服务链接。

加文内关键词的个股信息服务链接。学习新浪。

加相关行业/公司股票走势。学习搜狐。

(8) 加篇后相关新闻，用“标题（链接）+摘要”的形式。如下：

北京93#汽油最高零售价涨0.4元 超过美国油价

（链接地址：http://business.sohu.com/20110407/n280162514.shtml）

［摘要］发改委通知自4月7日零时起，汽柴油每吨分别上调500元和400元，全国平均90#汽油、93#汽油和0#柴油每升提高0.37元、0.39元和0.34元。这是今年内发改委第二次上调成品油价格，调整后，北京地区93#汽油价格7.85元/每升，比美国汽油均价6.38元/每升超出1.47元……

(9) 问题：做相关新闻时，如果你觉得原标题不好，可改标题吗？

思考：可以，只要提供原文链接以资比对就可以了。

如，上面那篇相关新闻可改标题为：

93#汽油涨到7.85元 超出美国油价1.47元

第四节　改写

编辑常会遇到新闻价值大而内容上不太令人满意的新闻稿，这时，就需要编辑对之进行适当的改写。网络新闻编辑改写新闻时，用得最多的手法，除了改写标题、改写导语、调整结构、修改辞章外，还会添上对新闻的重新综合、分篇。

改写是最花时间的，绝大部分稿件都不会被大幅度改写。只有当编辑判断某篇重点新闻稿件不改写就难以刊发，或通过改写才能更好地满足用户信息需求时，才会决定花时间去改写。

若是本网记者自己采写的稿件，编辑常要花很多时间精编、改写。改写的内容，基本会涉及修改辞章、调整结构、改写导语、改写标题等全套内容，甚至会去全网搜索其他媒体的信息，添加进去，进行综合。

若是转发其他媒体机构的新闻，其实很少用到修改辞章、调整结构、改写导语、综合、分篇等改写方式。但会对几乎所有新闻稿件修改标题。改标题，是花时最少、提升新闻价值最大、最具边际效益的改写方式。不过，对于重要新闻稿件，在极少的情况下，还是需要对之进行综合、分篇、改导语、改辞章、改结构等花时较多的改写。

一、综合

由于商业网站目前还没有采访权，网络新闻编辑主要是对新闻进行重新整理、归类、合成、加工。不过，即使今后网站新闻频道拥有了采访权，出于客观条件限制，也不可能所有发布的新闻都由自己网站的记者采访写作，很大部分新闻仍只能采用转载其他媒体新闻的方式。在转载各方新闻中，非常要紧的编辑能力之一，就是对新闻的综合能力。

（一）综合改写的方法

综合改写的方法，主要可以分为简单综合和复杂综合两种方法：

简单综合——以段落、句为合并基础，在某篇新闻的基础上，添加其他报道的部分段落、句子。

复杂综合——集纳所有报道的精华，用自己的话进行综合改写。

（二）综合改写的具体手法

在网络新闻编辑中，运用得较为普遍的综合改写手法有：

1. 对某类新闻事件、某个新闻人物进行综合报道

如，不少网站报道伊拉克战争时，虽然开辟有最新战况消息一栏，按时间顺序进行了详细的分篇报道，但仍不忘撰写、编辑战争大事记这类的综合新闻，将重要的战况消息综合到一篇新闻里，以便用户阅读时理出一个清晰的战争发展线索来。

再如，不少历时较长的新闻事件报道，网络新闻编辑常将其主要事件梗概汇集为“一文读懂”；或以“时间＋事件发展”的列清单方式，按时间线汇集该事件的“发展历程”；或制作成一个长图片的形式，嵌入新闻的开头、中间或结尾处。

2. 综合多个媒体对同一新闻事件的不同报道

一个突发事件出来后，会被不断地追踪报道。最开始的那一篇报道，可能不详尽。后面陆陆续续地，同一个新闻媒体不断地发出跟进报道，甚至很多不同的媒体对这个事情有更多的跟进报道。

有的编辑采用的转载办法是来一篇转一篇，任其在倒序排列的信息流中瞬现瞬灭，让用户自己碰到哪篇看哪篇，用户自己觉得看得差不多了自然就不看了。这样对编辑来说省事，但是对用户来说不太友好。

当然，如果只是不多几篇的话，单篇一一转发，造成的混乱不大。编辑如果不综合这几篇内容为一篇来转发，常也会从中选用某篇内容最新或最全的，推荐到重要位置。

但有时候，如果把很多媒体多次跟进报道全都一一转载，可能需要转发几十篇甚至上百篇内容零零散散的报道。用户每点进去一篇，都只能看到其中的某个小断面，看不到全貌。数十上百篇对同一新闻事件的零散报道，在网站上该怎么放置？选哪条推荐到重要新闻区？这些都是难以处理的问题。

作为应为用户省时间的网络新闻编辑，在时间精力许可的范围内，应综合考虑重要新闻信息的及时、准确、全面、深入等多方面因素，尽量精编内容推荐给用户，以帮助用户花尽量少时间来获得价值尽量大的信息。

对于多篇同一新闻事件的报道，网络新闻编辑常采用的转载办法是：在第一次看到某

个重要热点信息时，先快速转发出去；接下来，当再看到关于这个事件的其他跟进报道时，及时把跟进报道中多出的内容，综合到原来发布的那个新闻中去。

通常，编辑采用的是简单综合的方式。简单综合，常是在最先发布那篇新闻的基础上，把后面陆续来的新信息，以段落、句子为合并的基础，添加到上面去。跟进的报道，不是所有的信息都是新的，可能只是其中的某几个新闻点有推进，那就把有变动的那部分段落或句子，有机地嵌入到原来的那篇里面。然后，当不断有新的报道出来时，就不断地把新的信息有机地添加进去。

有时，编辑觉得简单综合难以做到适当改动信息，于是选择了集纳所有报道中的精华内容，用自己的话进行综合改写的编辑方式。复杂综合的改写，工作量非常大，需要花很多时间。当然，最终改出来的结果可能更为用户省时间，因为编辑在综合改写时会尽量采用最适当的结构和最简洁的话，来展现最大价值量的信息。“一文读懂”这样的信息内容，常是编辑花大量时间综合提取多篇报道精华内容改写出来的。

3. 整合同一新闻事件分不同时段的滚动报道

比如，新华社报道某地考古发掘现场，采用的是文图直播形式，几分钟就滚动报道一条小的进展信息，当天发布了近百条滚动新闻。编辑在转载这条当日热点新闻时，如果也来一条转一条，那这个新闻事件的信息会散乱得不成样子。合理的做法是把这个新闻事件人工推荐到当日重要新闻区，在首次转发这条新闻的正文里，不断添加新来的句子或段落信息，以倒时序的方式，把最新信息叠放在最上面。这样，用户就可很方便地看到编辑推荐的当日热点新闻，且点击进去后，不仅能看到最新滚动报道内容，还能以倒时序方式，看到此次考古发掘现场最新的发展。

如果某条新闻没被编辑人工推荐到当日重要新闻区，而网站新闻常默认最近时间发布的信息放在页面最上面，以倒时序的方式发布信息流，那么，若以最先发布的新闻为基础，不断叠加内容进去的综合方式，发布出来的信息很可能早就被冲到了底部，甚至看不到了。怎么办呢？建议以每次添加内容进去的时间，为该新闻滚动更新的发布时间，这样系统可默认其最新改动内容的时间为该新闻最新发布时间，倒时序显示时，才能跳出来显示在最上面。

二、分篇

一篇新闻头绪纷繁、主题过多、篇幅较长时，需要进行分篇。

分篇，即是在分析新闻的主题、材料的基础上进行拆分，将一篇新闻拆分成几篇主题诉求各一、脉络清晰、层次分明的新闻。

拆分后的新闻，一篇新闻报道一件事或一件事的某一个方面，每篇新闻的报道主题不一样、诉求点有差异。

有时，因为不想让网页下拉条太长的缘故，也会把可分篇可不分篇的新闻强行找一处分界点一分两截，或一分几截，分成了传统新闻中的连续报道、系列报道的模样。

一般来说，当一篇新闻里涉及的关键信息分为好几个新闻信息点，而这几个新闻信息点分篇独立地表现出来，才能更好地凸显其新闻价值时，就应该分篇。在新闻正文中，一些重要新闻价值点可能会因为被放在较后面的位置而被淹没掉。尤其在标题中，难以把文中很重要的好几个新闻价值点，全都在标题里呈现出来。用户是通过先看标题，判断是不是跟他有关，才决定是否点击查看正文。如果有一些重要新闻点没办法在标题上呈现出来，那就容易被本有此需求的用户所忽略。对这种情况，编辑可采用分篇的方法，分成几个新闻标题来制作，就能把文中几个重要的新闻点都展现出来了。

三、改导语

新闻价值的判断对改写导语起着直接的作用。

一般来说，多数硬新闻的导语包括“五个 W 一个 H”，即：Who 何人、What 何事、When 何时、Where 何地、Why 何因、How 怎么样。

究竟这则新闻的最大价值在哪里？是紧张、激烈的冲突？是胜利、成功的发展？是挫败、毁灭的灾害？是对于一定的群体的重要性？是突出、显赫与声望？是新鲜、有新意、异常甚至怪异的新奇性？是有着情感背景的人情味？是及时？是地区接近性？是性吸引力？是保护动物的爱心？……

当判断出新闻的价值后，接下来需要判断六个导语要素中的哪一个或哪几个最能体现新闻价值，导语中应包含哪一个或哪几个要素。

最后，需要考虑选出的这一个或几个要素应采取怎样的写作手法表现出来。

四、改结构

新闻的结构，可分为倒金字塔结构、非金字塔结构：

倒金字塔结构，是按材料的重要性依次排列新闻事实的结构。记者从大量材料中找出诸如事件的高潮、说话的主旨部分、调查的结果等最重要部分，并尽可能将其简单清楚地写在导语里。接着是导语的补充和展开，然后是按重要性依次排列下来的材料。

非倒金字塔结构，包括时序结构、《华尔街日报》写法、连续对话的写法、第一人称自述的写法等。

时序结构，是按时间顺序来写作的文章结构。内容以叙事为主的报道，有时最好按时间顺序（而不是逻辑顺序）安排新闻主体。导语概述了新闻的主要内容，或以某个特写镜头作为开头后，主体部分就可以叙事形式展开。多数情况下，叙事段落中还常插入非叙事的段落，补充一些其他方面的信息。

《华尔街日报》写法有一套现成的步骤，第一步是将重点放在某个独特的方面，这是最重要的一步。这个独特的方面可是与主题有关的人的故事片段，或一个事件的有趣情节，或一段景物描写，或一个有趣的小故事。待富有人情味的开头紧抓住用户的视线后，再向一般来说属于严肃、宏大的主题过渡。报道主题是新闻的主体部分，这部分常采用按材料重要性依次排列的写法。最后，回到稿件开始报道的独特的人或事，写出其最新的进展，作一强有力的结尾或作一总结性的阐述。

需用连续对话写法的情况常是：某些报道中的人物说的话很值得引用，或可凭对话了解到一些很有价值的情况，因而最好是让报道中的主人公自己来详谈。

绝大多数的第一人称报道，都是记者亲身参加而不只是看见别人做事情的报道。这类报道能从个人，即第一人称的角度，抓住其他写法不可能抓住的特点。

修改新闻的结构，主要是指修改新闻的逻辑结构、时序结构，对新闻事实的重要性进行再判断，并按更为适当的逻辑对新闻事实的报道重新排列、组合，使新闻的结构更凸显新闻价值、更有逻辑条理、更富有趣味和更波澜起伏。

五、改辞章

新闻中用词应贴切、简洁、通俗易懂。遇到用来用去变为陈词滥调的词，要么果断地放弃，要么想法变换新词。关于句子的长短，“西方报界有一个不太文雅的比喻：新闻的长短最好应该像女人的‘三点式’游泳衣，既短得迷人，又长得遮住了一切要害的部位。关于新闻句子的长度，西方新闻学者认为应控制在 20 至 30 词之间，并称此长度为黄金定理”。①

【案例4-5】 你会如何转载此新闻？

新华网发布了一条标题为《国务院通过新增 1 000 亿斤粮食生产能力规划》的新闻（见图 4-5），你会怎么转载这条新闻呢？

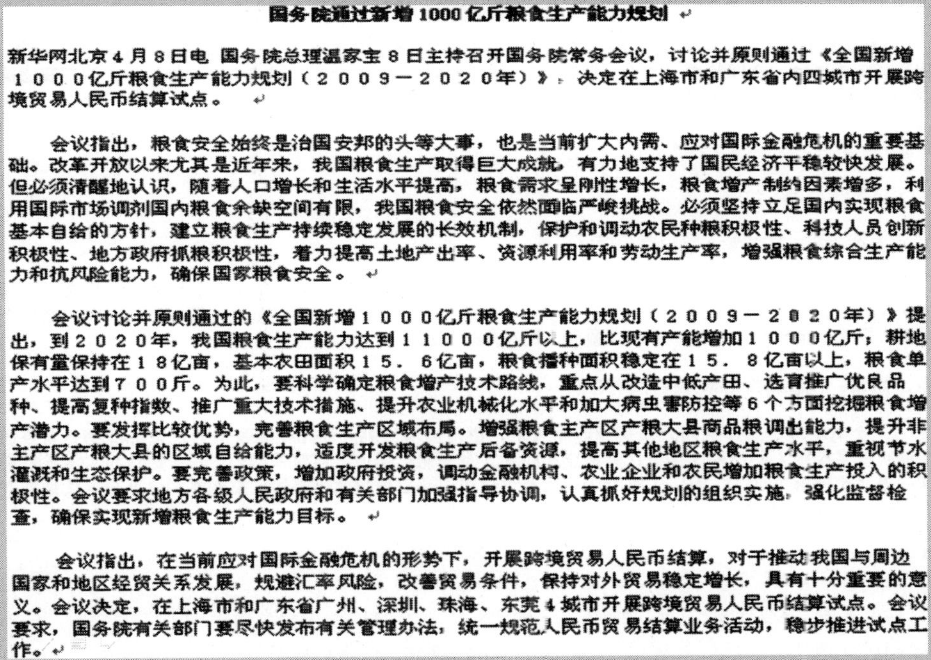

国务院通过新增 1000 亿斤粮食生产能力规划

新华网北京 4 月 8 日电 国务院总理温家宝 8 日主持召开国务院常务会议，讨论并原则通过《全国新增１０００亿斤粮食生产能力规划（２００９－２０２０年）》，决定在上海市和广东省内四城市开展跨境贸易人民币结算试点。

会议指出，粮食安全始终是治国安邦的头等大事，也是当前扩大内需、应对国际金融危机的重要基础。改革开放以来尤其是近年来，我国粮食生产取得巨大成就，有力地支持了国民经济平稳较快发展。但必须清醒地认识，随着人口增长和生活水平提高，粮食需求呈刚性增长，粮食增产制约因素增多，利用国际市场调剂国内粮食余缺空间有限，我国粮食安全依然面临严峻挑战。必须坚持立足国内实现粮食基本自给的方针，建立粮食生产持续稳定发展的长效机制，保护和调动农民种粮积极性、科技人员创新积极性、地方政府抓粮积极性，着力提高土地产出率、资源利用率和劳动生产率，增强粮食综合生产能力和抗风险能力，确保国家粮食安全。

会议讨论并原则通过的《全国新增１０００亿斤粮食生产能力规划（２００９－２０２０年）》提出，到２０２０年，我国粮食生产能力达到１１０００亿斤以上，比现有产能增加１０００亿斤；耕地保有量保持在１８亿亩，基本农田面积１５．６亿亩，粮食播种面积稳定在１５．８亿亩以上，粮食单产水平达到７００斤。为此，要科学确定粮食增产技术路线，重点从改造中低产田、选育推广优良品种、提高复种指数、推广重大技术措施、提升农业机械化水平和加大病虫害防控等 6 个方面挖掘粮食增产潜力。要发挥比较优势，完善粮食生产区域布局。增强粮食主产区产粮大县商品粮调出能力，提升非主产区产粮大县的区域自给能力，适度开发粮食生产后备资源，提高其他地区粮食生产水平，重视节水灌溉和生态保护。要完善政策，增加政府投资，调动金融机构、农业企业和农民增加粮食生产投入的积极性。会议要求地方各级人民政府和有关部门加强指导协调，认真抓好规划的组织实施，强化监督检查，确保实现新增粮食生产能力目标。

会议指出，在当前应对国际金融危机的形势下，开展跨境贸易人民币结算，对于推动我国与周边国家和地区经贸关系发展，规避汇率风险，改善贸易条件，保持对外贸易稳定增长，具有十分重要的意义。会议决定，在上海市和广东省广州、深圳、珠海、东莞 4 城市开展跨境贸易人民币结算试点。会议要求，国务院有关部门要尽快发布有关管理办法，统一规范人民币贸易结算业务活动，稳步推进试点工作。

图 4-5 新华网发布的一条新闻

这条新闻的正文内容，实际上说了两个新闻点。一个是标题上呈现出的“新增 1 000 亿斤粮食生产能力规划”，一个是“在上海市和广东省内四城市开展跨境贸易人民币结算试点”。

新闻的正文，分为 4 个段落。第 1 段是导语，第 2 段和第 3 段都是说的“新增 1 000 亿斤粮食生产能力规划”，最后第 4 段

① 赵鼎生．西方报纸编辑学［M］．北京：中国人民大学出版社，2002：85.

才写了一点“跨境贸易人民币结算试点”。

“跨境贸易人民币结算试点”的内容，是在此次新闻报道中第一次看到。所以，这篇新闻中，其实“跨境贸易人民币结算试点”的新闻价值很大。但在标题中，并没有把此点呈现出来。这很可能导致通过看标题来决定是否点击看正文的用户，错过对此重要内容的接收。

网易编辑的转载（见图 4－6）：

（1）网易编辑直接把标题改了，改成《上海和广东四市将开展跨境贸易人民币结算试点》。

（2）添加了一个核心提示。把跨境贸易人民币结算试点这一点放入核心提示中，且并没有提及 1 000 亿斤粮食生产能力规划这点。

（3）正文内容没有删减。

（4）正文后，添加了一个“名词解释：什么是人民币贸易结算?”，还添加了一个“解读：人民币贸易结算有什么优点?”。

如果说，改标题、加核心提示，是转载新闻时的常规操作，那么，网易编辑为什么要花时间在正文后添加名词解释呢？

上海和广东四市将开展跨境贸易人民币结算试点

2009-04-08 17:26:02　来源: 新华网　跟贴 424 条 手机看新闻

核心提示：国务院总理温家宝 8 日主持召开国务院常务会议，决定在上海市和广州、深圳、珠海、东莞 4 城市开展跨境贸易人民币结算试点。

新华网北京 4 月 8 日电 新华网北京４月８日电 国务院总理温家宝８日主持召开国务院常务会议，讨论并原则通过《全国新增１０００亿斤粮食生产能力规划（２００９－２０２０年）》，决定在上海市和广东省内四城市开展跨境贸易人民币结算试点。

...

（完全同上）

名词解释：什么是人民币贸易结算？

人民币用于国际结算，即允许进出口企业以人民币计价结算，居民可向非居民支付人民币，允许非居民持有人民币存款账户以便进行国际结算。人民币贸易结算首先要面临的问题是，境外进口商愿意接受人民币，而境外出口商手中有大量的人民币用来支付。

解读：人民币贸易结算有什么优点？

人大财政与金融研究所副所长赵锡军表示，进行跨境贸易人民币结算试点后，意味着进行贸易的企业可以直接用人民币进行结算，贸易交易成本大幅降低。同时，目前美国为应对金融危机大量发行美元，美元贬值压力加大，而以人民币作为贸易支付可以减省用美元结算的汇兑成本，企业可灵活地应对汇率变动。(本文来源：新华网）

图 4－6　网易转载新华网的新闻

应是考虑到“人民币贸易结算”是第一次在新闻中出现，很多人不懂这个问题，所以需要为这个新词进行一下解释。更进一步，到底人民币贸易结算对人们的生活有什么影响呢？网易编辑为之添加了“解读”。

网易编辑这样的转载方式如何？虽然在标题、核心提示和正文补充中凸显了“人民币贸易结算”这点，但“1 000 亿斤粮食生产能力规划”这点却又在标题中消失了。

还有没有更好的转载方法，能两个重要新闻点都兼顾呢？

可以分篇转载。一篇内容说 1 000 亿斤粮食生产能力规划，一篇内容说人民币贸易结算。

说 1 000 亿斤粮食生产能力规划的新闻，其实也可以添加核心提示；还可对文内关键点“《全国新增 1 000 亿斤粮食生产能力规划（2009—2020 年）》”进行链接，链接到规划全文的页面，以提供给有兴趣的用户点击查看更详细、更全面的规划全文内容的便捷机会。

说人民币贸易结算的新闻，除了添加标题、核心提示、简单的名词解释和解读之外，其实还可有更多的延伸补充内容。比如，以人民币结算到底对哪些行业、哪些方面，有怎样深远的影响等等。可以全网寻找相关内容，直接综合添加到正文中去；或以专家解读、相关评论、相关信息、相关新闻等方式直接全文嵌入正文之后；或以标题链接或标题链接加摘要嵌入的方式，放在正文之中或之后。如果没有搜索到合适的内容，编辑甚至可以考虑专门请相关领域的专家尽快就此问题发表解读，并及时补充添加到该新闻报道中去。

由于这两个重要新闻点都是同一天同一个会议上讨论的内容，两者之间是有一定联系的，因此，在分为两篇进行报道时，还可在每篇正文末尾，分别提及会议上还讨论并原则通过的另一个重要内容，并以正文呈现的方式，或以链接标题与摘要的方式，与另一篇联系起来。

【案例4-6】 对同一新闻事件多篇报道转载方式的比较与思考

练习题：很多网站对同一事件新闻的报道，常在同一天有多篇略有不同的新闻发出。若能找到这样的例子，请观察各网站的编辑手法并比较之。请思考，如果是你来编辑，你会怎么做？试编之，并自评。(附上涉及的新闻网页链接地址)

试做练习：

(一) 多家网站对同一新闻事件多篇报道的转载表现

1. 搜狐发了6篇新闻

10：58 转载自东方网：《上海动物园今日发生惨剧 一名饲养员被老虎咬死》①

10：59 转载自东方网：《上海动物园老虎咬人 死者系50岁动物园饲养员》②

13：58 转载自东方卫视：《视频：上海动物园孟加拉虎咬死饲养员》③

14：24 转载自解放网-新闻晚报：《上海动物园老虎咬死饲养员 整个过程长达十分钟》④

14：59 转载自新民晚报·新民网：《上海动物园老虎咬死饲养员 传老虎昨未喂食（图）》⑤

17：05 转载自中国新闻网：《未关闭虎舍门 上海动物园一饲养员命丧虎口（图）》⑥

---

① 搜狐网．上海动物园今日发生惨剧 一名饲养员被老虎咬死［EB/OL］.(2010-03-06)[2020-03-28]. http://news.sohu.com/20100306/n270622725.shtml.

② 搜狐网．上海动物园老虎咬人 死者系50岁动物园饲养员［EB/OL］.(2010-03-06)[2020-03-28]. http://news.sohu.com/20100306/n270622767.shtml.

③ 搜狐网．视频：上海动物园孟加拉虎咬死饲养员［EB/OL］.(2010-03-06)[2020-03-28]. http://news.sohu.com/20100306/n270625725.shtml.

④ 搜狐网．上海动物园老虎咬死饲养员 整个过程长达十分钟［EB/OL］.(2010-03-06)[2020-03-28]. http://news.sohu.com/20100306/n270625955.shtml.

⑤ 搜狐网．上海动物园老虎咬死饲养员 传老虎昨未喂食（图）［EB/OL］.(2010-03-06)[2020-03-28]. http://news.sohu.com/20100306/n270626342.shtml.

⑥ 搜狐网．未关闭虎舍门 上海动物园一饲养员命丧虎口（图）［EB/OL］.(2010-03-06)[2020-03-28]. http://news.sohu.com/20100306/n270627133.shtml.

2. 网易发了5篇新闻

10：14 转载自新民网

10：32 转载自东方网

10：37 转载自东方网

10：57 转载自东方网

17：05 转载自中新网

3. 腾讯发了4篇新闻

10：11 转载自东方网（链接目录页，下同）

12：29 转载自东方宽屏

13：24 转载自《新民晚报》

15：50 转载自新民网

（二）对网络同题新闻多种编辑方法的总结与思考

1. 只随意发一条

如，人民网只发了一条，且内容偏简单。

2. 看到一条转发一条

如，腾讯、网易、搜狐、新民网等采用的方式是看到一条转发一条。

3. 以某条为基础不断添加信息

有不少网站在看到一条转发一条的同时，还对推荐到重要新闻区的那条（一般为最早那条）进行重点编辑，不断添加最新消息。

添加的不同形式如下：

（1）链接。

链接嵌入正文（前、中、尾）。（如搜狐、新民网）

链接做在正文框内"相关阅读"处，或做在正文框外"相关新闻"处。

多家网站链接的"同题报道"，用的标签是"相关阅读"或"相关新闻"，并没有另做最适当标签以仔细区分这细微却有效用的差别。笔者认为，应明确标签为"同题报道"，以与标签"相关阅读"或"相关新闻"相区别，让用户明白这些链接内容是对同一新闻事件的不同报道，而不是泛泛的相关新闻。

（2）部分嵌入＋链接。

"标题（链接）＋摘要"形式，嵌入正文。

"一部分正文或摘要＋详细（链接）"形式，嵌入正文。

多篇同题报道的内容常大同小异，只提供标题链接，常让用户点击多条后阅读大量重复信息，用户多次上当后甚至不愿再点击同题报道链接。所以，对同题报道，可以"部分嵌入＋链接"方式，甚至以全文嵌入的方式，更直接地把增量信息呈现给用户，方便用户快速浏览。

（3）全文嵌入。

后一篇新闻多的新闻点，直接拷贝（或改写）后嵌入正文中。（如新民网）

后一篇新闻全文嵌入先前那篇正文中。（如搜狐）

（4）综合改写。

简单综合。（如新民网、搜狐）

滚动报道的简单汇集（时序或倒时序）。（如新民网）

复杂综合。

（5）多屏同题报道。

把多篇同题报道在同一页面分不同屏显示，用户可方便地用鼠标滑动，快速浏览多屏同题报道。可选报道最全面、详尽的那篇，或选综合改写的那篇，放在默认首屏显示。

（6）推送提醒。

同题报道若有较重要的新消息变动，可对阅读过该事件报道的用户进行推送提醒，以让用户及时了解他关注过的某事件有重要信息更新，起到个性化的提醒作用。

【本章小结】

本章探讨了网络新闻编辑进行正文信息处理的四个主要办法：改错、压缩删除、增添、改写。首先，探讨了网络新闻中常见的差错表现形式：事实性差错、政治性差错、偏见、文字性差错、行文格式差错等。通过分析“盖茨被暗杀身亡”“李光耀去世”假新闻案例，学习了如何运用分析法和核对法对事实性差错进行质疑和核查。其次，探讨了应删除哪些信息：删除新闻价值小的部分、删除冗长内容、删除多余部分、删除错误的部分。再次，探讨了应增添哪些信息：扩充新闻价值大的部分、增添回叙内容、嵌入相关新闻和背景资料、增添必要的字句。然后，探讨了改写新闻的几种办法：综合、分篇、改导语、改结构、改辞章。最后，通过实际转载网络新闻的几个案例分析，学习了何时需要分篇转载，比较了多家网站转载新闻时从哪些方面改变和增添了信息，观察并思考了转载多篇同题报道的多种方法的利弊。

【思考题】

1. 你如何看待新闻抢秒发布和新闻核实的矛盾？怎样操作才能尽量兼顾新闻事实的准确性与时效性？

2. 转载新闻时，可以添加哪些方面的信息？

3. 转载对同一新闻事件的多篇报道时，可以有哪些转载方式？各自优劣如何？

【训练】

1. 请找一篇网络新闻，分析其编辑手法。如果是你来编辑，你会怎么做？试编之，并自评。

2. 请找一篇多家网站都转载过的新闻，比较多家网站对同一篇新闻的转载编辑状况的异同，并评价各自的优劣。如果是你来编辑，你会怎么做？试编之，并自评。

3. 请观察多家网站对某日某一热点事件多篇连续报道的总体推送情况，分析这些网站推送同一新闻事件多篇连续报道的编辑方式，并评价其优劣。如果是你来编辑，你会怎么做？试编之，并自评。

【推荐阅读】

1. 科瓦奇，罗森斯蒂尔．真相：信息超载时代如何知道该相信什么［M］．陆佳怡，孙志刚，译．北京：中国人民大学出版社，2014.

2. 施瓦茨．美联社新闻报道手册［M］．曹俊，王蕊，译．北京：中央编译出版社，2014.

3. 布隆代尔．《华尔街日报》是如何讲故事的［M］．徐扬，译．北京：华夏出版社，2017.

第 5 章　网络新闻标题写作

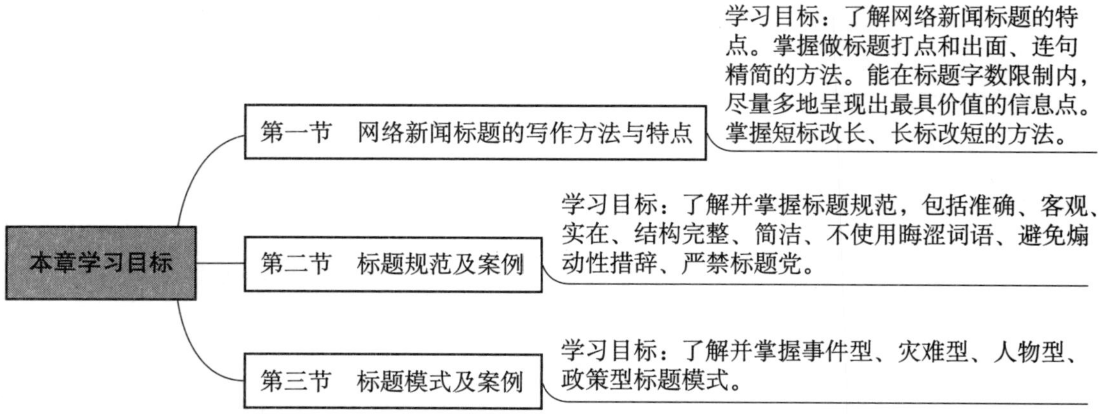

网络新闻标题与正文内容有明显的题文分离的特点。用户浏览网络新闻时，首先看到的是新闻标题目录页。用户每天主要是通过浏览大量新闻标题来获得有价值的信息。当用户从标题判断该新闻值得花时间去了解更多信息时，才会选择点进正文页看更详细的报道。因此，作为网络新闻信息的第一层次信息，网络新闻标题对用户监测环境的作用不言而喻。

第一节　网络新闻标题的写作方法与特点

网络新闻编辑在日常工作中最重要的一项工作内容，非写作标题莫属了。对网络新闻编辑来说，最显高手本色的，是能快速写出或挑出最具价值新闻点的、在有限字数内呈现出最大信息含金量的长短标题。要具备这样的能力，首要的基础是了解并掌握网络新闻标题的特点与写作方法。

一、做新闻标题的方法：打点、出面

做新闻标题的方法主要有两个：一是打点，二是出面（下文简称为“出”）。

打点，是指新闻标题中凸显最具新闻价值的一个或几个新闻点。这些新闻点，一般来说都是比较具体的信息点，是该新闻事件中比较特别的细节。

出面，是指新闻标题中概括了该新闻的主要事实。不过，不要以为概括主要事实，就一定是抽象、不具体的。新闻标题中的出面，其实也是由多个具新闻价值的细节点组合而成的面上情况。

出面与打点，其实都需要呈现具体的新闻信息点。只是相对来说，出面是由较多的新闻信息点组成了对主要事实的概括；打点则更偏向于凸显特别具新闻价值的点。而实际做

新闻标题时，常常两者并不是截然分开，而是有机结合的。比如，有的新闻标题，可能一半是出面，一半是凸显个性化的具体新闻点。

比如，《工业和信息化部就骚扰电话管控不力问题约谈中国移动》这个新闻标题，是由“工业和信息化部”“就骚扰电话管控不力问题”“约谈”“中国移动”这 4 个信息点组成的。看正文内容，重要的信息点还有具体的约谈情况：工信部的通报内容、中国移动签承诺书、工信部的举措等。基本上，这个新闻标题可看作是用“出面”方法来做的，4 个信息点组成了对此新闻事件主要新闻事实的概括。

比如，《1 岁孩子喉咙卡玩具零件 妈妈嘴对嘴吸出却又进自己气管》这个新闻标题，是由“1 岁”“孩子”“喉咙”“卡”“玩具零件”“妈妈”“嘴对嘴”“吸出”“又进自己气管”这 9 个细节信息点组成的。看正文内容，重要的信息点还有妈妈气管中零件已通过手术取出、网友建议用“海姆利克急救法”救治、医生说法等。基本上，这个新闻标题可看作是用结合“打点”和“出面”的方法来做的，近十个细节信息点共同组成了对此新闻事件主要新闻事实的概括，尤其引人注意的具体细节点是“又进自己气管”。

比如，《风王“利奇马”逼近 浙江沿海掀十几米三浪、大树遭连根拔起》这个视频新闻标题，由“风王‘利奇马’逼近”“浙江沿海掀十几米巨浪”“大树遭连根拔起”等几个细节信息点组成。看视频内容，重要的信息点还有金清湾大桥风声呼啸、车身吹得不停晃动、大陈岛海面浪高风急、发布台风红色预警、可能在哪里登陆及可能台风强度为 14～16 级等等。基本上，这个视频新闻标题可看作是用“打点”方法来做的，前半段是简短地“出面”，用“利奇马”逼近几个字概括了此新闻事件主要新闻事实，重在凸显后半段的两个细节新闻信息点，即：掀十几米巨浪、大树遭连根拔起。

二、做新闻标题可三步走：打点、连句、精简

每个人做新闻标题的习惯不同：有的人习惯写出来，边写边改；有的人习惯在脑中思考，完全想好了再写下来。

一般来说，大多数编辑会采用这样的办法：在快速浏览并编辑修改新闻正文的过程中，把判断认为值得做到标题上的信息点，如比较重要的新闻要素、比较特别的具体细节点、比较有趣的某个词或某句话，复制粘贴到标题栏中。编辑完新闻正文后，再在标题栏中把分几次粘贴到标题栏里的信息点，想办法连成表达顺当的一句话，最后再精简到适当的字数内。

因为想在标题里呈现的点比较多，写成一句话会比较长，常需要想办法精简。如果实在因标题适宜的长度所限，必须删去一些信息点，应按其新闻价值从低到高，删去相比起来新闻价值最小、有趣程度较低的信息点。但应尽量在可接受的标题字数内，呈现出最多的、最具新闻价值的信息点。

比如，《风王“利奇马”逼近 浙江沿海掀十几米巨浪、大树遭连根拔起》这个标题，如果想要字数少些，可先删去“大树遭连根拔起”这个相对次要的具体信息点。如果想要字数更少些，可再删去“浙江沿海掀十几米巨浪”这个具体信息点。如果还想要字数少，可再删去“风王”，只留“‘利奇马’逼近”，甚至只留“利奇马”这个关键词。

如果能在上面几步之后，把标题改得更生动、有趣、有意味一些，更突出最重要的新

闻价值更好。如果因为没时间或能力不够，走完前三步，至少已快速写好了一个在底线标准上的、直接突出重要新闻点的、直白易懂的新闻标题了。

三、网络新闻标题写多长合适?

网络新闻的标题，实际上是放在网页上一个个隐形的矩形表格框里面的。因此条件限制，网络新闻的标题，一般是一行实题。

在PC端密集的纯新闻标题目录页面上，超过一行折成几行的话，会比较难区分各条标题的起止。所以，PC端目录页的标题，常严格限制在一行里，不能超过标题所在的矩形表格框。由于受限于PC端常见的三分页面的表格框的长度，PC端如新浪网新闻中心目录页的标题，常在21.5个字以内。长期观察发现，新浪网PC端的新闻标题字数，很多在15到21.5个字之间。少于15个字的新闻标题很少，一是出于美观，如果一行太长一行又太短，过于参差不齐，看起来不太顺眼；二是出于想在标题上呈现出更多有价值的信息。

网络新闻是层次化的阅读，用户一般先浏览新闻标题目录页，后点击看正文页，再点击看更多相关新闻页等。新闻标题的写作方法，就是把该篇新闻正文中最具新闻价值的信息点尽可能多地呈现出来。因此，浏览当天重要新闻、热点新闻、个性化新闻的新闻标题，是最有效率地快速接收外部世界重大变化信息的阅看方式，是对当天世界新变化的一个快速概要式扫描。即便某用户某天一篇新闻也没有点击打开看其正文，只要浏览了一些新闻标题，那也接收到当天世界变化的一些信息。并不能因其没有点击看正文，就判断其对此信息没兴趣，不想接收此信息。只能说，他对没点开看详细正文的新闻所具有的兴趣，还没有高到必须花更多时间来详细看正文的程度。但他很可能并不排斥看这些新闻标题，他能通过浏览这些标题信息，来快速扫描世界新变化中最具价值的那些信息。

网络新闻标题，在条件许可的范围下，一般来说是越长越好。越长，越能够呈现更多有价值的信息点。但是，从用户接收标题信息的心理接受度来看，网络新闻标题的长度，还是需要有一定的限度，不应该无限长，否则就起不到标题为用户节省时间的作用了。在一个主要是标题的目录网页上，如果每个标题过长，即便目录网页可无限上拉滑动，可以想象，看起来也很累人。

那么，网络新闻标题到底写多长合适呢？这要结合屏幕大小来看。

PC端的新闻标题字数，很多在15到21.5个字之间，若表格框够长，也可能在20～30字之间。

PC端的迷你版资讯窗口上，标题的长度，由小窗口的大小来决定，常在15个字以下；甚至在一行里，用空格隔开放两条或更多条标题文字，标题字数可短至7个字左右。

如，腾讯网迷你版，原来采用三分栏形式，新闻标题文字目录放在中间栏，每行只有十几个字的空间，还常每行放两个不同新闻的标题文字，导致标题经常只有七八个字。目前，迷你腾讯网小窗口，改版成与手机屏幕类似的图文标题信息流方式，标题字数就与手机标题字数差不多了。

手机屏幕的新闻标题，最开始的时候，也是沿袭PC端的做法，只排一行文字，超过一行的字就用省略号省略了。按当时流行的手机屏幕大小，在设置便于阅看的标准字号下，一行大概装13.5个字。为什么会出现半个字的空间呢？因为标题字寸土寸金，一个汉字占两个字节的空间，标点符号在可全角也可半角显示的情况下，标题上一般都用半角符号，这样可多省点空间出来呈现更多信息。所以，标题上会有空半格、半角逗号、半角问号、半角冒号、半角引号、半角省略号等。刚好那时的一行可放 13.5 个字，超过 13 个字就后面放半角省略号了。

现在手机端的标题，渐渐变成可折行呈现，突破了 13.5 个字的限制。手机上的标题，可能是一行，也可能折成两行、三行。最早，折成两行的居多，现在，折成三行的多起来。

手机屏幕的标题目录页，是以图文标题信息流方式呈现的。每条标题区的矩形框里，有标题文字、配图及信源、时间、评论数等附加信息。由于每条新闻标题有配图，不同大小配图占用的行空间不等，目前看一个小图一般会占用约上下三行标题字号的空间，除去附加信息占用一行外，标题文字有两行位置可放。若标题文字占去三行，则附加信息顺势下压一行。如果配图是一个小图，会占 1/3 的位置，剩下 2/3 的位置可以放标题文字；如果配图是三个小图排成一行，标题文字常放在图上方；如果配图是一个大图，标题文字可放图片上方，也可直接标题压图。

以腾讯新闻 App 为例，设置为标准字号时，笔者手机屏幕上，一整行可放 20 个字。配小图的标题，除去图片位置，一行可放 12 个字。数一下现在笔者看到的腾讯新闻要闻频道页前 10 条新闻的标题字数，分别是：14 字、17 字、28 字、26 字、25 字、28 字、22 字、27 字、28 字、24 字。最短 14 字，最长 28 字，平均 23.9 字，中位数 25.5 字。可见，目前手机屏幕上常见的新闻标题字数，在 25 字左右的居多。一整行显示时，折成两行的居多；配小图显示时，折成三行的居多。

搜索热点之类的新闻标题，一般都尽量短。手机屏幕上，一行常放两个标题。如，腾讯新闻 App“今日热点”，放了三行共 6 个标题，每个标题字数为：5 字、8 字、6 字、8 字、8 字、7 字。最短 5 字，最长 8 字，平均 7 字，中位数 7.5 字。如，百度“搜索发现”，是仅一行可以左右滑动的文字，放了 10 条短标题，字数分别为：7 字、8 字、7 字、7 字、8 字、7 字、8 字、8 字、8 字、8 字。最短 7 字，最长 8 字，平均 7.6 字，中位数 8 字。

所以，网络新闻标题到底写多长合适呢？这要看把标题放在哪里。

网络新闻编辑制作标题，应根据具体情况的不同，需要写多少字的标题，就写出多少字的标题。制作标题的基础在于对该信息的价值判断。根据对该信息的各个具体信息点的价值高低判断，结合具体对标题字数的需求，尽量呈现出最具价值的信息点。字数多，可多出一些具重要价值的信息点。字数少，从相对来说次要的信息点删起，直到符合字数要求。

四、网络新闻标题的特点

（一）快

网络新闻标题的特点，首先是要快。

每天 24 小时内，最新的网络新闻几乎实时滚动发布，做标题需要尽量快速。一般来说，转载一篇一般的稿件时，可能总共用时不过三分钟，标题应在一分钟以内快速做出来。即使是转载一篇重要稿件、热点稿件，也需要尽快抢秒发布，标题也应几乎不假思索地写出来，没有更多时间来精细化打磨。即使是自己网站记者原创采写的稿件，在把时间花在核查事实、修改辞章、补充信息等正文编辑方面后，标题上可花的时间也非常有限了。

所以，网络新闻标题是“唯快不破”，直白地把主要事实说清楚就行。有能力有时间能做得更好当然更好，否则把要点基本表达清楚就行。

（二）一行题（两截题、标题组、可折行、多截题）

网络新闻标题，几乎都是一行题。

一行字数较长的题，如果要表达的意思有多个，断成两截语气更顺的话，多会用空格将一行标题断开。现在标题趋长，断成三截的很多，常见用逗号将一行标题断成三截。

PC 端的新闻标题，尤其在重要新闻区，常见把多个标题组合在一起，以标题组的形式呈现出来。一般来说，会把同一新闻事件的不同报道组成一个标题组，有时也会把同类别下不同新闻事件的多篇报道组成一个标题组。一个标题组中，常挑选其中最重要的一条新闻标题作为标题组中的头条，加黑加粗显示。整个标题组看起来好像是多行题，但实际上每行文字或一行中的每截文字，链接的是不同新闻正文页。标题组中的每个标题，仍是一行题。

手机端的新闻标题，可折行显示，但实际上仍是一行题。当手机端可折行显示标题后，网络新闻标题越来越长，长达 25 字以上的标题，一口气很难读完。据心理学上的研究表明，一个人的瞬时文字记忆，长度基本在 4 个字，如果借助出声音读，可把记忆文字的长度扩展到 6 到 8 个字左右。我们记电话号码，常是 4 个数字一断，短时间内精确记 8 个数字还基本可行，再把手机号前 3 位数加在一起来记，就较难全部准确记清了。如果一句话太长，不换气读下去，容易看了后面忘了前面。把一个长句截断，分截阅读，可帮助记忆和理解。新闻标题由原来 PC 端的 20 字左右，增长至手机端的 25 字以上，其截断的方式，已由原来 PC 端常见的空半格断成两截，变成用逗号断成三截。

（三）实题

报纸标题可是一行题，也可是复合式标题，可有引题、主题、副题、提要题等形式。常见的有主题加副题，或引题加主题，或引题加主题和副题。

由于可有多行题，所以报纸标题的主题就不一定非得是实题，可做成虚题，以表达某种意味、某种情绪、某种评价等等。具体实在的信息点，常可由副题来表达。即便只有一行题，报纸新闻内容的呈现形式，一般是标题下即是正文内容，哪怕一行虚题，让人只看标题不太了解具体信息点，仍可很方便地看到正文具体内容。所以，报纸标题的主题，常可因某种特殊表达的需要，不做成有具体实在信息点的实题，而别开生面地做成表达某种意味、情绪或评价的虚题，以引人注意。

网络新闻标题，由于是标题与正文分开在不同网页显示，用户需要从标题信息来接收主要新闻事实，判断点击出的正文页可能会有哪方面的详细信息，所以网络新闻标题需要做成实题。需要由具体、实在的多个信息点的组合，来对新闻事件进行概括，或对新闻事件某个特别方面进行凸显。

（四）事实＋意义

报纸标题的主题，受字数限制，常要么出事实，要么出意义、评价，很难在主题上既出事实又同时出意义、评价等。若两者都想出，就需要做多行题，把事实和意义分在主、引、副题的不同部分呈现。

网络新闻标题的字数可以较多，编辑可在一行题中同时表达事实和意义、评价等。什么时候会需要在标题上加意义呢？当这个新闻事实，很多外行人、普通用户不太容易分析判断其意义时。如果标题区位置有更多的字数可用，加上意义、评价更有利于帮助用户明白这个事实的重要性在哪里，编辑就常把标题做成“事实＋意义”的模式。

但是，编辑虽然可在标题中加入一点表达某种情绪或意味、评论性的词句，仍然需要落脚到某个具体信息点，才能让用户据以判断此标题的点击目标指向，可能会出现什么样的正文内容。

（五）题＋报道形态

由于题文分离，用户无法仅从标题上就准确判断出正文的报道形态和可能的详尽程度，所以有时候网络新闻标题需要加上报道形态，以提醒用户这个标题链接指向的正文内容有什么特色。

比如，以前常见在文字标题后加上“（图）”“（多图）”的报道形态提醒，告知用户这篇新闻正文里有图。现在基本上每条新闻都有配图，且配图都提到了目录页标题区，所以提醒有图的很少见了。

以前还常见在文字标题后加上“（综述）”“（特稿）”“（内幕）”“（深度）”“（调查）”等报道形态的提醒，告知用户这篇新闻正文的内容很多，是一篇能了解概要的综述，或一篇有细节的特稿，或一篇有故事的内幕，或一篇有深度分析的报道，或一篇特别的调查报道。

现在手机屏幕的标题区里，专门有一行附加信息（又可叫附文），内容一般包括：信源、评论数、发布时间。这些标题的附文，能帮助用户更好地判断此条新闻内容的价值和特点如何。

在机构媒体和自媒体同台竞争的时代，一条有着惊人信息点的标题，如果用户看到信源是自媒体，会想一想，是不是自媒体恶意炒作的“标题党”，是否真有惊人信息。如果用户看到信源是机构媒体，会想一想，机构媒体因保持公信力的需要，一般不会乱做标题，应该真有惊人信息。具体到某一家机构媒体、某一个自媒体，还有信源可信度、权威度的高低之分，用户会根据提供的具体信源名，来帮助判断某条标题信息的可信程度。

标题区的评论数，可让用户了解此条新闻的评论量是多少，从中大致看出其他用户对此新闻信息感兴趣的程度和表达意见、参与讨论的热度。从其他用户参与此信息的讨论热度，可帮助用户判断此信息的重要性程度。

标题区的发布时间，如，“刚刚”“几分钟前”“几小时前”及“昨天几时几分”等具体时间，可让用户了解信息的时间，从而帮助判断此信息的及时性或重要性。一般来说，在重要新闻区的标题，发布时间越离得远，其重要性程度越高，才可能让其在重要新闻区停留这么久。当然，发布时间越离得近，“刚刚”“几分钟前”之类的，显示其信息才新鲜出炉，也许很重要，也许只是时间离得近才被推荐出来。

还有一些报道形态的提醒，如“置顶”“精选”“热点精选”“话题”“直播中”“回放”“视频图标”“视频时长”“广告”“新”“热”“沸”“荐”“热评”“播报”等，也都发挥着提醒用户目标正文的内容或价值的作用。

（六）标题字数不一，短的可一两字，长的可几十字

网络新闻标题因屏幕大小、放置位置等变化，字数长短不一。短的，可以短到极致。如《图》《图集》《视频》《现场》《目击》《评论》《各方反应》《台风“利奇马”》等。长的，可以长到几十个字。微信公众号文章的标题，按其规定是不能超过 64 个字。目前，网络新闻标题在 25 字左右的居多。

（七）以句子为基本单位

网络新闻标题一般以句子为基本单位。

简洁的，可只有词语，如《台风“利奇马”》；或只有主语，如《黄晓明林大厨》《上半年财政收入》；或只有主谓，如《8 岁男孩景区失联》《上海迪士尼闭园》《俄军试验场爆炸》；或只有简单的主谓宾，《贵州德江通报命案》《柳岩辟谣买十套房》《袁隆平生日蛋糕上是水稻》《华为将发布地图服务》等。

复杂的，像一段新闻导语或新闻摘要。如《文汇报》在微信公众号上发布的关于“利奇马”台风的一系列新闻标题：《“利奇马”越来越近，台风蓝色预警发布！市政府办公厅：切实做好防御工作！》《中央气象台发布台风红色预警！“利奇马”明早登陆浙江，上海今夜起有暴雨！》《最新！现场滔天巨浪，记者直呼“我太难了”……台风升级为黄色预警！》《“利奇马”凌晨登陆温岭！上海今天仍有狂风暴雨，这些地铁线路停运！》《已致 18 人遇难！“利奇马”持续发威，这些美丽身影筑起了真正的“魔都结界”！》……这些新闻标题，基本都断成三截，甚至四截，复杂得包括了几句话，基本像一段新闻导语或新闻摘要了。

新闻导语的写法，也是把最具重要新闻价值的那几个点，连成一句话或几句话，作为一段导语段。导语与标题主要的差异源于字数限制的多少不同。当网络新闻标题的字数放宽到 30 多个字时，就和简短的导语差不多了。

（八）不为用户熟知的人名注明职务或头衔

在标题中出现人名时，如果是大家熟知的明星、名人，可直接出名字；如果是不太出名的人，直接出名字在标题中，会让人不明就里。一般来说，若要在标题上出现大家不太熟悉的人名，我们常采用注明职务或头衔的方式，让大家知道他是谁。更多时候，甚至只出职务、头衔或能表明其身份的词，而不出现其名字。

（九）尽量避免各种简称

标题里，虽然需要尽量精简字数，但仍应尽量避免各种简称，除非该简称大部分人都很容易理解其指代含义。应避免需要多反应一下，才能明白其含义的简称。如各省的简称，尤其是一些不太容易明白是哪里的简称。还应避免简称后会发生误解的词。如，某些

国家的简称都一样，巴基斯坦、巴勒斯坦、巴拉圭、巴西等都简称巴，伊朗、伊拉克都简称伊，如果在标题中用其简称就容易混淆。

【案例5-1】"9·11"事件突发新闻标题的写作

【案例5-1-1】请为以下正文内容写作标题：

当地时间9月11日上午接近9时（北京时间11日晚接近21时），美国一架飞机撞上纽约世界贸易中心大楼。从现场可以看见大楼上部浓烟滚滚，被撞出一个大洞。目前飞机具体型号和伤亡情况不详。（固山）[①]

试做标题：

《快讯：一架飞机撞上纽约世界贸易中心》(16.5字)

《一飞机撞上纽约世界贸易中心》(13字)

分析：

这是一个突发新闻，一般要在标题最前面，加上"快讯"两字。把报道形态写出来，是提醒大家，这是一条突发重要新闻。

这则新闻标题，不管多少字，需要打出的最重要新闻点实际上就是：有一架飞机，撞了世贸中心。

【案例5-1-2】请为以下正文内容写作标题：

当地时间9月11日9：05（北京时间11日21：05），第二架飞机撞在纽约世界贸易中心大楼，并引发爆炸。20分钟前，第一架飞机撞在大楼上，从现场可见两座大楼上部浓烟滚滚。目前飞机型号、伤亡情况不详。[②]

试做标题：

《快讯：第二架飞机撞上世界贸易中心并引发爆炸》(20.5字)

《第二架飞机撞上世贸中心爆炸》(13字)

分析：

第二个标题比第一个标题字少很多，但重要信息点基本一样："第二架""飞机""撞上""世贸中心""爆炸"。第一个标题里的"并引发"，是不出现也不影响理解的，可去掉。"世界贸易中心"，简称"世贸中心"也能理解，可简称。这是此事的首次抢发，"快讯"最好保留。

【案例5-1-3】请为以下正文内容写作标题：

当地时间9月11日上午接近9：00（北京时间11日晚接近21：00），两架飞机先后撞上美国纽约世界贸易中心大楼，并引发爆炸。

接近9：00，一架飞机撞在世界贸易中心一座大楼上部，大楼外墙被撞出大洞。18分钟后，即当地时间9：08左右（北京时间21：08左右），又有一架飞机撞上世界贸易中心另一座大楼的中上部，并引发强烈爆炸，爆炸后火光从大楼另一侧爆发。目前飞机型号和伤亡情况不详。

从现场可以看到，两座大楼被撞出大洞，现场浓烟滚滚。大楼方圆数公里撒满了

---

① 固山．快讯：一架飞机撞上纽约世界贸易中心［EB/OL］.（2001-09-11）［2020-03-29］. http://mil.news.sina.com.cn/2001-09-11/32002.html.

② 新浪网．快讯：第二架飞机撞上世界贸易中心并引发爆炸［EB/OL］.（2001-09-11）［2020-03-29］. http://mil.news.sina.com.cn/2001-09-11/32003.html.

碎片。美国总统布什即将就此事发表声明。(固山)[①]

试做标题：

《两架飞机撞上纽约世界贸易中心大楼并引发爆炸》(21字)

《两飞机撞上纽约世贸中心爆炸》(13字)

分析：

可以看出，当时的编辑，首先发了第一条“一架飞机撞上世贸中心”后，没隔多久，又发了第二条“第二架飞机撞世贸中心”。稍后在后续报道还没及时出来时，编辑就把刚才两个快讯综合成了一篇。这篇综合的新闻，就没加“快讯”了。

“两架飞机”若要再精简，可是“两飞机”。“纽约世界贸易中心”，若精简，可是“纽约世贸中心”，或“世贸中心”，或字最少的“双子塔”。

有同学在课堂上为此条新闻做标题时，加上了文内出现的“伤亡情况不详”。“原因不明”“伤亡情况不详”之类的话，我们很少在标题上标出来。因为标题是寸土寸金的黄金位置，把信息量不大的点放在那里，白白加长了标题，不太划算。“原因不明”，只有一点点信息量，就是：这个原因，还不明白。如果已经知道了原因，直接把原因写在标题上，如“恐怖袭击”“恐怖分子劫持客机”等，信息量才更大。具体有了伤亡人数，直接在标题上写出“几死几伤”，比起“伤亡情况不详”，信息量才更大。一般来说，用户会默认标题中没有说明原因的突发新闻，常表明其“还不知道原因”；标题中没说明伤亡人数的突发新闻，常表明其“还不清楚具体的伤亡人数”。

【案例5-1-4】请为以下正文内容写作标题：

当地时间9月11日9：40（北京时间21：40）消息，位于华盛顿的五角大楼也发生大火，据悉也是遭到飞机撞击所致。

美国联邦当局认为，这是一起针对总统的恐怖主义袭击，现在，白宫的所有人员已经疏散。目击者称，一架美国军方的军用直升机在五角大楼上方盘旋几周之后从人们视野当中突然消失，旋即听到一声巨响，浓烟从大楼上升起。联邦调查局称事件正在调查中。

目前，美国联邦航空局（FAA）已经关闭了全国机场，并取消了所有的航班。[②]

试做标题：

《快讯：美国五角大楼发生火灾可能也遭飞机撞击》(21字)

《美五角大楼可能也遭飞机撞击》(13字)

分析：

有同学在试做标题时，用了被动语态“五角大楼被飞机撞击”。我们做标题时，一般尽量不用被动语态，尽量用主动语态。

文中说“据悉也是遭到飞机撞击所致”，语气有些犹疑，不是很肯定的样子。所以，编辑在做标题时，谨慎起见，用了“可能”两字，以免误报事实。

“美国”简称“美”，一般都能懂，可用简称。

【案例5-1-5】请为以下正文内容写作标题：

---

① 固山．两架飞机撞上纽约世界贸易中心大楼并引发爆炸［EB/OL］.(2001-09-11)［2020-03-29］. http://mil.news.sina.com.cn/2001-09-11/32004.html.

② 新浪网．快讯：美国五角大楼发生火灾可能也遭飞机撞击［EB/OL］.(2001-09-11)［2020-03-29］. http://mil.news.sina.com.cn/2001-09-11/32011.html.

当地时间9月11日9：40许（北京时间11日21：40），美国纽约世界贸易中心的两栋摩天大楼之一倒塌。①

试做标题：

《快讯：美国纽约世界贸易中心一栋摩天大楼倒塌》（20.5字）

《美世贸中心一栋摩天大楼倒塌》（13字）

分析：

当突发新闻发生时，为抢秒发布，快讯经常只有一句话，标题可以和正文一样。这样可尽量节省做标题耽搁的时间。

这则标题，在正文基础上只做了很少改动。加了"快讯:"，把"两栋摩天大楼之一"变成了"一栋摩天大楼"而已。

【案例5-1-6】请为以下正文内容写作标题：

美国当地时间9月11日10：28（北京时间22：28消息），纽约世界贸易中心另一幢摩天大楼（北楼）突然爆炸，化为灰烬。世界著名的两幢摩天大楼均已不存。有5万人在世界贸易中心工作。②

试做标题：

《快讯：纽约世贸中心另一座摩天大楼倒塌》（17.5字）

《世贸中心另一座摩天大楼倒塌》（13字）

分析：

有同学在标题中用了文中的"突然爆炸"，但文中后面还有"化为灰烬""两幢摩天大楼均已不存"。如果只用"突然爆炸"，只是表现出这栋大楼可能某处爆炸了，没有表现出摩天大楼倒塌、不存在了这样的厉害程度。所以，标题要点应该是："另一栋摩天大楼倒塌"、或"另一栋摩天大楼化为灰烬"、或"另一栋摩天大楼已不存在"、或"两栋摩天大楼均已不存"。其次重要的一点是：5万人在世贸中心工作。人们会想到，工作日的当地时间9点多，正是有很多人在世贸中心工作的时候，大楼倒塌时，有多少人会受到致命影响呢？人命关天的事情，最让人揪心。如果标题字数允许，应把涉及多少人的安危，表现在标题里。也许可把标题做成《两栋摩天大楼均已不存有5万人在里面工作!》

【案例5-1-7】请为以下正文内容写作标题：

美国东部时间9月11日上午9点前后（北京时间11日晚9点前后），两架飞机先后撞击纽约世界贸易中心摩天大楼，两次撞击之间仅相隔约18分钟。

首次撞击的时间是8：45（北京时间20：45），撞毁的飞机是美国航空公司F77航班，是一架波音757客机，从华盛顿杜勒斯机场飞往洛杉矶，机上有58名乘客和6名机组成员。二次撞击的时间是9：03（北京时间21：03），撞毁的飞机为美国航空公司F11航班——波音767客机，从波士顿飞往洛杉矶，机上有81名乘客和11名机组成员。

美国东部时间10：05（北京时间22：05），世贸大楼南楼突然倒塌。但由于烟雾迷漫，不清楚倒塌的原因是内部的爆炸还是建筑结构的致命损伤。美国东部时间10：28，北楼也完全倒塌，不少人员情急之下跳窗逃生，情形极其惨烈。

---

① 新浪网．快讯：美国纽约世界贸易中心一栋摩天大楼倒塌［EB/OL］.（2001－09－11）［2020－03－29］. http://mil. news. sina. com. cn/2001－09－11/32024. html.

② 新浪网．快讯：纽约世贸中心另一座摩天大楼倒塌［EB/OL］.（2001－09－11）［2020－03－29］. http://mil. news. sina. com. cn/2001－09－11/32040. html.

爆炸发生之时，世贸大楼内还有上千人根本无法逃生。纽约当地的医疗机构已经动员市民献血，以准急用。

…………

目前，所有美国上空的客机均已经平安降落。尽管有关人士都怀疑恐怖袭击是塔利班组织所为，但目前还没有得到任何证实。塔利班也声明与恐怖活动没有关系。

五角大楼和国务院爆炸……

股市金融市场反应……

布什总统声明……

世界主要国家领导人纷纷做出反应……

巴勒斯坦枪手鸣枪庆贺……

塔利班组织外交官谴责恐怖分子袭击美国……①

试做标题：

《综述：美国遭史无前例恐怖袭击损失惨重 纽约世贸大楼倒塌》(26 字)(新浪)

《美国遭恐袭 客机被劫持摧毁世贸中心撞击五角大楼》(22.5 字)

《美世贸中心两栋摩天大楼倒塌》(13 字)

《两飞机撞美世贸中心大楼倒塌》(13 字)

分析：

第二天早上，新浪网把头天晚上发布的五百多篇滚动报道的内容，综合改写为一篇详细的“综述”，放在当天重要新闻区的头条位置。因为新闻内容太多，这里就用省略号省去了很多内容，只留了一些重要事实和一些小标题。

在同学做的标题里，有人用了“伤亡情况惨重”的表述。我们一般不说伤亡情况惨重，因为这样的表述比较模糊。到底怎样算惨重呢？几个？几十个？几百个？几千个？几万个？每个人用的高级形容词，所指都不太一样。新闻标题上报道伤亡情况，一般来说应给出具体的伤亡数字，或最接近具体的伤亡数字。在表达上，最简洁、最准确的，是直接说“多少死多少伤”。

《新民晚报》《中国青年报》《北京青年报》《羊城晚报》《南京日报》《天府早报》等报纸的标题分别为：

《美国遭恐怖袭击》

《美国大爆炸》

《恐怖分子袭击美国》

《美国遭到最严重攻击》

《美国遭受空前大劫难》

《恐怖席卷美利坚》

《恐怖》

…………

报纸媒体当时所做的头版标题，基本都用的是不怎么具体的词。《美国遭恐怖袭击》，还算是说了事件的性质是“恐怖袭击”，但不清楚是什么样的恐怖袭击。《美国大爆炸》，不知道的，还以为美国整个爆炸了。《恐怖分子袭击美国》，算是提到了事件的制造者是恐怖分子，但具体制造了什么样的恐怖事件，就不得而知了。《美国遭到最严重攻击》，最严重攻击，是哪种攻击呢？《美国遭受空前大劫难》，什么样的空前大劫难呢？不清楚。《恐怖席卷美利坚》，到底是什么样的恐怖呢？《天府早报》的头版标题只有两个字——《恐怖》。

为什么报纸的标题，都是这种好用高级形容词的风格呢？报纸版面固定，想要做大标题字号，就需要标题字数越少，标题

① 新浪网．综述：美国遭史无前例恐怖袭击损失惨重 纽约世贸大楼倒塌［EB/OL］.(2001－09－12)［2020－03－29］. http://mil.news.sina.com.cn/2001－09－12/32298.html.

字号才可能越大；也与报纸标题与大图片、正文文字没被分离到不同网页，可互相提示、互相依靠有关系。偏虚化的标题，可由大图上的摩天大楼被飞机撞击、爆炸、起火、废墟、人们惊慌出逃的特写表情以及相关文字等具体实在的信息所支撑，让人们了解所谓的抽象的恐怖到底指什么。

《华尔街日报》执行总编辑保罗·斯泰格尔制作的标题，是通栏大标题：

"Terrorists Destroy World Trade Center, Hit Pentagon in Raid with Hijacked Jets"

翻译成中文：《恐怖分子劫持客机摧毁世贸中心撞击五角大楼》(20字)

如果要把这个标题做得更短些，可为：《劫客机毁世贸中心撞五角大楼》(13字)

《纽约时报》在《美国遇袭》的特大字号主标题下，也用了通栏标题：

"Hijacked Jets Destroy Twin Towers and Hit Pentagon"

翻译成中文：《被劫客机摧毁双子塔撞击五角大楼》(15字)

如果要把这个标题做得更短些，可为：《被劫客机毁双子塔撞五角大楼》(13字)

可以看出，《华尔街日报》和《纽约时报》呈现给读者的信息更为具体、实在。作为事件发生地的美国的报纸，制作的标题并不虚化，而是打出了很多关键点的实题。

从《华尔街日报》的标题可看出，打出的重要信息点有7个："恐怖分子""劫持""客机""摧毁""世贸中心""撞击""五角大楼"。

从《纽约时报》的标题可看出，打出的重要信息点有6个："被劫""客机""摧毁""双子塔""撞击""五角大楼"。

比较一下，会发现这两家媒体做标题所选的重要信息点，其实是基本一致的。《纽约时报》的"被劫""客机"，基本上信息量与《华尔街日报》的"恐怖分子""劫持""客机"相当。"世贸中心"和"双子塔"一个意思。其他信息点，连两个动词都用得一样，且这两个动词的选择非常准确："摧毁""撞击"。

事实是什么，就简洁明白地把这个事实说出来。标题应出具体、准确的事实，没必要由编辑在标题里为此专用高级修辞做判断。用户会通过你的"被劫客机摧毁双子塔撞击五角大楼"这个具体、准确的事实，自己去判断这件事情到底有多严重。

有同学做标题时用的"飞机"，没用"客机"。同样是两个字，"客机"能表达这个飞机不是一般的没人乘坐的飞机，而是已乘坐了很多人的客机，其用词更准确，信息量也更大。

新浪的标题是《综述：美国遭史无前例恐怖袭击损失惨重 纽约世贸大楼倒塌》。"史无前例""损失惨重"，这两个词都是很模糊的主观判断词；"恐怖袭击"，也不如"被劫客机摧毁双子塔撞击五角大楼"，把到底是什么恐袭说得这么具体、准确。26字的标题，其实具体实在的事实仅是"纽约世贸大楼倒塌"，连"恐怖分子劫持客机""五角大楼遭撞击"的另两个重要信息点都没能出现。

如果需要把标题尽量做短的话，可删去相对次重要的信息点，只留最重要的信息点。比如，可是《被劫客机摧毁双子塔》，也可是《双子塔倒塌》。

【案例5-2】 把一行短题改成一行长题

【案例 5-2-1】

《中国经济时报》:《地产话语再爆口水战》(9 字)

说明：一位经济学家说，大城市的地价在未来十年内将上涨三倍。此观点招致多位分析师的抨击和驳斥。

改标题:《地产话语再爆口水战：大城市地价 10 年将涨 3 倍》(20 字)

标题由短改长的方法 1：从“概括”到“概括+提取的具体内容”

【案例 5-2-2】

《新京报》:《中信信托介入房屋租赁业务》(12 字)

说明：中信信托成为首个独立运作房屋租赁业务的信托机构。目前，其“房屋租赁权信托业务”进入独立操作阶段，首家门店将于两个月内面世。

改标题:《中信信托介入房屋租赁业务首家门店即将面世》(20.5 字)

标题由短改长的方法 2：从“主要信息”到“主要信息+次要信息”

【案例 5-2-3】

《南方都市报》:《买二手房才是中低收入者最好选择》(15 字)

说明：这话是潘石屹说的。

改标题:《潘石屹：买二手房才是中低收入者最好选择》(18.5 字)

标题由短改长的方法 3：从“意见”到“说话人（名字)：意见”

【案例 5-2-4】

《京华时报》:《“月球大使馆”状告司法局》(11 字)

说明：这是月球卖地事件的连续报道。“月球大使馆”曾在北京公开销售月球等星球的土地，被北京工商部门暂扣公司营业执照。“月球大使馆”CEO 李捷以公证遭拒的理由状告北京市司法局。昨天，“月球大使馆”CEO 李捷起诉司法局不办理他“申请拥有月球所有权”一案在西城法院开庭审理。

改标题:《月球卖地事件续：月球 CEO 诉司法局一案昨日开庭》(21 字)

标题由短改长的方法 4：从“单个事件”到“连续报道：事件新进展”

【案例 5-2-5】

《中国经济时报》:《北京将成为另一个上海?》(10.5 字)

说明：这篇新闻从多个方面分析了上海与北京房价上涨的原因，文中的观点是北京的房价上涨很快，在高房价方面，北京可能很快会变成另一个上海。

改标题:《北京房价为何高企 将会成为另一个上海吗》(18.5 字)

标题由短改长的方法 5：从“评价”到“事实+评价”

【案例5-3】 把多行题改为一行题

【案例 5-3-1】

《南方都市报》:

《(主)深圳海上执勤遭遇暴力抗法

(副)走私艇疯狂撞击执勤艇 一边防战士壮烈牺牲 5 人受伤》(35 字)

说明：深圳市边防官兵在土洋对开海域

执勤中遭遇暴力抗法。一辆可疑快艇突然高速急转弯猛烈撞击公边44110执勤快艇右舷前侧，造成公边快艇破损失去动力。年仅23岁的上等兵林寿敏不幸殉职，另有5名边防官兵不同程度受伤。

改标题：

《广东可疑走私艇撞坏执法艇一名战士遇难》(18字)(新浪)

《深圳可疑快艇猛撞执勤艇 战士1死5伤》(16.5字)

《深圳快艇猛撞执勤艇1死5伤》(12字)

分析：

新浪编辑在改写标题时，把“深圳”改成“广东”。笔者不太赞同这种变法。因为深圳是更准确具体的地名，也是非常有名的地方，几乎没人不知道深圳在哪里，没必要把深圳改成更大范围的地名“广东”。一般来说，标题上出现不出名的小地名时，才需要为了用户快速反应出这是哪个地方，而勉为其难地改成范围稍大的、更出名的大地名。

新浪编辑在改写标题时，在原标题上添加了“可疑”两字。笔者赞同这种变法。因为新闻正文里面，是“一辆可疑快艇”，全文都没有直接说其是“走私艇”。但是，《南方都市报》编辑在标题上直接称之为“走私艇”，没说明其真是走私艇还只是处于被怀疑状态，没标明“可疑”二字，这是不谨慎、不准确的写法。新浪编辑在添加“可疑”后，仍沿用原报纸编辑标题上的“走私艇”，笔者认为仍稍欠谨慎。因为报纸编辑在做标题时，一般也是根据正文中的相关表述来选择标题上的措辞，而此正文中无一处写其是“走私艇”，只说是“可疑快艇”，所以很可能是报纸编辑从正文信息中选出做在标题上的信息时，根据主观判断而误用了“走私艇”说法。

笔者在试做标题时，根据正文内“一辆可疑快艇突然高速急转弯猛烈撞击……”的描述，写为“可疑快艇”或“快艇”，事实上更为准确。

在动词选用上，笔者根据正文内“突然高速急转弯猛烈撞击……”的描述，写为“猛撞”。初看起来，“猛撞”有点故意追求“火爆”用词，有标题党嫌疑，但其实只要正追求“文中”有此表述，标题上完全是可照搬过去的，在事实方面的表述用词与正文题文相符，不是标题党，而是在许可范围内尽量凸显有价值的具体信息点的方法。

新浪编辑在标题上用“执法艇”一词，但正文中用词是“公边44110执勤快艇”，报纸编辑在标题上也用的是“执勤艇”。笔者认为，编辑做标题时，选用字词，最好与正文用词尽量一致，最好不要自己去改用另一个词，哪怕看起来意思比较接近。

新浪编辑在出伤亡情况时，说的是“一名战士遇难”。这样的说法比较正式，能突出一个战士遇难这个事实。但是，在一个灾难性事件中，死和伤，都是比较重要的信息，如果能出具体死伤数字，应尽量出具体数字，这里可用“战士1死5伤”的表述，以更少的字出更多信息。

【案例5-3-2】

《中国青年报》：

《(引)春运期间火车票价该不该涨(主)一律师申请行政复议 铁道部正式回函受理》(30.5字)

改标题：

《律师叫板春运涨价 铁道部回函受理此案》(17.5字)(网易)

《律师申请行政复议春运涨价 铁道部回函受理》(19.5字)

《春运票价该不该涨 铁道部回函律师行政复议》(19.5字)

《春运票价该不该涨 铁道部回函律师复议申请》(19.5字)

《律师申请铁道部复议春运涨价》(13字)

分析：

这篇新闻的主要信息点有："春运""火车票价""该不该涨""律师""申请行政复议""铁道部""回函受理"。原标题是引题和主题，且主题又分为两截，说的是连续发生的、有联系的两个事情。要想把这么多信息点都在标题上出现，且想尽量少用些字，应想办法省略。首先，可省略那些省去之后意思并没变、信息点并没减少的字。比如，"春运期间"的"期间"二字可省略，不影响其意思。其次，可利用承前省或承后省的方法，把删去后借助上下文联系不影响理解的字删去。如，"火车票价"的"火车"二字也可省略，因为标题里会出现"铁道部"，用户能理解"票价"指"火车票价"，不会误会成"汽车票价"。

网易编辑在标题中用了"叫板"，这个词虽然有点虚化，不是具体的"申请行政复议春运涨价"，但在减少词语方面，是起到了作用的。"叫板"一词较口语化，朗朗上口，缺点是不够具体。网易编辑写"铁道部回函受理此案"，"此案"二字欠妥当。行政复议申请，并非法律案件，说成"此案"不准确。

【案例5-3-3】

《南方都市报》：

《(引)香港将立法规管汽车引擎空转排放废气(主)香港停车不熄火 超三分钟罚320元》(32字)

摘要：日后在香港，汽车停靠路边，司机忘记关闭发动机，随后会被罚款320港元。昨日，港府正式向立法会提交《汽车引擎空转(定额罚款)条例草案》。草案建议让司机享有3分钟的宽限时间，并扩大了的士、小巴等公共交通工具的豁免范围。

改标题：

《香港规定司机停车3分钟后需"熄火"否则罚款》(19.5字)(网易)

《香港立法改善空气质量 要求停车3分钟后熄火》(20字)(腾讯)

《香港立法：停车3分钟后需"熄火"》(14字)(中新)

《引擎空转排废气 香港将立法停车3分钟不熄火罚320港元》(24.5字)

《香港将立法：停车3分钟不熄火罚320港元》(17.5字)

《停车3分钟不熄火 将罚320港元》(13.5字)

《港将处罚停车3分钟不熄火者》(12.5字)

《香港将规定停车3分钟后不熄火罚320港元 避免引擎空转多排废气》(28.5字)

分析：

网易、腾讯、中新网等编辑，在标题中都写的是"香港规定""香港立法"，但是，正文中只是"港府正式向立法会提交《汽车引擎空转(定额罚款)条例草案》。草案建议……"。也就是说，这并不是已通过的法规，而只是一个草案，也许能通过，可能将会这样实行。所以，在标题中，应加上"将"或"拟"字，才是准确的。

这篇新闻主要的信息点有："香港""将""立法""停车不熄火""超三分钟""罚""320港元""避免汽车引擎空转排放废气"。要想把这8个信息点都放入标题，字数不可能太少。如果要减少字数，需要从相对次要的信息点删起，直到只留下最符合字数要求的重要信息点。比如，网易、腾讯、中新网等编辑，都同样选择了删去"避免汽车引擎空转排放废气"(只有腾讯编辑说了字数少一点的"改善空气质量")，删去具体的罚款数目"320港元"。

标题上出数字，最好用阿拉伯数字，因为阿拉伯数字最省空间，而且看起来更醒目。

另外，还要注意，不要写成“罚 320 元”，而要准确地写成“罚 320 港元”。

【案例 5-3-4】

《成都商报》：

《（主）上海的沈奶奶卖房捐都江堰 都江堰的吴婆婆修房谢恩人（副）得知吴婆婆要在自己的新家中为她留套房子沈翠英坚决不肯，一上海援建商决定为两位老人免费修幢别墅》（70 字）

说明：上海退休女教师沈翠英把自己位于上海市区的一套房子拍卖掉，得款 450 万元全部用于都江堰柳街小学的修建（《成都商报》曾作报道）。受沈翠英义举感动，都江堰市石羊镇广益村村民 61 岁的吴志君决定，重建好自己住房后，要把一楼的一套小房子赠送给沈翠英。受两位老人的举动感染，上海来都江堰援建的杨迪刚决定，由他出资给两位老人每人修建一套环保住房。

改标题：

《上海奶奶卖房捐 都江堰婆婆修房谢 援建者受感动出资建》（24.5 字）

《上海奶奶卖房援校 都江堰婆婆修房谢恩 援建商慷慨出资》（25 字）

《都江堰婆婆要送房给捐学奶奶 援建者感动出资》（20.5 字）

《一个卖房捐一个建房谢 援建者受感动出资建》（19.5 字）

《一个卖房捐学 一个送房谢恩 援建者愿出钱》（19 字）

《援建者出资建房送给捐学奶奶》（13 字）

《都江堰婆婆要送房给捐学奶奶》（13 字）

分析：

这篇新闻，主要说了前后相联系的三个方面的事情：一是曾报道过上海的沈奶奶原来卖了自己的房子用于修建都江堰柳街小学，二是都江堰的吴婆婆想要重建好自己住房后把一套小房子赠送给沈奶奶，三是上海来的援建商受两位老人感动决定由他来出资为两位老人建房。要想把原来主题和副题长达 70 个字的标题，改成短一些的一行题，如果三个点都要的话，可分成三截，每一截尽量精简文字。如，“上海的沈奶奶”，可精简为“上海奶奶”“捐学奶奶”；“都江堰的吴婆婆”，可精简为“都江堰婆婆”；“一上海援建商决定为两位老人免费修幢别墅”，可精简为“援建商愿出钱”。如果还想字数再短些的话，就只有删去一个点或两个点。因前面一个点此前已报道过，所以，最好出后面两个点，或后面两点中的一个点。

第二节 标题规范及案例①

网络新闻标题的写作，需要遵守一些标题规范：准确、客观、实在、结构完整、简洁、不使用晦涩词语、避免煽动性措辞、严禁标题党。

---

① 此节内容部分来源于：张虎生，等．互联网新闻编辑实务［M］．北京：新华出版社，2002：17－29．以及来源于：陈彤．新浪网编培训［EB/OL］．(2018－09－26)［2020－03－29］．https://www.jinchutou.com/p－55265493.html．

一、标题规范：标题要准确

标题规范最重要的一条，是做标题首先要做到准确。要准确地把文内重要新闻点写出来。

不准确的常见表现主要有：(1) 以偏概全。(2) 局部当整体。(3) 对事件性质的判断不确。(4) 断章取义，推断不合理。(5) 省略不当。(6) 用语易产生歧义。

标题要准确反映文章的主要内容，要做到语句通顺，不得无中生有、断章取义、以偏概全，避免因修改标题违背文章原意。

【案例5-4】 找出下列不准确标题的问题并修改标题

【案例 5-4-1】

不妥标题：《塔利班准备明天投降》(9 字)

说明：准备投降的只是“驻昆都士的塔利班军队”。

问题：以偏概全。

对于“投降”来说，部分人与一个整体，性质和影响大相径庭。

修改：《驻昆都士的塔利班军队准备明天投降》(16 字)

《驻昆都士塔利班准备明天投降》(13 字)

【案例 5-4-2】

不妥标题：《日政府处理沉船事故不力遭批评》(14 字)

说明：文中受到指责的是日本政府的几名官员。

问题：局部当整体。

不能将这些官员的行为简单等同于“日本政府”的态度。

修改：《日政府官员处理沉船事故不力遭批评》(16 字)(人民网)

《日官员处理沉船事故不力遭批》(13 字)

【案例 5-4-3】

不妥标题：《中美战机南海上空相撞》(10 字)

说明：美军侦察机在中国南海上空附近侦察，撞毁一架中国战机，后未经中方许可降落在海南岛。撞机事件导致中国损失一架战斗机，一名飞行员丧生。

问题：对事件性质的判断不准确。

修改：《美侦察机撞毁我军机事件》(11 字)(人民网)

《美侦察机撞毁中国军机侵犯我主权事件》(17 字)(新华网)

《美侦察机南海上空撞毁我军机》(13 字)

【案例 5-4-4】

不妥标题：《质检总局：贝因美部分产品可能致新生儿生病》(19.5 字)

说明：原文为质检总局在多批进口乳清蛋白粉中检出阪崎杆菌。其中，贝因美集团有限公司从美国进口的两批共 37 吨乳清蛋白粉被指检出了阪崎杆菌。国家质检总局强调，所列批次的食品、化妆品问题是入境口岸检验检疫机构实施检验检疫时发现的，都已依法做退货、销毁或改作他用处理。这些不合格批次的食品、化妆品未在国内市场销售。

问题：断章取义，作出不合理的推断。

修改：《质检总局：多批进口乳清蛋白粉检出阪崎杆菌》(19.5 字)

《进口乳清蛋白粉检出阪崎杆菌》(13 字)

【案例 5-4-5】

不妥标题：《碎片击中哥伦比亚解体》(10 字)

说明：美国宇航局官员3日表示，“哥伦比亚”号升空后一块3英尺长的碎片击中飞机左翼并可能损害了飞机的隔热系统，这是目前宇航局认为导致“哥伦比亚”号空中解体的“首选可能原因”。

问题：省略不当，易产生歧义。

哥伦比亚还是一个国家名。

修改：《碎片击中左翼是哥伦比亚号解体首选可能原因》(20字)

《碎片击中左翼哥伦比亚号解体》(13字)

【案例5-4-6】

不妥标题：《安徽评选优秀公厕阜阳市等十四座厕所上榜》(19字)

说明：阜阳是安徽的一个城市。被评选的十四座优秀公厕中，包括阜阳市的广场公厕。

问题：省略不当。

修改：《安徽评优秀公厕阜阳市广场公厕等14座厕所上榜》(21字)

《安徽评选了14座优秀公厕》(11字)

【案例5-4-7】

不妥标题：《贪污受贿流氓成性原吉林省总工会副主席入狱无期》(22字)

说明：新闻内容并非“入狱无期”，而是罪犯被判了无期徒刑。

问题：用语易产生歧义。

修改：《原吉林省总工会副主席贪污受贿被判无期徒刑》(20字)

《原吉林省总工会副主席判无期》(13字)

二、标题规范：标题要客观

标题规范第二重要的一点，是要客观。

不客观的表现主要有：(1) 把声称当事实。(2) 把可能当事实。(3) 把打算当事实。(4) 把预测当事实。(5) 主观评价。(6) 主观用词。

我们在首先保证准确地写出文内重要事实的基础上，应尽量客观地表达，不要主观臆断；不要把声称、可能、打算、预测等直接当成已发生的事实；不要将某个人的推断或研究成果上升为客观事实；专家的观点要加上“专家称”；不太确实的消息要写“可能”“据称”或“某媒体称”；避免过于主观的评价和过于主观的用词；一些主观色彩浓厚的词语，最好不要用在新闻标题中，如“惊现”“惊爆”“竟然”“竟”“胆敢”“史上”等。

【案例5-5】 找出下列不客观标题的问题并修改标题

【案例5-5-1】

不妥标题：《本·拉登拥有核武器，专家称“最后审判”即将来临》(21字)

说明：原文为“……本·拉登在接受巴基斯坦报纸专访时声称拥有核武器，并且拒绝透露武器来源……”

问题：把声称当事实。

修改：《本·拉登接受专访时声称拥有核武器》(15.5字)

《本·拉登声称拥有核武器》(10.5字)

【案例5-5-2】

不妥标题：《拉登组织已将两个装有核武器的公文包运抵美国》(21字)

说明：原文为“……巴基斯坦和美国的

调查人员一致认为，基地组织可能已经将数件核武器运抵美国……”

问题：把可能当事实。

修改：《基地组织可能已将数件核武器运抵美国》(17字)

《基地组织可能已运核武器抵美》(13字)

【案例5-5-3】

不妥标题：《彪悍女开奔驰闯银行自焚》(11字)

说明：原文是“重庆”“一名20多岁的年轻女子”“因为在‘融资’上与重庆国际信托有限公司产生纠纷，……开着奔驰车，带着一桶10升左右的汽油，来到了与三峡银行在一栋办公楼内的重庆国际信托有限公司”“往自己身上浇汽油，声称要自焚。后被赶到的警方制止”。

问题：把打算当事实。

修改：《重庆女开奔驰到信托公司欲自焚》(14字)

《奔驰女到信托公司浇油欲自焚》(13字)

【案例5-5-4】

不妥标题：《下半年房价仍会涨 政策不宜多变》(14.5字)

说明：“下半年房价仍会涨”这个推断是时任中国房地产业协会副会长兼秘书长朱中一在接受记者采访时的说法，他认为“目前房地产政策一定要稳定，如果政策频繁变动，无论对于开发商还是对于老百姓，都会很麻烦”。

问题：将某个人的推断上升为客观事实。

修改：《专家称下半年房价仍会涨 政策不宜多变》(17.5字)

《中房协副会长称下半年房价仍会涨》(15字)

《专家称下半年房价仍会涨》(11字)

【案例5-5-5】

不妥标题：《组图-京津焦点战场面火爆 天津泰达输球又输人》(21字)

说明：天津队员谭望嵩一次飞踹获红牌，但这次飞踹动作并未定性为恶意伤人。在比分落后的情况下，有天津球迷烧国安球衣发泄情绪，看台一度出现了骚动。

问题：编辑主观评价此事为“输球又输人”，不客观。

修改：《组图-京津焦点战泰达输球 天津球迷烧国安队服发泄》(23字)

《泰达输球 天津球迷烧国安队服》(13.5字)

【案例5-5-6】

不妥标题：《史上最牛公开信，直指大学生开房》(15字)

说明：“史上”“最牛”均为主观色彩过于浓厚词语。

问题：用词主观色彩过于浓厚。

修改：《公开信直指大学生开房》(10字)

三、标题规范：标题要实在

标题应写出文内重要而具体的信息点，应具体、实在。标题应通过呈现多个具体信息点，组成对该事件的概括。可在对该事件多点画像的基础上，对特别有价值、有趣味、有意味的点，用呈现具体细节事实甚至具体言语事实的方式，凸显出该具体细节点。尽量避免抽象、空洞的用语，尽量字字出事实。

不实在的常见表现有：(1)内容不明确。(2)用词空洞。(3)无具体实在的细节。(4)用词抽象。

【案例5-6】 找出下列不实在标题的问题并修改标题

【案例5-6-1】

不妥标题：《难觅蛇皮袋满目新气象 179万“新民工”奔赴上海》(21字)

说明：消息报道从阜阳市开出的首趟民工专列，在整齐前行的民工队伍中，民工们或拖着拉杆箱，或提着密码箱，蛇皮袋几乎没了踪影。

问题：“满目新气象”无具体细节支撑，用词空洞，不实在。

修改：《难觅蛇皮袋拖着拉杆箱 179万“新民工”奔赴上海》(20.5字)

《阜阳民工专列 蛇皮袋没了踪影》(13.5字)

【案例5-6-2】

不妥标题：《大批中国记者奔伊行前忙学防生化》(15字)

说明：文内说的是解放军教记者们防生化，具体内容主要是教如何用防毒面具，等等。

问题：“防生化”有些抽象。

修改：《大批中国记者奔伊 解放军教如何用防毒面具》(19.5字)(东方网)

《解放军教战地记者用防毒面具》(13字)

四、标题规范：主谓宾结构要完整

一般来说，标题结构应为完整的主谓宾结构，即“主体＋行为＋客体”句式结构。谓语可用实体动词，也可用冒号代替。尽量避免被动语态和倒装句。标题的句式应易读、不绕。标题的语句应通顺。

特殊情况，标题可用一个词、一个词组，或只有主语，或只有主语加谓语。

【案例5-7】 找出下列标题的结构问题并修改标题

【案例5-7-1】

不妥标题：《获赦之后郑智留洋再次启动 目的地排除拜仁汉堡》(21.5字)

说明：句式有点复杂：时间状语＋以事件为主语＋谓语＋补语。

问题：尽量避免使用倒装句。倒装句句式复杂，读起来很绕。

修改：《郑智获赦后重启留洋计划目的地排除拜仁汉堡》(20字)

《郑智获赦后重启留洋计划》(11字)

【案例5-7-2】

不妥标题：《世行副行长林毅夫：中美经济合作前景》(16.5字)

问题：整句意思没表达完整。

修改：《世行副行长林毅夫谈中美经济合作前景》(17字)

《世行副行长谈中美经贸合作》(12字)

五、标题规范：标题要简洁

在网络新闻标题制作中，省略句是经常使用的。尤其是量词、介词、连词、谓语中心词等，在不影响意义传达的情况下常被省略。甚至主语、谓语、宾语被省略的情况也不难见到。如《成考每科 18 分上大学引争议》《明年高校艺术类招生六变化》等类似标题，其被省略的成分一目了然，不影响理解，是可以的。

标题应尽量不说套话、少用虚词、避免堆积无用信息、尽量不出重复字眼、禁止为凑字数而加长标题。

【案例5-8】 找出下列不简洁标题的问题并修改标题

【案例 5-8-1】

不妥标题：《美国就其潜艇撞沉日本船只一事向日方道歉》(19 字)

说明：这条标题用词还可再简洁些吗？

问题：不简洁。可去掉代词“其”、多余词“只”、名词“一事”、状语“向日方”，可用简称“美”。

修改：《美国就其潜艇撞沉日本船向日方道歉》(16 字)(人民网)

《美就潜艇撞沉日本船道歉》(11 字)

【案例 5-8-2】

不妥标题：《浙江疑犯潜逃 13 年在张家口变党校副校长》(18 字)

说明：这条标题的新闻点还可再突出些吗？

问题：新闻点不够突出。新闻点是疑犯变党校副校长，可把与之无关的地点删掉。

修改：《疑犯潜逃 13 年变身党校副校长》(13 字)

六、标题规范：不使用专业、晦涩词语

标题中不应使用过于专业或晦涩的词语。不应出现常人不熟知的人名、地名，如必须出现时，应作出相应说明。不应出现引起歧义的地名缩写。

【案例5-9】 找出下列标题的用语问题并修改标题

【案例 5-9-1】

不妥标题：《巴首都汽车炸弹三人死亡》(11 字)

说明：是巴基斯坦首都发生的汽车炸弹爆炸。

问题：缩写歧义。简称为“巴”有可能让人误解是巴勒斯坦。

修改：《巴基斯坦首都发生汽车炸弹爆炸 3 人死亡》(18 字)

《巴基斯坦汽车炸弹爆炸 3 人死亡》(13.5 字)

【案例 5-9-2】

不妥标题：《澳门航空向 KUZU 公司湿租首架货机》(15 字)

说明：湿租，是航空公司之间的一种特殊租赁方式，在提供飞机的同时提供机组和乘务组为对方服务，而且在租赁过程中，被租赁飞机的标志不变、飞机号不变。

问题：湿租是专业词语，普通网友不容易懂。

修改：《澳门航空向 KUZU 公司整体租用首架货机和机组人员》(22 字)

《澳门航空向 KUZU 公司整租货机》(13 字)

七、标题规范：避免煽动性措辞

拟标题应避免采用煽动性措辞、歪曲事实、以偏概全等方式，不可煽动网友的群体性情绪宣泄。

【案例5-10】找出下列标题的情绪问题并修改标题

不妥标题：《广西北海一名公职人员所住别墅遭蒙面抢劫》(19 字)

说明：家住北海市广东南路某花园的市民曾某，在自家别墅洗澡时突遭三名男子用手枪顶住脑袋，威胁其说出银行卡密码及汽车钥匙存放位置。警方披露，受害人曾某是该市一位公职人员的儿子。抢劫者持的是玩具枪。

问题：标题对事实描述错误，被劫的非公职人员，而是其子。标题中突出“别墅”，其实在广西北海这样的地方，所谓“别墅”与一般房子区别不大，价格不高，不能说明什么问题。用此词有变相仇官仇富的煽动性倾向。

修改：《广西北海一公职人员儿子在家遭抢劫》(16 字)

《3 男子持玩具枪蒙面入室抢劫》(12.5 字)

八、标题规范：严禁标题党

为吸引点击量，不少人在做标题时走入了标题党的误区：故意夸大事实；故意曲解事实；故意只提一点不及其余；故意以偏概全；故意文题不符；故意无中生有；故意造谣中伤；故意抬高人物地位；故意打色情擦边球；故意说半句留半句；故意用词火爆；等等。

标题要有吸引力，才能吸引用户点击阅看。但标题吸引用户的基础，应是该新闻事实本身对用户来说，具有某方面的重要性、实用性与个性化的针对性。网络新闻标题的作用，应是把正文内最具价值的信息点呈现出来，帮助用户判断此信息是否重要、是否有趣、是否值得花更多时间去点开阅读更多详情。编辑应提供判断为重要的具体事实，给用户判断此信息价值以客观、准确的基础。编辑不应只为了吸引点击量，故意题不对文、故意抬高对其信息价值的评价、故意使用吸引眼球却空洞的高级形容词。不应故意用虚假、夸张、歪曲、无中生有、错误的事实来敷衍、误导用户。

一旦用户受标题党的误导进行了点击，打开正文页阅读后发现上了当，便会对该信源产生不信任感，会对该信源以后发布的文章报以怀疑的态度，再次看到火爆的标题时，平添一层思虑：不会又是标题党来骗人的吧？到底打不打开看看呢？若打开看，又是标题党的文章，多次反复上当后，便会对该信源彻底失望、取关不看了。很多次的守信用，才得以建立起难得的信任；只一次失信，便可能从此失信于人，再难弥补回来。一个失信于人的人，说再好听的话，别人还会觉得值得听吗？一个赢得了别人信任的人，别人才会更信任他提供的信息，才会更注意考虑他作出的判断，才会更愿意听他的真诚、智慧之言。新闻媒体的公信力，是新闻媒体最具价值、最值得守护的核心竞争力。新闻媒体为用户所贡献的价值，是其能帮助用户监测环境变化，提供准确、客观的世界各方面变动的信息，以帮助用户更好地作出决策行为反应，更好地在社会中生存。所以，网络新闻编辑应认识到标题党对新闻媒体公信力的深度破坏力，抵制只追求点击量的诱惑，应追求真正的事实影响力。

【案例5-11】找出下列标题的夸大问题并修改标题

【案例 5-11-1】

不妥标题：《印承认若对中巴开战准备不足》（13 字）

说明：印度不是对中国和巴基斯坦开战准备不足，而是对巴基斯坦的开战准备不足。中国只是支援了巴基斯坦武器装备等。

问题：故意曲解夸大事实；标题党。

修改：《印承认对巴开战准备不足》（11 字）

【案例 5-11-2】

不妥标题：《陕西副书记被劫：人质与匪女友有染》（15.5 字）

说明：被劫持的是“陕西省城固县政法委副书记”。

问题：故意省略，抬高人物地位，导致人物信息不确；标题党。

修改：《陕西城固县政法委副书记被劫持：与匪女友有染》（20.5 字）

《陕西城固县政法委副书记被劫》（13 字）

【案例 5-11-3】

不妥标题：《内蒙古临河市出怪事 政协副主席法院遭非礼》（19.5 字）

说明：文中主要事实是：……由于情绪比较激动，武（振耀）不小心把丁桌子上的玻璃板弄裂了。随后跑过来几个人，连拉带拽把武弄到另一个办公室，压在床上不许动，然后又进行了审讯式的盘问，笔录过程中武遭到呵斥、讥笑和谩骂，还问什么“你这个政协副主席是科级还是处级”……

问题：用词不准确，故意往色情方面靠，容易引起歧义。

修改：《内蒙古临河一政协副主席在法院遭受无理对待》（20 字）（新浪）

《临河政协副主席在法院遭谩骂》（13 字）

第三节 标题模式及案例

有很多新闻的标题，常可按其报道类别的不同，来寻找其在标题写作上的规律。比如，事件型新闻及灾难事件型新闻、人物型新闻、政策型新闻，这些不同的新闻报道类别，最具价值的新闻点各自侧重会有所不同。由此我们可摸索、总结出不同新闻报道类别的标题写作侧重点及其结构模式的不同。了解这些不同的标题结构模式及特点，可帮助我们掌握一定的规律，快速写作多种类别报道的标题。

一、事件型新闻标题结构模式

事件型新闻的报道，最重要的信息是：发生了一件什么事？

在对发生了什么事的描述中，最重要的是那个事情是什么。至于那个事情是在哪里发生的、发生在哪个人身上的，这两点一般是次重要的，除非地点很特殊，除非人物很特别。一般来说，为完整叙述的需要，常需要简单地附随地点和人物，且人物常只用性别或身份代称，甚至可以不出现人物。

其次重要的是这件事情产生了什么结果。如果已有结果，最好在标题上出现。若有死伤者，必须在标题上出现。

再次重要的是这件事情发生的原因是什么。一般来说，刚开始报道时，可能还不清楚原因。原因还没出来时，“原因不明”之类的话，不必出现在标题上。等到后面原因出来了，再在标题上说明其发生原因。

所以，事件型新闻标题最具新闻价值的点，侧重在“什么事?”，其次是“咋样了?”和“为啥?”。

事件型新闻标题的结构模式可以为：where/who＋what（概括/细节）＋how/why

【案例5-12】请分析以下事件型新闻标题的结构模式

【案例5-12-1】

标题：《江苏无锡将炸掉建成7年大楼再建250米高楼》(19字)

结构：where＋what（概括/细节：炸掉7年大楼、再建250米高楼）

分析：没出现人物。地名只是简单的“江苏无锡”，其实可再精简为“无锡”。侧重点是“什么事”，是由多个细节信息点组成的对事件的概括：炸掉7年大楼、再建250米高楼。

【案例5-12-2】

标题：《苏州市民砍死2名拆迁人员砍伤1人》(16字)

结构：where/who＋what（概括/细节：砍拆迁人员）＋how（2死1伤）

分析：地点是“苏州”，人物只是泛泛的身份“市民”。侧重点是“什么事”及“咋样了?”：砍死2名拆迁人员砍伤1人。

【案例5-12-3】

标题：《广东东莞男子在商场引爆2枚土炸弹7人受伤》(19字)

结构：where/who＋what（概括/细节：引爆2枚土炸弹）＋how（7伤）

分析：地点是“广东东莞”“商场”。人物只是出的性别“男子”，没必要出具体姓名。侧重点是“什么事”及“咋样了?”：引爆2枚土炸弹7人受伤。

【案例5-12-4】

标题：《男子唱歌用力过猛致肺部血管爆裂》(15字)

结构：who＋what（肺部血管爆裂）＋why（唱歌用力过猛）

分析：没写地点。人物只出性别“男子”。侧重点是“什么事”及“为啥?”：唱歌用力过猛致肺部血管爆裂。

【案例5-12-5】

标题：《日籍工程师酒后划伤轿车后向车主下跪致歉》(19字)

结构：where/who＋what（细节：下跪、向车主致歉）＋why（酒后、划伤轿车）

分析：没写地点。人物只出身份“日籍工程师”。侧重点是“什么事”及“为啥?”：酒后划伤轿车后向车主下跪致歉。

【案例5-13】请为以下事件型新闻写作标题

本报记者蒋朔、实习记者萧时报道 昨（20日）晚，本报热线接到来电称，地铁车公庄站有人从站台上坠下，地铁内环运营一度中断。

记者立即赶到车公庄地铁站，并在西侧站台看到，就在内环列车驶出隧道的位置有几摊明显的血迹，人已被抬离现场。

记者从北京地铁集团总调度室了解到，昨日18：55，一位在站台候车的女子突然坠入轨道内，导致进站列车紧急停运。目前尚不清楚这名女子生死。为抢救这名女子，地铁员工立即采取应急措施，对车公庄站附近地铁轨道实施断电，要求在环线内环方向行驶的地铁列车，暂缓行驶。导致地铁环线的内环方向暂缓运营40多分钟。在将该女子抢救抬出轨道后，恢复轨道供电。到19：36，受影响的线路全部恢复正常。①

试做标题：

《北京一女子坠落地铁轨道生死不明 地铁中断40多分钟》（23.5字）（新浪）

《北京女坠落地铁轨道生死不明》（13字）

分析：

这是事件型新闻。

侧重点是“什么事”以及“咋样了”：北京一女子坠落地铁轨道；生死不明、地铁中断40多分钟。

有同学做标题时出现了“车公庄地铁站”，其实，车公庄这个小站名，非北京人一般都不清楚这是哪儿，做上去徒增迷惑，地名出“北京”就好。人物出性别就行。合起来，可说“北京一女子”，或精简为“北京女”。事件要重点说：坠落地铁轨道。结果要次重点说：生死不明。因为坠落地铁轨道，人们会很想知道人到底有没有救回来，所以这时，即便只有“生死不明”，也需要在标题上点出来。至于地铁因此而中断几十分钟，除了当地人会比较关心外，其他人应该不会怎么关心，所以可不在标题上出现。

【案例5-14】请为以下事件后续报道写作标题

《北京晨报》讯（记者薛冰、王会昌）昨天下午，记者从有关方面获知前一天傍晚在车公庄地铁站自杀的年轻女子的初步情况。但是，她的患高血压、心脏病的父母尚不知道这个噩耗。考虑到这种情况，记者只作“隐瞒报道”。

前天晚上7时许，地铁车公庄站，一名25岁刚大学毕业不久的年轻女子迎着车头跳下站台，当即被卷入车轮下。这名轻生女子抛下了襁褓中一岁多的孩子和年迈的双亲。当时，地铁站内的人们几乎没有反应过来眼前的一幕，惨剧就发生了。一名女工作人员过了好久还在说：我的腿不听使唤。西直门至复兴门外环地铁因此中断

① 蒋朔，萧时．一女子坠落轨道生死不明 北京地铁中断40多分钟［EB/OL］.（2002-01-21）［2020-03-29］. http://news.sohu.com/89/19/news147711989.shtml.

了40分钟。据调查，这名可怜女子患有产后忧郁症，离异以前也出现过自杀行为。[①]

试做标题：

《北京地铁卧轨女身份查明 是自杀且患有产后忧郁症》(22.5字)(新浪)

《北京地铁跳轨女大学刚毕业 产后忧郁弃子自杀》(20.5字)

《北京地铁跳轨女大学刚毕业》(12字)

分析：

这是事件型新闻，且是后续报道。

因为是对事件中涉及人物的详情的后续报道，所以，人物的写法应让人们与前一天报道联系起来，用“北京地铁跳轨女”的说法，让人一看基本就知是对此前报道中人物的追踪报道。用“跳轨”，不用“卧轨”，因为此篇正文中具体细节描写的情况是“迎着车头跳下站台”，“跳轨”比“卧轨”更符合实情。对女子跳轨原因和身后事态的提及，信息点较多，按重要性依次排列有：“是自杀”“患有产后忧郁”“抛下一岁多的孩子”“抛下年迈的双亲”“父母尚不知情”等5个点。如果标题字数受限，可从后往前删点。在字数限制下，依然应尽力多出信息点。“产后忧郁弃子自杀”，比“是自杀且患有产后忧郁症”字少且多出了一个点。用“大学刚毕业”，比“身份查明”只多一个字，但更明确具体。

二、灾难型新闻标题结构模式

灾难型新闻标题，是事件型新闻标题中比较特殊的一种。

灾难刚发生时，人们还只来得及了解：发生了什么灾难？接着想了解：哪里的事？再接着想了解：灾难结果是啥？有人员伤亡吗？有多少人死伤？

灾难发生一段时间后，人们会进一步追问：什么原因造成的灾难？灾难在哪些方面产生了什么样的影响？灾难的具体细节情况是怎样的？人们救灾的情况如何？有人该为此次灾难负责吗？今后如何避免这样的灾难？

所以，灾难型新闻标题的结构模式，可分为第一波模式和第二波模式。

灾难型第一波模式（地点＋灾难）：

where/when＋what（灾难概括/细节）＋how（灾难结果）

灾难型第二波模式（灾难＋原因、灾难＋影响）：

（where）＋what（灾难细节）＋why/how（灾难原因、灾难影响）

【案例5-15】请分析以下灾难型新闻标题的结构模式

【案例5-15-1】

标题：《江西九江瑞昌间8时49分发生5.7级地震》(17字)

结构：where/when＋what（灾难概括：5.7级地震）

分析：按重要性程度来看，依次是：灾难

① 薛冰，王会昌．北京地铁卧轨女身份查明 该女子患有产后忧郁症［EB/OL］.(2002-01-22)[2020-03-29]. http://news.sohu.com/30/12/news147721230.shtml.

事件是“地震”“5.7级”；地点是“江西九江瑞昌间”；时间是“8时49分”。连成一句话就是“地点＋灾难”，时间可出可不出。

【案例5-15-2】

标题：《江西发生5.7级地震 警察在街上维持秩序》(17字)

结构：where＋what（灾难细节：警察维持秩序）

分析：地点不再是侧重点，从详细的“江西九江瑞昌间”，变成了简单的“江西”。灾难细节是此篇新闻的侧重点：警察在街上维持秩序。

【案例5-15-3】

标题：《新浪江西湖北等地网友谈地震时感受（更新中）》(20字)

结构：where＋what（灾难细节：地震感受）

分析：地点完全没出现在标题上，只出了人物：（几省）网友。事情是：谈地震时感受。

【案例5-15-4】

标题：《江西地震14人死370多人伤8 000余间房屋倒塌》(20字)

where＋what（灾难概括）＋how（灾难影响：14死370多伤8 000余房屋倒塌）

分析：地点不再是侧重点，只是简单提及“江西”。侧重点放在灾难影响方面：14人死、370多人伤、8 000余间房屋倒塌。

【案例5-15-5】

标题：《地震震源浅致影响范围大 破坏性不会很大（图）》(20.5字)

结构：what＋how（灾难影响及原因）

分析：地点没出现。侧重点放在灾难影响及原因方面：因为震源浅→所以影响范围大→但破坏性不会很大。

【案例5-16】请为以下灾难型新闻写作标题

四川新闻网记者4月9日获悉，当天中午一点左右，成都市锦江区东光辖区东光街56号—130号的临街商铺新莲新苑，100多米长的商铺屋檐发生瞬间整体垮塌事故。截至记者发稿时止，事故已经造成六人当场死亡，四人送医院抢救无效死亡。目前仍有住院治疗者四人，留院观察者二十人。事故原因正在调查之中。①

试做标题：

《成都商铺屋檐垮塌造成10人死亡24人受伤（图）》(20字)（新浪）

《成都商铺百米屋檐整体瞬间垮塌10死24伤（图）》(20字)

分析：

这是灾难型新闻。灾难的伤亡结果已出来，所以，标题套用结构模式可以是“地点＋灾难＋结果”，即：成都商铺垮塌10死24伤。

做标题，首先需要判断出这件新闻事件最具新闻价值的是哪一些细节。更进一步，需要判断出是哪一些细节让这件新闻事件与此前报道过的其他相类似的新闻事件不同。如果此新闻事件确有与此前报道过的类似新闻事件不同的地方，那么此处

① 长城网．成都商铺屋檐垮塌造成10人死亡（组图）[EB/OL]．(2007-04-09)[2020-03-29]．http://news.hebei.com.cn/system/2007/04/09/005977666.shtml.

就是尤其具有特别价值的点。标题上应有意识地凸显此信息点。

这个新闻事件是“商铺垮塌”，但与此前类似的商铺垮塌报道不同的地方在于，此次垮塌是“100多米长的商铺屋檐发生瞬间整体垮塌”。以前报道商铺屋檐垮塌伤人，也许只是一间或几间商铺屋檐垮塌，这次屋檐垮塌有100多米长，差不多是一整条小街道的长度，且还是瞬间、整体垮塌。走在街道上的人瞬间根本来不及躲避。此事发生在成都的商业闹市区，会让所有用户都觉得走在商铺屋檐下潜在的不安全。所以，“100米长”“瞬间”“整体垮塌”这几个细节点，最好能在标题上做出来。

新浪编辑只说“屋檐垮塌”，没凸显“百米屋檐整体瞬间垮塌”，没凸显此新闻事件与其他类似事件相比不同的地方。在出灾难结果时，新浪编辑用的是“造成10人死亡24人受伤”，“造成”两字可省去，直接用“10死24伤”。

【案例5-17】请为以下灾难型新闻写作标题

昨日上午，重庆家乐福沙坪坝店在10周年店庆促销活动中，由于人多拥挤，发生踩踏事故，目前已造成3人死亡，31人受伤，其中有7人重伤。

当时，群众正在抢购特价39.9元一桶（5升）的食用油，市场价为50元左右。事故发生后，人们还在继续抢购，直到现场被封锁。

5升的油直接往人群里抛

昨日上午10时许，记者赶赴现场时，发生事故的该店已关门停业，现场被严密封锁，围观的市民正在议论纷纷。据介绍，家乐福沙坪坝店在10周年店庆促销活动中，推出了一个限时抢购桶装油的活动，活动油价很便宜，一桶只要39.9元，而之前的市场价为50元左右，因此昨天前往抢购的市民特别多。

据78岁的李秀珍老人介绍，购油活动刚一开始，现场就骚动起来，几百人蜂拥而上。由于抢购的人多，工作人员甚至只有站在梯子上，从货架往下抛食用油。“曾有人提出要求拿号排队买油，但工作人员并没有理睬，继续向下抛油。”李婆婆说。

“他们往下抛油桶的时候都砸到人了，有人呼叫救命，大家都在抢，也没有人管了。5升的油呀。”李婆婆告诉记者。

踩踏发生后继续抢购

躺在医院的张爷爷称，他也是一早来排队抢购油的。虽然商场保安声嘶力竭地喊着维持秩序，但没有作用，插队的人使劲往里面拥挤……“有人摔倒了，不要挤……”不知道是谁叫了一声，随后10余人很快倒下，后来更多的人被踩踏。袁先生回忆说，当时里面黑压压的全是人，买油的顾客拼命抢。“家乐福的工作人员可以说是搬着一桶桶的油往人群里抛。抢到的就抢到了，抢不到的拼命挤。”袁先生告诉记者，抢油时就看到有人被挤倒，大多数是老年人，“20多分钟后，就有人开始从人群里被拖出来”。

“有人都被踩死了，很多受伤严重的全部送医院了。”张婆婆回忆当时的情景时全身都在冒冷汗，她说即使发生了事故，里面的人依旧还在抢购油。①

试做标题：

《重庆家乐福踩踏致3死31伤 6部门调查》(16.5字)(腾讯)

《重庆超市踩踏致3死31伤》(10.5字)(新浪)

《重庆家乐福踩踏惨剧3死31伤 踩踏后仍抢购》(19字)(凤凰)

《重庆家乐福店庆抢油3死31伤 踩踏后仍抢购》(19字)

《重庆家乐福店庆抢油 3死31伤》(13字)

分析：

这是灾难型新闻。标题套用结构模式可以是"地点+灾难+结果"，即：重庆家乐福踩踏3死31伤。

此次踩踏事件，与其他类似踩踏事件不同的地方，是"店庆""抢油""踩踏后仍抢购"。应把这几点在标题上做出来。

新浪编辑的标题出的地点是"重庆超市"。与其用"超市"二字，不如多用一字，出具体超市的名字"家乐福"。因为家乐福是有名的连锁大超市，显要性更强。

凤凰编辑的标题中用了"惨剧"一词，一般来说，标题上尽量不用高级形容词，陈述准确事实后，用户会自己判断是不是"惨剧"。

腾讯、新浪的编辑在标题上都用了"致"这个连接字，其实，不用这个连接字，不影响理解，可省去此字。

踩踏后仍抢购的细节，与其他类似踩踏事件很不相同，也让人痛心，所以只要字数允许，细节是应该尽量在标题上凸显出来的。因为出这个细节会用到"踩踏"二字，所以前面可承后省，不重复出"踩踏"字样。但凤凰的编辑没注意到这点，前后用了两次"踩踏"。

【案例5-18】请为以下灾难型新闻写作标题

新华网郑州11月12日电（记者岳月伟）12日3时左右，河南平顶山煤矿集团公司十矿新华区15.16—24110综采工作面发生瓦斯突出事故，当班下井24人，其中12人安全升井，其余12人被困井下。

事故发生后，有关方面迅速组织救援工作开始救援。②

试做标题：

《河南平顶山煤矿发生事故12人被困》(15字)(新浪、网易)

《河南平顶山煤矿瓦斯突出 12人被困》(15.5字)

分析：

此灾难的结果目前已出来一部分，灾难原因也在正文中有提到，所以，标题套用结构模式可以是"地点+灾难+原因+结果"，即：河南平顶山煤矿瓦斯突出12人被困。

新浪、网易的编辑，在标题中没提及事故原因，只说"发生事故"。与其用"发生事故"，还不如用"瓦斯突出"，同样的字数，能把事故发生的具体原因在标题上说清楚。

---

① 搜狐网．重庆家乐福踩踏3人死亡 事故发生人们还在抢购 [EB/OL]. (2007-11-11)[2020-03-29]. http://news.sohu.com/20071111/n253177953.shtml.

② 岳月伟．河南平顶山一煤矿发生瓦斯突出事故12人被困井下 [EB/OL]. (2007-11-12)[2020-03-29]. http://hn.cnr.cn/hnaq/yw/200711/t20071112_504626951.html.

三、人物型新闻标题结构模式

人物型的新闻，侧重点在于：是什么人？干了什么事？

人物型新闻的标题依据其是不是名人出法不一样，大致有三种：只出名字、只出身份、身份和名字一起出。

如果是大众都知道名字的名人，可只出名字。

如果是因身份、地位而受关注，但其人名并不太知名，可在其名字前添加其身份或头衔，或只出身份或头衔。

如果是与某名人相关的人，可写出名人的名字，再加上其与名人的关系。

如果是普通人，只是因为涉及此新闻事件而被报道，可不出名字，只出性别或身份。

如果是普通人，但已经因此前报道而知名，在后面的报道标题上，非常有名的可直接出名字，一般的可在其名字前把该事件带上，或者只以该事件来确定其人身份。

人物所干之事，与事件型新闻中对事件的出法是基本差不多的。依然是由多个事实细节来“画像”。名人做的平凡事，也需要尽量找出其有趣、有意思的细节点来增添其意味；普通人做的不凡事，更需要尽量找出其特别之处的细节点，来增添其价值。

人物型新闻标题的结构模式：

where/who（姓名、身份）＋what（概括/细节）＋why/how

【案例5-19】请分析以下人物型新闻标题的结构模式

【案例 5-19-1】

标题：《蔡依林独家开博》（7 字）

结构：who＋what

分析：蔡依林是著名的流行歌星，直接出名字，不用说身份。普通人开博客，不是新闻。蔡依林开博客，就可当新闻来报道一下。如果她只在某个网站专门独家开博，不在其他网站开博，这一点也可凸显一下。所以，标题上对事件的出法是“独家开博”。

【案例 5-19-2】

标题：《梁朝伟刘嘉玲同驳情变》（10 字）

结构：who1＋who2＋what

分析：梁朝伟和刘嘉玲都是著名影星，他们的夫妻关系，大众也都知道，所以可直接出两个人的名字，不用说影星身份也不用说明他们之间的关系。事件是“驳情变”传闻，而且是都否定此传闻，所以标题可为“同驳情变”。

【案例 5-19-3】

标题：《美国著名歌手 Don Ho 去世》（11 字）

结构：who1＋who2＋what

分析：“美国著名歌手”是身份，因为只说“Don Ho”名字，很多人不知道他是谁。

【案例 5-19-4】

标题：《北京台选秀选手猝死》（9 字）

结构：who＋what

分析：此篇新闻标题只出了人物身份“北京台选秀选手”，没出名字。其事之所以被报道，主要是因为其身份特殊。

【案例 5-19-5】

标题：《胡敏珊母亲意外坠楼 爱女尽

全力难救母命》(18.5 字)

结构：who1＋who2＋what

分析："胡敏珊母亲"，是以名人加关系来指代其人。

【案例 5-19-6】

标题：《刘德华演唱会保安追打歌迷 华仔跳台施救》(18 字)

结构：who＋what

分析：刘德华是明星，直接出名字。事件的情节有些戏剧化，在标题上可把此戏剧化情节用细节点概括出来：演唱会保安追打歌迷→华仔跳台施救。

【案例5-20】请为以下人物型新闻写作标题

《山东商报》郑州消息 北京大学硕士研究生毕业的 39 岁女子苏黎杰，居然在家乡当起了油漆工，自称日子很踏实，精神很放松。

出生于河南南阳的苏黎杰，2005 年从北大毕业留京后，在大学里教过书，也在公司里任过职，曾一度努力地想融入大城市的生活，但总感觉工作和生活状态不理想，甚至有置身繁华都市之外的落寞感。2009 年 12 月，她毅然放弃大城市的工作，回到了家乡。熟悉的乡音乡情，竟让她一下子找到了感觉："我感到自己的心一下子踏实了!"

好不容易飞出去的金凤凰又回巢了，对此，家人十分不解，苏黎杰尽量做说服工作并坚持留了下来。但很快她又面临新的问题，一时找不到合适的工作，没有收入，生活还得依靠父母。为了改变现状，她决定先想办法生存，再找适合的工作。近日，她看到一家装饰企业免费培训油漆工的时候，就果断地报名参加。于是，她便每天穿着工装，和普通学工一起，和涂料打起了交道，经常是油漆满身。

"我从来不觉得体力劳动有什么丢人的!"名牌大学的研究生学油漆工，对此，周围有些了解情况的人甚为不解，但苏黎杰却格外坦然。她说，出身于普通工人家庭，受父母平淡幸福生活的影响，不觉得学当油漆工丢人，这也是靠自己的劳动吃饭，技多不压身嘛！并且，她还说，这点儿体力劳动，让自己的精神很放松。①

试做标题：

《北大女硕士生回家乡学当油漆工 称精神很放松》(20.5 字)(人民网)

《39 岁北大女硕士放弃京城生活 回家乡当油漆工》(20.5 字)(网易)

《39 岁北大女硕士回家学当油漆工 称精神很放松》(20.5 字)

《北大女硕士当油漆工 称很放松》(13.5 字)

分析：

这是人物型新闻。做标题的侧重点是：是什么人，及所做事情的特别细节。

普通人当油漆工成不了新闻，北大硕士虽说不是名人，但身份特殊。人们一般的认知是，名牌大学高学历研究生，更适合去干白领工作，很少有人选择去干体力活；不在北京当白领，却回家乡小城干体力

① 搜狐网. 39 岁北大女硕士放弃京城生活 回家乡当油漆工 [EB/OL]. (2011-03-05)[2020-03-29]. http://news.sohu.com/20110305/n279662299.shtml.

活，这种反差，导致其成了新闻。所以，在出人物时，并不需要出具体的姓名，而是需要点出其身份特殊性，即“北大”“硕士”。若有更多空间，可再加上其性别，“女”，以表明其人口基本特征。若有更多空间，可再加上其年龄，“39岁”，以表明其并不是刚参加工作的年轻人，而是可能已有丰富工作经验的职场人了。

有同学在做标题时出人物身份用的是“名牌大学学生”，与其用此六字，不如直接用“北大硕士”“北大女硕士”“39岁北大女硕士”，更为具体。

人民网编辑在标题里用的是“硕士生”，但正文里的表述是“硕士研究生毕业”，说明其已毕业，应称“硕士”。“硕士”与“硕士生”的区别在于，在读的是硕士生，毕业拿到学位后才是硕士。

网易编辑在标题里，主要做的点是“放弃京城生活 回家乡当油漆工”的反差之处；人民网编辑在标题里，主要做的点是“回家乡学当油漆工 称精神很放松”，把原因和结果体现了出来，效果更好。

现代城市的很多白领工作生活压力很大。脑力工作，虽说不如体力工作那么容易让身体劳累，但却容易让人精神紧张、甚至身心俱疲。生活在城市拥挤的人群里，内心可能却很孤单，生活并不一定幸福。所以，新闻人物在正文里提到回家乡学当油漆工“称精神很放松”，这点也很有意思，表明她之所以作出有违人们常识判断的选择，其实是有具普遍意义的内在动机和美好的现实结果的。对于其他城市白领用户来说，别人生活的别样选择，状态究竟如何，是有认识价值的。所以，“称精神很放松”这个具体言语信息点，若有空间，可放在标题上。

【案例5-21】请为以下人物型新闻写作标题

中广网重庆12月8日消息（记者 刘湛 通讯员 程昭国 潘德全）六十寿辰不办酒，版画展出会画友。昨日是綦江农民版画作者李宗顺的六十岁生日之际，他却用一种别样的方式来庆祝了自己的生日——特地把自己创作的70幅版画搬到了县城的农民版画院，办起了个人作品展。

李宗顺是版画之乡——綦江县知名的农民版画作者，从事版画创作已有20多年，他的版画作品曾多次参加国内外展览，并在全国性的大赛中多次获奖。今年8月，在当地农民版画产业化发展“利好”不断、綦江农民版画节即将举办前夕，李宗顺在自家房屋里办起了农民版画工作室。

上个月，在家人提出准备为他操办60寿辰时，他却有了不办酒席而在自家屋子办画展的设想。綦江县委宣传部得知此事后，特地为他的这份热情开了“绿灯”——请他把画展移师到今年9月份“綦江农民版画节”才正式开馆的綦江农民版画院。在綦江县委宣传部的主动服务下，该县农民版画院、农民版画协会、南州诗书画院共同为老李承办了这次展出。

此次展览为期一个周，共展出李宗顺20年来的作品70幅。闻讯赶到綦江的重庆美术家协会副主席徐亮、重庆艺术馆有关人员、綦江县有关领导以及当地数十名书画爱好者特地参观了画展，为老李的这一特殊过生方式捧场、鼓励。①

试做标题：

《重庆綦江六旬老翁独特方式以版画展庆生》(18字)(中广网)

《60寿辰别样“生日宴”农民版画家办个人作品展》(20字)(《重庆日报》)

《重庆农民60岁生日展出70幅个人版画》(16字)

分析：

这是人物型新闻。

普通人过生日，不是新闻。普通人以很特别的方式过生日，也难得成为新闻。但这件事情有一点点让人意外的是，农民过生日的方式竟然是在县农民版画院展出自己画的版画，展期一周。这就因人物行为与人物身份的反差，成了值得一报的新闻。

标题上出人物的写法，没必要出具体名字，需要的是出他与行为形成反差的特殊身份，即“农民”。出地名的写法，虽然最为具体准确的是“綦江”，但很多人不知道綦江是哪里，写大范围的“重庆”，几乎人人都知道是哪里了。

中广网编辑的标题上，用“六旬老翁”一词，不太妥当。现在的人，寿命越来越长，75到89岁是老年人，90岁以上是长寿老人。有时，在新闻标题上会看到这样的写法：“年过半百的老人”“年近五十的老爷爷”等，其实按年龄段划分标准，才只是中年人而已，还不能称之为老人、老爷爷、老奶奶。

“独特方式”一词，也可不用。想表达其是独特方式，应出具体细节事实，让用户看了后自己判断其方式是否独特。正文中有一个特别的细节点是，过60岁生日，选择展出70幅版画。从数字上看，有讨喜的寓意。可在标题上把这个稍有意思的点做出来，即“60岁生日展出70幅个人版画”。

四、政策型新闻标题结构模式

政策型新闻，标题的侧重点一般都是：什么机构？什么政策？

一般来说，一个政策可能包含了细化的很多项具体规定。在标题上，可概括出这个总的政策是什么，也可把其中某一部分的具体政策概括出来。概括，并不是笼统模糊的，其内容还是由多个具体细节拼起来的。

某个政策可能产生什么影响，常与其是由哪个机构制订的有密切关系。因为该机构的权威性，会影响到这个政策实施的权威性。

所以，政策型新闻标题，常用的结构模式是：机构＋政策＋时间。有时只出政策，不出机构。有时会有政策出台时间或实施时间。

政策型新闻标题结构模式：

who（机构）＋what（总的政策、具体政策）＋when

① 刘湛，程昭国，潘德全．重庆綦江六旬老翁独特方式以版画展庆生［EB/OL].(2006-12-08)[2020-03-29]. https://news.sina.com.cn/s/2006-12-08/133110717205s.shtml.

【案例5-22】请分析以下政策型新闻标题的结构模式

【案例5-22-1】

标题：《医改第7套方案将出台 [政府作医疗筹资主体]》(20字)

结构：what（总的政策、具体政策）+when（将）

分析：标题上前半部分出的是概括总的政策：医改第7套方案出台，时间是：将。后半部分出的是对其中某个具体政策的概括：政府作医疗筹资主体，把关键的钱由谁出这个点凸显出来了。

【案例5-22-2】

标题：《海南高院规定主动赔偿可从轻量刑》(15字)

结构：who（机构）+what（具体政策）

分析：标题前半部分出的是机构：海南高院。标题后半部分出的是具体政策：主动赔偿可从轻量刑。此具体政策只是一系列政策中的一项，标题中把此一项具体政策概括凸显出来，是记者、编辑判断此具体信息点关注度可能最高。

【案例5-22-3】

标题：《医师考核办法将实施 索要红包可停牌半年》(18.5字)

结构：what（总的政策、具体政策）+ when（将）

分析：标题侧重于出总的政策——医师考核办法，以及所有考核办法中可能引起人们关注的一个小点——索要红包可停牌半年。此政策的实施时间，人们也比较关心：将实施。

【案例5-22-4】

标题：《增值税改革中部试点七月实施》(13字)

结构：what（总的政策）+when（七月）

分析：标题侧重于出总的政策：增值税改革中部试点。此政策的实施时间，人们比较关注：七月实施。

【案例5-22-5】

标题：《物业税在研究阶段》(8字)

结构：what（总的政策）+when（研究阶段）

分析：标题侧重于出总的政策是什么：物业税。此政策何时会出台和实施的相关时间因素，人们比较关心：目前还在研究阶段。

【案例5-22-6】

标题：《中国拟取消艾滋病病毒感染者入境限制》(17字)

结构：who（中国）—what（具体政策）

分析：标题侧重于出一个具体政策是什么：取消艾滋病病毒感染者入境限制。这项具体政策，是记者、编辑在很多条规定中选择出来做在标题上的，因为其判断这点的关注度可能会比较高。此项政策何时实施呢？时间因素是“拟”，表明还没有最后确定。

【案例5-23】请为以下政策型新闻写作标题

《晶报》讯　据《京华时报》报道，21日，教育部公布了“教育部、总参谋部、总政治部关于印发《学生军事训练工作规定》的通知”。规定明确，普通高等学校、高中阶段学校具有中国内地户籍的学生，应接受学校统一安排的军事训练，军训情况将记入学生学籍档案。……①

试做标题：

《教育部：高中及普通高校学生均须接受军训》（18.5字）（新浪）

《中国高中生将统一参加军训 成绩将载入学籍档案》（21.5字）（搜狐）

《教育部：高中生大学生都要军训 成绩载入档案》（20字）

《教育部：高中军训成绩入档案》（12.5字）

分析：

这是政策型新闻。套用政策型新闻标题结构模式，可以是：机构+政策+时间。

此项政策需要出机构才能凸显权威性。看正文，发出此通知的机构有好几个，没必要全部写出，因为是和学生有关，又是教育部公布的此通知，所以选教育部写在标题上。一般来说，机构与政策之间的连接用词，可用冒号来代替“出台规定”“发布通知”等连接用词，既简洁、节省空间，又不影响理解。

此通知的主要内容，是“普通高等学校、高中阶段学校具有中国内地户籍的学生，应接受学校统一安排的军事训练，军训情况将记入学生学籍档案”。一般来说，政策规定、通知内容、公文内容等，为了全面、完整、准确地说明情况，采用的语句风格常很正式，句式比较复杂。编辑需要仔细研读这些内容，完全理解通透后，把最具新闻价值的要点转换成明白易懂的话，写在标题上。

这个通知是要求大学生、高中生参加军训，军训情况要记入学籍档案。大学生参加军训，这是很多年以来都普遍已实行的。很多高中生也会参加军训，但以前没通知说“军训情况将记入学生学籍档案”；高中生考大学，记入学籍档案的情况，会对大学招生录取有影响。所以，这个通知对高中生来说影响最大。标题上，应该凸显高中生应军训且军训情况记入学籍档案的重要具体政策信息点。

在标题中，用“高中生大学生都要军训”，更口语化；接受军训中的“接受”二字去掉，意思也一样；不用“将”字，仍能让人明白是将来会把军训情况载入学籍档案；去掉“学籍”，只留“档案”，仍能让人明白是学生的档案。

【本章小结】

本章结合大量实例，探讨了如何进行网络新闻标题的写作。首先，探讨了网络新闻标

① 搜狐网．教育部等三部委联合发出通知：高中生必须接受军训［EB/OL］.（2007-04-23）［2020-03-29］. http://news.sohu.com/20070423/n249615049.shtml.

题的写作方法与特点。提出做网络新闻标题打点和出面的方法，以及做标题可分打点、连句、精简三步走的过程。提出应根据对各具体信息点的价值高低判断，在标题字数限制内，从相对来说次要的信息点删起，尽量多地呈现出最具价值的信息点。其次，分析了网络新闻标题的特点：快、一行题（可折行、多截题）、实题、事实+意义、题+报道形态、标题字数可长可短、以句子为基本单位、不为用户熟知的人名注明职务或头衔、尽量避免各种简称等。探讨了如何短标改长、长标改短。再次，在分析大量不妥标题的基础上，提出了标题规范：准确、客观、实在、结构完整、简洁、不使用晦涩词语、避免煽动性措辞、严禁标题党。最后，结合大量实例分析了事件型、灾难型、人物型、政策型标题模式。

【思考题】

1. 网络新闻标题的特点是什么？作用是什么？
2. 网络新闻标题的写作方法是什么？
3. 短标改长、长标改短的方法有哪些？
4. 网络新闻标题规范有哪些？为什么需要遵守这些规范？
5. 网络新闻标题可归纳出哪些结构模式？

【训练】

1. 请找一篇多家网站都转载过的新闻，比较多家网站对同一篇新闻的标题写作的异同，并评价各自的优劣。如果是你来写，你会怎么写？试写之，并自评。

2. 请找一篇事件型新闻，评价其标题写作的优劣；再自己做标题，并自评。

3. 请找一篇灾难型新闻，评价其标题写作的优劣；再自己做标题，并自评。

4. 请找一篇人物型新闻，评价其标题写作的优劣；再自己做标题，并自评。

5. 请找一篇政策型新闻，评价其标题写作的优劣；再自己做标题，并自评。

第 6 章　网络新闻摘要写作

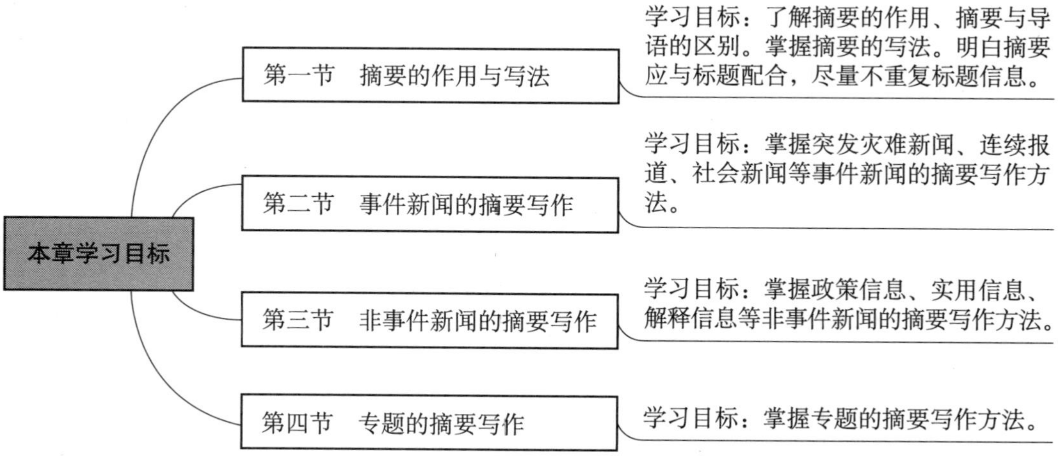

信息超载的情况下，需要有人为用户精选、精编信息，以节省用户的时间。

网络新闻的呈现方式，是一层一层深入、层次化的呈现方式，最有利于先短时间概览众多新闻概要，再根据用户自己的需求，随时选择是否点击阅看更深一层次、更详细的信息。层次化呈现方式同时也意味着，用户可随时选择中止阅看更多信息，但在用户选择中止阅看时，已先行接收了按重要性从高到低排序的、在当时最有价值的信息。这样的信息接收比起一开始就从头说起、中止时还未说到要紧处的方法，虽然缺了从容，但也是信息泛滥、超载的情况下，相对来说最兼顾时间精力和信息接收效率的办法了。

标题、摘要、正文、相关链接、网友跟帖……对该条新闻信息的展现，一层一层地逐步增多，越来越详细。每一个层次的作用不同，最主要的在于对其字数限制的不同，导致可呈现信息的详略程度不同。

最先呈现的标题是一行实题，这一行实题有长有短。短的常见于热榜标题，多在七八字左右。七八个字，只能呈现最简单的主谓宾，或简单的主谓，甚至只是一个词组。一般的标题，目前还多在 25 字左右，信息量更大，像简洁导语。那么，网络新闻还需要写摘要吗？

第一节　摘要的作用与写法

如果新闻标题扩展为一个能让人基本全面地了解其要点信息的简讯，那么确实就不需要摘要了，然而其在短时间内快速扫描接收大量关键信息的作用，也就被极大地削弱了。网络新闻报道的每一个层次，是会由其字数限制所带来信息特点的不同而起到不同作用的。标题与正文之间，需要有摘要。一二十字的、只能打几个信息点的标题，与几百上千字的、详情展开的正文之间，需要有几十个或百字左右的、能让人基本全面地了解其要点信息的简讯式摘要。

一、摘要的作用

摘要，要摘录出正文内容的要点。相当于一篇简要地、全面地讲述一件事情的简讯。

摘要，能帮助用户在花更多时间去阅读正文、相关新闻、更多的网友跟帖之前，仅花半分钟左右就快速了解一篇新闻的重要信息及简单全貌。

摘要相比于标题来说，是网络新闻层次化信息呈现链条中第二层次的信息，应在第一层次呈现少数几个要点信息的基础上，偏向于呈现标题未提及或仅简单提及信息点以外再详细一些的信息、对一些较难理解的信息点进行简单解释评价的信息、对一些较易忽略的信息点进行提示提醒的信息、帮助形成对此新闻完整印象的其他信息。

编辑对全文要点的梳理、整理，常能帮助用户更好地理解这篇新闻的要点和意义。我们知道，用户看新闻常是快速浏览，不一定提取所有要点，很可能会忽略掉一些东西，也不一定能很内行地判断出某些信息点的深层意义，很可能"晃过去了"。在这种情况下，如网易编辑对当天重要新闻花时间写出的"核心提示"，常能让用户看到自己浏览全文时会忽略掉的一些要点。核心提示中的内容，对这个信息要点再一次强调，会吸引用户对编辑判断认为重要的事实点的注意。

编辑写作标题和摘要，实际上是在做议程设置。根据编辑对这个新闻事件的认知判断，觉得它哪里有价值，哪里值得注意，根据整理的要点写出的标题和摘要，实际上是换个方式再次对其进行强调。编辑在议程设置方面，体现着强调这件事情某个方面的重要作用。编辑通过强调什么、淡化什么、忽略什么、隐瞒什么、选用什么词、组合成什么样的句子段落、采用什么文章结构、呈现出什么样的文章风格、隐含着什么样的情绪什么样的评价等手法，影响着用户对某事件信息的接收、理解，影响着用户对某事件的认知、判断、态度和行为反应。编辑选择在标题上及摘要上强调哪些要点，就是在进行着强调某些事实的议程设置。

其实议程设置在日常生活中随时都有，跟同学、朋友、家人的聊天，都是在对对方做议程设置。你在设置说哪些方面，重点放在哪儿，对这个事情的主要观点是什么，选什么词来描述，造什么句子来讲述这事，先说什么后说什么的前后顺序结构安排是怎样的，等等。实际上，我们每个人随时都在为别人做议程设置；同样，别人也在为你做议程设置。

但生活中相互议程设置的影响，一般被限制在少数几个人之间。而进行大众传播的网络新闻，编辑在信息呈现上所做的议程设置，影响的人是非常多的。比如，重庆有乘客去打公交车司机，公交车掉进江里，同车乘客无一生还。这件事情被报道出来后，网友的跟帖评论中，不少人在谴责那个施暴的乘客，也在反思以后遇到这样影响公交车司机开车的乘客，同车乘客应该及时上前制止，才能保护自己及同车人的安全。没过几天的另一篇新闻，报道了又一起抢公交车司机的方向盘事件，车上的其他乘客这次马上就上去制止那个施暴乘客了。从这里就能看到，网络新闻编辑所编发出来的新闻信息，所挑选的那些重要事实，所呈现的那些信息所内含的认知判断，实际上它是能够传播到大多数人当中，能在很大程度上去影响大众的。

摘要还可进行再利用。虽说昨天的新闻已成了旧闻，但其实很多新闻是可拿来再利用的。比如，对一个新闻事件的滚动、连续报道，大家需要知道此前的新闻到底是怎样的，编辑就可把此前报道的标题和摘要，以相关新闻链接的方式，嵌入正文中。目前，较多相关新闻链接只出相关新闻标题信息。但很多标题信息由于字数限制都极为相似，仅从标题难以分辨出这几篇新闻正文内容是否有差别；即便是不同报道，在已看完一篇长长的正文后，又跟几条没说全、看起来还差不多的标题信息，用户很难判断是否继续看详细正文。如果不仅出标题信息，同时把全面摘录要点的简讯式摘要信息，直接放在正文后的相关新闻链接区里，用户看完正文后只需花半分钟时间扫描一下摘要信息，就可对此前众多相关新闻报道的概要情况基本有个了解。若有用户看了某条摘要信息后，仍判断需要点击某篇看正文，才是真正为用户提高了效率。

二、摘要与导语的不同

摘要和导语，区别在哪儿？

摘要，是摘录全文的要点。

导语，是正文开始的第一段或前面几段，起到引导阅读作用的话语。

在倒金字塔结构的新闻中，导语段需要把最重要的事实写出来。其次重要的事在后面段落中写出来，再次重要的事依照其重要性程度从高到低排列依次写出。

导语的写作方式，采用较多的是直接式导语。直接式导语，是直接把信息中最重要的信息点说出来，呈现出该事件最重要的要素。直接式导语内容与摘要内容最为接近，但也还有差别。直接式导语，常只提及了最重要的方面，可能还有一些其他比较重要的方面及部分重要的、有意味的细节散在正文当中。所以，虽然编辑在缺时间时可采用直接把导语复制粘贴为摘要的办法，但对于需要重点编辑推荐的新闻，很多时候编辑还是需要在直接式导语基础上，再去寻找没被导语呈现出而又对用户完整了解此新闻有重要价值的信息点，添加在摘要中以让其完整。

有一部分导语，采用的是延缓式导语的写作手法：不直接出最重要的要素，而是先描写一段对话、一段场景，叙述一件小事、一个人物遇到的状况，等等，通过呈现有吸引力的细节信息，来吸引用户看下去。

有一部分导语，采用的是延缓式导语和直接式导语结合的手法。如，先出一句直接引语，再转到对该新闻事实的概述上去。

还有些导语是多段的，如三、五段组成一个导语群，一起完成对最重要新闻事实的呈现。

这样的延缓式、延缓式和直接式结合的导语、导语群等，常不适合直接拿来做摘要。编辑需要自己做更多梳理要点的工作，来完成对全文要点信息的摘录。

三、摘要的写法

摘要的写法，首先是通看全文，边看边把你认为重要的、需要在摘要中呈现的语句复制粘贴到摘要框中，然后在摘要框里梳理、调整、精简，将之组成一篇要点尽呈的简讯。

想办法用尽量少的文字，呈现出尽量多的、重要的、全面的、帮助用户理解此新闻深层含义的信息。

摘要主要应包括以下几个方面的内容：

1. 摘出要点

（1）摘出标题中未提及的更多要点信息。

（2）摘出标题已简单提及，但仍需再详细一些的信息。

2. 摘出有意义的细节

摘出一些有意义、有意味、有趣、能提升新闻价值、能把人们引向某方面去思考的细节。

3. 提供对新闻事实的背景与意义的解释

有时，可能需要给某篇新闻提供一点背景，对相关的意义作出一点解释，才能帮用户理解此新闻深层含义的信息，理解此新闻真正的影响力。

摘录出一篇新闻的要点信息，相当于写出一篇涉及全文要点的简讯。这个简讯，我们常采用一段话或采用列清单式的写法。尤其当事件要点较多、有些复杂时，采用列清单式的写法，既可省去连接词，又显得清晰简洁。

要注意的是，摘要应与标题配合，尽量不与标题信息重复。因为摘要作为第二层次的信息，常直接出现在目录页上的标题下，或出现在正文页上的标题与正文之间。用户一般都是先看标题马上又看摘要，若摘要与标题信息重复，很浪费用户时间。因此，编辑写摘要时，应注意与标题信息的配合。如果实在因为主谓宾结构需要完整、语句要通顺等原因不得不与标题有一定重复，也要尽量减少。

另外，摘要到底写多少字合适呢？这个没有定论。一则简讯，常在 50 字到 100 字左右，也有 100 字到 150 字或 100 字到 200 字左右比较长的简讯。摘要到底多长，需要根据用多少字才能把全文要点基本呈现出来的情况决定。为达到摘要的本来目的与作用，不能太长，也无法过短。

今日头条 App 的系统设置里，用户点亮“列表显示摘要”键，可把新闻标题目录页的显示方式，从只显示标题列表，变为可显示标题和摘要列表。笔者选择中号字体查看今日头条默认首页推荐页面上前 10 条摘要的显示行数，有：3 行、5 行、5 行、7 行、3 行、4 行、3 行、4 行、6 行、4 行。最短 3 行，最长 7 行，平均 4.4 行，中位数是 4 行。大致换算一下，最短 60 字，最长 140 字，平均 88 字，中位数 80 字。

第二节　事件新闻的摘要写作

事件新闻的摘要写作，在标题选择呈现了该事件的某几个重要信息点的基础上，拓展标题中简略的时间、地点信息，补充标题中没有展开的该事件的简单情节、有意味的现场细节、所涉人物的特别之处，以及标题中没有展开或还未提到的该事件的原因、影响、意义与各方反应等。

一、突发灾难新闻的摘要写作

突发灾难新闻的摘要写作，可类比灾难型新闻标题的结构模式，只是比标题字数可更多些，所以可把几个重要信息点写得稍微详细点，做成一个动态消息简讯，其模式可为："何地何时何灾难＋伤亡数＋何原因/反应"。

文内已有原因的，摘要上应把原因写出来。

文内写有详细的各方反应的，选其中比较重要的反应呈现在摘要里。

文内写有亲历者具体详细的现场经历的，如果字数空间够的话，可选择几个重要细节写在摘要里。但如果空间不够的话，有可能因字数所限无法在摘要里出现。因为相对于"何地何时何灾难＋伤亡数＋何原因/反应"的硬核信息来说，描述现场的大量细节，是相对来说次要一点的。

【案例6-1】 请为以下突发灾难新闻写作摘要

昆明遭暴恐袭击29人遇难

3月1日晚9时20分，10余名统一着装的暴徒蒙面持刀在云南昆明火车站广场、售票厅等处砍杀无辜群众。昆明市政府通报，火车站暴力恐怖案件是由新疆分裂势力一手策划组织，目前案件已造成29人遇难，130余人受伤。民警当场击毙4名暴徒、抓获1人。

公安部治安管理局通过其官方微博强调，这是令人发指的严重暴力犯罪活动，警方将依法严厉打击严重暴力犯罪活动。受中共中央总书记、国家主席习近平和国务院总理李克强委派，中央政治局委员、中央政法委书记孟建柱3月2日凌晨赴云南昆明指导处置3月1日晚发生在昆明火车站的暴力恐怖袭击事件，并慰问受伤群众和受害者家属。

另据央视消息，记者从云南省公安厅证实，目前网络上在传的除昆明火车站暴力事件外，其余多地的暴力事件信息均为谣传。请大家不要传谣信谣！

亲历者：地上躺了很多人

据《都市时报》记者现场采访报道：被砍者杨海飞，富民人，晚上九点十五左右在自助售票机准备买去往贵阳出差的火车票，听到人群暴乱到处都是叫喊声，钱已经塞入售票机，还来不及取票就开始随着人群跑，但"看到到处都是穿统一黑衣服的蒙面人，绕着火车站跑了三圈都没有跑出去。那些人见人就砍，迎面走来一个二十来岁的男子，这个人穿普通衣，全部人都在跑，他却在走，走过来就从衣服里面抽出一把四十多公分的长刀，我下意识跳了一步，侧开身，胸口被砍了一刀，然后我继续跑，尽量往人少的地方跑，逃进了一个警亭，现场人到处跑，很多人跑过去被砍一刀，跑过来又被砍一刀，地上也躺了很多人"。

案件死伤者名单

3月1日晚间，昆明火车站发生暴力恐怖案件，十余名蒙面暴徒持刀乱砍人群。目前29人遇难，130余人受伤。综合网上信息，汇总死伤者人员信息。因细节缺失，部分可能重复。点击查看详情>>①

① 腾讯网．昆明火车站10余暴徒袭击路人29人遇难130人受伤［EB/OL］．(2014-03-02)［2019-04-18］．https://new.qq.com/rain/a/20140302001023.

1. 腾讯摘要

(1) 腾讯 (PC端右下角跳出的推荐小窗):

昆明遭暴恐袭击29人遇难

昆明昨晚发生暴力恐怖案，已致29人遇难，130余人受伤。案件由新疆分裂势力策划，10余名暴徒行凶，警方击毙4人，抓获1名女性暴徒。习近平指示严惩。

(2) 腾讯 (正文页):

[摘要] 昆明昨晚发生暴力恐怖案，致29人遇难130余人受伤。案件由新疆分裂势力策划，11名暴徒行凶，警方击毙4人，抓获1名女性暴徒。习近平指示严惩暴恐分子。

2. 试做标题和摘要

(1) 试做标题:

10余暴徒持刀在昆明火车站砍杀29死130伤

暴徒持刀在昆明砍杀29人130伤

暴徒持刀在昆明砍杀29人

(2) 试做长摘要:

昨晚9时20分，10余名统一着装的暴徒蒙面持刀在昆明火车站砍杀，29人遇难130多人受伤。警方击毙4人，抓获1人。案件由新疆分裂势力策划。习近平指示严惩暴恐分子。

(3) 试做短摘要:

昨晚9时20分，由新疆分裂势力策划，蒙面暴徒在昆明火车站砍杀，29死130伤。

3. 分析

腾讯推荐小窗和腾讯正文页里的摘要，两者基本相同，只有一两处字词的小差别。

腾讯的两个摘要，基本上是从导语段的基础上修改出来的。因为正文导语段采用的是直接式导语写作方式，所以可在直接式导语的基础上修改出摘要。对比此正文导语内容和摘要内容可发现，除了保留导语中的要点并精简字句外，编辑添加了一个导语段中没提到的要点，即“习近平指示严惩暴恐分子”。也即是说，像这样的突发公共安全事件，在各方反应中，应挑选最重要的反应呈现在摘要里。

腾讯的摘要开头，用“昆明昨晚发生暴力恐怖案，已致29人遇难”，与其标题“昆明遭暴恐袭击29人遇难”信息重复，浪费了摘要空间。虽说是想让摘要自身显得信息完整，但应考虑到摘要不是单独存在的，而是直接在标题下，可借标题之力，承前省去一些信息。

笔者所试做标题，最短的是“暴徒持刀在昆明砍杀29人”。试做较短的摘要33字，多出了时间——昨晚9时20分；多出了原因——由新疆分裂势力策划；多出了人物的细节——蒙面；多出了详细地点——火车站；多出了伤者数字——130伤。但为了句子完整通顺的需要，“暴徒……在昆明……砍杀……29……”这几个词，没能避免重复。试做较长的摘要71.5字，字数加多后，比短的摘要能增加更多点。如，增加了人物细节：10余名、统一着装的。增加了结果：警方击毙4人，抓获1人。增加了重要反应：习近平指示严惩暴恐分子。

二、连续报道的摘要写作

连续报道的摘要写作，主要应侧重于写出最新动态信息和核心信息回顾。

【案例6-2】 请为以下连续报道写作摘要

日本福岛第一核电站各机组最新情况

中新网3月19日电 据媒体报道，以下是遭受地震和海啸重创的日本福岛第一核电站各机组最新状况：

1号机组

外部供电管线已铺设至接近地点，但核反应堆高温阻碍铺设进度，东电希望今天恢复供电；东京消防机动部队准备注水。

2号机组

东电昨日再进行站内电缆接续工作；前日开始冒出白烟，显示核废料池正沸腾蒸发。

3号机组

自卫队和消防机动部队昨下午继续向机组注水，计划注水50吨；前日注水后冒白烟，东电指注水已取得进展，周边辐射值微减；预计明日接上输电线。

4号机组

东电预计明日接上输电线，恢复外部供电；国际原子能机构指无法获得机组堆芯水位信息，成主要安全关切。

5、6号机组

反应堆压力容器内的水位一直下降，但情况“没明显恶化”。①

1. 凤凰网摘要

中新网3月19日电 据媒体报道，以下是遭受地震和海啸重创的日本福岛第一核电站各机组最新状况：[详细]

2. 试做摘要

(1) 长摘要：

1、2、3、4号机组：注水有进展，辐射值微减；正接输电线，有望今明日恢复供电。

4号机组：无法获得堆芯水位信息，成主要安全关切。

5、6号机组：反应堆压力容器内的水位一直下降，但情况“没明显恶化”。

(2) 短摘要：

4号机组无堆芯水位信息，成主要安全关切。

5、6号机组反应堆压力容器内的水位一直降，但没明显恶化。

3. 分析

这是一个连续性报道。“日本核电站泄漏”是那段时间非常重要的新闻，即便是连续性的报道，也是当日比较重要的新闻，大家比较关注。

连续性的报道，最重要的点是关于其最新发展的信息。凤凰网这篇新闻的标题，是《日本福岛第一核电站各机组最新情况》，若写摘要，应配合着摘录出各机组最新的具体情况信息。但看其摘要，居然是“中新网3月19日电 据媒体报道，以下是遭受地震和海啸重创的日本福岛第一核电站各机组最新状况：[详细]”。这样的摘要内容，几乎没有比标题更多的信息。再看正文，发现摘要内容完全与正文第一段相同。即便是把直接式导语作摘要，也常并不一定完全合适，此例则完全浪费了摘要空间。

这则新闻的摘要，需要呈现出各机组到底最新情况是什么：有六个机组，编辑可采取每个机组最新情况都概括出来的方式，也可只概括其中一个或两个机组最重要的新情况。在此文里，哪里最危险，哪个

---

① 凤凰网．日本福岛第一核电站各机组最新情况［EB/OL］．(2011-03-19)[2020-03-29]．http://news.ifeng.com/gundong/detail_2011_03/19/5249539_0.shtml.

就是最重点的新情况。如果要把所有机组最新情况都呈现出来，字数会比较多，只呈现其中某个机组的最新情况，字数要少一点。

笔者试做的长摘要，6个机组的最新情况都有提及，为减少字数，采用了把几个情况差不多的机组合在一起说的办法。试做的短摘要，选了“4号机组无堆芯水位信息”“5、6号机组反应堆压力容器内的水位一直降”两个最重要的点。

三、社会新闻的摘要写作

社会新闻的摘要写作，侧重于选择文中多个具体、丰富的细节，组成对事件生动的概括，并凸显其中有意味的细节。若涉及对此事的各方观点，可对有代表性的观点进行概括呈现。

【案例6-3】 请为以下社会新闻写作摘要

法官寒江赤膊救坠江女子

岸边百余人观看（图）

“有人跳江了!”3月19日，通化市玉皇山桥下的浑江中，一名中年女子正在挣扎。路人赶紧拨打了报警电话，就在救援人员赶到现场前，一名法院的工作人员下江将女子救起，救人的男子叫唐德辉，是通化市二道江区人民法院行政审判庭庭长。……

岸边百余人束手无策

“那个跳江的女子还在动呢。”19日9时许，通化市一名女子跳入玉皇山大桥下的浑江中，路人看到这名女子在江中挣扎，10分钟后，女子的动作变缓，头不时地浮出水面。“有没有会游泳的，快下去救人啊。”路人张先生看到这一幕呼喊着。

很多路人看到这一幕都停下脚步，路过这里的车辆也放慢速度，顺着围观人所指的方向观看，单向两车道的玉皇山大桥很难承受这么大的车流量，车辆开始拥堵。“前方车辆立刻将车开走。”交警到达现场维持交通秩序，此时，桥上、滨江东路上聚集了百余人观看。

路过男子脱衣下江救人

这时，有一名驾驶着法院车辆的中年男子，听说江中有一名落水者，将车停下后，迅速从桥上跑到桥下，到了江边的浅滩处，脱下衣服朝落水女子的地方游过去，几分钟后，男子将落水的女子拖到岸边。围观的群众都为这名勇于救人的男子鼓掌。在消防和医护人员的帮助下，落水女子被送到了医院ICU病房抢救。……据ICU病房的大夫介绍，落水女子的生命体征稳定，已经脱离了生命危险。

救人男子是法院庭长

……救人的男子叫唐德辉，是通化市二道江区人民法院行政审判庭庭长，1985年参加工作，平时喜欢游泳和户外运动。

“当时我正好路过。”唐德辉说，当时他看到很多人在桥上围观，他询问了一名围观群众得知有女子跳江。他立刻将车停下，迅速从桥上跑到桥下。……

“如果下次遇到这种情况，我仍然会跳下水救人的。”唐德辉说。

……唐德辉曾帮62农民工讨回欠3年的42万工资款……

东亚驻通化记者 李洪利 文/摄①

1. 网易摘要

核心提示：19日，吉林通化市一名中年女子坠江，百余人聚集观看，一名法院的工作人员下江将女子救起，救人者称下次遇到有人落水仍然会去救。目前，坠江女子已脱离危险。

2. 试做摘要

(1) 长摘要：

19日，吉林通化一女子跳入江中，百余人聚集观看，一名法院庭长停车跑下桥将其救起，该女子目前已脱离危险。救人法官唐德辉称下次遇到有人落水，仍会去救。身为法官，他曾帮62农民工讨回欠3年的42万工资款。

(2) 短摘要：

19日，吉林通化一女子跳入江中，百余人聚集观看，一名法院庭长停车跑下桥将其救起，该女子目前已脱离危险。

吉林通化一女子昨跳入江中，百余人聚观，一法院庭长停车跑下桥将其救起。

3. 分析

这是一个社会新闻。社会新闻的细节是比较丰富的，做摘要应考虑文中哪些有意思的、有意味的细节能更好地把故事说好。

网易编辑选择了以下细节：时间："19日"。地点："吉林通化市"。人物："一名中年女子"。事件："坠江""百余人聚集观看""一名法院的工作人员""下江将女子救起""救人者称下次遇到有人落水仍然会去救"。结果："坠江女子已脱离危险"。

这些细节中，时间、地点、结果的写法较简单，需要花点心思的是把事件中有意味的细节凸显出来。

事件中一个很有意味的细节是"百余人聚集观看"。编辑对这个细节的选择和凸显，暗含了编辑对于在救人者下江救人之前一段时间里多人聚集却没有人去下江救人的一点点感叹。

对救人的动作描写，网易编辑写的是"下江"。正文内是"将车停下后，迅速从桥上跑到桥下，到了江边的浅滩处，脱下衣服朝落水女子的地方游过去，几分钟后，男子将落水的女子拖到岸边"。笔者根据这段描写，在摘要中凸显了救人的动作是"停车跑下桥将其救起"。

对人物的写法，网易编辑写的是"一名法院的工作人员"。正文中已指明是"通化市二道江区人民法院行政审判庭庭长"，可以具体写成"一名法院庭长"。

正文中用不少篇幅写了这位救人者的说法和故事，如果摘要空间允许，可加上其说法"救人法官唐德辉称下次遇到有人落水，仍会去救"。如果空间更大，还可加上其故事"身为法官，他曾帮62农民工讨回欠3年的42万工资款"。

① 李洪利．法官寒江赤膊救坠江女子 岸边百余人观看（图）[EB/OL].（2011-03-20）[2020-03-29]. https://news.qq.com/a/20110320/000108.htm.

【案例6-4】请为以下社会新闻写作摘要

80岁老人寒风中卖报感动网友（组图）

红网11月29日报道 冬天里，年迈的老婆婆在寒风中卖报纸，她的身后是暖洋洋的快餐厅……日前，一组名为《寒风中在中关村卖报纸的老妪》的图片在网络上流传，不少网友都被感动了。

网友拍摄老妪寒风中卖报

“大冬天，那位八十岁的老人早上六点多就坐在麦当劳的墙底下卖报纸了。”一名叫“阿元”的网友自称在今年11月24日拍摄了这组照片。照片上，一位苍老的婆婆坐倚在墙边，面前是大叠大叠的报纸。她身着厚棉衣，整个人缩成一团，有时手上会多一支烟。

“阿元”在帖子里这样描述：“今天早上五点半我就开车向中关村驰去。六点多到那里停车时，我看到那老人已经到了，坐在她坐了十年的地上卖报纸。冬天里的老人显得更加憔悴，神情也更加暗淡。”

他同时感慨“这位八十岁的老人让我们钦敬她的不畏劳苦，自食其力的品德。让我们悲凉社会保障体系的缺失。让我们憎恶权贵贵族的奢靡与无耻。让我们仰望先人世界大同的理想。我们祝愿老人早一天开心地笑……”

网友感动发动帮婆婆买报

“真是好感动，我奶奶也是这么大年纪。”帖子发出不久，就在各大论坛上流传，吸引很多网友回帖。不少网友称被照片感动。大部分网友都赞扬老奶奶自食其力的精神，但也有人指责老人的子女没有尽到赡养的责任。

在网易和红网论坛上，更有网友发起“支持老奶奶”活动，呼吁在北京的网友都去老奶奶那买几份报纸，让老奶奶可以早点回家休息。①

1. 网易摘要

核心提示：日前，一组名为《寒风中在中关村卖报纸的老妪》的图片在网络上流传，照片上，一位苍老的婆婆坐倚在墙边，面前是大叠大叠的报纸，整个人缩成一团。不少网友称被照片感动，发动帮婆婆买报，也有人指责老人的子女没有尽到赡养的责任。

2. 试做摘要

(1) 长摘要：

一组图片《寒风中在中关村卖报纸的老妪》正在网上流传。80岁婆婆寒风中蜷缩着，清晨在麦当劳墙角卖报，她已这样卖报10年。有人赞扬婆婆自食其力，有人指责子女未尽到赡养责任，有人斥责社会保障体系的缺失。一些北京网友还发起买报活动让婆婆能早点回家。

(2) 短摘要：

一组图片正在网上流传：80岁婆婆寒风中蜷缩着，清晨在麦当劳墙角卖报，她已这样卖报10年。

网上热传图片：80岁婆婆清晨在中关村麦当劳墙角卖报，她已这样卖报10年。

3. 分析

在时间的写法上，网易编辑用了“日前”一词，这种写法应尽量规避。新闻讲求时效性，若有时间比较久远的事情，想要

---

① 央视网．80岁老人寒风中卖报感动网友（组图）[EB/OL]．(2007-12-03)[2020-03-29]．http://news.cctv.com/society/20071203/103355.shtml.

作为新闻事实来报道，最好能找到一个与现在相联系的时间来切入，如“记者今日从某处获得关于某事的消息……”。而此文中的事情，虽然是前几日开始一组图片在网上流传，但这组图片一直到现在都还在网上流传，正是现在进行时，完全可写成“一组图片《寒风中在中关村卖报纸的老妪》正在网上流传”，就几乎是实时的了。

网易编辑的摘要，主要有三句话，一句是点出这组照片流传的事情，一句是对照片中婆婆卖报场景的细节描写，一句是各网友反应。选取这几部分信息，用这样的结构安排，是合理的。

卖报场景的细节描写，网易编辑突出了“一位苍老的婆婆坐倚在墙边，面前是大叠大叠的报纸，整个人缩成一团”，把“苍老”“坐倚在墙边”“缩成一团”与“大叠大叠的报纸”进行对比，凸显了婆婆的弱小与可怜。

正文中对卖报场景的细节描写，是“冬天里，年迈的老婆婆在寒风中卖报纸，她的身后是暖洋洋的快餐厅……今天早上五点半我就开车向中关村驰去。六点多到那里停车时，我看到那老人已经到了，坐在她坐了十年的地上卖报纸”。从正文中可看出，婆婆卖报的场景是冬日寒风凛冽的清晨，蜷缩在麦当劳墙角，背后的快餐厅有温暖的灯光射出，这样的冷暖对比，甚至比大叠报纸与弱小婆婆的对比，更让人唏嘘。而这样的卖报场景已有十年之久，这个背景事实能提升这则新闻的价值，应在摘要中做出来。有感于此，笔者用“80岁婆婆寒风中蜷缩着，清晨在麦当劳墙角卖报，她已这样卖报10年”来凸显“寒风中”“清晨”“麦当劳墙角”“已这样卖报十年”这几点。

在网友反应方面，笔者选取了文中有代表性的几种，写成“有人赞扬婆婆自食其力，有人指责子女未尽到赡养责任，有人斥责社会保障体系的缺失。一些北京网友还发起买报活动让婆婆能早点回家”。

第三节　非事件新闻的摘要写作

非事件新闻的摘要写作，在标题选择呈现了该新闻信息的某几个重要信息点的基础上，拓展提得极简或没有提及的机构名称、文件名称，没有展开或没有提到的具体的多个实用信息点，以及相关背景、原因、影响、意义等。

一、政策信息的摘要写作

政策信息的摘要写作，与政策型新闻标题写作类似，只是更侧重于写出一个总的政策下面多个具体政策，尤其是对用户有较大影响的具体政策信息。在写法上，应在理解通透政策内容的基础上，把公文式的正式、严谨风格的句式和用词，改为比较明白易懂的话，并保持其准确性。

【案例6-5】 请为以下政策信息写作摘要

经济适用房管理办法发布
明确购房人为有限产权

建设部等 7 部门 30 日发布的《经济适用住房管理办法》明确，经济适用住房购房人拥有有限产权。

办法提出，购买经济适用住房不满 5 年，不得直接上市交易，购房人因特殊原因确需转让经济适用住房的，由政府按照原价格并考虑折旧和物价水平等因素进行回购。

购买经济适用住房满 5 年，购房人上市转让经济适用住房的，应按照届时同地段普通商品住房与经济适用住房差价的一定比例向政府交纳土地收益等相关价款，具体交纳比例由市、县人民政府确定，政府可优先回购；购房人也可以按照政府所定的标准向政府交纳土地收益等相关价款后，取得完全产权。

已经购买经济适用住房的家庭又购买其他住房的，原经济适用住房由政府按规定及合同约定回购。政府回购的经济适用住房，仍应用于解决低收入家庭的住房困难。已参加福利分房的家庭在退回所分房屋前不得购买经济适用住房，已购买经济适用住房的家庭不得再购买经济适用住房。个人购买的经济适用住房在取得完全产权以前不得用于出租经营。（记者孙玉波）（来源：新华网）[1]

1. 网易摘要

核心提示：建设部等 7 部门近日出台办法，明确购买经适住房不满 5 年不得上市交易。购房人转让经适房，由政府按照原价格折旧进行回购。购房人交纳土地收益等相关价款后，可取得完全产权。

2. 试做摘要

（1）长摘要：

建设部等 7 部门今日发布《经济适用住房管理办法》，买经适房 5 年后才能交易，优先由政府按原价折旧回购，或交土地收益取得完全产权后交易。

无完全产权的经适房不得出租。

已福利分房的在退房前不能买经适房。

买其他住房时须退回经适房。

（2）短摘要：

5 年后才能卖，优先由政府按原价折旧回购，或交土地收益取得完全产权后再卖。

3. 分析

政策信息的标题，字数空间不够时可不出机构名称。政策信息的摘要，应写出"机构＋文件名＋具体政策信息"。

网易编辑写的"近日出台办法"，看文内，其实应是"今日"。

《经济适用住房管理办法》中，具体的细则有很多。编辑应从这些政策会影响哪些人、被影响到的人主要关注哪方面实用信息，来考虑在标题和摘要上配合着出哪些具体的实用信息点。网易编辑在标题出了"有限产权"这个要点后，摘要继续出关于"有限产权的房子怎么交易"稍详细一些的办法："明确购买经适住房不满 5 年不得上市交易。购房人转让经适房，由政府按照原价格折旧进行回购。购房人交纳土地收益等相关价款后，可取得完全产权。"

---

① 孙玉波．经济适用房管理办法发布 明确购房人为有限产权（图）[EB/OL]．(2007－11－30)[2018－05－12]．http://news.hexun.com/2007－11－30/101906923.html.

网易编辑对摘要应选什么重点信息的判断是准确的，但词句上还有再精简空间。如，“明确”二字可去掉；“购买”可简为“买”；“经适住房”可简称“经适房”；“不满5年不得”可改双重否定句式为肯定句式“5年后才能”；“上市交易”可简为“交易”；“购房人转让经适房”可承前省；添加“优先”二字，避免误解为只能回购；“按照”可省为“按”；“价格”可省为“价”；“进行”可删去；“交纳”可简为“交”；“购房人”可承前省；“等相关价款”可忽略。笔者试着将此信息点改写为“买经适房5年后才能交易，优先由政府按原价折旧回购，或交土地收益取得完全产权后交易”。

政策性的信息，文句风格常因正式、严谨而显得有点绕，我们应尽量把它口语化、简洁化，但是又要保持准确。如“购买经济适用住房不满5年，不得直接上市交易”这句，可口语化为“5年后才能卖”，事实准确，意思也明白。

如果字数空间够，可把次重要的几个点想办法做出来。如：“无完全产权的经适房不得出租”“已福利分房的在退房前不能买经适房”“买其他住房时须退回经适房”。

二、实用信息的摘要写作

实用信息的摘要写作，侧重点在于从用户实际需求出发，选择用户最需要了解的具体实用信息，让用户快速明白该怎么办、要注意些什么。

【案例6-6】 请为以下实用信息写作摘要

实名制火车票交2元手续费可挂失补办

《新京报》讯 昨日，记者从铁道部获悉，本月10日起，实名制车票丢失后将可以挂失补办。挂失补票须交2元手续费，新车票票面注有“挂失补”字样。

三种情况不可办理补办

铁道部表示，三种情况下不可以办理挂失补票：第一种，超过规定时间提出的；第二种，原车票已经退票的；第三种，已经挂失补办再次提出的。……

补办车票收2元手续费

铁道部相关人士表示，挂失补办流程包括四个程序：原票丢失后须新购车票，应在停止检票前20分钟到售票窗口办理补办手续，补办时应提供原购票时有效身份证件，原车票乘车日期、购票地点。经工作人员核对信息后，重新购买新车票。上车后，应向列车员声明，开具客运记录。下车后，凭客运记录、有效身份证件至退票窗口退掉新车票。这种挂失补办的新车票退票，将按原价退票，不会收取5%的退票费。此外，补办车票需要收取2元的补票手续费。

铁道部提醒，旅客应凭证购票，妥善保管车票，持本人身份证件原件进站乘车，不要购买他人的车票，以免上当受骗，影响出行，造成不必要的损失。……

■ 新闻背景

以往车票丢失须重新购买

2011年，铁道部逐步实施火车票实名制。

根据铁路部门规定，一张有效身份证件，同一乘车日期同一车次只能购买一张车票。

铁路人士表示，按照该规定，如果旅客丢了实名制车票，无法挂失，也无法再购买该乘车日期，该车次的车票。只能购买其他乘车日期，其他车次的车票。……（记者 刘春瑞）①

1. 试做摘要

（1）长摘要：

铁道部消息称，从5月10日起，实名制火车票如丢失可交2元手续费后挂失补办。而此前，实名制火车票丢失无法挂失需重新买。

挂失补办流程：

停止检票前20分钟到售票窗口办补办手续；提供原购票时有效身份证件，原车票乘车日期、购票地点；工作人员核对信息，重新买新车票。

向列车员声明，开具客运记录。

凭客运记录、有效身份证件至退票窗口退掉新车票。

（2）短摘要：

5月10日起，票丢了可在窗口重新买，找列车员开客运记录，到站退票窗口退票。

2. 分析

有不少同学在摘要中选择主要出“三种情况下不可以办理挂失补票”这点，但看正文可知，超过规定时间提出的、原车票已经退票的、已经挂失补办再次提出的，这三种情况是极少数的情况，所以这点没必要在摘要中出现。

标题中说了“交2元手续费可挂失补办”，接下来在摘要中应该出现的，是绝大多数乘客需要知道的“具体怎么挂失补票”？

挂失补票的具体流程稍微有点复杂，编辑应想办法把这个具体流程尽量简单地说清楚。可采用条目式的写法，看起来更清晰；也可把流程中的关键点突出写出来，如“票丢了可在窗口重新买，找列车员开客运记录，到站退票窗口退票”。

什么时间开始实行，也是乘客需要了解的。在摘要中写出“5月10日起”，“此前，实名制火车票无法挂失需重新买”这个新闻背景，有空间的话也可出现。

三、解释信息的摘要写作

解释信息的摘要写作，侧重点在于，凸显正文中提供的关键背景信息和解释信息，以帮助用户更深入地理解。

【案例6-7】 请为以下解释信息写作摘要

药监局解释化妆品中甲醛与二噁烷含量规定

新华网北京3月21日电（记者 崔静）美国安全化妆品运动组织日前公布对美国市场上强生公司等部分婴幼儿洗浴用品检测出微量二噁烷和甲醛的消息引起社会广泛关注。国家食品药品监管局21日就我国现有化妆品法规对甲醛和二噁烷含量的规定进行了解释。

① 刘春瑞．10日起实名车票丢失可挂失补办 补票收2元手续费［EB/OL］．(2012-05-03)［2020-03-30］．http://www.chinanews.com/cj/2012/05-03/3860764.shtml.

根据2007年卫生部颁发的《化妆品卫生规范》，二噁烷属于化妆品中禁止使用的物质，甲醛属于限制使用的物质。除口腔产品外，化妆品中甲醛的最大允许使用量为0.2%，甲醛禁止用于喷雾产品，指甲硬化剂中甲醛的最大允许使用浓度为5%。除此之外，对于婴幼儿用产品的甲醛含量并未作其他特殊规定。

国家质检总局20日发布消息称，对强生（中国）有限公司生产的26种31个批次的婴幼儿洗浴用品产品进行的检验结果显示，这些产品的甲醛指标均符合标准规定；26种30个批次的产品未检出二噁烷，仅有一种产品（婴儿香桃沐浴露）中的一个批次检出含有微量二噁烷，含量为3.27ppm。

国家食品药品监管局就此指出，2007年2月，卫生部曾就现行化妆品法规中禁用物质的概念专门作出了解释，我国《化妆品卫生标准》和《化妆品卫生规范》规定的禁用物质是指不能作为化妆品生产原料即组分添加到化妆品的物质，如果技术上无法避免禁用物质作为杂质带入化妆品时，则化妆品必须符合《化妆品卫生标准》和《化妆品卫生规范》对化妆品的要求，在正常、合理、可预见的使用条件下，不得对人体健康产生危害。

目前包括我国在内的很多国家对技术上无法避免作为杂质带入化妆品的微量二噁烷尚无限量规定，但根据国家食品药品监管局公布的国外对日常用品中二噁烷含量的看法，早在上世纪70年代末，美国食品和药品管理局（FDA）就开始对化妆品中的二噁烷含量进行监测。从1992年至1997年，美国FDA监测到一些化妆品中二噁烷含量达79ppm，但美国FDA认为，这种含量水平不会对消费者健康产生危害。

此外，澳大利亚卫生局的官方网站对二噁烷的评估技术文件及推荐标准认为，除食品和药品外，在日常消费品中，二噁烷的理想限值是30ppm，含量不超过100ppm时，在毒理学上是可以接受的。①

1. 腾讯摘要

目前包括我国在内的很多国家对技术上无法避免作为杂质带入化妆品的微量二噁烷尚无限量规定。国家食品药品监管局21日就我国现有化妆品法规对甲醛和二噁烷含量的规定进行了解释。

2. 试做摘要

（1）长摘要：

美国公布强生婴幼儿洗浴用品检出微量二噁烷和甲醛的消息后，国家质检总局20日称强生婴儿香桃沐浴露的一个批次检出含3.27ppm二噁烷。

药监局21日解释化妆品中甲醛和二噁烷含量规定：限制使用甲醛；禁止把二噁烷当原料，但对作为杂质带入的二噁烷尚无限量规定。另据澳卫生局官方网站文件，日常消费品中二噁烷的理想限值是30ppm。

（2）短摘要：

限制使用甲醛；禁止把二噁烷当原料，但对作为杂质带入的二噁烷尚无限量规定。另据澳卫生局官方网站文件，日常消费品中二噁烷的理想限值是30ppm。

3. 分析

腾讯摘要是在两句正文的基础上改编了一下，但一句比较绕，一句与标题信息重复。

① 崔静．药监局解释化妆品中甲醛与二噁烷含量规定［EB/OL］.（2009-03-21）［2020-03-30］. https://news.sina.com.cn/h/2009-03-21/084817452636.shtml.

看正文中解释说，二噁烷是化妆品中禁止使用的物质，甲醛是限制使用的物质。禁止和限制的区别是什么？禁止使用，就是二噁烷不能作为原料。限制使用，就是甲醛可以作为原料在限制范围内使用。这两点很多人不清楚，可做在摘要里，如"限制使用甲醛；禁止把二噁烷当原料"。

因为此新闻之所以要对甲醛和二噁烷在化妆品中的含量作出解释，由头是"美国公布强生婴幼儿洗浴用品检出微量二噁烷和甲醛的消息后，国家质检总局 20 日称强生婴儿香桃沐浴露的一个批次检出含 3.27ppm 二噁烷"，所以，人们会关心到底这个含量的二噁烷是否会对人体会产生不良影响。由于我国相关规定中对作为杂质带入的二噁烷尚无限量规定，文中提到了"另据澳卫生局官方网站文件，日常消费品中二噁烷的理想限值是 30ppm"，这点应该在摘要中出现，以让人们了解，虽然检出了少量二噁烷，但还算在限值内。

第四节　专题的摘要写作

专题，常涉及重大事件，需要长时间跟进报道。

某事件最开始爆发出来时，编辑判断此重大事件还会陆续不断地有跟进报道，便为之制作专题，以专门页面来汇集该事件的所有相关报道。

专题的摘要，刚开始时，是对该事件当时情况的概要叙述。随着事件发展，不断会有新报道发布出来。虽然不需要每发布新报道就更新专题摘要，但当有重大、关键的新信息出现后，编辑应及时地更新专题摘要，以便更好地让用户通过专题摘要内容，快速把握这件事情的最新重大进展情况。

为方便对专题摘要不断更新，建议可按"时间＋主题"方式，做一个基本按时间流呈现的、多阶段或多方面发展状况的综述。

对专题内容的综述，可采用直接文字叙述的方式，也可利用新闻标题，把多条重要新闻标题嵌入综述文字中，并为标题做链接。用户还可从专题摘要的综述文字中，直接点击感兴趣的重要新闻标题链接，进行更详细的阅读。

专题摘要的字数，不必拘泥于几十、百把字，应根据这个专题的重要性、复杂程度，以及要把比较完整的要点说清楚所需要的字数来决定。要想把一件复杂的重大事件涉及多方面的要点，以及长时间发展的主要情况比较完整地说清楚，大约需要一篇硬新闻消息的字数。

【案例6-8】 请根据新闻标题及相关事实信息，为专题写作摘要

3 月：三鹿接消费者投诉 称送测未现问题

3 月：南京出现全国首例肾结石婴儿病例

6 月：国家质检总局网站接到问题奶粉投诉

6 月 28 日：甘肃出现省内首例患儿

7 月：广东现疑因食三鹿奶粉引结石病例

7 月：长沙南京北京多名婴儿家长投诉三鹿

7月16日：甘肃卫生厅接到多起患病报告

8月1日：三鹿查明奶农入三聚氰胺未对外公布消息

9月1日：豫赣鄂等多省发现类似病例

9月8日：甘肃14名婴儿患结石 均来自农村

9月10日：陕甘宁再现6例 南京10例结石

9月10日：三鹿集团称奶粉质量是合格的

9月11日：甘肃：59名婴儿患病1人死亡

9月11日：三鹿上午称奶粉质检合格

9月11日：卫生部提醒停止使用该品种奶粉

9月11日：晚间承认700吨奶粉受污染

9月12日：承认8月已知真相"6月中旬后，病例增多，并且有住院治疗的。8月1日得出结论：是不法奶农向鲜牛奶中掺入三聚氰胺造成婴儿患肾结石"。

9月12日：石家庄传唤78问题奶粉嫌疑人

9月12日：京、津、广州等地三鹿奶粉下架

9月12日：三鹿奶粉致结石事实初步认定

9月17日：三鹿原董事长田文华被拘石家庄市委副书记、副市长和三名局长被免职

9月18日：18名嫌犯因奶粉事件被逮捕

9月16日：伊利蒙牛等22家婴幼儿奶粉检出三聚氰胺（名单）

9月17日：质检总局：停止实行食品类生产企业国家免检

9月17日：质检总局将检查乳品企业和乳制品

9月17日：港查出"伊利"冰棒含三聚氰胺

9月18日：蒙牛伊利光明液态奶检出三聚氰胺

9月23日：中国产大白兔奶糖在新加坡被检出三聚氰胺

9月24日：澳门新增一病童疑因雀巢奶粉引起

9月27日：中国产咖啡奶精中也检出三聚氰胺

10月3日：雀巢：三聚氰胺是自然存在物质

10月4日：马国发现某牌子饼干含三聚氰胺

10月5日：五十多国禁进口或回收含三聚氰胺中国制食品

10月27日：香港发现内地进口蛋含三聚氰胺

12月1日：卫生部通报，截至11月27日，全国累计报告因食用问题奶粉泌尿系统出现异常的患儿29万余人。其中，住院患儿5.19万人，重症患儿154例，死亡6例。

12月：2008年12月25日，河北省石家庄市政府召开新闻发布会，通报三鹿集团于12月19日借款9.02亿元，付给全国奶协，用于支付患病婴幼儿的治疗和赔偿费用。该赔偿方案大致分三个等级：死亡病例补偿20万元，重症病例补偿3万元，普通症状补偿2 000元。①

① 环球网．三鹿民事诉讼开闸 最高院指示按赔偿方案实行 [EB/OL].(2009-03-06)[2020-03-30]. http://china.huanqiu.com/roll/2009-03/394712.html? agt=15438.

1. 网易摘要

导言：今年3月以来，陕、甘、宁、豫、鲁、湘、鄂、苏、皖、赣等省出现“肾结石宝宝”，其中甘肃省已报告59例，并有1人死亡。这些肾结石宝宝都是用三鹿奶粉喂养。事情经媒体披露后，卫生部着手紧急追查，9月11日晚间，三鹿发布声明称，三鹿婴幼儿奶粉受到三聚氰胺的污染，市场上大约有700吨，将全部召回。

2. 试做摘要

(1) 长摘要：

2008年9月11日，卫生部提醒停止使用三鹿奶粉后，三鹿承认奶粉含三聚氰胺。截至11月27日，全国累计报告因食用问题奶粉泌尿系统出现异常的患儿29万余人。其中，住院患儿5.19万人，重症患儿154例，死亡6例。

早自3月以来，就有各地结石婴儿病例报告及消费者投诉。三鹿在多次否认后，于11日晚间承认700吨奶粉受三聚氰胺污染。三鹿原董事长田文华被拘，石家庄市委副书记、副市长和三名局长被免职。

质检总局于9月16日公布伊利蒙牛等22家婴幼儿奶粉检出三聚氰胺，17日下令停止实行食品类生产企业国家免检，18日又曝光蒙牛伊利光明液态奶检出三聚氰胺。

另外，17日港查出“伊利”冰棒含三聚氰胺，23日中国产大白兔奶糖在新加坡被检出三聚氰胺，27日中国产咖啡奶精中也检出三聚氰胺，10月4日马国发现某牌子饼干含三聚氰胺。10月5日，五十多国禁进口或回收含三聚氰胺中国制食品。

10月27日，香港发现内地进口蛋含三聚氰胺，疑因饲料中含三聚氰胺。

12月，政府解决方案出台，三鹿借款9亿元用于赔偿和治疗，死亡病例补偿20万元，重症病例补偿3万元，普通症状补偿2 000元。

(2) 短摘要：

2008年9月11日，三鹿承认700吨奶粉含三聚氰胺。截至11月27日，全国累计报告因食用问题奶粉泌尿系统出现异常的患儿29万余人。其中，住院患儿5.19万人，重症患儿154例，死亡6例。

另外，伊利蒙牛等22家婴幼儿奶粉检出三聚氰胺，蒙牛伊利光明液态奶检出三聚氰胺。港查出“伊利”冰棒含三聚氰胺，中国产大白兔奶糖在新加坡被检出三聚氰胺，中国产咖啡奶精中也检出三聚氰胺，马国发现某牌子饼干含三聚氰胺。香港发现内地进口蛋含三聚氰胺。

3. 分析

可以看出，网易的摘要是专题开始设置那段时间写的，此后没有随着事件发展的最新情况进行更新。所以，当对该事件的报道已有了很多重大的新信息后，专题摘要内容还停留在专题设置之初时的报道内容上，已难以担当起专题摘要的作用。

复杂的专题摘要，比较接近于一条硬新闻。导语段一般采用直接式导语写作手法，以极简方式说清楚该事件的首尾概要，首要任务是说清楚该事件的开头与结尾，即事件开始爆发与目前的结果。

对此专题摘要中新闻事件爆发时间的写法，尽量从这个事件被“踢爆”的那一天写起。此事件中是2008年9月11日，卫生部提醒停止使用三鹿奶粉后，此前多次否认的三鹿集团终于承认奶粉中有三聚氰胺。而更早至3月以来的多篇相关报道内容，可用“早自3月以来，就有各地结石婴儿病例报告及消费者投诉”作为背景添加进去。

接下来，可按时间顺序，来呈现不断发展的关键信息点：从三鹿奶粉含三聚氰胺，到22种婴幼儿奶粉检出三聚氰胺，卫生部随即下令停止食品类生产企业国家免检；从发现婴幼儿奶粉有问题，到发现多家液态奶也有问题；接着发现含奶制品也出问题——冰棒、奶糖、饼干；不仅含奶制品出问题，连鸡蛋里也因饲料原因而含有三聚氰胺；赔偿和治疗方案出台。

【本章小结】

本章结合大量实例，探讨了如何进行网络新闻摘要的写作。首先，探讨了摘要的作用与写法。摘要，是摘录出正文内容的要点。相当于一篇简要、全面地讲述一件事情的简讯。摘要能帮助用户仅花半分钟左右就快速了解一篇新闻的重要信息及简单全貌。摘要还可进行再利用。摘要与导语并不完全等同，摘要可在直接式导语的基础上修改添加完整。摘要应与标题配合，拓展标题中简单提及或未提及的更多要点信息、有意义的细节、对新闻事实的背景与意义的解释。其次，通过实例探讨了事件新闻的摘要写作方法，重点探讨了突发灾难新闻的摘要写作、连续报道的摘要写作、社会新闻的摘要写作。再次，通过实例探讨了非事件新闻的摘要写作方法，重点探讨了政策信息的摘要写作、实用信息的摘要写作、解释信息的摘要写作。最后，通过实例探讨了专题的摘要写作方法。

【思考题】

1. 网络新闻摘要的作用是什么?
2. 网络新闻摘要与导语有什么不同?
3. 网络新闻摘要的写作方法是什么? 摘要与标题信息如何配合?
4. 事件新闻摘要的写作方法是什么? 突发灾难新闻的摘要写作、连续报道的摘要写作、社会新闻的摘要写作，分别应注意些什么?
5. 非事件新闻摘要的写作方法是什么? 政策信息的摘要写作、实用信息的摘要写作、解释信息的摘要写作，分别应注意些什么?
6. 专题的摘要写作方法有哪些? 应注意些什么?

【训练】

1. 请找一篇多家网站都转载过的新闻，比较多家网站对同一篇新闻的摘要写作的异同，并评价各自的优劣。如果是你来写，你会怎么写? 试写之，并自评。
2. 请找一篇有摘要的突发灾难新闻，评价其摘要写作的优劣；再自己做摘要，并自评。
3. 请找一篇有摘要的连续报道新闻，评价其摘要写作的优劣；再自己做摘要，并自评。

4. 请找一篇有摘要的社会新闻，评价其摘要写作的优劣；再自己做摘要，并自评。

5. 请找一篇有摘要的政策信息新闻，评价其摘要写作的优劣；再自己做摘要，并自评。

6. 请找一篇有摘要的实用信息新闻，评价其摘要写作的优劣；再自己做摘要，并自评。

7. 请找一篇有摘要的专题，评价其摘要写作的优劣；再自己做摘要，并自评。

多媒介篇

第 7 章　网络新闻图片图表编辑思路

本章学习目标

- 第一节　网络新闻图片的选择
  - 学习目标：了解新闻图片的特点、作用、编辑原则，了解构图原则，掌握裁剪的方法和选择不同景别新闻图片的方法。
- 第二节　网络新闻图表的可视化设计
  - 学习目标：了解新闻图表设计要简单、明白、易懂的原则。掌握柱状图、线形图、清单、表格、饼状图、树状图、散点图、示意地图等具体的新闻图表可视化设计方式。

网络新闻早期发展阶段，因图片较少，专门开辟有图片新闻频道，单独以图片为主发布新闻报道。现在，网络新闻已进入多媒介融合新闻报道的阶段，几乎每篇新闻中都有大量配图。

第一节　网络新闻图片的选择

以前，网络新闻编辑在转载缺乏图片的文字报道时，常需专门去更多信源处寻找相关图片，添加到文字新闻中。现在，编辑在转载有大量图片的稿件时，则需要对文中大量的图片进行选择，甚至进行裁剪，并对可疑图片进行核查，对图片及图片说明的不妥当处进行处理。在精编自己网站记者的原创稿件时，编辑也常需从记者提供的大量新闻图片中选择出几张信息量最大、最有表现力的图片，进行适当的裁剪，再插入正文适当处。

一、新闻图片的特点及作用

新闻图片的特点有：（1）易读。（2）一图值万言。（3）客观呈现的“证实”作用。（4）不是绝对静态。如，可用 flash 手段产生推拉摇移等镜头运动和多种特技画面切换效果。（5）导航信息组织手段。

新闻图片一般按非线性展开，好处是能把新闻事实一下子就送到人们眼前，只消瞥一眼就能大致了解、受到震撼，还能展现出文字所难展现的动作、表情、环境、气氛等；不足是如果没有说明文字相配合，有时难以知晓这图片说的是什么事情，且难以深入地描写、叙述、分析、评论该新闻事件。

二、新闻图片的编辑原则①

（一）真实性②

用户认为新闻图片应当是对事件的真实记录，我们决不能辜负这种信任。

---

① 蒋晓丽．网络新闻编辑学［M］．2 版．北京：高等教育出版社，2012：144－146．

② 许林．解读《华盛顿邮报》图片处理的 15 条“军规”［M］．新闻实践，2005（7）：58－60．

摄影记者不能对新闻事件进行导演、设置、重现或采取其他人为行为干扰新闻事实。

可以对新闻图片进行适当的裁剪，但不能对新闻图片中的内容作任何的增减，不能改变背景、颜色、比例，不能拉伸变形以适应页面需要。即使是一只手或一根树枝出现在图片中不合适的位置，也不能去掉它。

应减少标题压图的用法，以避免遮挡住图片中的重要信息。

新闻图片应标注清晰准确的图片说明，以让用户明白图片表达的意义。

对有疑点的新闻图片，网络新闻编辑应及时发现问题、进行质疑和核查，以保证新闻图片的真实性。

（二）表现人物反应

与用文字描述新闻人物不同的是，新闻图片能形象地展示新闻人物，让人看到新闻人物的喜、怒、哀、乐，细致而真切地反映新闻人物在特定环境下的动作、表情等反应，从而展现出人物当时的内心感受。

选择新闻图片时，应选取反映出新闻人物丰富面部表情的照片、反映出新闻人物个性化身体语言的照片、反映出新闻人物在特定场景下强烈内心情感的照片。

（三）动感

虽然新闻图片展现的是静止的空间，网络新闻编辑在选择新闻图片时，还是应选择更具动感的现场图片，展现出一个或多个人物的姿态、动作，让人看到更动态的新闻现场。新闻图片若能抓拍出一个或多个新闻人物在新闻事件中的聚合交流与动作、表情等，就能让人从小小一幅静态图片中，看出丰富的事实信息和图之意味。动态越明显的图片，越激发人想象，就越具有感染力和动人的魅力。

（四）冲击力

新闻图片能逼真地展现新闻事件发生的场景，省去了许多用文字常烦琐而又难以面面俱到的场景描写，可一下子就将用户推向新闻现场，极富冲击力。它常能反映惊心动魄的一刹那，以及重大新闻事件或人处在生死关头的瞬间。同时，图片上拍出的人物、事件、场景，又给用户细心观察、揣摩每一细部提供了可能，让人在瞬间受到震撼的同时，又能长久地观看、体味，从而对之印象深刻、回味悠长。因此，网络新闻编辑在选择新闻图片时，应尽量选择冲击力强、让人震撼且回味悠长的图片。

三、构图与裁剪

网络新闻编辑还需要懂点构图原则与裁剪方法，才能更好地从大量新闻图片中，选出好的、适宜的新闻图片。

（一）构图原则①

1. 简洁

可通过以下方式简化画面和强调主题：选择简单的背景，避免画面中出现与主题无关

① “构图原则”这部分摘编自：摄影构图最基本原则［EB/OL］.（2018-07-01）［2020-03-29］. https://wenku.baidu.com/view/7539c6f3f61fb7360a4c6500.html.

的物体，以及将相机靠近拍摄。要让图片主题具有最强的视觉吸引力，一个首要的方法是选择简单背景，这样不会分散观众对主题的注意力。构图时要清楚地表明拍摄意图，合理地安排主题外的其他物体，使其成为主题的补充。

2. 三分法

在将主体置于画面中心以外时，可用三分法作为构图指导。在拍照前，先想象一下将整个画面纵横均分为三等份，得出四个交叉点，这便是良好构图中主体应处的位置。而具体将主体置于哪个点上，则取决于主体本身和想如何表现它。如果想令主题产生一些动感，可将其稍微偏离画面中心。主题居于画面中心的构图，会产生静止的感觉，而主题偏离画面中心的构图会更有趣些。在主体移动的情况下，一定要考虑路径问题，通常要在行进方向的前方留下足够空间。在画面纵向分割时也可应用三分法，地平线最好不要在正中，纵向物体也最好不要摆在中间位置。

3. 线条

线条在构图中起着重要作用。很多图片利用对角线条构图，能让画面更有灵动感和纵深感。这是一个简单容易的方法，使观众的视线随着线条的指引而投向主体。还可利用重复线条来将观众的注意力吸引到主体上。在构图中最常见也是最优雅的线条，是S形线条。

4. 均衡

均衡是获得良好构图的另一原则。掌握均衡就是合理安排形状、颜色和明暗区域，使其互相补充，使照片看上去很平衡。

5. 框架

框架是指利用前景中的物体将主题框起来，这样做可赋予照片纵深感，使其有别于一般的快照。是否在照片中利用框架取决于主题，每张照片的主题都不相同，用来作为框架的物体也不会相同。

6. 避免遮盖

不管选择拍摄什么样的主题都需注意不要让其被遮盖。人观看物体的方式是三维的，因此实际上我们很容易只盯着主体而忽略了背景，反之照相机却总老老实实地拍下所有东西。因此拍图片前，先记得给主题找个干净的背景。

（二）裁剪的方法

当图片长宽比不适合发布网页的需求时，常需要对其进行裁剪。需要注意的是，不能直接对图片进行不按比例缩放的拉伸变形，应按比例缩放。

当图片经过适当裁剪可获得更佳呈现效果时，应对其进行裁剪。应根据新闻图片的信息呈现意图，裁剪掉与主题无关或影响主题呈现的部分，让主题更好地凸显出来，让相关新闻事实的信息能更好地呈现。但应注意的是，不能采用抹去或遮挡图片中的物体、变换图片中物体的颜色、移动图片中物体的位置、变动图片中物体的大小等破坏图片真实性的做法。还应注意不要刻意地通过裁剪来隐瞒、歪曲事实真相。在裁剪新闻图片时，应遵循客观真实的原则，尽量做到不以主观故意来妨碍对新闻事实的客观呈现。

新闻图片在拍摄时，因时间紧迫，为快速抓取转瞬即逝的新闻现场信息，记者常采取的拍摄方法是：只要新闻人物、新闻现场、新闻事件相关信息等需要拍摄下来的新闻核心信息被框在了拍摄框里，就立刻按下快门或拍摄键，首先保证该拍下来的信息被拍下来了，后面再按需裁剪。多拍摄几张框住核心信息的图片后，若还有更多时间，才考虑从构图与取景呈现信息更佳的角度拍摄。

因此，记者和编辑在后期选择、裁剪新闻图片时，常采用裁剪掉四周边缘、保留图片中心画面信息的方法。编辑可根据更好地凸显新闻现场主要信息及新闻人物的神情、姿态、动作的需要，考虑核心新闻事实信息的呈现效果和构图效果，删去匆忙拍照时没来得及注意到的框得过宽的边缘，删去影响新闻现场核心信息呈现的边缘杂乱无关信息，删去影响新闻人物神情、姿态、动作等特别信息的其他无关信息。

【案例7-1】 你会如何裁剪这张新闻图片?

图7-1中，特写人物的双眼正往外涌出两滴泪珠，她身后的背景里，有很多衣衫褴褛的小孩子。

但原图下方的手部所占过大，需要裁剪掉一些。人物额头的皱纹，也裁剪掉了，这样可不抢走对双眼涌出泪滴的注意力。裁掉额头皱纹的同时，两个人没照完整的头部部分也一起裁掉了。左边边缘，裁掉了没照完整的一个背景人物图像。裁剪后，视觉焦点是双眼涌出泪滴，背景是远处几个基本完整呈现的小孩子们，这让画面层次清晰，意义凸显。

图7-1 流出的泪滴

【案例7-2】 你会如何裁剪这张新闻图片？

图7-2，通过把上下左右边缘进行适当裁剪，更凸显出透过深色透明塑料片看到不同颜色世界的小孩子咧嘴大笑的神情，他身后的一个小女孩倚着茅草棚的背景也更凸显出来。

图7-2　看到不同颜色的世界

四、如何选择不同景别的新闻图片？

网络新闻编辑应懂得不同景别的新闻图片分别适合呈现什么样的人物和新闻现场信息，才能根据信息表达的需要，选择适合景别的图片放入新闻中。

图片的景别主要可分为：大远景、远景、全景、小全景、中景、近景、中近景、特写等。

大远景、远景是视距最远的景别。远景镜头以介绍环境、渲染气氛为主。远景中可没有人物，有人物也只占很小的位置。有“远景取势”之说。

大远景、远景的功能是能呈现更广大的视野，能展现有很多人聚集的新闻现场的大场面，能让你快速地了解这个新闻事件发生的大的现场环境如何。

全景能包括主要新闻人物的全貌（如人的全身、物的整体）和周围的环境，作用和远景差不多，主要用来介绍人物及人物所在的周围环境。全景中的人、物，应是画面的视觉中心，展现的是人物与环境的关系。

小全景是把新闻人物从头到脚比较完整的照下来，因为照片常是个矩形框，人物旁边的那些景物、环境，也就能通过这张照片展现出来。小全景不仅可展现出这个人的完整形象，还同时展现出他在什么样的环境下生活，新闻事件在什么样的环境下发生。

有时，小全景的矩形框里，可出现两个人、三个人或更多至四五个人，能呈现出这几个新闻人物在新闻现场的表现如何，他们之间交流的动作与神情，他们身边的环境如何。

中景能包括新闻人物的主要部分，主要包括头部至膝盖以上。在中景中既可看到一个或两三个新闻人物之间大的动作，他们之间的聚合、交流的状况，还可看到其身边或身后的一小部分环境信息，适合用来表现几个新闻人物在某个现场环境下的存在状态。

中近景能包括新闻人物头部至腰以上部分。在中近景的矩形框里，可呈现出一两个或两三个新闻人物的上半身尤其是手的动作和脸上的神情姿态，以及他们近身的环境信息。中近景常用来表现几个新闻人物之间的动作与神情姿态的互动状况。

近景能包括新闻人物头部至胸以上部分。近景的矩形框里，可呈现出一或两个新闻人物的胸部以上的形状、清晰的面部表情和手上动作变化。近景常适用于展示新闻人物比较细微的表情、动作等反应。

特写是视距最近的景别，用以突出刻画新闻人物或新闻现场的特定部分。特写可是对新闻人物任一部分的特写，也可是对新闻现场任一部分的特写。脸部特写可包括人物由肩至头的部分，也可特写脸部的任一部分。新闻图片常拍摄新闻人物面部表情的特写，尤其是眼睛的特写。因为在新闻现场人物的内心世界常无以显现，但“眼睛是心灵的窗户”，不太受人控制的面部表情，也能泄露新闻人物内心的一些信息，所以新闻图片常用人物面部表情特写来呈现新闻人物在新闻现场里复杂内心世界的信息。

美国《生活》杂志要求一个图片故事要包含以下类别的照片，由它们完成对一个故事的渐进刻画：

（1）全景：对主题带有介绍性的照片。

（2）中景：对一群人或一些活动的描写。

（3）近景：把镜头集中到专题中的一个元素。

（4）肖像：或是人物表情丰富处于情感高潮的面部特写，或是人物处于他的生活环境中的照片。

（5）关系照片：表现人物之间交流的照片。

（6）典型的瞬间：对这个专题具有概括意义的照片。

（7）过程照片：包括开端、经过、结束，或者前后的对比。

（8）结论性照片：专题的结尾。

【案例7-3】 一个图片故事应如何选择不同景别的图片？

有一则图片故事，报道的是让一群大学生用21元钱生存6天，这个图片故事应选择哪些景别的新闻图片呢？

在这个报道的导读页上（见图7-3），编辑选择了过程照片和典型瞬间的照片。最上面的图片和下面最左边的图片，是“出发前相互鼓励”的事件开始典型瞬间。两张图片内容基本相同，但裁剪不同。最上面的图片，裁剪成了手叠放在一起的动作特写。下面最左边的图片，还完整出现了4个学生的面部表情，展现出他们刚开始时激情满满的神情姿态。

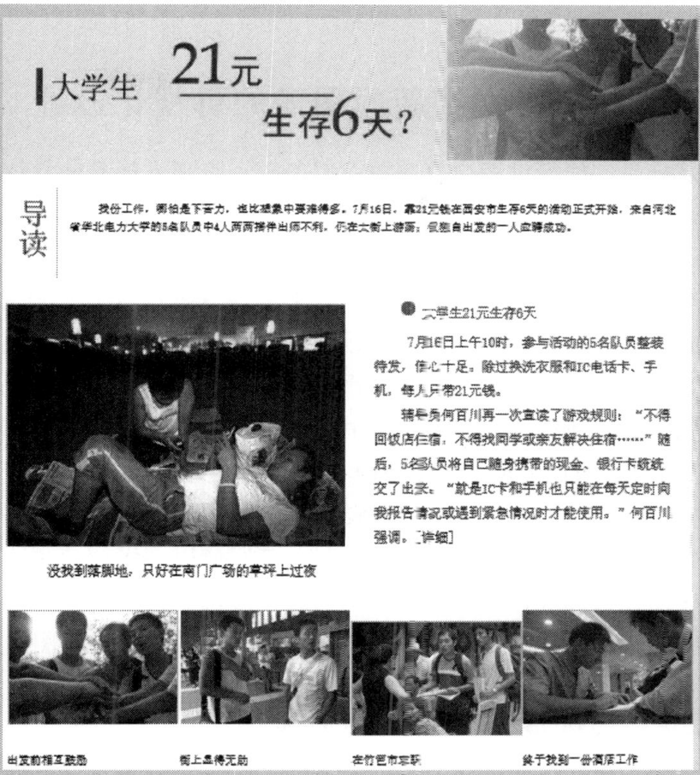

图 7-3　一则图片故事的导读页

资料来源：网易新闻专题《大学生 21 元生存 6 天?》，参见 http://news.163.com/special/00011T2B/photostory070718.html。

接着一张“街上显得无助”的图片，选用的是中近景。画面中两个学生站在那里有点茫然，身后看得出是一条路人较多的繁忙街道。

再接着一张“在竹笆市求职”的图片，选用的是中景。画面中两个学生正和几个市民说着什么，身后看得出是环境较为杂乱的市场。

最右边是一张“终于找到一份酒店工作”的图片，选用的是近景。画面中一个学生正和另一个工作人员模样的人交流，工作人员在纸上填写着什么，身后是酒店大堂的场景。

导读页上放得最大的、位置在页面中间的一张大图，选用的是“没找到落脚地，只好在南门广场的草坪上过夜”的图片，是一张小全景。画面中一个学生横躺在草地上，从头到脚完整显示出来，另一个学生坐在他身边玩手机，看得出他们身后是一片大草坪，远景是夜色下已亮起灯光的城市建筑物。

这几张图片，选取了几个典型瞬间：几个大学生开始加油鼓劲的瞬间、四处找工作茫然的瞬间、在市场里去找工作的场景瞬间、一个学生在酒店里终于找到工作的瞬间、晚上为省钱住草坪上的瞬间。这几个瞬间，包含了特写、近景、中近景、中景、近景、小全景等不同景别的图片，充分利用了不同景别适宜表现不同人物交往的动作、表情、身处场景等信息。这几个典型瞬间，比较完整地串起了事件发生、发展、高潮、阶段性结尾的过程。

第二节　网络新闻图表的可视化设计

新闻图表的好处是，能帮助用户更简捷、有条理、直观、形象地掌握那些需要费不少精力从文字、照片、音视频中理清的信息。

新闻图表的不足是，信息不够详尽，需要和文字或音频配合使用。

很多时候，当编辑判断认为，一些数据类信息用图表形式呈现，更有利于用户直观、形象地接收信息时，编辑会把数据制成图表，作为少量适当的配图，添加进正文。

有的新闻正文几乎完全由新闻图表组成。当该新闻主要是针对大量数据及从中分析出来的某种有价值信息的报道时，编辑会在新闻正文中采用大量的信息图表，发布专门的数据新闻。

在数据新闻或在配图表的新闻中，编辑应在了解不同图表形式适合表达什么样的数据信息的基础上，选取能让用户更好地接收并理解的适宜图表形式，来更好地表达这些信息。

编辑在对数据类新闻信息进行可视化处理时，应坚持以帮助用户更直观、易懂、简单地接收并理解这些信息为标准，来决定是否用图表、应用哪种图表。不要炫技，不要想当然地乱用不适合的图表形式，不要以为多用图表、复杂难懂才是会用图表。

一、柱状图是进行数据比较的最佳可视化方式

柱状图是以不同高度的柱子形状，表现出不同方面数据量多少的方式。柱状图能形象地比较多个方面数据量的相对大小，直观易懂。

如，在腾讯《新闻百科》栏目的新闻《张学友演唱会：抓的是逃犯，听的是回忆》中，微博热度走势图“张学友演唱会微博声量”，以柱状图的形式，表现出提到张学友演唱会的每月微博数量多少的数据。通过柱状的高低形状及标注的数字，精确地比较出哪几个月的相关微博数量多、哪几个月的相关微博数量少、数据量的悬殊有多大，非常直观地展现出了相关“声量”的高低（见图 7-4）。

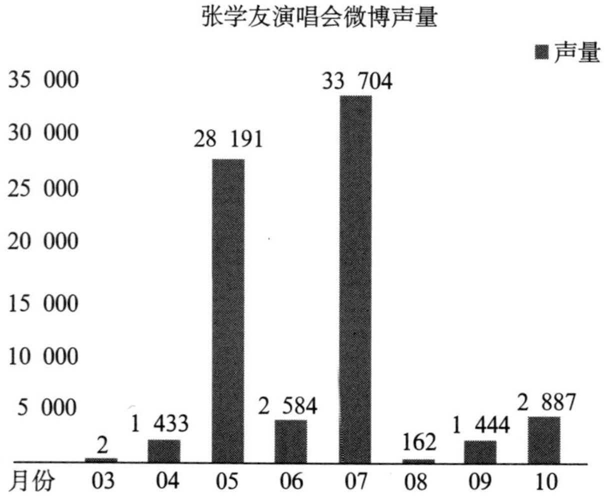

图 7-4　柱状图表现微博“声量”多少

条形图是柱状图的一种。条形图可理解为横向柱状图，以条形的长短表现出不同数据量的多少，直观易懂。柱状倒横放成条形后，更适合从上往下排列更多行数据，特别适合竖着的手机屏幕，方便进行十几行甚至几十行数据的长短比较。

如，网易数读的新闻《压垮我的不是加班，而是每天上下班通勤》中，把通勤时长排名前 20 城市的拥堵时长、非拥堵时长、通勤总时长以条状显示出来，很直观地比较出各个城市通勤相关时长的长短，一目了然（见图 7－5）。

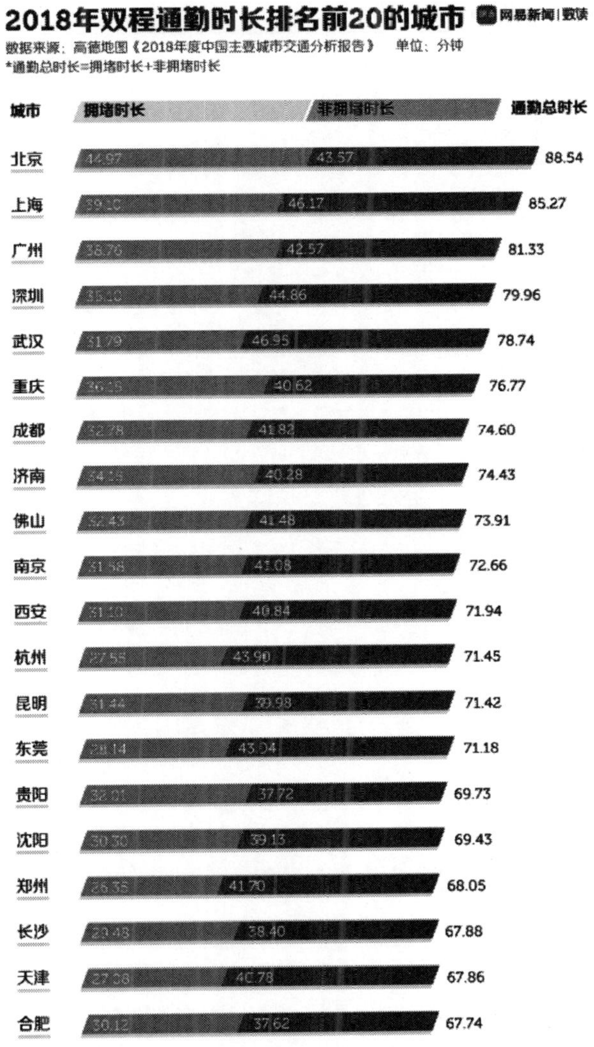

图 7－5 条形图表现通勤时长排名前 20 城市

有时，条形图会根据情况在显示上稍有变化，不一定是有宽度的条形，也可能用其他图形来表示，如用多个图标来表示某种东西的个数，直接用细细的横线条来表示条形，等等。

如，网易数读在新闻《十大城市外卖排行榜，什么菜是外卖之王?》中，通过饿了么提供的数据，统计了北上广深杭等十座城市外卖排行榜，找出了十大城市日间畅销外卖各是哪些菜品，并将各城市销量第一的菜品设定分值为 100，计算出该城市内部菜品销量指数的排名。10 个城市的前 10 畅销菜品的销量多少比较，共有 100 个数据的条形需要呈现出来。网易编辑采用把条形简化为线条的形式，配合 10 个城市各自前 10 畅销菜品的菜名、销量指数数值等信息，简洁地呈现了繁多的数据。涉及数据虽多，用户看起来并不觉艰难，比较明白易懂（见图 7－6）。

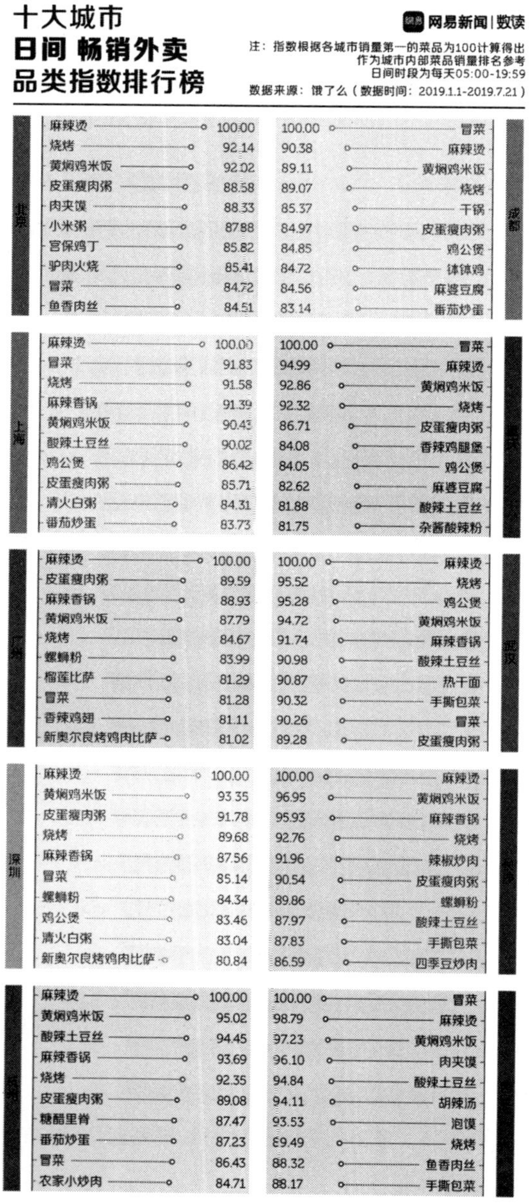

图 7－6 条形图表现十大城市日间畅销外卖品类

有数据可视化开发人员在分享实践经验时说："在考虑数据可视化设计方案时，我们要问自己的第一个问题就是：'这个方案比柱状图好吗?'如果你需要在一个单一维度上可视化一个可量化的数据集，那么很少有别的方式能比得上柱状图。……柱状图对于进行数据比较的可视化来说是最佳方式。因为我们人眼最习惯的比较方式就是将两个东西并排比较。关于柱状图优先，其实揭示了数据可视化中一个最大的秘密，那就是，那些最酷的可视化往往用处反而最小。追求新奇以及美观的可视化往往带来一个问题，那就是数据的可理解问题。很多柱状图的替代图迫使人们用他们并不擅长的方式进行比较，如比较面积、角度、色彩、或者透明度等。这些比较，说好听的，是增加了比较的难度，说得严重一些，可能会对数据进行扭曲，导致使用者得出错误的结论。……不要轻易抛弃那些传统的可视化方式，如果这些方式能够表现你的数据。先试试柱状图或者线状图，如果你的数据真的需要其他的再考虑其他图。”①

二、线形图叠加时间维度，适于展示依时序发生的数据变化

柱状图/条形图/线形图叠加时间维度，能清晰地展示出某方面或某几方面随时间流逝而不断变化的数据信息变化。在与时间序列相关的数据图表里，最常见的是线形图。线形图其实也是从柱状图变化而来的，只是没有画出柱子的形状，而是相当于把多个柱子最顶端的点连成了一条线。线形图常用来反映一个数据随时间流逝而产生的变化。

如，把 2010 年到 2018 年之间的学术型、专业型硕士推免生占比数据信息，以线形图的方式展现出来，让人直观地看出学术型、专业型硕士生中的推免生占比都越来越高的趋势。配上数值后，更精确地显示出每年占比及历年来占比变化的具体情况（见图 7－7）。

图 7－7 线形图表现硕士推免生历年来占比变化

三、清单、表格能把复杂繁多的数据和信息条理化

清单能将头绪繁多的信息，以条目式的方式，一条一条罗列出来，看起来更清晰、明白、易读。

① 数据可视化的七大秘密［EB/OL］.（2016－11－17）［2020－03－29］. http://www.sohu.com/a/119202742_505794.

很多复杂的新闻事件，尤其是在一段比较长的时间内跟踪报道的新闻事件，不少用户并不一定时时跟读最新消息，导致对该事件发展变化过程不太了解。这时，利用“时间＋事件发展主要内容”的清单形式，把历时的事件发展信息展现出来，是很好的进行事件梳理、帮助用户快速了解复杂事件发展的方法。

如，网易数读在新闻《要想维权快，坐上引擎盖》中，把“奔驰车主哭诉维权”事件，从 2 月 25 日该奔驰车主签购车合同开始，到 4 月 17 日中消协回应汽车销售金融服务等应明码标价并杜绝强制交易时止，近两个月间该事件发展关键事实节点的相关信息，设计成“时间＋事件发展主要内容”清单形式，相比于段落形式的全文字叙述，显得条目清晰、重点突出，减少了阅读的心理障碍，能帮助用户快速扫描浏览，快速了解此事件历时发展的主要线索（见图 7－8）。

图 7－8　清单梳理“奔驰车主哭诉维权”事件

表格能将复杂而繁多的数据分类列出，使数据丰富有序便于分析，意义能明白地表现出来。避免了各种数据罗列于文字中，既不便于阅读，也不便于分析，让人枯燥无味。

如，网易数读在新闻《失眠，正在偷走2亿中国人的健康》中，把高度痛苦、中度痛苦（愉悦情绪可以改善）、中度痛苦（愉悦情绪不能改善）、轻度痛苦（会被环境和周围的事影响）、轻度痛苦（不会被环境和周围的事影响）等五种失眠亚型，及可能引发的终身抑郁症、终身焦虑症、终身双相情感障碍等三种病症的概率信息，制作成表格，并配合不同大小的圆形面积来突出显示数值的大小。用这种矩形表格的形式来展示复杂繁多的分类数据信息，数据虽多，却一目了然（见图7－9）。

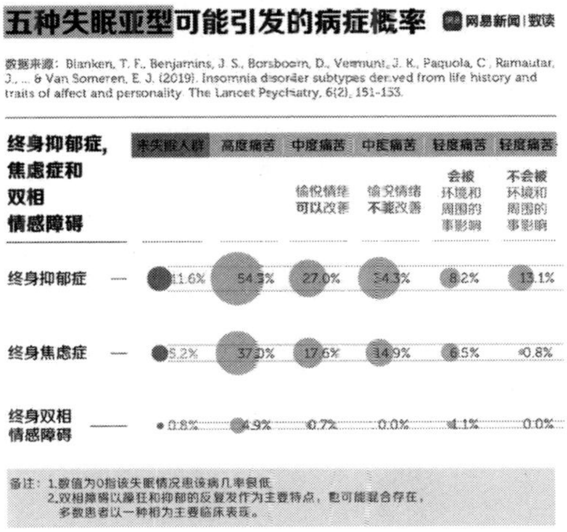

图7－9　表格呈现失眠可能引发病症的概率

四、饼状图可更清晰地表现局部在整体中的占比

饼状图，以圆饼或圆环的形式，表现一个或多个数据在总体中所占比例的情况。饼状图非常适合直观地比较多个数据在总体中的不同占比情况。

如，网易数读的新闻《结婚率远超发达国家，中国家长都是怎么想的?》，以中国25岁到44岁人口中有配偶者的数据为基础，把高中、本科、研究生等不同学历的男、女结婚人数在相应学历人数中的占比数据，以饼状图的形式呈现出来，并对比2000年、2010年的数据情况，可很直观地看出，学历越高，结婚率越低。2010年比2000年，无论男、女，都结婚率更低（见图7－10）。

图7－10　饼状图表现结婚率变化

五、树状图能更好地表现分层的结构

树状图，是像树的形状一样一层一层地分叉，适合表现分层的结构、人物之间的复杂关系，以及事物之间的多层级关系。

如，《新闻百科》在新闻《起底莆田系四大家族》中，主要以 3 张树状图，呈现出莆田系陈詹林黄四大家族的主要人物关系、莆田系四大家族的主要产业、莆田系四大家族旗下主要医院。树状图的优势是把可分出层次的复杂信息，以层级方式，尽量脉络清晰地展现出来。这是涉及复杂人物或事物之间关系的新闻事件以文字为基础可视化的比较可行的方法（见图 7－11）。

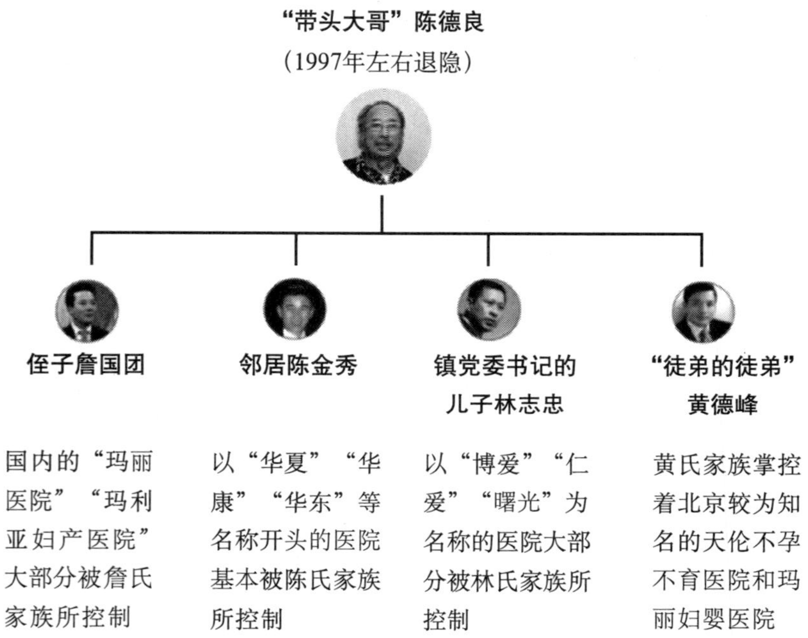

图 7－11　树状图表现人物关系

六、散点图一般用来表现两个线性度量的相关性

散点图，是用两组数据构成多个坐标点，考察坐标点的分布，判断两变量之间是否存在某种关联或总结坐标点的分布模式。

如，网易数读在新闻《结婚率走低这口锅，年轻人不背》中，用全国粗结婚率和总抚养比两组数据构成多个坐标点，从中可看出全国粗结婚率和总抚养比之间，存在着负相关的关系，全国粗结婚率随总抚养比的升高而降低（见图 7－12）。

七、示意地图适宜展示与地理位置相关的信息

示意地图可用来图示与地理位置相关的信息，给人以直观的印象。

如，网易数读在新闻《中国人死亡原因排名出炉，癌症只能排第三》中，把每十万人因中风损失寿命年数分为几个区段，用不同颜色表示出来，并在中国地图上分省份填涂上

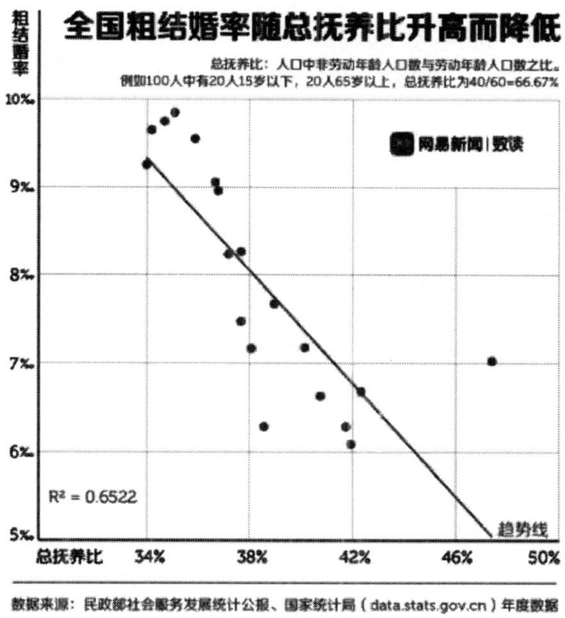

图 7－12　散点图表现全国粗结婚率与总抚养比的相关性

相应的颜色，非常直观地看出来不同省份、不同地区间中风发病的不同情况，且明显地呈现出“北多南少”的特点。

【本章小结】

本章探讨了网络新闻图片、图表的编辑思路。

在网络新闻图片的编辑思路方面，分析了新闻图片的特点及作用，提出了新闻图片的编辑原则，介绍了构图原则，用实例分析了裁剪的方法和选择不同景别新闻图片的方法。

在网络新闻图表的编辑思路方面，提出了设计要简单、明白、易懂的原则。用实例分析了具体的新闻图表可视化设计方式：柱状图是进行数据比较的可视化最佳方式；线形图叠加时间维度，适于展示依时序发生的数据变化；清单、表格能把复杂繁多的数据和信息条理化；饼状图可更清晰地表现局部在整体中的占比；树状图能更好地表现分层的结构；散点图一般用来表现两个线性度量的相关性；示意地图适宜展示与地理位置相关的信息。

【思考题】

1. 新闻图片有什么特点？有什么作用？有何优劣？
2. 新闻图片的编辑原则是什么？
3. 为坚持新闻图片的真实性，在拍摄和后期处理图片时需要注意些什么？
4. 图片的构图原则有哪些？
5. 裁剪新闻图片时应注意些什么？

6. 图片有哪些景别？应如何为新闻故事选择不同景别的新闻图片？

7. 网络新闻图表的设计原则是什么？

8. 柱状图、线形图、清单、表格、饼状图、树状图、散点图、示意地图分别适合表现什么样的信息？

【训练】

1. 请找一篇多家网站都转载过的有图片的新闻，比较多家网站对同一篇新闻中的图片的选择与编辑状况，评价各自的优劣。如果是你来编辑，你会怎么编辑？试编辑之，并自评。

2. 请找一篇有多个图表的新闻，分析评价这些图表对呈现该新闻信息的不同作用。如果是你来编辑，你会怎么编辑？试编辑之，并自评。

【推荐阅读】

开罗．不只是美：信息图表设计原理与经典案例［M］．罗辉，李丽华，译．北京：人民邮电出版社，2015.

第8章　网络新闻音视频编辑思路

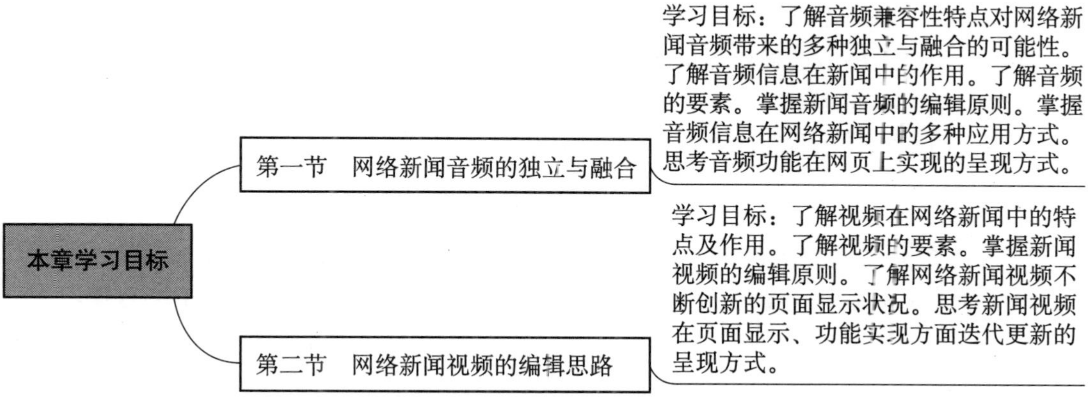

网络新闻的音视频信息，早期与文字信息严重分离，视频新闻常单独放在视频频道，一般新闻里少见视频。智能手机出现后，音视频信息大量涌现出来，目前虽仍有专门的视频频道，甚至有专门的直播频道，但一般新闻中也融合了大量的相关音视频信息。

第一节　网络新闻音频的独立与融合

音频新闻的发展，有着过山车般的经历。电视新闻出现后，广播新闻逐渐边缘化；家用小汽车流行后，车载广播又有了大量用户；网络时代，音频新闻信息最早非常少见，常只出现在广播电台所建立的网站上，智能手机出现后，很多专门的音频 App 发展起来，大量音频信息受到众多用户的青睐，其中也包含少部分音频新闻信息。在新闻客户端中，在多家社交平台上，各种包括新闻和资讯的音频信息也开始多起来。

一、音频在网络新闻中的特点及作用

（一）特点

音频在网络时代最有优势的特点，莫过于其兼容性了。占用眼睛的信息有很多种，如文字、照片、图表、图像等，而占用耳朵的信息只有音频。这个特点看来平常，实际上却很有用，它决定了你在网上用眼睛阅读文字、图表等信息的同时，还可用空出来的耳朵收听音频信息。这个特点给了网上音频广阔的发展空间。

除了传统音频的兼容性、伴随性、强制性等特点外，网络新闻音频还有一些传统音频所没有的特点，如播放过程的可控性、可编辑性、可转译性、可整合性、可对话性、可连接性。

网络新闻音频的显示界面上一般常有播放、上一个、下一个、音量大小、倍速、进度条等功能键，可随用户意愿对音频播放过程进行控制。

网络新闻音频，可借助一些音视频软件很方便地剪辑、分合音轨、变化声音风格；可通过机器转译，很方便地进行声音转文字、文字转声音等信息呈现方式的转译；可与文字、图片、视频等不同的信息呈现方式整合在一起，发挥各自的长处，共同配合起来完成对网络新闻信息的呈现；可通过不断迭代更新训练 AI 机器人，与用户进行对话式交流，实时向用户推送用户当时最需要的新闻信息及其他资讯信息；可借助网络音频对话的灵活性，连接起用户各种信息和行为的需求，响应用户的各种信息搜寻、信息播放、信息发送、社交互动、电商购物、日常生活等要求。音频可成为像水泥、胶水一样的连接物，连接起用户生活中几乎一切的信息和行为反应的需求。

（二）作用

1. 在跨时空信息中重新加入口语和声音信息

传统的人际传播中，大约有六成多靠神情、姿态、动作等在某个场景下的身体语言进行信息传递，大约有近四成靠语言交流进行信息传递。

口语交流中，不仅语言词汇本身表达一定的意义，说话者的声音状况也会透露出一些信息。一个人的声音，其音色、音调、强度等，都会与别人有差异。即使是同一个人，在不同的环境和条件下，其声音也会有很明显的变化：或透露出沉稳，或透露出慌张，或透露出得意，或透露出失望，或透露出伤心，或透露出欣喜，等等。口语交流，能传递更微妙的情感信息。

说话者的话语和声音状况，通过音频进行跨越时空的信息传播，使原来偏文字的传播重新具有了人际传播的某些特性。音频信息使人们能够重新加入口语和声音信息，不必非得把想表达的意思转换成正式、书面的文字，而是可直接、快速地转换成更灵活、更直抒胸臆、更直抵核心的口语信息，更便捷地进行互动交流。

2. 让人重回“现场”

加入采访对话音频的新闻，可让用户听到采访者与被访者的对话和采访现场环境中的各种声音。用户能通过人们发出的声音，想象当时人们在新闻事件中的情感、视觉形象和行为动作反应。用户还可通过现场环境的各种声音，想象出新闻事件发生现场的场景。这些能引起人们丰富想象的声音信息让用户有重回“现场”的感觉。采访者的提问、被访者的诉说、新闻发生现场的各种声音，这些信息汇集在一起，能以富媒体的形式来让用户了解新闻现场曾经发生了什么。

3. 音频有“证实”作用

录下了新闻现场声音和采访对话的新闻音频，因为有事件现场声音作证，有事件当事人、目击者、知情者、第三方、记者等人们的声音作证，常比记者用文字转写的信息，更具“物证”和“人证”的证实作用。

不过，现在的技术手段，也能很方便地进行音频的剪辑、歪曲、变化等处理，音频的“证实”作用也很可能被刻意拿来利用。所以，网络新闻编辑应对音频“证实”作用持审慎怀疑的态度，对存疑的音频，要进行核实、求证。

二、音频的要素：言语、音响、音乐[①]

音频中传递的声音可分为言语、音响、音乐等。

（一）言语

言语主要有对话言语和独白言语两种表现形式。对话言语可是几个新闻人物之间的对话，可是几个传播者之间的对话，也可是传播者与新闻人物的对话。独白言语可是新闻人物的独白，也可是传播者的独白。

音频新闻中采集的新闻人物独白、几个新闻人物之间的对话、传播者与新闻人物的对话等，叫作人物同期声。编辑人物同期声时，应注意突出人物所说的有个性、有特点、有感情的话，突出人物描述的有具体形象、具体事实和事件经过的话。

传播者的独白、几个传播者之间的对话，叫作新闻解说。新闻解说，常起到交代新闻发生的时间、地点、人物、原因、背景，对音响作必要的解释、补叙和衔接，揭示新闻的内涵以深化主题等作用。

（二）音响

音响分为主体音响、背景音响、结构音响。

音频报道中的主体音响，指被报道的主要事物或人物发出的声音。主体音响能直接展现人物的个性和事物的特征，揭示主题，增强新闻的说服力。

背景音响，又叫环境音响、气氛音响，指与被报道的事或人发生联系的其他事物发出的声音，以及被报道的事或人所在环境中的各种声音。背景音响能再现新闻现场场景，烘托气氛，表现新闻时间、地点、场合等要素，增强新闻的现场感和感染力。

结构音响，指贯穿整个节目的线索音响，以及衔接时空变化或转场连接的过渡音响。结构音响在音响与音响、场景与场景、段落与段落之间起连接作用，达到连贯上下、照应首尾的效果。

（三）音乐

网络音频新闻中的音乐，可是在摄录新闻事件现场及采访对话时，刚巧出现在背景中的音乐声；也可是在展示新闻现场或新闻人物说话时，编辑为了某种目的而专门选择配上的背景音乐。

不过，对于新闻信息来说，最好不要为展示新闻现场专门配上特别的音乐，也不要在新闻人物说话时配上特别的音乐。有的编辑会觉得在展示某个新闻现场时没有录下现场真实声音，好像过于沉默，便想方设法配上自认为适合该新闻场景内涵的音乐，甚至在有新闻人物说话的现场声音时，有的编辑也认为配上音乐会效果更佳，从而画蛇添足地为其选择配乐。但是新闻并非电影，这样人为刻意的配音乐，往往让人产生不舒适感。

---

① 此节第二点“音频的要素”、第三点“音频新闻的编辑原则”来源于：蒋晓丽．网络新闻编辑学［M］．2版．北京：高等教育出版社，2012：149－150.

三、音频新闻的编辑原则

(一)(新闻现场同期声)形象化、现场化

人的听觉和视觉具有“通感”功能，这是中外一些生理和心理学家的研究共识。听众收听音频的这种心理转换过程，可大致分为三个阶段：感知阶段、想象阶段、转换阶段。这是一个在瞬间完成的心理运动过程。听众在听到某些声音后，会产生联想，在大脑中建构声音表述的具体形象、具体景象、具体场面。听众可通过现场的说话、音响、音乐等声音的传递，经过再造想象，将新闻现场的情景再现在眼前，幻化为有声有色的活动立体画面。听众甚至能感觉到传递声音的这个人的存在，仿佛看到他站在自己面前，从而产生挥之不去的现场感。这是配上新闻人物声音、现场背景音响、新闻记者解说能让人“看”到现场的基础。这就要求在音频编辑时，要尽量多采用新闻人物声音、现场背景音响，以及记者在新闻现场采访的声音。

(二)(采访对象的话语)情感化

音频中传递的言语、音乐、音响，是说话人的思想、情感的直接流露，是作曲者、歌唱者情感的旋律流动，是场景中人和物感人情景的传递。这些声音能富有旋律感、富有感染力地传递出人的喜、怒、哀、惧、爱、恶、欲，是人用声音动感反映出的内心情感。这些丰富的情感通过声音传递，又在听众那里引发起某些特别的情感，再与音频中传递的情感相交流、相交织而变化无穷，形成了音频传递声音的情感化特性。这就要求编辑音频新闻时，应突出声音的情感化特点，突出有个性的声音、有情感的声音、有感染力的声音。

(三)(主持人的解说词)口语化

声音稍纵即逝。句子长了容易听漏某些部分，用倒装句常让人听得突兀，用插叙容易把人搅糊涂，代词用得太多会指代不明，用单音节词听来总觉别扭，用数据过多不仅枯燥还难以听一遍就记住，深奥的专业术语用声音念出来很难一下听懂。

因此，音频中传递的新闻人物言语、新闻解说应尽量的口语化，做到简单、明白、晓畅、通俗、生动。具体来说，应多用短语，多用口语词汇，多用双音和多音词；言语要有适当的重复，句式应连贯；少用长句，不用口语里很少说的书面词汇，少用单音词，少用代词以避免指代不明；对数字尽可能作形象的说明，防止过多的数字连用；一般不用倒装句式和插叙、倒叙结构；不用、少用专业术语，给专业术语作通俗解释，或给专业术语换个通俗的说法。

四、音频在网络新闻中的应用

(一)加入新闻中的采访录音

现在手机能很方便地录音，一些事件亲历者或事件目击者，在录视频容易暴露的时候，常悄悄用手机录下新闻事件发生现场的声音，这让很多报道有了获得现场录音的更多

可能。把这些新闻事件发生现场的录音，和文字类的新闻报道信息放在一起，可丰富和延伸对新闻事实信息的呈现。现场录音有“证实”作用，可让用户通过现场录音“倾听”并“看到”现场发生的事情经过。

如，腾讯新闻在《暗访揭开“北京一日游”乱象：导游威胁游客录音曝光》中，把乘客偷偷录下的男导游威胁乘客的录音片段嵌入新闻正文中。用户可点击该录音片段的播放功能键，听到男导游那恶狠狠的威胁声音和现场杂乱的环境音。让用户“亲临现场”，感受那时那地那场景（见图8-1）。

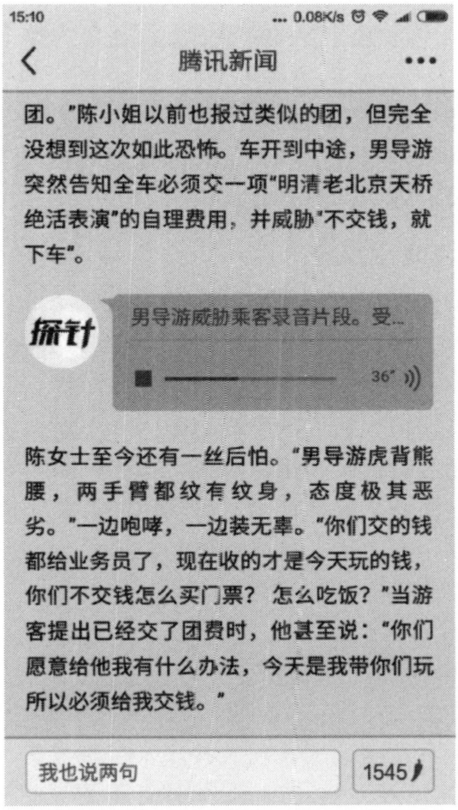

图8-1　加入一则新闻中的“男导游威胁乘客录音片段”

其实，除采用事件亲历者和目击者对事件发生现场的录音片段外，还可在新闻正文中加入记者采访过程中的现场录音和采访对话录音。记者报道一件新闻事件时，常会采访多人。以前，记者在进行负面报道时，会把采访过程录音或录像长期保存，以防被投诉或被告上法庭。现在，记者不仅在负面报道时注意录音录像留证据，也在众多类型的一般采访报道尤其是人物访谈或人物报道中，在取得被访者同意的前提下，用手机把采访过程录音下来。一是留证据；二是可在后期写作时有更准确的信息回放，使对该事件的文字转述更准确，尤其在写直接引语时能尽量引用被访者原话。

网络信息存储空间很大，以前因空间不够而被遮蔽在记者正式报道之后、没能完全展示出来的采访过程录音或录像信息，现在完全可提供给愿意了解更多采访过程详情的用户。记者采访对话的录音，可通过未经剪辑的全程录音方式提供，也可剪辑为按谈论话题分开的几段录音片段。网络新闻编辑应给用户提供多种信息接收方式和机会，让用户根据自己个性化的需求，更自由地选择不同的信息呈现方式和信息呈现详尽程度。目前，把记者采访过程录音部分或全部配在文字新闻报道旁边的发布方式并不多见，但其实为呈现多样、全面的信息，把记者采访信息更全面地利用起来并非难事。

在自媒体的音频信息发布中，早已出现过直接呈现超长的完整采访对话的例子。如，罗振宇采访罗永浩，采访前准备了 200 多个问题，据罗振宇采访中所说，此次视频采访时长达 8 个半小时，超过了此前世界最长电视视频采访时长。该采访视频和音频，放在一些视频网站和一些音频网站上，供有兴趣的用户进行点击收看或收听。喜马拉雅将这篇采访录音，以两小时为一个音频，分成了几个音频页面。其实，还可按访谈内容来细分成更多段录音片段，并为之配上相应标题信息和摘要信息，还可为整个音频和各录音片段配上查看相应文字的功能键。

为音频配上文字查看的功能，可帮助用户利用文字快速浏览，不用一分一秒跟着听完音频。这样，可方便用户有机地结合文字与音频的呈现内容，自己判断决定如何阅读和收听，完成对某个新闻信息最有效的信息接收。

（二）文字新闻自动转成音频播报

在借助软件可让文字自动转换成声音后，新闻中的文字也可自动转成音频播报了。新闻的正文页或标题目录页，只要设置一个“播放”之类的功能键，就能立即把文字新闻转成声音播放出来。

文字转声音的功能，不仅极大地方便了视力障碍人士对信息的接收，更给所有用户多提供了一种选择。在信息超载时代，当用户有了可选择把需要看的文字信息转换成声音来听的机会，就可适当地休息眼睛、保护视力。可利用声音兼容性的特点，在手头干其他事情时收听需要的信息，达到一心二用、事半功倍的效果。

【案例8-1】 搜狐的“听新闻”

搜狐新闻 App 里，新闻目录页中每条新闻标题区的右下角都有“…”键，点击后会出现一个横幅功能条，里面有“听新闻”功能键，点击就会立即播放文字自动转声音的新闻，并在手机屏幕下方出现“当前播放”矩形信息框。该信息框中，有当前播放新闻的标题，有播放键、上一条、下一条、取消等功能键，下方有“语音插件由灵犀语音助手提供”字样。如果用户不点击取消，会默认自动一直播放下去。但是，新闻正文页里并没有“播放”之类的功能键，一直随机播放，并不能很好地对接用户个性化的信息接收需求，常见的新闻信息阅看习惯是，浏览标题信息，发现有些信息想要多花些时间了解正文信息，便点击进去看正文信息，或点击播放键直接听正文信息。有时可能是在看正文页的中途，因同时想干别的事，又想把这信息了解完，便点击“播放”键听完此篇信息。所以，每个新闻正文页，或说每个网页信息页面，最好都有“播放”键之类的功能键，能方便用户随时把文字变成声音来听，也可随时方便地回来看文字信息。总之，给用户多个选择一般是不会错的。

【案例8-2】 百度的“播报”

百度搜索手机首页上，新闻标题目录页每条标题区的右下角，有“播报”功能键。点击该键，会在手机屏幕下方出现一条功能框。功能框相比搜狐“听新闻”功能框面积更小，但功能更多。

百度的“播报”（见图 8－2），目前能实现的功能主要有：

小功能框最左边，是一张小圆形图片，该图片是正播放新闻中的图片。图片边缘，依播放时间，绕边缘顺时针出现蓝色边环，让用户可直观地看到此条新闻播放进度。

点击该图片，跳出播报新闻的全页面，播报新闻的全页面上，从上往下，依次是标题（信源）、图片、查看原文、播放历史、更多功能、收藏、分享、播放条、上一条、暂停、下一条。

点击“查看原文”，进入正播放新闻的正文页。新闻正文页右上端，也有耳机图标样的播报/关闭键。新闻正文页左下端，会在播报时出现一个小圆图片，有蓝色进度条绕着小圆图片；不播报时该小圆图片就不出现。若用户没有关闭播报，会自动继续下一条新闻播报。若用户还在原来新闻正文页上，可选择继续边看这条新闻正文，边听其他新闻播报；若对听的其他新闻播报有兴趣，想去其正文页看看，可点击左下端的播放小圆图片，跳入正播报的新闻正文页。这样的文字、声音随时互换的设计，比较方便用户随自己需要切换。

图 8－2　百度“播报”功能框截屏

小功能框的图片右边上半部，是自右向左移动的该新闻标题文字信息；下半部，显示的是“正播放时间点/该条新闻播放总时间”。点击正播报新闻标题文字信息框，可进入该新闻正文页。

小功能框右边，有暂停键、下一条、更多、关闭等功能键。

点击“更多”图标，出现一个更大些的功能框。大功能框里，可选“朗读音色”“朗读内容”“朗读语速”“背景音乐”等。

在“朗读内容”中，可选“全文”或“简讯”。选“全文”，会把新闻正文全文通读完整。选“简讯”，每条新闻只朗读摘要式简要内容。

如果不选择关闭，该功能默认自动继续一条条播放下去。

笔者比较喜欢“简讯”这个选择功能，毕竟时间有限，如果不是在一篇确定想要看的新闻正文里点击播放收听，而是任由其随机自动播放的话，至少可多听几条新闻摘要。笔者选了“简讯”，试着任其自动一条条地播了多条新闻，发现是可以听完整看了标题后有点想看但又懒得点开看详细正文的几条新闻的。

（三）智能语音聊新闻[①]

随着亚马逊 Echo、谷歌之家、苹果 Homepod 等各种智能语音设备的迅速流行，人们习惯了用声音信息唤起天气、音乐、新闻等智能信息服务。但是，相比起语音唤起天气、音乐功能，使用智能语音设备收听新闻的人却并不多。

尽管如此，新闻媒体仍在积极进行智能语音推送新闻的努力。目前，在智能语音推送新闻上的尝试主要有以下几种形式：

1. 新闻简讯

如，亚马逊推出“闪电简讯”，谷歌推出“叙事新闻”，苹果推出“音频新闻简讯”。用户使用如“播放新闻”“最新消息”“给我新闻标题”等之类的语音命令唤起消息更新。

2. 现场直播和播客

如，很多电台节目和播客节目，都可通过用户说出该电台或播客名字来访问。

3. 问答

用户通过对新闻信息方面的提问，来获得新闻信息方面的回答。如，用户可问“某某赛事的比分是多少?”之类的问题来获得回答。但是目前新闻信息的写作风格，还不太适合直接拿来回答用户提出的问题，也许今后的新闻信息写作风格，会适当考虑语音问答搜索优化。

4. 互动体验。

有些新闻媒体在不断进行语音互动信息的创新试验。如，聊新闻、小测验、虚拟旅行等。

---

① 此部分参考了：腾讯传媒．路透智能语音消费报告 | 听新闻当下并不流行，未来也是个难挖的富矿［EB/OL］.(2018-12-11)[2020-03-29]. https://mp.weixin.qq.com/s/jCUH5XLwv2HEX5cqlpD6yg.

第二节 网络新闻视频的编辑思路

早期的网络新闻视频，常把电视台新闻视频放到视频频道中单独发布。后来，会把电视台新闻视频插入与之有关的文图新闻中，一般突出地放在正文前，一起发布。再后来，会在文图新闻正文前，同时插入多个相关的电视台新闻视频，并可自动连播。不过，常规的电视台新闻视频，出现最多的影像是演播室播音员念解说词，新闻现场影像只是占比很小的点缀。且多个相关的电视台新闻视频，看起来视频丰富，但其实内容大同小异，重复度太高，不利于用户有效率地接收相关新闻信息。

智能手机流行后，用户都可生产信息，更多的现场影像能够及时获得了。新闻视频中，演播室影像占比大幅降低，鲜活的现场影像得到高度重视。真正丰富起来的新闻现场视频，终于不再固定地出现在正文前，而是可能多次出现在适当的文图信息之间。对于网络新闻编辑来说，了解文、图、音频、视频等多媒介信息的优劣势，考虑如何才能更好地让具有不同优劣势的多媒介信息有机地融合起来，更好地协同呈现新闻，让用户能更有效率地接收相关新闻信息，成为编辑多媒介信息时需要重点判断处理的内容之一。

一、视频在网络新闻中的特点及作用

（一）再现连续生活影像

借助人眼视物的延迟效应，以每秒 24 帧以上的速度播放静止图片，就能给人以连续影像的感觉。视频是在两维的平面上再现三维的空间画面，再加上时间这一维度，就能再现生活中人们所经历的四维生活。出现视频后，人们终于可以不用再把头脑中所全息感觉到的外界信息，转换成图画、口语、文字来传递信息，而是可“直接”把人眼所见，转换成日常生活所见的连续影像传递出去。

在网络新闻中，视频被用来大量摄录新闻事件现场，尽量提供给用户“直接”看到现场的机会。4G 手机出现后，随身携带的手机可很方便地摄录，人们作为目击者常上传刚巧拍到的新闻事件发生现场的视频，记者编辑们也经常有意识地全网搜索目击者发布现场视频，加入新闻报道中去。这让新闻报道中的新闻现场视频变得更多、更常见了。

手机可以连续摄录很长时间之后，视频直播开始热门起来。新闻媒体开始大力开发视频直播报道。直播平台也迅即成为风口，每个人都可方便地直播自己的生活，每个人也可方便地“看见”别人摄录的生活。围绕在人们身边的现实生活，不再只是自己亲身经历的生活影像，还不时加入了别人经历的生活影像，人们的生活视野扩大了。不过，人们在放眼看别人生活的同时，也存在着忽视自己身边生活的可能。怎样生活才是对自己最好，还需要人们自己综合平衡，以作出对各种信息适宜的判断与行为反应。

（二）声像并存或“影像+字幕”

一般来说，视频是连续影像再加上音频，是声像并存的。只有影像没有声音，常不太容易了解这变动的影像到底是什么意思。但很多人看网络视频时，不一定方便外放，也不

一定戴了或愿戴耳机，为不打扰旁人，或说保护自己隐私，播放网络视频时常把声音关闭。所以，网络新闻编辑最好能给每个视频都加上字幕，并让字幕的字号大小和显示底色等适宜于大屏和小屏的浏览。

（三）显示空间上的限制性

视频虽然看起来接近于人眼所见，但其实人可以很灵活地随自己意愿和需求去看周围世界，摄像头却有视角的限制，常只能拍摄固定角度的画面，即便可全方位旋转摄像头，可放置多个摄像头，也难以和人自己在生活中灵活变化的视角和视域贴合一致。当然有时候，不同设置的摄像头也能超越人眼的视角和视域，给人们带来人眼所难以达到的视角和视域。

摄像头的视角和拍摄显现的视域，即便是全方位呈现现场视频，依然是有显示空间的限制的。所以视频拍摄和播放其实有着很大的人为操控空间。拍摄者可按照他的想法和意图，去选取某个或某些特定视角和表现视域，有选择地、有重点地来呈现“现实”世界。作为在很大程度上被传媒信息的拟态环境所影响的人来说，认识到这一点，是在信息社会中生活应具备的重要常识。传递信息的记者编辑，更应有意识地在工作中提醒自己注意影像背后的拍摄动机、拍摄视角、编辑技术等因素所可能带来的影像表现和社会影响。

（四）影像符号所指的不确定性较大

作为包含能指和所指的符号，影像符号所指具有不同程度的不确定性，需要在上下文环境中来具体辨析。相比起语言文字类的符号来说，影像符号更容易在不同的剪辑拼接中表达出不同的意思。

不同的蒙太奇剪辑方式，不同镜头的连接方式，常会呈现出不同的意义。影像符号的含义，还会因配上不同的声音或字幕，而展现出不同的含义。

因此，编辑在处理影像符号时，应考虑到不同剪辑拼接对含义的影响，及与影像符号相配合的不同声音、字幕对含义的影响，有机地结合影像剪辑方式和配声音字幕的内容，尽量呈现出自己想要的表达。视频用户也应有影像信息接收方面的素养，培养自己透过影像呈现来尽量还原“现实”生活信息的解码能力。

（五）影像让人们深深卷入日常生活之谜

因为视频声像与用户日常生活逼真的相似性，观看视频声像很容易让观众深度卷入。

麦克卢汉在分析电视媒介时，曾说电视媒介是冷媒介，即让人深深卷入的媒介。他分析说，电视媒介因为像素低，不清晰，信息模糊，反而容易让人越发想要去弄清楚到底发生了什么，因此被深深卷入了进去。但笔者认为并非如此，而是因为，电视上显现的是“像”日常生活的影像，而日常生活恰恰是最难以理解的信息。“我是谁？从哪儿来？到哪儿去？”这样的人生难题，没有人能说自己的答案就是唯一正确的。透过以空间和时间的维度投影呈现在头脑中的生活影像，人们被深深卷入日常生活之谜，难以完全理解生活中到底发生了什么。越是难以弄清的、弄清楚了才能更好地对之进行行为反应、更好地生活下去的信息，人们越会被深深卷入进去，尽可能地去理解它。因此，越来越多的别人的日常生活影像信息深深地吸引了人们的注意力。人们想要通过观看这些别人生活世界里的影像，来理解世界、理解社会、理解人生、理解别人、理解自己。这也是直播为什么有这么多人愿意看的主要原因。但是，很多事会“过犹不及”，人们应在过好自己日常生活和观看别人日常生活之间，寻找到对自己来说最佳的平衡。

（六）影像有“证实”作用，但“改头换面”日渐容易

俗话说“眼见为实”，影像与日常生活所见极为相似，人们常以为影像忠实地记录了生活原貌，有“证实”作用。但是，影像也能够被改变，且随着技术发展，“改头换面”也日渐容易。因此，对影像的“证实”作用，应有警惕之心。

记者和编辑在为新闻报道添加视频时，尤其在采用网络上流传的视频信息时，应多源求证，尽量找到相关方面来确证该视频信息的真实性。不应想当然地以为视频信息“天然地”是对事件的真实记录，而应考虑到视频信息作假的可能性，审慎地判断并核查视频信息的真实性。在多方核查视频信息的真实性之后，再发出编辑判断为可信的报道。

二、视频要素：景别、镜头运动、画面切换、节奏[①]

（一）景别

内容见本书第7章中“如何选择不同景别的新闻图片?”部分对景别的介绍。

（二）镜头运动

镜头的运动有推、拉、摇、移、跟、升、降等方式。

推——被摄体不动，摄像机的变焦距镜头向主体推进的连续画面。被摄体在画面中逐渐变大。推镜头的作用是突出介绍画面中起重要作用的人或物，相当于让观众逐渐走近被摄对象去观察。

拉——与推镜头正好相反，由局部到整体，使人有远离目标的感觉。拉镜头是在被摄对象位置不变的情况下，摄像机逐渐远离被摄物。拉镜头的作用主要是展示人或物的空间位置和周围环境的关系，相当于让观众逐渐远离被摄对象去观察。

摇——摄像机的机位不变，只是镜头轴线方向发生变化，机身作上下左右摇、斜摇、旋转摇等运动。摇镜头可连续不断地跟随某个或某些人物的运动，或使观众对眼前的事物或场景的各个部分进行逐一的观察。

移——摄像机机位边移动边拍摄。移动镜头有横移和跟移。

横移是摄像机向左或向右作横向运动。

跟移是摄像机跟随运动的被摄体拍摄。跟移可使背景空间发生不断的变化，有一种流动感。

升降镜头是面对被摄物体由摄像机作垂直方向的移动来拍摄。升降摄法可显示广阔的场景和丰富的空间层次。

---

① 此节第二点“视频要素”、第三点“视频新闻编辑的原则”部分来源于：蒋晓丽．网络新闻编辑学［M］．2版．北京：高等教育出版社，2012：153-157.

变焦镜头可连续变化景别，代替许多焦点不同的定焦距镜头，兼有广角、标准和长焦镜头的特点。使用变焦摄法，在摄像机位置不动的情况下，可模拟推拉摄法，有时通过焦距的急遽变化，起到类似于“急推”“急拉”镜头的效果。

（三）画面切换

切换——一个画面简单地切入下一个画面。它是最快的画面变换，因为没有任何间歇。切换常用来表示同时发生的动作，或用来加快动作的速度，以及使画面多变。它可以避免一个画面在屏幕上停留的时间太长。

渐隐——一个画面淡出、下一个画面同步淡入时产生的重叠效果。渐隐比切换的速度慢。它有快渐隐和慢渐隐之分。渐隐用来表明特定画面的短时间停留，或画面之间的转换，这里的动作或与前一个画面中的动作同步进行，或在前一个动作后很快出现。

淡入——画面由全黑（黑屏）逐渐转亮的效果。

淡出——与淡入相反。画面由亮逐渐转成全黑。如果一组连续动作和下一组连续动作之间间隔数天、数月或数年，常用“淡出、淡入”来表示。

抠像——一个画面的部分放到另一个画面上，这样同一个叙述者就可出现在不同的背景上。

叠印——一个画面或物体叠在另一个画面或物体上，片名或产品常可叠加在画面上。

划变——新的画面以几何图形的方式从前一个画面的顶部、底部或侧面划出。划变比渐隐快，但不如切换快。划变和渐隐或淡出不同，它没有时间间隔的意思。当需要简短、快速的画面衔接，或分离一些产生蒙太奇效果的印象主义镜头时，划变是最有效的。

变焦——镜头流畅地，有时是快速地，从远景转换成特写或从特写转换成远景。

（四）节奏

节奏，是由镜头内部的节奏和镜头外部的节奏共同形成的。

一则视频新闻的镜头内部的节奏，由视频新闻表现的画面和声音内容本身的节奏决定。具体来说，镜头内部的节奏因素包含：由不同题材、内容所决定的事件发展进程内在的运动节奏；镜头中主体运动的速度；摄像机运动的速度；景别变化的节奏；光影、色彩等画面造型因素所造成的节奏；音乐、音响等声音所造成的节奏。

镜头外部的节奏，是因镜头在组接过程中——即经剪辑的原因而形成的节奏，由剪接率、镜头剪辑应用的特技所展现的节奏决定。

剪接率是镜头转换的速率。如果视频新闻长度不变，则剪接率快慢和镜头数量多少成正比。即，剪接率快，镜头数量多，视频新闻的总体节奏必然快。剪接率慢，镜头数量少，视频新闻的总体节奏必然慢。

镜头之间的特技转换技巧也影响节奏，如渐显渐隐、淡入淡出在时空上表现着较大的间隔，容易形成比较缓慢的节奏。划出划入因其形式上的简单明快，容易形成较快的节奏。切换的转换更为直接快捷，组接成的新闻节奏更快。

三、视频新闻编辑的原则

（一）表现过程、情景、情感、形象、动作反应

电子媒介时代的视频交流，是跨越时空的触觉交流，是具象化的交流，是感性的交流，是深度卷入情景的交流，是追随传播对象反应的交流，是重在表现过程的交流，是像生活一样自然的交流，是通过文字、视频、音频全方位的交流。同时，视频中的情景、过程，应是比现实生活节奏快得多的情景、过程。视频中的人物动作或言语的反应，应是同现实生活一样自然流畅的动作、闲聊和对话。只不过，在视频里，是用夸张的特写面部镜头来展示人们日常对面部表情的特别注意。

视频是种冷媒介，让人深度卷入过程、情景、情感、形象、动作反应等。因此，应尽量发挥视频新闻让人深度卷入的功能，使视频新闻具有想象空间，从而具有吸引力和感染力。

（二）剪辑应让视频合理连接

从内容上看，连接画面应符合逻辑。符合逻辑，一是要符合客观事物运动发展的逻辑，一是要符合人的思维逻辑。

从形式上看，连接画面应寻找好的剪接点。剪接点是能使上下两个镜头自然流畅衔接的地方。剪接点分为动作剪接点、情绪剪接点、声音剪接点。在剪辑中，要善于在上下镜头中去寻找建立连贯关系的画面形式因素或声音形式因素。画面上的“形相似，动相似”，即上下画面主体在形态上或动感上的相似，可作为承上启下的因素，使画面衔接顺畅，场景转换自然。还可利用特写镜头、“虚”镜头等来承接上下两个镜头。利用对话、解说、音乐、音响等的某种联系，也可顺畅地进行时空转换，连接上下两个镜头。

剪辑的基本技法有：动接动、静接静、静接动、动接静、动作转场剪辑、特写转场剪辑、语言转场剪辑、音乐转场剪辑、音响转场剪辑、特技转换画面等。

动接动，是两个在视觉上都有明显动态的镜头的组接。两个镜头的运动节奏宜大致相同，以符合观众的视觉心理要求。

静接静，是两个在视觉上没有明显动感的镜头的组接。在视频中，没有绝对的静态镜头。有些形式上看完全静态的镜头，由于其在整体组接的新闻事件中具有某种推动作用，仍使观众感到其活泼的动态。

静接动，是动感不明显的镜头与动感十分明显的镜头的组接，可通过节奏上的突变对情节进行有力的推动。

动接静，是镜头动感明显时紧接静感明显的镜头。这种组接方法似乎在视觉上和节奏上造成了突兀停顿的感觉，但实际上往往让观众更强烈地感受到运动节奏，玩味到运动的延续。

动作转场剪辑，是借助人物、动物、交通工具等在动作和动势上的相似性来进行场景或时空转换的组接。

特写转场剪辑，是用特写画面来结束一个场景，或从特写画面展开一个场景的剪辑手法。这种手法的好处是，让观众的注意力集中在某一人物的表情或某一物体的时候，在不

知不觉中就转换了场景。

语言转场剪辑，是利用后一个场景开头的言语与前一个场景结束的言语的重复或其他有机联系，来转换场景的剪辑手法。

音乐转场剪辑有两种：一种是把音乐向前一个镜头末尾处或向后一个镜头开始处延伸一定的长度；一种是利用上下两个镜头中与某一音乐共有的联系来转换场景。

音响转场剪辑，是利用两个镜头首尾相交处音响效果的相同、相似或串味（导前或延缓），使两个场景自然转换。

当两个镜头没有相似或相近的连接因素而又需要连接时，可借助特技技巧来转换画面，实现“叠印”“渐显”“渐隐”“划变”等特技转换效果。

（三）画面构图应突出重点、有和谐的美感

对视频新闻来说，构图首先应注意一些特殊的规律：首先，要求画面完整抓住（框住）新闻现场的重点。这是最为重要的一条。在无暇他顾的情况下，只要能实现这一条，其他各种构图原则都降为次要的要求，甚至可以无须考虑。其次，应将新闻现场的重点摄于画面中心位置，突出新闻现场的重点。最后，应根据条件的许可，尽可能地考虑画面构图的其他各项美学原则。

和谐的美感，体现在每一幅画面的构图中。视频画面构图必须处理好人的正常视看习惯与视频的长方形边框的关系。人们常将主要视线集中于主要想看的景物，并在通常情况下本能地将想看景物的重点置于视野的中心位置。因此，画面构图应力求紧凑，避免分散。画面应当仅表现所要表现的东西，只包括为说明新闻人物或事件所必需的范围，以免冲淡或淹没对新闻人物或新闻事件的表现。画面应准确揭示被摄主体与环境的关系，完整表现主体的实际状态。被摄主体应置于画面中心位置，周围的空间分布应适当，使被摄物体与周围的空间比例协调。在拍摄人物时，视线方向的空间应较宽裕。构图注意景深，尽量发挥视频表现三维空间的特殊优势。拍摄全景时，注意以前景形成框架，以更好揭示画面中各景物在三维空间中的相互关系，同时可使画面获得很好的纵深感。画面构图应考虑黄金分割的原则。不过，有时候画面构图可突破正常观看习惯的规律，用特殊的构图与想要表达的想法和谐地调和在一起。

和谐的美感，还体现在运动的图像中。每一张静止的照片都需要相对完整的构图才能让人理解。而视频是连续运动的图像，与照片不同的是，可由众多只表现了某些物体的、残缺不全的、某一局部的画面连接起来，共同表现某种完整的物体、过程、情节、事件。

（四）声画应配合

声画关系有两种：声画同步、声画分立。声画同步指画面中的图像与它所发出的声音同时出现或消失，一般都是同期声，有时会是后期配音。声画分立指声音与图像不同步，各自具有相对独立性，但又相互制约、相互配合。在视频新闻里，声画配合主要指解说词与画面的配合。

在编辑视频新闻时，解说词应遵循为看而写的原则，“言画面之所难言”，或补足新闻要素、说明有关情况，或揭示画面内涵、阐明主题思想，或抒情写意以增强艺术魅力。在

大多数视频新闻中，解说词往往断断续续分布在画面、同期声、人物采访、音乐之间，呈一种镶嵌式或点睛式的形态，如果把解说词单独拿出来看，往往会让人觉得前后不连贯、指代不清、交代不明。但一放进新闻中，和其他电视元素一结合，就会让人拍案叫绝。解说词有时也会成为取代画面，承担主要信息传递重任的主要手段，比如一些政论片、文献纪录片，可能是以解说作为主要的表现手段，画面不过是做一些形象的图解。不过，尽管文字解说词在表现抽象上具有一定的优势，但在表现具体的时候有很大的局限性。即便是满灌式的解说词，在信息传达过程中，仍需要画面、同期声、音乐、字幕、特技等元素去补充信息或加强信息。总之，解说词应包含一定量的潜台词，把观众的注意力向画面上引导，使观众更好地卷入新闻事件。①

四、不断创新的网络新闻视频页面显示

随着网络技术与编辑思路的不断发展，网络新闻视频在网页上的显示状况，也经历了一系列的不断创新，且现在仍在快速的不断迭代更新中。

了解一些网络新闻视频在网页上显示状况的大致发展历史，可提醒编辑思考，到底该如何在网页上呈现网络新闻视频信息，才能更好地满足用户对新闻视频信息的需要？当时的编辑是基于何种想法，在当时的技术上选择了如此页面显示的方式？其利弊如何？基于目前技术的可能，编辑还能够在哪些方面从用户使用的需求角度出发，与技术人员一起，在网页信息呈现及功能实现等方面进行迭代更新，以更好地呈现信息？

（一）视频跳出新页面播放

在网络新闻发展的早期阶段，主要是以文字新闻为主，视频新闻较少。一篇新闻中，主要是文字信息，有时会配上一张或几张新闻图片，但很少配视频。

当电视台的视频新闻更多地上网后，以文字和图片信息为主的网络新闻报道，若有相应的视频新闻，则常会在新闻标题下、新闻正文前放置一则视频新闻，显出了对视频信息的重视。但是，点击该视频新闻，基本上是跳出另一个页面，单独播放视频信息。新跳出的视频页面，有时还覆盖掉了原来的文图信息页面。用户接收新闻信息时，想看视频就得在另一个页面上去看，这让人觉得视频信息与该新闻事件报道的其他文图信息分隔得很远，没有文图音视频等多种媒介表达形式有机融合起来，共同为信息最佳呈现服务的感觉。

（二）视频在文字正文页播放

后来，嵌入文图信息页面的视频窗口，点击后可直接在当页播放视频信息，不再需要跳转到另页播放。这个功能的改进，让用户体验到了视频信息与文图信息有机融合在一起报道某件新闻事件的感觉。

当页播放的视频窗口，一般在视频窗口底部有视频功能条，可点击播放、暂停、快进、快退、下一条、（拖动）进度条显示、（拖动）音量大小、小窗播放、全屏播放等功

---

① 金旭东．电视解说词的非独立性［EB/OL］.（2003－01－01）［2017－06－08］. http://purple.nj.gov.cn/gb/content/2003－01/01/content_1428.htm.

能。这样的功能设计，更方便了用户对视频信息呈现方式的掌控。

如，新华网的一则新闻视频页面，采用了上半部出现“视频窗口＋内容提要＋更多视频＋热播推荐”，下半部出现“截图＋文字”的方式。下半部的截图，并非简单地显示视频首帧图片，而是编辑精心挑选的视频内关键画面，这样能更好地向用户展示此新闻事件的关键画面信息。

（三）为视频配文字窗口、长视频分节显示

很多时候，网络新闻编辑并没有把视频声像信息中的声音信息转换成相应的文字信息呈现出来。但其实，如果技术条件许可，可给用户多提供一种信息接收方式的选择。因为视频信息虽然有声像并茂的优点，但毕竟也有不太适合快速接收信息的弱点，而文字信息虽然难以“一图顶万言”，但是更适合用户快速跳读接收信息。所以，网络新闻编辑可考虑把视频中的声音转换成文字信息，给用户提供在视频与文字信息上依其需要快速跳转、自由选择接受方式的机会。

当视频信息较长时，编辑还可把长视频分节显示。分节的依据，一是考虑时长，二是考虑信息涉及主题内容的相对完整。编辑可为每个分节显示的视频，制作分节视频标题信息、摘要信息、全文信息等，以多种方式支持用户选择观看。

如，在一则《专家激辩小产权房是否应该合法化》的视频新闻中，编辑就把长视频分为 4 节显示，为每节视频制作了标题信息。当然，用户也可选择一次看完长视频，也可随时拉动滚动条播放任一时点的内容。编辑还为视频提供了文字显示窗口，用户可拉动文字窗口的滚动条，快速浏览视频谈及的内容。这样的编辑方式，比较好地让文图视音频的媒介显示方式有机地融合起来，为用户更好地依自己需要来接收该信息，给出了多种可选择的机会。

【案例8-3】 腾讯新闻视频页面显示的迭代更新

以腾讯新闻含视频新闻页面显示和视频频道首页显示为例，来看看其迭代更新：

1. 视频放在标题摘要后正文前

如，腾讯新闻 2016 年 5 月 4 日的一则含视频的新闻。视频位置放在相当于摘要的“核心事实”之后，正文之前。

视频框显示的内容有：

（1）视频封面：编辑精选的视频截图画面＋居中视频图标。

（2）推荐“下载：腾讯视频客户端”的链接。

（3）视频标题：2 行＋时长。

（4）点击当页播放。

（5）可横屏播放。

2. 视频小窗随行

当笔者 2016 年 5 月 21 日再次在腾讯新闻中浏览含视频新闻网页时（见图 8-3），发现腾讯新闻对视频的显示又有了更新：上拉滑动看正文时，有视频小窗一直呈现在屏幕右下方。点评论，评论页上，视频小窗依然随行。这个更新，使用户能够边看视频边滑看正文甚至边看视频边看评论。

图8-3 视频小窗随行右下角（2016年5月21日）

当笔者2018年11月12日在腾讯新闻中浏览含视频新闻网页时（见图8-4），发现视频小窗不再放在屏幕右下方，而是放在屏幕上方的一个横屏矩形框里。视频居左，右边是视频标题文字信息。另外，笔者还发现，2018年的视频新闻页面呈现中，与2年前相比，视频矩形框的宽高比更大了，即矩形框更扁了。该图中视频左右两边被遮去了很多，有效视频面积其实只有中间一小竖条，形似手机竖屏。但点击全屏播放时，却并非竖屏全显，仍是横屏中间一竖条，左右两边被遮去很多。

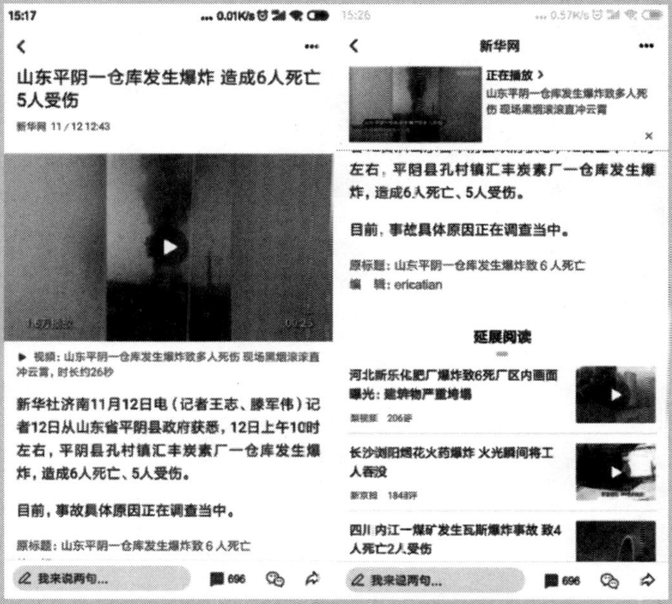

图8-4 视频小窗随行页面上方（2018年11月12日）

3. 目录页每条视频下出现一条最热评论

笔者于2016年5月14日看腾讯新闻视频频道首页时（见图8-5），观察其页面显示特点如下：

（1）页面左上角显示“某月某日星期几”。

（2）信息流式从上往下逐条显示视频新闻。

（3）每条视频显示内容有：

视频标题：1行，字数超过显示省略号“…”。

视频封面：编辑精选截图画面＋居中视频图标。

视频封面：右下角显示时长。

功能条：观看数＋评论数＋评论键＋分享键。

评论：视频目录页上，每条视频下面出现一条最热评论内容。

浏览其他视频目录时，屏幕右下角，有播放视频的小窗随行，可暂停、可横屏。

4. 尽量少遮挡图像元素

当笔者于2016年5月21日再看腾讯新闻视频频道首页时（见图8-5），才过去7天，观察其页面显示已有更新如下：

（1）左上角的“某月某日星期几”没有了。

（2）标题可折行显示，变成2行了。

（3）随行视窗，由黑屏上的“暂停/播放＋全屏”功能键，变成“直接播放视频＋左上角关闭键”。

（4）视频播放显示键，由画面中心上压个白色实心三角形，变成了画面中心上呈现灰色透明度高的圆形，圆形里有个细白边框的空心三角形。这个改动，能让被视频播放显示键遮蔽掉的部分尽量减少，让视频截图画面元素尽量完整地显示出来。

（5）画面右下角显示视频时长的方式，由黑底白字变成了不铺底色直接显示白色字体，也能尽量少遮蔽原图的元素。有时也会面临图像右下角颜色较浅而导致白色字难以看清的问题，不过大多数图像是有一定颜色深度的，选择白色字能适应大多数情况。也可设计成铺上具透明度的浅灰底色上显示白色字，来更好地平衡画面上压字的显示清晰度与尽量减少画面遮挡的矛盾。

图8-5 腾讯新闻视频频道首页

（左：5月14日；中：5月21日变前；右：5月21日变后）

(6) 视频首页上原来会给每条视频新闻呈现出一条评论数最多的热评，但后来不出现评论在首页了。笔者倒是更喜欢原来的显示方法，因为这样不必点击跳出评论页面，也能很方便省时地看到此条视频新闻的最热评论是什么，能快速了解到其他网友的评价方向和有代表性的评价内容。网友热评内容，可帮用户快速了解仅从视频首屏画面难以判断的此视频是否值得看的问题。

5. 推荐相关视频

还是 2016 年 5 月 21 日，当笔者在半小时之内刷新腾讯新闻视频频道首页时（见图 8-5），发现显示又变了：

(1) 功能条由“观看数＋评论数＋评论图标＋分享图标”，变成了“标签（2 个）＋点赞图标/点赞数＋…”。点标签，跳出该关键词的相关视频目录页。点“…”，跳出一个视频专辑目录页。编辑这样改动的意图也许是吸引用户点击观看更多相同标签内容下的、与此视频同属某一视频专辑的视频。相比之下，笔者更喜欢原来对该则视频本身的观看数、评论数、评论图标、分享图标、最热评论内容的延伸呈现。

(2) 时长显示小变化：不用“分秒”的文字表达，直接在数字间用“:”。这个变化让时间显示更简洁。

(3) 随行视窗自动联播。

(4) 视频截图左上角出现几种不同的黑底白字提醒语（见图 8-5）：“好友看过”“因为关心，为你推荐”“热播 n 万次”。笔者认为，这几种提醒语并没必要放图片上，还突出地以黑底白字的较大面积遮挡了画面左上端的视线中心位置，影响了用户对核心图像信息的观看。

6. 突出“精选视频”、突出“信源”

笔者于 2018 年 11 月 12 日看腾讯新闻视频频道首页时（见图 8-6），观察发现其变化如下：

图 8-6 腾讯新闻视频频道首页（2018 年 11 月 12 日）

（1）视频首页上半部，突出推荐“精选视频”。

“精选视频”可左滑显示更多几个精选视频。精选视频框下还有文字链接“查看更多精选视频”，说明编辑想要加强对精选视频的突出强调。笔者比较喜欢这个设计，因为视频太多，完全随机观看，非常浪费时间。若有编辑精选出的视频推荐，也是给用户多提供了一个观看选择的机会。首屏上半部矩形框给出了编辑人工判断推荐的精选视频，下半部矩形框是算法个性化推荐的视频，且上拉滑动可显示更多个性化推荐视频，这样的页面安排，比较好地平衡了编辑根据新闻价值推荐，和算法根据用户兴趣爱好个性化推荐其他视频的权重。

（2）标题压图。

2016年腾讯新闻视频首页的显示，标题是没有压图的。在2018年腾讯新闻视频首页的显示上，标题压图了。虽然应尽量减少标题压图以减少对图像元素的遮挡，但是，当图像越来越多后，标题压图已成流行的选择了。

标题压图，一般压在图像的顶端，直接白色字压图，可折行显示。

有时，“精选视频”或“信源”标志放在了图像左上端，标题会往下放在图像的底端。

视频时长和视频观看数，常放在图像右下端。

（3）突出显示“信源”。

2018年腾讯新闻视频首页上，每条视频的下面一行原来显示的两个标签消失了，变成了显示“信源”图标及名字。这个变动显示出，由于近几年自媒体发展起来，用户难以仅从图像及标题信息来判断该视频信息的可信度。所以，需要给用户呈现信源，以帮助用户更好地判断该视频内容的重要性、权威性和可信度。

7. 显示在屏幕中的视频自动播放，不显示的自动停播

笔者于2019年8月20日看腾讯新闻要闻频道首页时（见图8-7），观察发现其变化如下：

（1）在浏览腾讯新闻要闻频道首页时，上下滑动页面，显示在屏幕中的视频会自动播放，不显示在屏幕中时，则自动停播。

自动播放和自动停播的设置，不需要用户多做一个点击播放或停播的动作，减少了用户的点击行为，但同时并不妨碍用户对视频信息的观看。

（2）要闻频道首页上的视频，默认是静音设置，画面配有字幕。

默认静音设置，不打扰用户。配有字幕的视频，也便于用户结合图像与字幕了解视频信息。

（3）要闻频道首页上的视频图像下面一行，是“信源+评论数+发布时间”。这样的设置，便于用户根据信源判断视频信息的权威性和可信度，便于用户根据评论数判断新闻事件热度，便于用户根据发布时间判断此新闻事件发布的及时性。

（4）点击该视频图像，跳出该视频及相关视频的专门页面。

如果该视频还没播完，点击该视频图像跳出的专门页面上，上半部是该视频在继续播放，下半部显示更多相关视频。如果该视频已播完后点击该视频图像，跳出的专门页面上，会直接自动播放相关视频。这样根据用户的情况自动地为之进行接续播放的设计，可尽量为用户省去点击操作、提高观看效率。

图8-7　腾讯新闻要闻频道首页上的视频及相关视频（2019年8月20日）

【本章小结】

本章探讨了网络新闻音视频的编辑思路。

在网络新闻音频的编辑思路方面，探讨了音频的兼容性特点对网络新闻音频带来的多种独立与融合的可能性；分析了音频信息在新闻中的作用；从言语、音响、音乐等方面分析了音频的要素；提出了新闻音频应形象化、现场化、情感化、口语化的编辑原则；介绍了在新闻中加入采访录音、文字新闻自动转成音频播报、智能语音聊新闻等多种音频信息在网络新闻中的应用方式；并以搜狐“听新闻”、百度“播报”为例，具体分析了音频功能实现的页面呈现方式。

在网络新闻视频的编辑思路方面，探讨了视频在网络新闻中的特点及作用；从景别、镜头运动、画面切换、节奏等方面介绍了视频的要素；提出了新闻视频编辑应注重表现过程、情景、情感、形象、动作反应等原则；通过实例，展示了网络新闻视频不断创新的页面显示；并以腾讯新闻视频为例，分析了新闻视频在页面显示、功能实现方面迭代更新的呈现方式。

【思考题】

1. 音频有哪些特点?
2. 音频信息与其他媒介表现形式信息可以有哪些独立与融合的可能性?
3. 音频信息在新闻中的作用有哪些?
4. 音频的要素有哪些?
5. 新闻音频的编辑原则是什么?
6. 音频信息在网络新闻中的应用方式有哪些?
7. 音频功能可以有哪些页面呈现方式?
8. 视频在网络新闻中的特点及作用是什么?
9. 视频的要素有哪些?
10. 新闻视频编辑原则有哪些?
11. 网络新闻视频在页面显示、功能实现方面迭代更新的呈现方式有哪些?

【训练】

1. 请找一篇有音频的新闻，分析评价音频对呈现该新闻信息的作用。如果是你来编辑，你会怎么编辑？试编辑之，并自评。

2. 请观察并比较多家网站的音频信息，分析这些网站对音频信息在内容、页面呈现、功能实现等方面的编辑呈现状况，评价各自的优劣。如果是你来编辑设计，你会怎么编辑设计？试编辑设计之，并自评。

3. 请找一篇多家网站都转载过的有视频的新闻，比较多家网站对同一篇新闻的视频选择与编辑状况，分析这些网站视频信息在内容表达、页面呈现、功能实现方式上各自的优劣。如果是你来编辑设计，你会怎么编辑设计？试编辑设计之，并自评。

4. 请观察并比较多家网站视频频道，分析这些网站视频频道在内容、页面呈现、功能实现等方面的编辑呈现状况，评价各自的优劣。如果是你来编辑设计，你会怎么编辑设计？试编辑设计之，并自评。

【推荐阅读】

柯罗茨．融合新闻学实务［M］．嵇美云，译．北京：清华大学出版社，2016.

第 9 章　网络新闻链接、跟帖及调查编辑思路

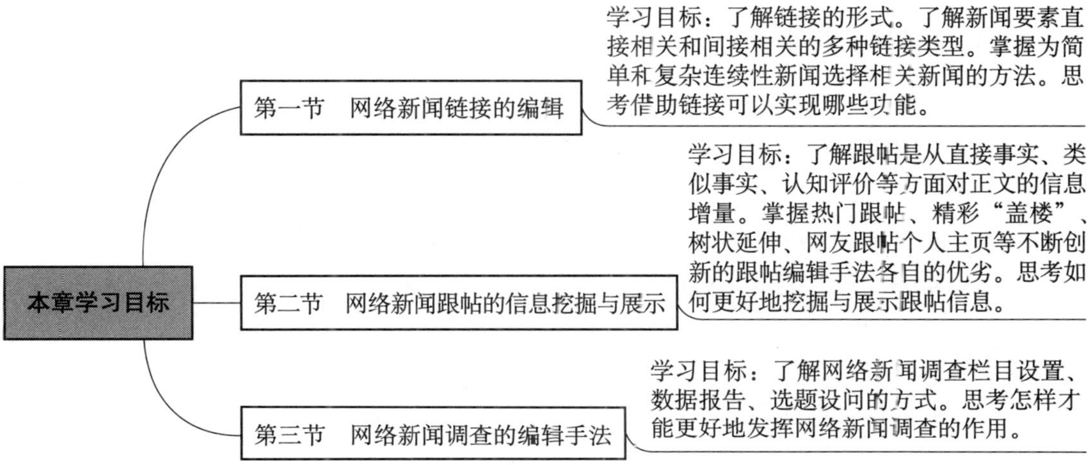

信息的媒介表现形式是在不断地发展的：在前语言阶段，发展出动作、手势、表情、简单音节等身体语言，以及图像和记号语言；在语言文字阶段，发展出口语、手写文字、印刷文字；在电力媒介阶段，发展出通过电报、电话、摄影、广播、电影、电视等媒介传递的文字、图片、声音、影像；在网络媒介阶段，不仅发展出数码复制的文字、图片、图表、Flash、音频、视频等，还发展出超链接、网络跟帖、网络调查等媒介表现形式。

第一节　网络新闻链接的编辑

超链接的媒介表现形式，是网络上信息间特别的联系方式。有了超链接的便捷跳转，网络空间上的各种信息以网的形式复杂地连接了起来。从此，很多原本以固定顺序线性呈现的信息，在用户通过超链接不断跳转的阅读中，存在了一定非线性。每个用户在不停判断是否点击某个链接的同时，时时刻刻在决定着以什么样独特的信息组合顺序来接收信息、理解信息、发出信息并影响世界。网络新闻编辑对链接功能和形式的创新与设计、对具体链接内容的编辑与呈现，也在很大程度上影响着广大用户对信息的判断、选择、接收、发送与互动。

一、链接的形式

（一）从链接载体来分

1. 文字链接

文字链接指在文字上添加链接。常在一个或多个文字、一个词或词组、一句话或一段

话上作出链接。网络新闻中经常使用文字链接，常用的有文内关键词链接、相关新闻标题链接等。

2. 图片或图标链接

图片或图标链接指在图片或图标上添加链接。网络新闻中，常对文中小图片添加链接到大图显示。网络新闻的标题目录页或正文页上，还常用简洁易懂的图标添加相应的链接，以达成某种功能的实现。如，评论图标、转发图标等。

(二) 从链接目标页来分

1. 外链

外链指链接到本网站之外的其他网站网页的链接。

2. 内链

内链指链接到本网站之内的网页的链接。

网络新闻中设置的链接，常被设置为内链。因为编辑总是希望用户能尽量多地停留在自己的网站之内进行阅看，而一个外链就把用户送到了其他网站中去了。因此，当编辑为某篇新闻内容设置相关新闻链接时，常采用的方式是先把该信息发布在本网站中，然后再为之做链接，以解决需要链接外网站的信息与希望留住用户在本网站的矛盾。不过，当无法通过转载外网站信息至本网站后再做链接的方法来解决矛盾时，从用户需求的角度，还是应做外链。只有让用户更方便地获得应获得的信息，才能最终赢得用户的信任，因而很多网站的分享转发链接，已经添加了大量外链，以满足用户转发至其他网站的需求。

(三) 从链接跳出页面是否封闭来分

1. 封闭式链接

封闭式链接是指在链接跳出的页面里，不再有更多链接，常设置成文本小窗口形式，看完只有关闭键可点。封闭式链接小窗口的形式，较适合于为网络新闻中的名词解释之类的信息做链接，看完即关，减少信息超载。

2. 开放式链接

开放式链接是指链接跳出的页面里，还有链接可点，有探索更多信息的开放式空间。开放式链接给用户选择信息的更多可能性。绝大多数链接页面是有链接的开放式页面。

二、相关新闻链接

编辑为新闻增添的信息链接必须与新闻事实有密切的相关性。如果只是胡乱的“捡到篮里就是菜”，随意地为新闻增添没有相关性的信息，就不能起到增添延伸信息为用户深入阅读服务的作用。

用户阅读新闻时，如果对相关信息有兴趣，可点击链接，阅读编辑为之延伸的信息。这种阅读方式有利有弊。好处在于，用户阅读新闻对某一相关信息产生兴趣时，能方便地选择朝某一方向延伸阅读，即时满足好奇心和求知欲。坏处在于，好奇心和求知欲的满足常是以中断新闻的阅读，或偏离用户原来信息寻求目的的轨道为代价的。很多时候，抱着某种阅读目的阅读新闻的用户，连自己都记不清何时阅读转了方向，读了大量原本不准备在上面花时间的信息。这样的阅读方式，往往难以提高阅读质量和效率，实际上造成了用户在时间和精力上的浪费。看来，只有在编辑提供适量高质量、相关度高的信息，以及用户注意抵制不相干信息的诱惑、随时调整好自己阅读方向的双重条件下，才能真正实现利用相关信息链接为用户提高阅读质量和效率服务。

（一）新闻要素直接相关链接

新闻要素直接相关链接，是利用新闻要素的相关性对新闻事实进行延伸。新闻要素通常被表述为五个W一个H，与新闻要素直接相关的方面主要有：时间相关、地点相关、人物相关、事件相关、为什么相关、怎么样相关等。

1.“时间相关”链接

“时间相关”链接，一是指与新闻事件所涉及时间相关的信息，如各种节假日的信息；一是指与此条新闻发布时间接近的其他新闻，如“上一条”“下一条”等。

2.“地点相关”链接

“地点相关”链接，是链接与新闻发生地点有关系的信息。主要链接内容是：新闻地点的相关自然、历史、政治、经济、人文、风俗等介绍。如新浪网在报道伊拉克战争的新闻中，就曾把伊拉克的自然、历史、政治、经济、风俗等方面的信息通过链接介绍给用户，赢得了用户的极大兴趣，加深了其对伊拉克战争及伊拉克本身状况的认识。

3.“人物相关”链接

“人物相关”链接，链接与新闻人物有关系的信息。主要链接内容是：新闻人物的相关新闻事件、人物经历、人物背景资料。

4.“事件相关”链接

“事件相关”链接，链接与新闻事件有关系的信息。主要链接内容是：新闻事件的连续发展过程、同一事件的其他报道、消息来源不同的可相参照的新闻。

5.“为什么相关”链接

“为什么相关”链接，链接与新闻事件为什么发生有关系的信息。主要链接内容是：新闻事件发生的背景、原因、分析。

6.“怎么样相关”链接

“怎么样相关”链接，链接与新闻事件将如何发展有关系的信息。主要链接内容是：对新闻事件的多方评论和展望。

（二）新闻类似间接相关链接

新闻类似间接相关链接，是利用事件、人物特点相类似或相对比等相关性信息进行延伸。

1.“事件类似相关”链接

“事件类似相关”链接，链接与某新闻事件类似的其他事件的报道。主要链接内容是：类似的或相对比的其他新闻事件。如，报道了某件打击贪腐的事件新闻，可为之选择其他关于打击贪腐或其他反映清正廉洁的事件新闻做链接。

2．“人物类似相关”链接

“人物类似相关”链接，链接与某新闻人物类似的其他人物的报道。如，报道了关于某个留学生的新闻，为之选择其他关于留学生的报道作为相关链接。

决定适当的相关新闻条数是重要的。相关新闻条数过少，让用户深入阅读的选择少。相关新闻条数过多，让延伸价值不大的信息淹没了密切相关的信息。当搜索到的相关新闻很多时，编辑需要选择相关度高的信息来制作链接。

目前，因为信息泛滥和信息超载现象越来越突出，网络新闻编辑为每条网络新闻选择的相关新闻条数，呈现出越来越少的趋势。由原来 PC 端最早硬性规定每条网络新闻必配 10～15 条相关新闻，逐渐减少到 5 条、3 条、1 条，甚至不再配相关新闻。目前，在手机端，为每条网络新闻固定配 3～5 条相关新闻的情况居多。

笔者认为，不应硬性规定每条网络新闻必配多少条相关新闻，而应根据某篇稿件的具体情况配密切相关的其他报道，才能更好地为用户了解这个新闻事件服务。需要配才配，需要配几条才配几条，灵活处理。

但也有另一种情况，即不管是 PC 端还是手机端，每条网络新闻正文后，会出现连续不断的多条新闻。最开始几条可能是与该条网络新闻相关的新闻，但后面不断出现的就几乎是无关新闻了。这样的功能设计，不再是为某条新闻配相关新闻的功能，而是不断吸引用户点击阅看的“看更多”功能。如果是结合算法进行的精准个性化推送，该功能近似于在新闻客户端首页推荐频道上不断上拉滑动阅看算法推荐信息，也算在一定程度上方便用户不用跳回推荐频道页接收算法推荐信息。

【案例9-1】 选择简单连续性新闻的相关新闻

请从下面的多条新闻标题中，为《广东省政府“五一”放假七天》（2009－05－06 02：36：22）选择相关新闻，并说明理由：

广东省政府“五一”放假七天

2009－05－06 02：36：22 来源：《新京报》（北京） 跟帖 461 条 手机看新闻

《新京报》5 月 6 日讯 虽然广东省政府办公厅此前曾转发《国务院办公厅关于严格执行国家法定节假日有关规定的通知》，并要求全省各地、各单位要认真落实国办关于节假日放假安排的要求，不再进行调休。但据本报记者从多位广东政府机关工作人员处确认的消息，本次“五一”假期仍有相当数量的政府机关实行了七天长假，即从五月一日放假至七日。

广东省政府三月底曾表态，个人有意愿利用国家法定节假日在“五一”期间休长假的，按照《职工带薪年休假条例》有关规定，各单位可根据生产、工作的具体情况和职工本人意愿，灵活安排。

据本报多方了解，本次“五一”假期安排也基本按照这一思路进行，如广东省、广州市以及广州各个区政府均放假七日，需占用四天年假，但并不强制调休。地级市则可参照这一方法自行安排，如韶关市政府也实行了七天长假。但与此前的五一黄金周不同的是，放假单位均安排了相当数量的人员值班，如作为窗口单位的广东省民政厅。

仍有部分机关实行了与全国一致的放假制度，如法院、检察院、证监局均从五月四日起正常上班。另据本报了解，本次放假广东省政府并未有正式文件下发，而是各个单位领导通过口头传达的方式，传达时也强调了自愿原则，由于工作年限在十年以下的职工仅有五天年假，也有部分人员未选择这一时机休假。

有广东省公务员对本报记者表示，身边的大部分人员支持这一方式，因为“既灵活又基于自愿”，但也有企业职工表示，这一休假方式仅涵盖公务机关，“有失公平”。

■新闻背景

“五一”长假风波

2008年，中国实行了9年的“五一”黄金周由长假变为短假。

今年，广东率先重启“五一”黄金周。3月25日，广东省出台了2009年“五一”休假方案，“五一”假期重新调整为七天。

各地欲效仿广东省做法恢复“五一”长假。重庆、湖南、新疆等地向有关部门建议，希望恢复“五一”黄金周。此外，杭州、苏州、南京也打算联手恢复“五一”长假。

3月26日，国务院办公厅发出通知，叫停各地恢复“五一”黄金周计划。

3月27日，广东省政府办公厅转发了《国务院办公厅关于严格执行国家法定节假日有关规定的通知》，要求全省各地、各单位要认真落实国办关于节假日放假安排的要求，不再进行调休。(记者李静睿)

《“五一”假期访港旅客微跌0.9%》2009/05/05

《五一假期天津旅游收入4.5亿元 同比增长26%》2009/05/04

《广东丹霞山五一假期三天游客逾十万创新高（图）》2009/05/04

《成都小小熊猫卡带动五一假期消费游客量大幅增长》2009/05/04

《珠海拱北口岸“五一”假期客流量同比增长四成》2009/05/04

《上海“五一”假期接待观光游客245万人次》2009/05/03

分析：

网易编辑转载此篇新闻时，选择的相关新闻在正文框内的有两条（见图9-1）：一条是《广东省政府正式公布“五一”放假方案：1-7日放假》，一条是《广东转发国办通知 取消五一调休安排》，分别选取了3月25日广东省政府公布放假方案的最早一条报道，和3月27日转发国办通知取消五一调休安排的最早一条报道。网易编辑找准了此新闻事件的两个关键节点，对用户了解此新闻事件的此前关键经过很有帮助。

网易编辑还采取了“标题＋摘要”方式，把相关新闻的摘要信息也直接呈现出来，方便用户在该新闻正文页上不用进一步点击就能快速了解相关新闻的摘要信息。

在正文框后专门的相关新闻链接框里，网易编辑还选择了6条相关新闻，主要与“五一”黄金周时间相关，显示了多地“五一”黄金周的游客数及旅游消费情况的信息。时间相关的信息，相对来说与该新闻事件的关系隔得远些，属于可选可不选的相关新闻。

对于此条简单的连续性新闻来说，为之选择相关新闻，可考虑以下方面：

1. 新闻内容直接相关

(1) 事情起因——广东省公布的具体放假方案。

(2) 事情转折——《国务院办公厅关于严格执行国家法定节假日有关规定的通知》；广东省的转变表态。

2. 新闻内容评论相关

两个评论者于假期改革前的意见与改革后的意见（可提供观点摘要）。

3. 其他

(1)“五一”旅游情况，因并非直接相关，可不加以链接。

(2) 如果有广东本地公务员的网友评论或微博显示更好。

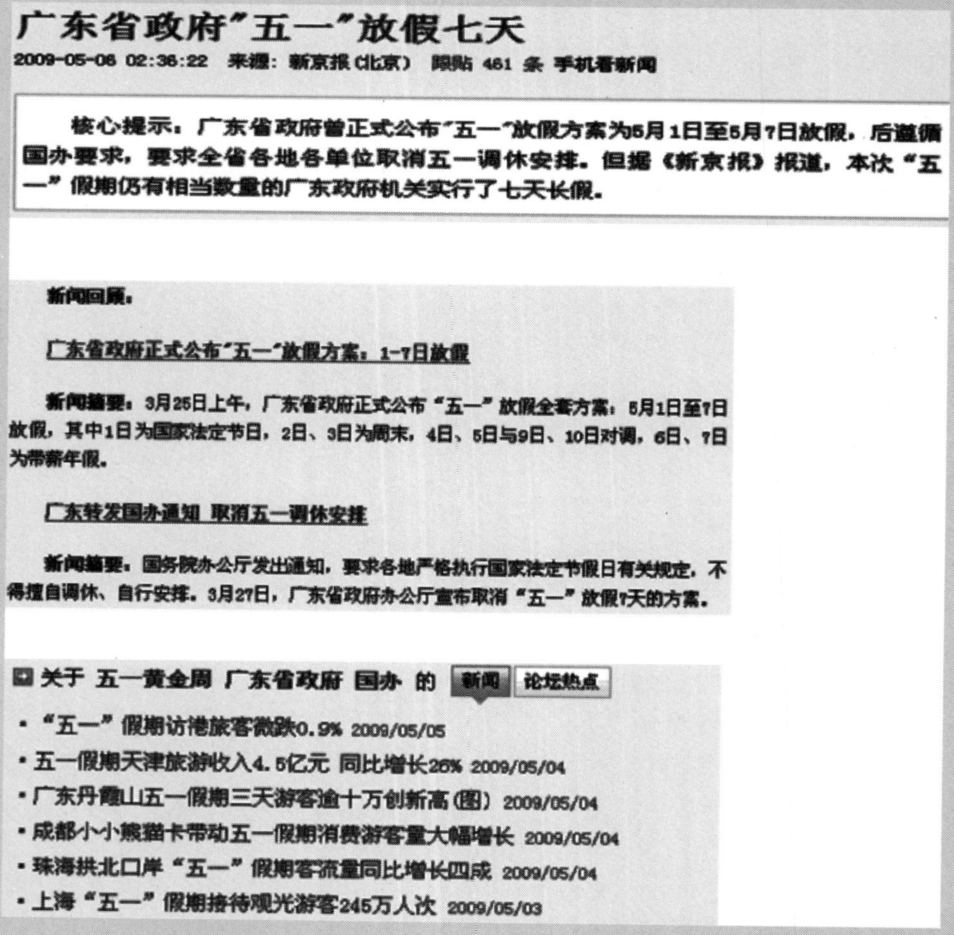

广东省政府"五一"放假七天

2009-05-06 02:36:22 来源：新京报(北京) 跟贴 461 条 手机看新闻

核心提示：广东省政府曾正式公布"五一"放假方案为5月1日至5月7日放假，后遵循国办要求，要求全省各地各单位取消五一调休安排。但据《新京报》报道，本次“五一”假期仍有相当数量的广东政府机关实行了七天长假。

新闻回顾：

广东省政府正式公布"五一"放假方案：1-7日放假

新闻摘要：3月25日上午，广东省政府正式公布“五一”放假全套方案：5月1日至7日放假，其中1日为国家法定节日，2日、3日为周末，4日、5日与9日、10日对调，6日、7日为带薪年假。

广东转发国办通知 取消五一调休安排

新闻摘要：国务院办公厅发出通知，要求各地严格执行国家法定节假日有关规定，不得擅自调休、自行安排。3月27日，广东省政府办公厅宣布取消“五一”放假7天的方案。

关于 五一黄金周 广东省政府 国办 的 新闻 论坛热点

- “五一”假期访港旅客微跌0.9% 2009/05/05
- 五一假期天津旅游收入4.5亿元 同比增长26% 2009/05/04
- 广东丹霞山五一假期三天游客逾十万创新高(图) 2009/05/04
- 成都小小熊猫卡带动五一假期消费游客量大幅增长 2009/05/04
- 珠海拱北口岸“五一”假期客流量同比增长四成 2009/05/04
- 上海“五一”假期接待观光游客245万人次 2009/05/03

图 9-1 《广东省政府“五一”放假七天》的相关新闻

【案例9-2】 选择复杂连续性新闻的相关新闻

【案例 9-2-1】请从下面的多条新闻标题中，为新闻《山西左云县县长等因矿难辞职获批准》选择相关新闻，并说明理由：

山西左云县县长等因矿难辞职获批准①

http://www.sina.com.cn 2006 年 06 月 03 日 20：18 新华网

① 王炤坤，高风．山西左云县县长等因矿难辞职获批准［EB/OL］.（2006 - 06 - 03)［2020 - 03 - 30］. https://news.sina.com.cn/c/2006 - 06 - 03/20189110420s.shtml.

新华网山西左云6月3日电（记者 王焰坤、高风）记者3日从左云县人大常委会办公室了解到，左云县县长张明生、分管煤炭工作的副县长施录日前分别向县人大常委会提出辞呈，县人大常委会依据有关法律规定，同意张明生辞去县政府县长职务、同意施录辞去县政府副县长职务。

6月2日20时，左云县第十四届人民代表大会常务委员会召开第十九次会议通过了上述决定，并报左云县第十四届人民代表大会第四次会议备案。

此前，中共大同市委因左云新井煤矿发生透水瞒报事件，已于5月27日免去张明生的县委委员、常委、副书记职务，免去左云县分管煤炭的副县长施录的县委委员职务。

《山西左云矿难被困矿工仍无音讯》2006/06/02 16：15

《山西左云矿难被困者中有25名四川人》2006/06/02 05：50

《山西矿主瞒报矿难手段调查：医院伪造遇难者病历》2006/06/01 01：50

《山西矿主自曝黑金背后的官商关系》2006/06/01 01：47

《安监总局：左云矿难经核查井下被困人数为56人》2006/05/28 16：52

《山西左云矿难黑幕：层层转包把矿工推向深渊》2006/05/28 04：05

《山西矿难多名乡干部知道或参与瞒报》2006/05/28 04：05

《山西左云县长因煤矿透水事故被免职》2006/05/27 19：50

《左云矿难：李矿主 你也曾是上不起学的穷孩子》2006/05/27 16：51

《山西矿难已有15人被刑拘 国务院调查组今日成立》2006/05/27 03：21

《两名农行基层管理人员涉及山西左云矿难被拘》2006/05/26 22：55

《山西左云事故煤矿所在地3名乡级领导被双规》2006/05/26 16：20

《山西左云矿难头号抓捕对象落网 包工头仍在逃》2006/05/26 13：05

《左云矿难：为何连续几年超能力开采无人过问》2006/05/26 05：00

《矿工从未被告知出事后怎么逃生》2006/05/26 05：00

《山西矿难矿工家属曝内幕：矿主曾承诺1人给40万》2006/05/25 23：03

《山西左云矿难原因初步认定为积水涌入》2006/05/25 21：24

《山西518新井煤矿透水事故的四大疑点》2006/05/25 16：35

《山西左云矿难存在非法生产等四大问题》2006/05/24 21：25

《山西左云矿难所在地乡党委书记和乡长被停职》2006/05/24 21：22

《温家宝要求追究左云矿难相关人员责任》2006/05/24 02：45

《安监总局：山西矿难存在权钱交易等腐败问题》2006/05/23 22：49

《山西左云矿难被确认为特大瞒报事故》2006/05/22 15：41

《山西左云煤矿透水矿方称五人被困》2006/05/20 01：59：57

分析：

网易编辑在正文框中正文结束处给出了“山西发生特大矿难瞒报事件”专题链接（见图9-2），但在正文框后相关链接框顶端，又给出了一次专题链接。在同一个新闻页面上多次给出链接目标相同的链接，浪费了用户的注意力，应尽量避免。

在相关链接框里，网易编辑选择了10条相关新闻，但是，没选择该新闻事件首次被报道时的新闻。笔者认为，对于发展连续性报道来说，相关新闻的选择，应考虑把该新闻事件的首发新闻及跟进报道过程中的关键信息节点展示出来。

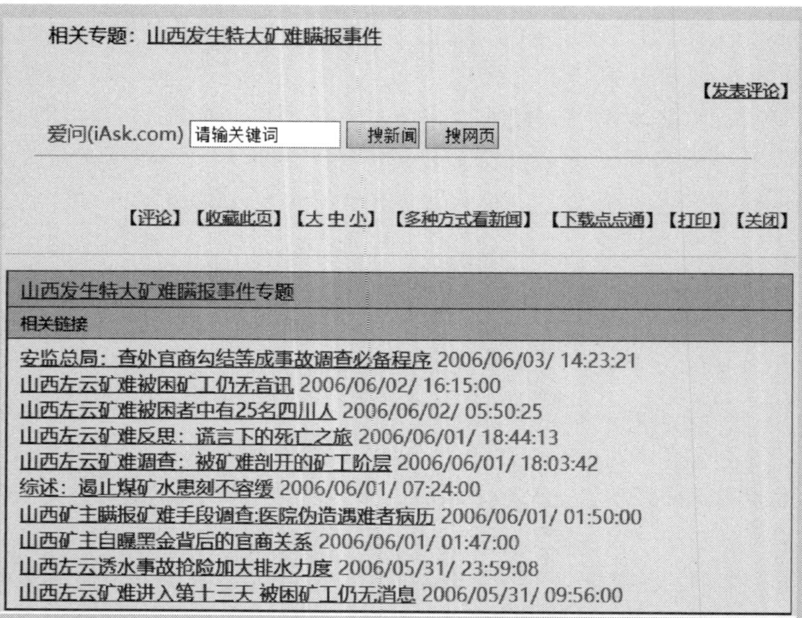

相关专题：山西发生特大矿难瞒报事件

【发表评论】

爱问(iAsk.com) 请输关键词 搜新闻 搜网页

【评论】【收藏此页】【大 中 小】【多种方式看新闻】【下载点点通】【打印】【关闭】

山西发生特大矿难瞒报事件专题

相关链接

安监总局：查处官商勾结等成事故调查必备程序 2006/06/03/ 14:23:21
山西左云矿难被困矿工仍无音讯 2006/06/02/ 16:15:00
山西左云矿难被困者中有25名四川人 2006/06/02/ 05:50:25
山西左云矿难反思：谎言下的死亡之旅 2006/06/01/ 18:44:13
山西左云矿难调查：被矿难剖开的矿工阶层 2006/06/01/ 18:03:42
综述：遏止煤矿水患刻不容缓 2006/06/01/ 07:24:00
山西矿主瞒报矿难手段调查:医院伪造遇难者病历 2006/06/01/ 01:50:00
山西矿主自曝黑金背后的官商关系 2006/06/01/ 01:47:00
山西左云透水事故抢险加大排水力度 2006/05/31/ 23:59:08
山西左云矿难进入第十三天 被困矿工仍无消息 2006/05/31/ 09:56:00

图 9-2 《山西左云县县长等因矿难辞职获批准》的相关新闻

对于此篇报道来说，可选择以下方面的报道：

1. 事情最初报道

可选：《山西左云煤矿透水矿方称五人被困》2006/05/20 01：59：57

2. 事情后果及真相

（1）矿难真相及后果：被困人数及是哪些人？

可选：《安监总局：左云矿难经核查井下被困人数为 56 人》2006/05/28 16：52

（2）瞒报手法。

可选：《山西矿主瞒报矿难手段调查：医院伪造遇难者病历》2006/06/01 01：50

（3）深层原因：权钱交易。

可选：《山西矿主自曝黑金背后的官商关系》2006/06/01 01：47

（4）相关责任人处理：被刑拘的人数及是哪些人？免职的人数及是哪些人？

可选：《山西矿难已有 15 人被刑拘 国务院调查组今日成立》2006/05/27 03：21

3. 各方反应

可选：《温家宝要求追究左云矿难相关人员责任》2006/05/24 02：45

由于复杂连续性新闻的相关新闻条数一般较多，用户常没时间逐条点击查看详细正文，因此在给出相关新闻链接时，最好能以“标题+摘要”形式，减轻用户信息接收的负担。

【案例 9-2-2】请看新浪编辑为新闻《云南通报躲猫猫事件：死者系牢头狱霸殴打致死》选择的相关新闻（见图 9-3），思考应如何为历时较长、经过复杂的连续性报道其选择相关新闻：

云南通报躲猫猫事件：死者系牢头狱霸殴打致死①

http://www.sina.com.cn 2009 年 02 月 27 日 18：47 新华网

① 王研．云南通报躲猫猫事件：死者系牢头狱霸殴打致死［EB/OL］.(2009-02-27)[2020-03-30]. http://news.sina.com.cn/c/2009-02-27/184717303634.shtml.

新华网昆明2月27日电（记者 王研）云南省检察机关、公安机关27日下午公布了“躲猫猫”事件检察机关调查结论：晋宁县看守所在押人员李荞明系因同监室在押人员殴打、拳击头部后撞击墙面，导致受伤、死亡。

据检察机关发言人刘小凯介绍，1月28日，李荞明因涉嫌盗伐林木罪被刑事拘留，羁押于晋宁县看守所。羁押期间，同监室在押人员张厚华、张涛等人以李荞明是新进所人员等各种借口，多次用拳头、拖鞋等对其进行殴打，致使其头部、胸部多处受伤。2月8日17时许，张涛、普华永等人又以玩游戏为名，用布条将李荞明眼睛蒙上，对其进行殴打。其间，李荞明被普华永猛击头部一拳，致其头部撞击墙面后倒地昏迷。经送医院抢救无效，与2月12日死亡。

通过法医学家对尸体进行检验并进行死亡原因鉴定，证实李荞明系多次钝性外力打击致严重颅脑损伤死亡。案发后，张厚华、张涛、普华永等人为逃避罪责，共谋编造了李荞明系在玩游戏过程中，不慎头部撞墙致死的虚假事实。张厚华等人的犯罪事实及其串供行为已有现场勘验、尸体检验报告及同监室所有在押人员的供述等证据证实。

根据刑法规定，张厚华、张涛、普华永等人殴打李荞明致其死亡的行为，已经涉嫌故意伤害罪。

目前，检察机关已将该案移送公安机关立案侦查，并建议对张厚华、张涛、普华永等人实行数罪并究。

检察机关在对该案的调查取证过程中，发现晋宁县看守所存在牢头狱霸殴打、体罚在押人员等监管不到位、管理混乱的问题，已向公安机关提出整改建议，并将进一步加大对监管活动的法律监督力度。对监管人员涉嫌渎职犯罪的行为，已立案侦查，并将尽快查明案件事实，依法处理。晋宁县检察院驻所检察室存在监督不到位的问题，决定免去该室主任赵泽云的职务。

分析：

新浪编辑在正文框里正文结束处给出了7条“相关阅读”（见图9-3）。但正文框后相关链接框里的5条新闻中，第1条《云南通报躲猫猫事件：死者系牢头狱霸殴打致死》和第5条《躲猫猫调查结果公布：死者系被牢头狱霸殴打致死》，其实是和本新闻一样的新闻内容。第2条《云南公安厅称看守所监控设备损坏无法提供录像》也已在上面的“相关阅读”中出现过。在选择相关新闻时，不应选择与本新闻内容一样内容的新闻。同一页上的相关新闻链接，也不应一条新闻重复出现。

复杂的连续性新闻，涉及的相关新闻条数较多时，可考虑把相关新闻进行分类呈现：

1. 事情本身发展

（1）事情最初报道。

可选：《在押男子看守所受重伤死亡 民警称其玩游戏撞墙》《云南信息报》02月13日17：04

还可选该男子简介方面的报道。

（2）事情发展历程中的关键事实：

云南官方邀请网友实地调查。

网友组团实地调查受阻：不能看监舍录像，不能询问狱友。

质疑官方邀请网友的真实身份。

云南官方的结论：死者系牢头狱霸殴打致死。

问责：公安局看守所责任人被撤职记过。

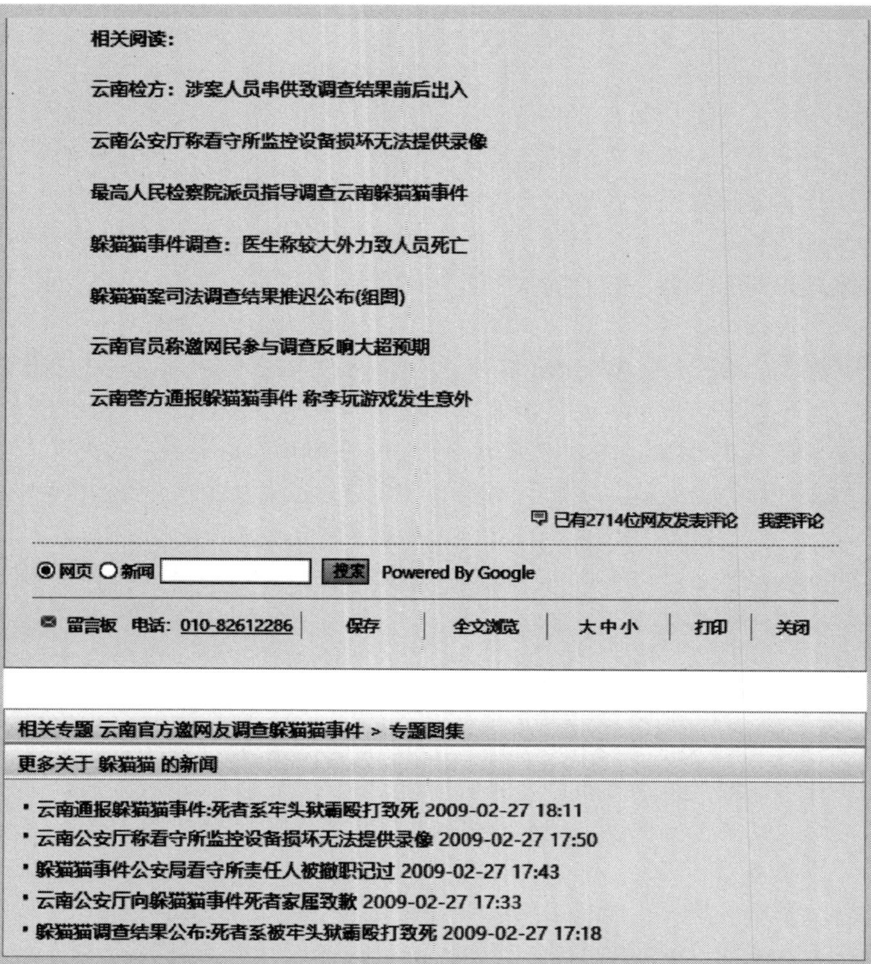

图 9-3 一则“躲猫猫”新闻的相关新闻

死者家属的说法及赔偿问题。

2. 相关新闻评论

(1) 可选最初有影响的网友评论：《十年砍柴：在看守所玩躲猫猫而死的结论太荒唐》华龙网 02 月 17 日 08：22

(2) 可选各种有代表性的质疑声音。

三、借助链接实现多种功能

(一) 频道或栏目的导航链接

频道或栏目的导航链接，像路标、灯塔或网络地图，可帮助用户在网络信息海洋里找到自己所处的位置，并快速向目标位置跳转。

在网站 PC 端网页上，顶部一般都设置有导航条。导航条，可分为简单的正文页标题区导航条（见图 9-4)、多行的频道导航条（见图 9-5)、一行的频道导航条（见图 9-6)。这几种详略不等的导航条结合起来，让用户能清楚自己所看网页在网站中的层级位置，并能快速点击想要的链接直接跳转到网站主页、新闻中心首页或某频道首页。

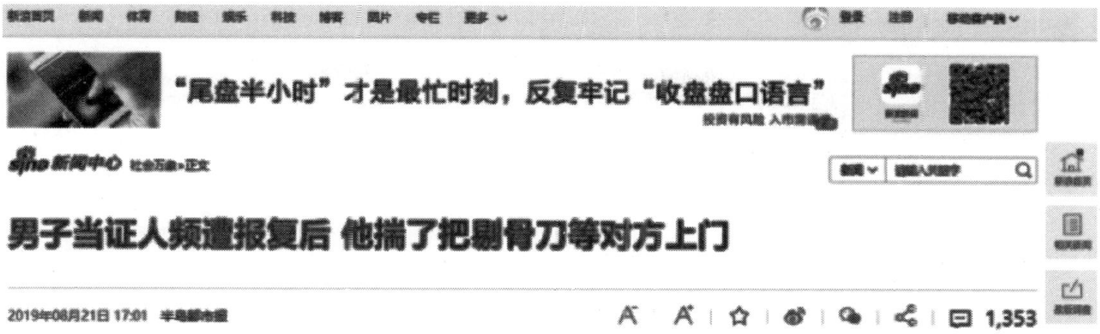

图 9-4 新浪新闻 PC 端主页导航条

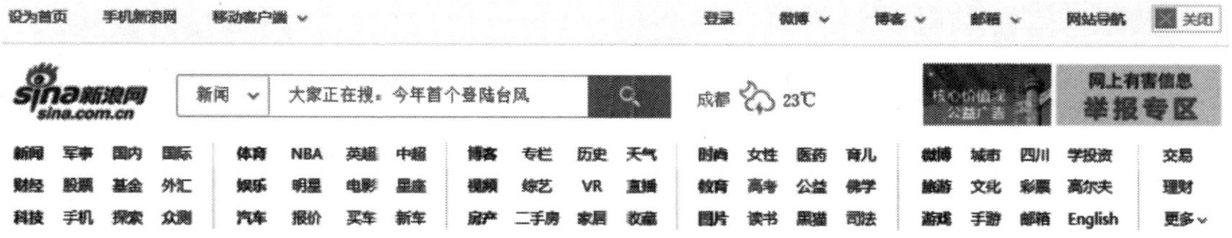

图 9-5 新浪新闻 PC 端新闻中心首页导航条

图 9-6 新浪新闻 PC 端一条新闻正文页上的导航条

到了手机上，屏幕变小，无法再像 PC 端上每页顶端都固定放置详细的导航条，但不同大小的屏幕，自有适合该屏幕的信息显示方式。每种信息显示方式都有其优缺点，具体情况还得具体来分析，并想办法利用其优势减少其劣势。

最早从 PC 端转移到手机端的手机新闻网页上，顶端仍采用固定几行的频道显示。如，2016 年时手机腾讯网页面顶端显示了 3 行频道，每行 7 个，共能显示 21 个频道（见图 9-7）。这与 PC 端每行 20 个、3 行 60 个的显示容量相比显然差远了。更多频道无法显示出来，极大地降低了被浏览到的可能性。

后来，手机新闻网页顶端在显示出的频道之后，加上了“更多”或用“☰”图标表示更多频道的链接。如，手机腾讯网 2019 年时首页顶端仍显示 3 行频道，但顶端最右边有“☰”图标，点击出现专门的全部频道的选择页面。用户可在该页面选择一些频道放入在首页显示的“我的频道”，但选入的频道还是网站默认排序，无法让用户自己拖动排序。在全部频道页面，用户可通过该页面上汇集呈现的多个频道链接，直接点击进入相应频道。在具体某个频道页面和某条新闻正文页面，顶端最右边也有“☰”图标，方便跳转到其他频道。但是，在腾讯手机网首页顶端，点击频道显示末尾的“更多”，也是跳出全部频道页面，重复了（见图 9-7）。

到了手机新闻客户端，频道显示方式向极简化发展。频道显示只有 1 行，最右端有表示“更多”的文字或图标链接。如，今日头条客户端的首页，顶端频道只显示 1 行，大约能显出 6 个频道。更多的频道用“☰”图标链接，点击跳出“我的频道”专页。在新闻客

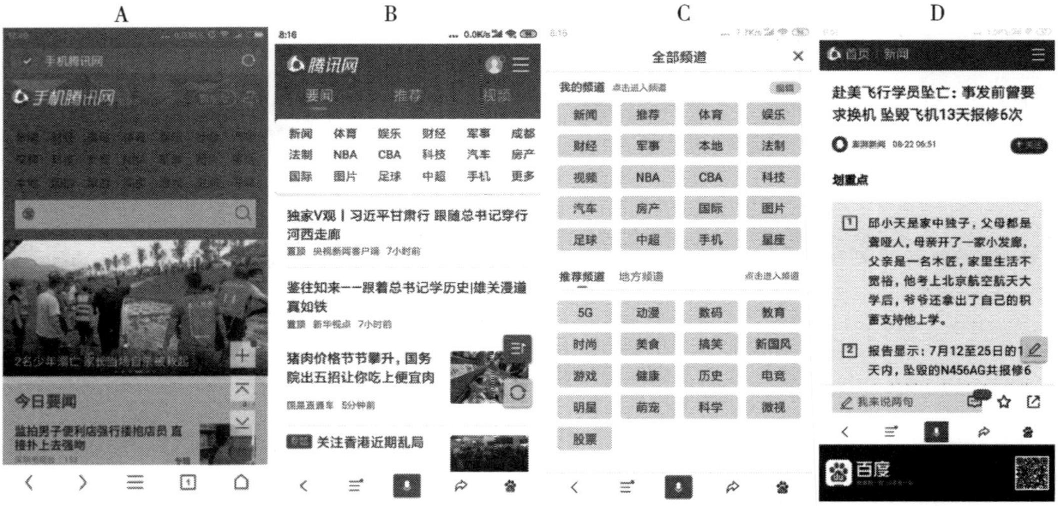

图 9-7　手机腾讯网的导航条（A 部分：2016 年；B、C、D 部分：2019 年）

户端的频道专页上，比手机网页更进一步的是，不仅可把其当作导航，点击直接跳转进入各频道，还可让用户根据自己喜好对选择的频道进行拖动排序。但是，在今日头条客户端的新闻正文页，却没见“☰”图标，不能直接跳转其他频道，只有不停点返回键，重新返回到此前页面以寻找阅看其他信息。这样的页面跳转有些不方便（见图 9-8）。

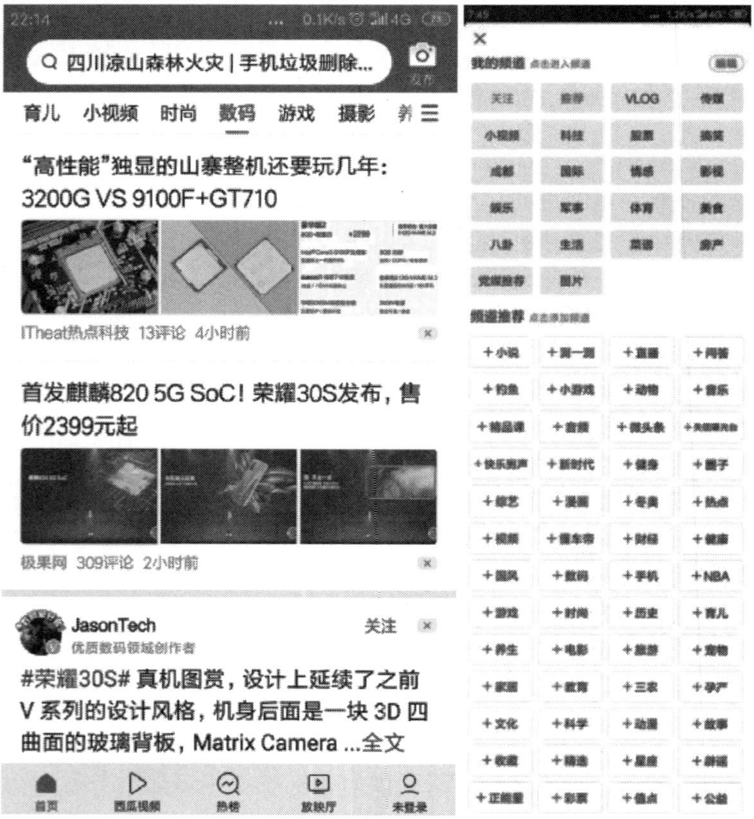

图 9-8　今日头条客户端上的频道显示

（二）顶栏、标题区、底栏的链接

1. 新闻来源链接

新闻来源链接，有文字链接、logo 链接、网址链接等几种形式，最常见的是文字链接。

新闻来源链接的目标页，常见的有两种情况：一是只链接到新闻来源的首页。如，转载新华网的某篇新闻，点击标题区显示的新闻来源“新华网”，跳出的页面是新华网的首页。二是链接到该新闻的转载来源的正文页。如，新浪网转载《半岛都市报》的某篇新闻（见图 9－4），点击标题区显示的新闻来源“半岛都市报”，跳出的页面是《半岛都市报》发布在微信公众号上的该条新闻的正文页。

这两种链接目标页面的选择，哪种更好呢？笔者认为，给出真正转载来源正文页的链接目标，才是真正的新闻来源链接。虽然会去点击新闻来源链接的用户极少，但是，正如论文写作里必须对引用作出准确的来源注释一样，其作用不仅在于标明信息来源及方便用户按图索骥查阅更多详尽信息，更重要的是，这样的准确标注或准确链接，可尽量保证该信息能被追溯来源，具有被证实或证伪的可能性，以尽量减少以转载之名杜撰或歪曲信息。给出转载新闻的新闻来源准确链接，是对新闻真实性、可信度的保护方式之一。另外，很多编辑在转载过程中，常会对标题进行修改，有时甚至会对正文内容进行添加和修改。给出新闻来源准确链接，用户可把转载内容与原文内容进行对比，编辑也可更放心地依照自己的判断对内容进行一定的添加或修改，毕竟这样更有利于文责自负，哪怕只是修改了标题或添加了部分信息。

但在手机新闻客户端上，为了主推订阅，常把新闻来源链接到信源首页。如，腾讯新闻客户端的一条新闻正文页的标题区里，不仅给出“＋关注”功能键，点击新闻来源“海外网”，跳出页面也是“海外网企鹅号”主页（见图 9－9）。

图 9－9　腾讯新闻客户端一条新闻正文页上顶栏、标题区、底栏的链接

2. 评论链接

评论链接，常做在目录页标题区、正文页标题区、正文页底栏区。评论链接的方式，有文、图标、评论数链接等多种设置方式。一般来说，最常见的是对“图标＋评论数”做链接。如图 9－4 上的 PC 端正文页标题区上的评论链接，图 9－9 上的新闻客户端正文页底栏区的评论链接。

评论数可帮助用户了解其他用户对此新闻的评论参与热度。评论内容也是新闻正文内容的延伸，很多用户喜欢看其他用户的评论，有些用户也很喜欢发表评论。因此，评论数、评论链接、发表评论窗口的展示，对于吸引用户阅看并参与到对该新闻信息的接收与讨论、传播上来，有着很重要的价值。所以，编辑会考虑在最醒目的标题区或底栏区，突出展示评论数、评论链接、评论窗口。不过，在同一页面或同一屏上，应避免多次呈现评论数和评论链接等信息，以免浪费用户宝贵的注意力。

另外，对比今日头条和腾讯新闻客户端底栏评论数的设计，今日头条是在评论图标右上端叠加显示评论数，比腾讯新闻把评论图标和评论数分开显示（见图 9－9），看起来更简洁一些。

3. 转发链接

阅看新闻的主流渠道移至手机端后，新闻信息的传播渠道也更多地依赖于社交转发，新闻网页上的转发链接越发重要起来。最早转发链接还多为用户最常转发的网站，如微博、微信、QQ 等，后来为方便用户转发到更多流行网站，常见设置的转发链接已多达十几个。当页显示不下，就用“…”这之类表示“更多”的符号，点击时出现专门的转发链接汇集窗口，提供多个转发目标选项给用户选择。

不过，在同一页或同一屏上，应避免多次呈现雷同的转发链接信息。如，腾讯新闻客户端的新闻正文页上，顶端最右边，点击“…”，出现“更多”窗口里的链接有：微信好友、朋友圈、微信看一看、QQ 好友、QQ 空间、新浪微博、邮件分享、创意截屏、复制链接、收藏、字体大小、夜间模式、投诉。在正文页底栏的最右边，还有一个“转发”图标，点击后，跳出小窗口比刚才的窗口窄了一条，但只少了 4 个链接，有 9 个链接都是一样的。这样的链接窗口显示设计没有很好地利用黄金显示“地段”，重复的链接信息浪费了显示空间和用户注意力（见图 9－10）。另外，腾讯新闻正文页底栏上，转发图标的左边，还有一个微信图标，点击跳出转发到微信朋友的页面。虽说转发微信在转发链接中用得最多，腾讯突出自家微信产品也在情理之中，但依然是重复的设计（见图 9－9）。

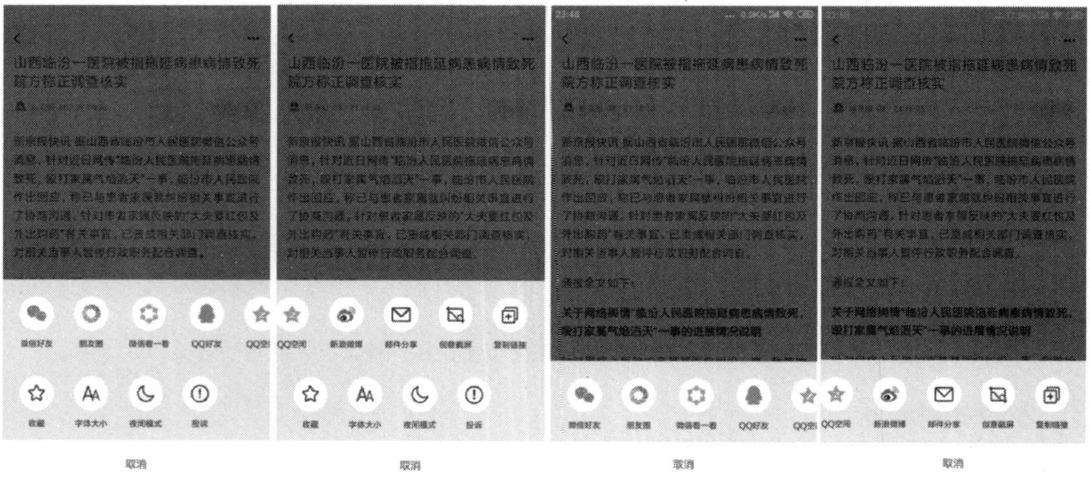

图 9－10　腾讯新闻客户端新闻正文页上的转发链接

4. 收藏链接

收藏链接，常和转发链接放在同一小窗里（见图 9－10）。有时，也突出放置在底栏里（见图 9－11）。

图 9－11　今日头条客户端新闻正文页上的顶栏、标题区、底栏、文后区的链接

5. 播放链接

播放链接，常见于新闻客户端首页右上部、目录页每条标题区的右下角（见图 8－2）、正文页顶栏右边（见图 9－9）。点击出现的播放小窗，常放置在页面屏幕下端（见图 8－2）。也有专门占据整页的播放页面。考虑播放链接在各页面上的放置位置和功能安排，应结合用户实际阅读和阅听习惯来设计，以最大限度地适应和方便用户利用多媒介融合方式来接收信息。

（三）正文区的链接

新闻正文区中的链接，常见有图片链接、音视频链接等多媒介信息的链接；以及延伸更多相关信息的文字类链接，主要的链接方式包括：关键词链接、句子链接、标题链接、详细链接、相关阅读链接、专题链接、分页链接等。

1. 图片链接

图文报道已非常普遍，因手机屏幕小，新闻报道中的图片为适应手机屏幕也被迫以小图显示，但有些图片上的细节需要放大才能更好地观看，所以，编辑需要为新闻正文页上默认显示的小图设置图片链接到大图。

2. 音视频链接

在网络新闻正文中嵌入音视频尤其是视频链接也是极为普遍的。视频链接的显示方式设置，最好从用户阅看习惯和需要出发来贴心设置，尽量减少用户点击的麻烦，尽量提高用户结合阅看视频和文图信息的效率。

如：默认消音设置并尽量提供完整字幕。

默认再次播放时自动接续前次播放时点播放。

视频在当前显示屏幕时，默认自动播放。

视频不在当前显示屏幕时，分情况设置功能：在目录标题页，用户并未主动点击播放的视频，默认停播；在目录标题页，若是用户主动点击播放的视频，默认该视频可小窗随行；在正文页和评论页，默认该新闻视频可小窗随行。

视频频道目录标题页，在用户点击播放视频新闻播完后，可默认自动连播相关视频。

提供给用户方便的视频操作功能键，如播放、暂停、全屏、小窗、显示/拉动进度条、显示播放/总时长、下一条等等。

3. 关键词链接

关键词链接，是编辑从方便用户跳转浏览与此文关键信息关系密切的延伸信息的角度出发，在新闻正文中选择关键词进行链接。

在设置关键词链接时，可这样做：(1) 在人名后括号显示其网络主页如微博等，并链接到其个人主页。(2) 在机构名后括号显示其官方主页，并链接到其官方主页。(3) 在上市公司名字后括号显示其实时变动的股票价格及涨跌幅，并链接到其财经频道的个股信息页。(4) 在一些专有名词后括号显示其百科页面，并链接到其百科页。(5) 在诸如法规、文件等名词上做链接，并链接到其全文显示页。

一般来说，关键词链接更适合为名词做链接，不适合为动词、形容词等做链接。因为，名词链接的链接目标指向更明确，而动词、形容词的链接目标指向不明。链接指示信息与链接目标页信息是相隔在两个不同的网页上的，只有链接指示信息明白易懂，才有利于用户判断是否需要花时间点击某链接。

不过，在手机端，正文内的关键词链接已经很少见了。因为屏幕小，页面内容也极简化了。再加上用户自己搜索也很方便，为少量用户可能用到的延伸信息在正文里做链接，可能会打扰到更多用户，造成信息超载的烦恼。

4. 句子链接

正文中的句子链接，常是链接到某篇与此句相关的新闻页面。笔者并不太赞同这种为句子做链接的方式，因为其链接指向不太明确。

5. 标题链接

有时，也会见到在正文里为嵌入的相关信息的标题做链接。这种链接方式，常用于综合多篇信息的综述正文中，当相关信息过长，编辑采用嵌入相关信息标题和一部分文字内容的方式，为标题做链接，更多未直接嵌入的信息要点击标题后才能看到。现在这种正文内为相关信息标题做链接的方式也很少见了。

6. 详细链接

有时，会见到在正文里嵌入的相关信息只有一小部分内容，更多内容在“详细”字样上做链接，点击出现该相关信息的全文页面。这种链接方式也比较少见了。

7. 相关阅读链接

有时，编辑会在正文框里正文结束处，提供了几条“相关阅读”字样的标题或“标题+摘要”链接。一般来说，对于比较重要的或热点新闻，且相关性比较直接和密切，编辑才会花时间专门为之在正文框内提供相关阅读。当相关阅读条数较多时，还常用分类或在标题前打标签的方式，来梳理多条相关阅读。

8. 专题链接

如果某条新闻属于某专题，一般会在该新闻正文后提供专题链接。

9. 分页链接

当新闻正文比较长时，有编辑会为之做分页链接。在PC端，常见形式是用数字标明的几个分页链接。在手机端，常见形式是“展开全文”。如，在腾讯新闻客户端的正文页面上，显示的是“展开全文（剩余61%）”文字说明及向下箭头样的图标（见图9-12）。

笔者认为，在PC端其实没必要做分页链接。尤其是新闻正文并不长时，反而会让用户点击得很麻烦。在手机端“展开全文（剩余百分之多少）”，因为相当于提醒用户正文还剩多少比例，且点击后是立刻显现下文，基本没时滞，这样的链接设置还可接受。

（四）文后区的链接

1. 相关新闻链接

文后区的相关新闻链接中，PC端的条数较多，新闻客户端的条数较少。如，今日头条客户端新闻正文区后，常见的有5条相关新闻。腾讯新闻客户端新闻正文区后，（除广告外）常见的有3条相关新闻（见图9-12）。

图9-12 腾讯新闻客户端正文页上的链接

今日头条客户端相关新闻的标题区显示中，只有标题和图片，没有信源、时间等附文。笔者认为，如果不提供发布时间，用户难以判断该新闻与时间相关的内容；如果不提供信源，用户难以判断该相关新闻的权威性和可信度。

腾讯新闻客户端相关新闻的标题区显示中，除了标题和图片，还提供了标签、信源、评论数，但也没提供发布时间，笔者认为还需提供。另外，在提供发布时间时，还需要注意时间的显示内容。有的新闻发布时间显示为“几分钟前”“几小时前”“几天前”这种以距离现在时间多久的内容；有的显示为“时分秒”“时分”“日时分”“月日时”“年月日时”“年月日”等直接表明具体时间的内容。因为相关新闻发布时间可能相距很长，选择“年月日”的显示内容更有利于用户判断该条相关新闻发布时间所提示的内容可能性。

2. 关键词链接

在 PC 端文后区链接中，还有编辑会选择该篇新闻的关键词，为之做出目标为以该关键词为搜索词的搜索结果页面链接，或目标为含该关键词的新闻链接，以及目标为含该关键词的论坛热点链接。编辑做出这么多链接目标，其目的是吸引用户点击相应链接以阅看更多信息。但是这些信息其实与该新闻正文的相关度已较低，用户可能会因这类链接过多产生信息超载的麻木感。

3. 事件时间线链接

事件时间线链接，常用在连续报道了较长时间的重要新闻中。编辑以时间线为轴，旁边配上相关新闻标题，或“标题＋摘要”信息，及信源和发布时间等附文，清晰地梳理出该事件相关的重要报道内容，以方便用户快速了解该事件在较长时段中的发展脉络。时间线横轴适合于 PC 端显示，时间线纵轴适合于手机端显示。

4. 相关组图链接

有些重要新闻，编辑还为之配上了相关组图链接。PC 端曾有以左右滑动形式出现的相关组图。

5. 相关专题链接

相关专题链接，常出现在正文区后专门的相关链接框上端。需要注意的是，有编辑把相关专题链接还在正文区内结束处呈现出来，两处都出现专题链接信息，有当页重复做链接之弊。

有时，编辑会把专题以开放小窗口的形式，直接放置在新闻正文之后。

6. 聚合阅读链接

PC 端还有过聚合阅读链接，即在某条新闻正文后，推荐其他小专题类的聚合阅读页面。因为最近的重要新闻或热点新闻，才会考虑为之把几条到十几条对同一新闻事件做的报道，聚合到一起来做成小专题类的聚合阅读页面。所以，编辑想要把花了心思编辑的最近的热门或重要聚合新闻推荐出去，才将之做成聚合阅读链接放在其实不相干的新闻正文后进行推荐。

7. 当日频道滑动门小窗链接

当日频道滑动门小窗链接，也是在 PC 端常用的推荐链接方式。是用滑动门小窗口的方式，把当日几个主要新闻频道的重要新闻标题放在里面，在用户在看完某篇新闻正文后，为之继续推荐当日其他多个频道的重要新闻。

8. 排行链接（点击、评论、转发、搜索）

排行链接，包括点击排行链接、评论排行链接、转发排行链接、搜索排行链接等内容，且其排行时间可分为今日排行、本周排行、本月排行等。排行链接不仅是在PC端常用的推荐链接方式，在手机端也以“热榜”“热搜”等方式继续发挥着推荐其他热门或重要新闻的作用。

9. 推荐链接

除了排行推荐链接，还有更多的推荐链接内容：

(1) 以“精选热点”“今日要闻”“精选视频”等方式，推荐当日热点、重要新闻、精选视频等。

(2) 把各频道头条标题链接放到正文区后，推荐各频道重要信息。

(3) 在某条新闻正文区后，放置该条新闻所属频道的其他要闻标题链接，以推荐同频道的其他要闻。

(4) 搜狐新闻以“延伸”板块，在每条新闻正文后推荐几条深度、独家或热点新闻，以吸引用户继续深入阅读下去。

(5) 直接在某篇新闻正文后，推荐在发布时间上最接近的“下一篇”新闻标题链接，或以“时间阅读”为标签的发布时间上接近的几条新闻标题链接。这种推荐内容的方法，除了几条新闻的发布时间接近，别的基本不相干，并不推荐。

(6) 有的在每条新闻正文后，以“热词”方式推荐与该条新闻并不相关的、其他以“热词”为其特点的信息。但“热词”看起来有些杂乱，也并没说明其热度基于什么标准。如果是以搜索量为衡量标准，用“热搜”来表达更准确些。

(7) 有的在每条新闻正文后，以“百科”方式推荐一个词条的链接。如果该“百科”词条与该新闻正文相关，还说得过去，但做成文内关键词链接更好。如果与该新闻正文无关的“百科”词条，就没必要放置了。

(8) 有的在每条新闻正文后，以“微博”或“达人”的链接方式，推荐一些微博或达人，以期用户选择关注。如果是网站特别想推荐用户关注与用户兴趣领域相关的意见领袖型热门用户，可以用这种跨界推荐的方式，如果只是随机推荐关注其他没什么特色、与用户兴趣不相干的用户，则是一种浪费和干扰了。

10. 个性化推荐链接

个性化推荐链接，可有“猜你喜欢”“看过本文的人还看过”之类的链接，还可是算法通过大数据计算后，猜测用户可能会需要而推荐的个性化信息的推荐链接。

11. 服务链接

服务链接，可有搜索、点赞、转发、评论、收藏、字号大小、频道导航、生活服务、个人中心、多种个人设置等多种形式。

第二节　网络新闻跟帖的信息挖掘与展示

网络新闻跟帖这种信息形式的出现，把原来报纸上的“读者来信”发扬光大了起来。广大用户终于有了几乎无限的空间“我来说两句”。当BBS留言板功能嫁接到每篇新闻正文之后，公众论坛开始紧密地与每一个新闻事件联系起来：评论、吐槽、发泄、挖掘、拓展、推进……

一、跟帖是正文的信息增量：直接事实、类似事实、认知评价

在某篇新闻正文下的网友评论跟帖，是对该新闻正文一个非常重要的补充。这些评论跟帖的内容，汇集了成千上万的网友们对该新闻事实多种多样的认知、判断、评价、情感呈现和多元化延伸开来的信息，甚至有时直接是对该新闻事实方面的补充，或是网友生活中遇到的与该新闻事件类似的事情。

（一）网友跟帖与新闻事件相关的直接事实

在网络时代，一个新闻事件尤其是重要新闻事件的报道，已可在很短的时间里让大部分人都能从各种不同渠道看到。虽然占比非常小，但总有一些人刚巧了解这件事，或刚巧认识其中某个人，或来自这条新闻的发生地。有可能他看到这篇新闻报道后，又热心地写跟帖，提供了更多的信息，很有可能是记者并没采访到的，或是记者采访到了但因为种种原因没写出来的事实。

（二）网友跟帖与新闻事件相关的类似事实

在评论中更多见的情形是，有非常多的网友曾经在生活中遇到了与所报道新闻事件类似的事情，在看了这篇新闻报道后受到触发，在跟帖中写出了他们生活中的类似遭遇。由于是亲身经历，或是身边亲朋好友们曾经历的事，写来常有复杂的经过、丰富的细节、真实的复杂人物、微妙的心理状态、沉浸的情感投入、从亲身经历中悟出的生活哲理。成千上万的网友们，随意的三言两语，或像写世说新语，或像写意识流散文，或像写迷你小说，真是万千精彩，让人阅尽世态。很多记者采访不到那么深入、那么细致的东西，网友自己给你提供出来。这些故事非常好看，可帮助用户了解更多其他人的生存状态。

（三）网友跟帖对新闻事件的认知评价

即便网友没有提供直接事实或类似的信息增量，很多时候，一些网友的一句两句点评，或一小段有理有据的说法，常会提供多一种思路，帮助其他用户更好地理解、判断该新闻事件的实质和影响。

有很多东西你看正文时是一知半解、有点糊涂的，但浏览下面的跟帖后会发现，一些“脑洞”特别“清奇”的网友评论角度真是让你眼前一亮，是你此前看新闻正文时没想到的。通过浏览大量网友跟帖，对这个事件的来龙去脉、影响等各方面，会有更多去思考的角度。

在评论区常看到有人说，“我是来看评论的”。之所以很多人喜欢看评论，是因为评论跟帖实际上是新闻正文非常重要的补充，是从直接事实、类似事实和认知评价方面延伸的重要信息增量。

二、不断创新的跟帖编辑手法：热门跟帖、精彩“盖楼”、个人主页

（一）最早跟帖与最新跟帖

早期的跟帖排列方法比较粗放，直接以时序或倒时序方式，一条条叠放。

在跟帖条数较少时，一些网站以跟帖发表时间顺序排列，可让最先发表的跟帖放在最前面，然后依次往下放后面发表的跟帖。这样的排列方式，可让用户依正常时间顺序来浏览其他用户评论的信息。若有其他用户对其他用户评论的评论，按正常时间顺序才更好理解些。

跟帖条数非常多以后，更多网站采用倒时序的方式，以免需要往后翻很多条跟帖才能看到最新跟帖。这样的排列方式，可让最新发表的跟帖放在最上面，但最早发表的跟帖就被压在最后面了。以跟帖发表时间倒时序排列，可突出显示离现在最近的跟帖，让跟帖的显示更偏重于信息的时效性。但是，离现在最近的跟帖信息，并不一定是最有价值的跟帖信息。

（二）热门跟帖

一则新闻正文下面，常有数十数百条网友跟帖。如果是热门事件，可能有成千上万条跟帖。这么多跟帖，有的价值高，有的价值低。用户时间有限，不可能也没必要每则新闻都把跟帖看完。但有价值的跟帖，无差别地被淹没在跟帖海洋中，实在是浪费。网络新闻编辑应想办法识别出有价值的评论跟帖，想办法将其在网页上突出呈现、推荐，以最大化地利用好网友们对信息增量的贡献。

为找出最有价值的跟帖信息，让网友们能尽量早地看到，编辑开始采用“热门跟帖”显示逻辑。通过对每一条跟帖赋权给每个网友“赞”“顶”“踩”“回复”“收藏”“分享”“复制”“举报”等功能，让用户加入到编辑工作中来。被点赞数、被回复数、被分享数、被收藏数、被点踩数、被举报数等数据被实时统计、分析，按照编辑制订的给每项因素不同权重的相应算法，平衡考虑多方面的因素，来综合评定每条跟帖被显示的位置。当主要权重偏重在被点赞数方面的因素时，跟帖显示的排列逻辑，就变成了按“热门”程度从高到低排列。

不过，很多网站在主要按热门程度排列跟帖时，依然会兼顾倒时序排列逻辑。如，网易的一则新闻正文下面的跟帖中，首先显示的是“热门跟帖”。在“热门跟帖”中可看到，浮在第 1 条的跟帖，点赞数最高，但发表时间已是 7 小时前。但是点赞数 204、8 小时前的跟帖，又放在点赞数 177、6 小时前的跟帖后面。这样的排列方式，说明其在考虑点赞数之外，仍兼顾了时间因素，想要尽量求得一个最佳平衡，以更好地为用户以尽量少的时间看到尽量有价值的信息而服务（见图 9－13）。

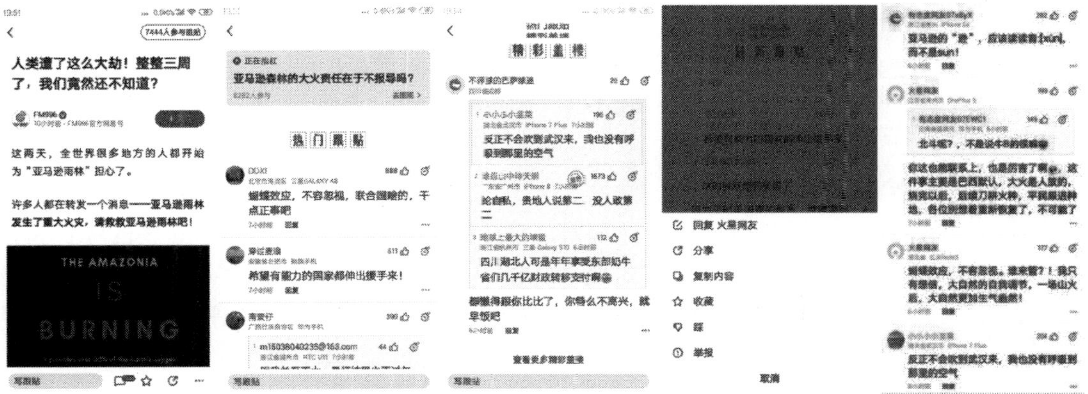

图 9－13　网易新闻客户端一则新闻的跟帖

（三）精彩“盖楼”

当有网友A的评论，被其他网友B或C所回复时，又有D或E对B进行了回复，又有F或G对C进行了回复……如何显示是好？

网易编辑的办法是，“盖楼”。每一个网友回复其他人的跟帖时，都盖出一个独特的“楼房”。这楼房比较特殊，是从空中往下盖的。如图9-14中，当“火星网友（江西省南昌市）”回复“火星网友（江苏省常州）”时，便接着原来路线的5层楼，又往下盖了一层楼，盖出了一个独特的6层楼房。楼层太多了以后，如每层都显示，最新那层会被压得看不到，所以楼层多于几层会在中间折叠一下，至少要适合手机屏幕，一屏要能显示完。如果想看完整楼层情况，可点击“展开隐藏楼层”。楼层太多，那就给每层楼直接标个序号在前面，就都清楚了，“隔空喊话”也可以明白。

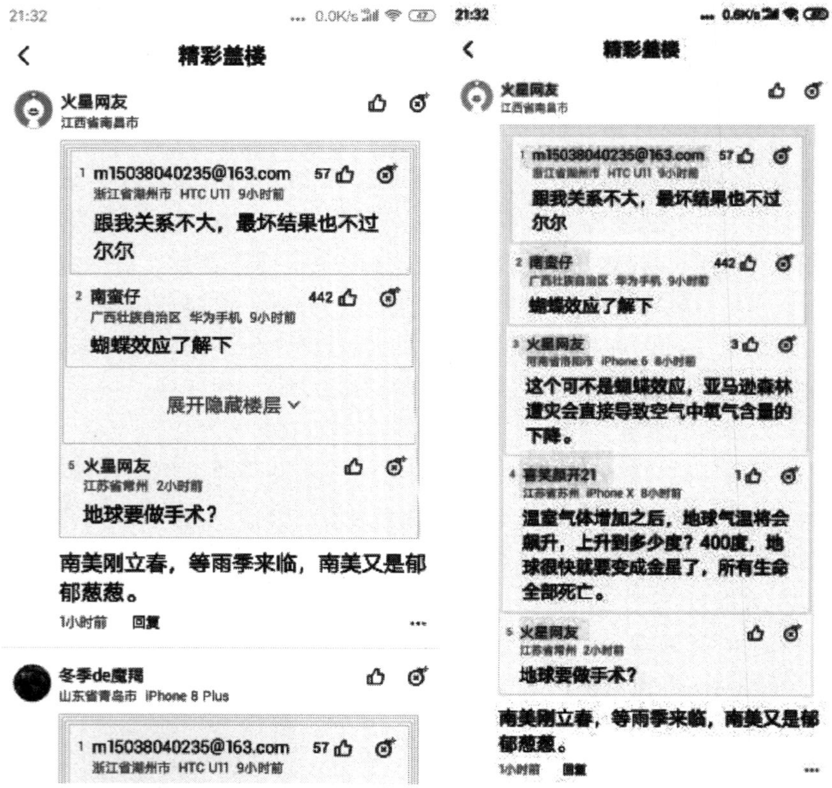

图9-14 网易新闻客户端一则新闻的精彩“盖楼”跟帖

（四）树状延伸

其他新闻客户端是如何解决多个网友回复多个网友的复杂关系的显示问题的呢？腾讯新闻客户端采用了树状延伸的排列方式。

如图9-15，腾讯一则新闻正文下面，显示全部评论数后，第1条评论左上角有“热”标签，该条评论有628个赞。网友“冬”的评论下面，缩进显示了2条回复及“展开13条回复”。

其中，第1条回复后面，显示了“2回复”字样，第2条回复后面，显示了“1回复”

字样。点击“展开 13 条回复”，这些回复，也是兼顾热度及时间顺次排列的。

若点击网友回复后面显示的“2 回复”，跳出的是对网友“冬”的回复 18 和点赞 628 的“评论详情”页面，但会突出呈现网友的回复及后面的“展开 2 条回复”。

点击“展开 2 条回复”，会在当页展开缩进显示的 2 条回复的具体内容。

以此类推，以树状延伸的形式，顺次展开显示多个网友对多个网友的回复。

这样的评论排列方式，第一层级是热门评论，主要是按点赞热度兼顾时序的算法，进行热门评论显示；第二层级及更多层级是热门回复，在每条热门评论的延伸回复显示中，主要是按回复热度、点赞热度兼顾时序的算法，进行热门回复的显示。

如，第二层级中，网友“老光棍”的回复获赞 93、1 回复，就排在获赞 85、2 回复的网友的回复之后。第三层级中，网友“广场数码”的回复时间是 13 分钟前，因没有获赞，就排在网友“且听风吟”回复时间 35 分钟前、获赞 2 的回复之后。

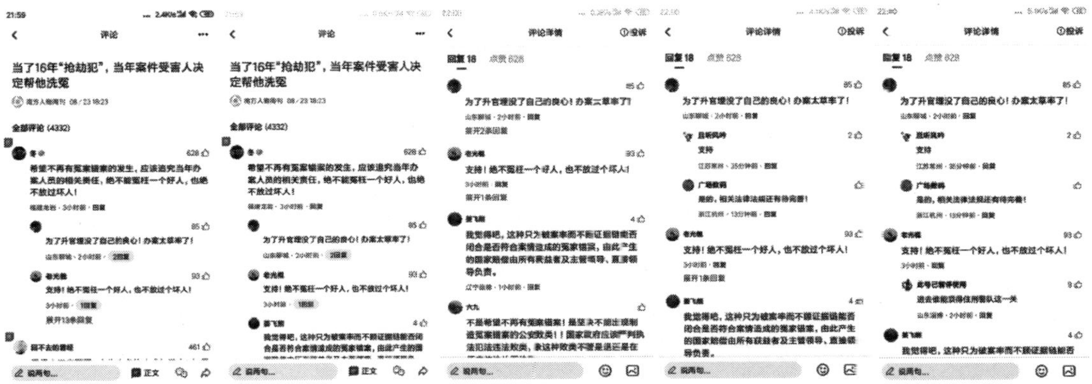

图 9-15 腾讯新闻客户端一则新闻的评论

（五）事发地评论、附近评论

事发地评论，是把手机定位与新闻事件发生地相同的网友评论汇集起来，突出呈现出来。如，腾讯新闻客户端在 2016 年一则新闻的网友评论页面上，最先呈现的是事发地评论，其次才呈现的热门评论、附近评论，最后呈现的最新评论。

如图 9-16，事发地评论有 20 条。在 20 条事发地评论中，又按点赞热度排序。每条事发地评论中，都显示了网友手机定位地址。点击该定位地址，会出现地图页面，显示了该网友发表评论时手机定位的准确位置。但对网友手机定位地址的准确显示，并不能给该网友或其他网友带来多大的好处，反而会带来不确定的安全风险。

附近评论，是看新闻的用户定位地附近的其他用户发表的评论。这样显示附近用户的评论，虽然可帮助用户潜在地实现交友可能，但带来的安全风险也不可小视。

从图 9-16 中一条回复较多的评论显示来看，超过 7 行的评论内容，被折叠了起来，点“…全文”可显示完整。在点“…全文”后，出现的完整内容页中，编辑贴心地把原来折叠页面已显示过的字抹上了灰底，有利于用户快速接续看下去，以免在页面里找半天才找到原来看到的位置。不过，2016 年腾讯新闻客户端评论、回复及更多回复的显示，是以倒时序且连接成段的方式，仅以双竖线隔开网友名及回复内容。这样的显示方式很不明晰，后来改成树状延伸、每级回复缩进显示的方式，就清楚多了。

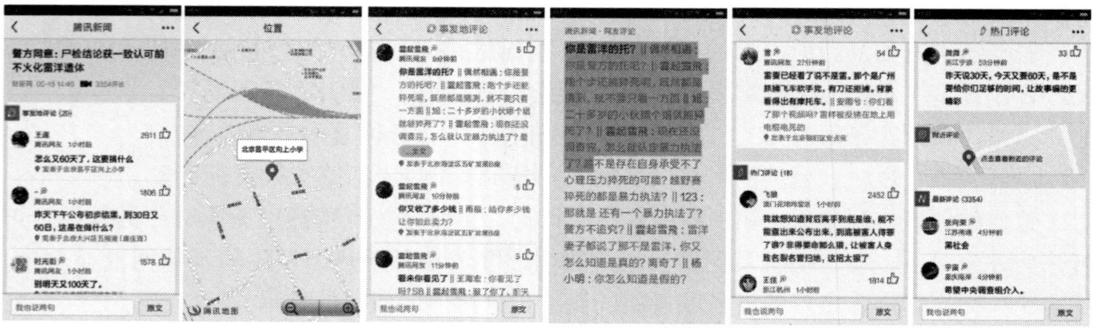

图 9－16　腾讯新闻客户端一则新闻的事发地评论、热门评论、附近评论、最新评论

（六）网友跟帖个人主页

早先当用户看了新闻写了评论，过段时间想看看有没有其他人回复时，总是得很麻烦地找到该条新闻，再去该新闻评论区去一条条翻找自己的评论，然后才能看到有没有人回复。

后来，网易新闻率先推出了汇集网友跟帖的个人主页。“我的网易跟帖”用户个人中心，包含三个页面：“我的首页”“我的收藏”“我的跟帖”。“我的首页”，包含用户和用户所关注网友的发帖、收藏跟帖和转发跟帖的信息。这样的设计，为用户保存并查找自己发布和收藏、转发的跟帖并留存备查，关注其他用户的发帖、收藏、转发信息，以及他人关注用户自己的发帖、收藏、转发信息提供了方便和可能。用户看新闻、写跟帖的行为留下的痕迹，由系统自动汇集成了像微博一样的个人信息发布主页，在展示用户发表信息的同时，给了用户关注与被关注的机会。

在手机新闻客户端，用户跟帖信息汇集成的个人主页，可通过点击评论区中该用户的头像或网名链接到。

不同新闻客户端上的用户个人主页，设置各有不同，实现的功能也各有差异。

如图 9－17，网易新闻客户端的用户个人主页，主要汇集了用户的跟帖，但跟帖所评论的新闻原文标题信息并没显示完全，这不利于其他用户关注此用户主页时快速了解、延伸阅读该新闻。

腾讯新闻客户端的用户个人主页，除了用“评论”汇集用户评论，还用“已推”汇集了用户推荐的新闻。这是编辑想要利用用户推荐新闻的力量，来吸引关注此用户的其他用户来阅看更多新闻。

今日头条客户端的用户个人主页，除了显示用户发表的头条信息外，还特别显示了用户参与问答的回答内容。这样的设计，是编辑想要鼓励用户参与问答的回答，以及推广问答的长尾阅看功能。

点击用户个人主页上的“关注”或“粉丝”，会出现该用户关注的其他用户和关注该用户的粉丝列表，并可对他们进行关注。这样的设计，是编辑想促进用户之间的关注与被关注，促进用户之间信息阅看的长尾影响力，以每个用户对其他用户的影响来增加信息被阅看的可能性。

但是，个人随时随地碎片化发表的信息，被系统自动汇集到一个页面上来，虽然很便利，但也存在着被窥探、被挖掘、被人肉搜索、隐私被暴露等可能性。编辑应考虑到，有

图 9-17 用户个人主页（左一：网易；左二三：腾讯；右一二三：今日头条）

的用户并不愿自己随意发表的言论被刻意地收集起来。对于汇集跟帖为个人主页的设置，应由用户自己选择是否启用，并提供给用户随时撤销该功能和随时批量删除自己原有跟帖信息的机会。因为用户也有信息被遗忘权，应拥有随时方便地删掉自己曾发表信息的机会，以避免自己的数据安全受到威胁。

第三节 网络新闻调查的编辑手法①

网络新闻调查是依托新闻网页的用户调查。随着对网络新闻信息的深度开发，网络新闻调查的选题、设问、数据呈现、调查解读、栏目设置等信息挖掘与整合利用方式也在不断探索中发展。

一、栏目设置：有序存储热门推荐

1998 年 12 月人民网对北京申奥的舆情进行调查，可能是我国最早的网络新闻调查个例之一。人民网是在 2000 年 4 月 7 日之后才推出在线调查服务的，其自主研发的调查系统软件获得知识产权的时间是 2005 年 12 月 12 日。

随着配合新闻的小调查不断增多，这些零星的页面如何有序地存储、检索、调用成了需要解决的问题。不少新闻网站开始设置调查栏目，以深度整合利用调查信息。比如：新浪网在“新闻中心”频道下设有“新浪调查”栏目（栏目中最早调查出现于 2005 年 1 月 28 日）；搜狐网设有“搜狐调查”频道（栏目中最早调查出现于 2007 年 10 月 12 日），还在“搜狐评论”栏目下设有“每日调查”栏目。

在栏目设置上，有的网站还处于粗放阶段，如新浪河南“小浪调查”栏目、中青在线“民意中国网”频道、华尔街日报中文网“投票讨论”栏目的调查标题都只简单地倒时序罗列在目录页面上，没有细化的子栏目。有的网站开始设置调查栏目的子栏目，但细化程度不同，着力的方向主要有三：一是进行数据库开发以有利于调查搜索；二是按调查内容分类集纳，有层次地显示各类调查；三是推荐热门调查让受欢迎的调查持续发挥作用。

调查搜索方面，南都网有“查找投票”、新京报网有“搜索投票”、搜狐网有“输入调

① 参见胡明川．网络新闻调查的编辑手法［J］．新闻爱好者，2011（3，上半月）：64-65.

查关键词”的搜索框。新浪网则较为丰富，有“调查搜索”，有“年度调查盘点”按年显示历年调查，更有日历显示的“往日调查回顾”。专为调查栏目而开发的搜索软件，使调查信息成为有可能被重新利用的潜力巨大的数据库，极大地方便了网友对往日调查信息的查找与调用。

调查分类方面，凤凰网只按调查时间分了“最新调查”和“往期投票调查”，最为简单。南都网分别按调查时序和调查热门程度罗列标题，以滑动门表格多层显示“最新发布”和“热门投票”，凸显出热门调查，有效利用了显示空间。新京报网也以滑动门表格多层显示“最新投票”“最热投票”“悬赏投票”“我的投票”。“悬赏投票”是投票发起人对参与调查者给予一定的奖励。“我的投票”下又有滑动门表格多层显示的“我发起的”“我参与的”“已过期的”下一级子栏目，很好地汇总了与特定网友个人有关系的调查，方便了网友存储、展示、调用感兴趣的调查。搜狐网的调查分类有“首页”“体育”“娱乐”“新闻”“女人”“财经”“汽车”“博客”“教育”“证券”“广东”等14类，类目过于驳杂且分类标准跳跃不定。新浪网的调查分类类目是“全部”“新闻”“体育”“娱乐”“财经”“科技”等6类和“新浪调查”“联合调查”的任意排列组合。与搜狐调查比起来，新浪调查的分类类目少而层次清楚，且利用双滑动门表格矩阵式多层显示，非常节约空间，快速切换浏览调查标题的视觉体验很好。

推荐调查方面，一般网站都会有子栏目推荐热门的调查。如南都网有“热门投票”，新京报网有“最热投票”，凤凰网有“网友参与最多的调查”和“网友参与最多的PK”。有的网站把热门调查用数据库的形式展示出来，如新浪网有“调查月排行”，搜狐网有“调查排行榜（周、月、年度）”。新浪四川“小浪调查”精心地把调查栏目首页包装成专题页面的形式。三栏式的页面布局，由通栏图片截断成上中下三部分。上部右边栏是“最新调查”，上部左边栏是“往期小浪调查 TOP 10”；上部最强势的中间栏，从上往下依次是分类推荐的子栏目“舆论场·你的声音非常重要”“百事通·生活新主张大本营”“八娱乐·要玩就玩最巴适的”“情流感·普通人的心灵故事”“伙食团·饭饭快乐不在别处”，每个子栏目里展示1条最新调查标题，并以“调查问题”和“网友意见”展示上次的调查及调查报告。可惜的是，这几个分类新颖的子栏目没有“更多”链接，看来没有把历次调查按此特色分类存储，不利于有某方面兴趣的网友参与、查看更多该类调查。页面下部是“往期热点小浪调查回顾”，以小专题的形式详细包装一个热点调查；最下面是“其他热点专题回顾”，以图文方块罗列的形式展示多条热点调查。

二、数据呈现：拓展数据加深解读

网络新闻调查的优点之一是能实时显示调查结果。一般调查页面上会设置“投票”和“查看”链接，网友可投票后查看结果，也可不投票直接点击“查看”。调查数据是依托新闻的延伸信息，其价值在于深度了解网友对新闻信息的态度分布，展示网友的心理、情绪、意见、行动等信息。这些基于调查的网友延伸信息，如何才能更清晰、更有条理地呈现出来，以有利于网友快速浏览和明了信息意义，各网站都在摸索中不断改进调查数据呈现的方式。

人民网的数据显示页面，以彩色柱状图显示票数及百分比，柱状图右边以彩色方块对应展示选项（票数及百分比又重复在选项之后）。这需要网友的目光不断地左右移动以判断不同的彩色柱形是哪个选项，极不利于快速清晰地阅读。

搜狐网采用黄框白底的表格式显示，多个调查题从上到下依次以表格罗列。每道调查题，都从左至右地依次显示选项、百分比数据及条形比例，让网友清晰地看到某题某选项有多少比例的人选择，并有具象化的条形长短作比较。

新浪网的数据显示页面，原来与搜狐网相似，后来又探索出更方便网友进行多角度数据分析的滑动门表格多层显示方式。每道调查题，除“表格”“饼状”“柱图”等3种图形显示方式可点选，更有参加该调查用户特点的数据分析。“用户分析”是把用户基本数据与每道调查题及其每个选项的被选状况相结合的交叉变量分析。点击展开或关闭“用户分析”链接，就会在当前页面位置下面展开或关闭一个与整个调查或某个选项相结合的用户地区数据的交叉变量分析，由此可看出参与此调查的各地用户的比例，或选择某个具体选项的用户地区分布的比例，还可对比不同地区用户选择不同选项的对比性数据。

同样是用户分析，凤凰网通过在调查题目后增设“年龄”“性别”“学历”等用户信息题，比新浪网的分析更深入。凤凰网的调查结果显示，不仅有参与调查用户的年龄、性别、学历的单变量数据，更有把各调查题的每个选项与年龄、性别、学历、居住地等进行双变量分析的数据图表，能清楚地看出各年龄段、各性别、各学历、各地的用户对不同选项的选择比例及其对比。但要了解这些用户数据需要增加调查题，题多了容易让调查显得烦琐而被拒答。现在一些专业调查网站，已实现让一个调查里的各个调查题随意组合进行交叉变量分析。新闻网站也应开发能让网友自主对任何两个或多个问题进行交叉分析的调查显示系统，以满足不同网友深度分析调查数据的需要。

对调查数据的深度开发，还需要进行基于调查的精确新闻报道，以全方位整合与该调查主题有关的各种数据及信息，主动对网友协同信息生产进行深度挖掘和再传播。新浪四川“小浪调查”里，调查报告新闻主要有两种：一是在调查数据图表之下用文字叙述各选项及比例；二是在前面的基础上添加简单的网友留言作典型例子。都较为简单，没在数据解读上更显深度。其实，网络编辑可进行有价值的变量分析，搜集整理网友评论、开放式问题的答案、专家分析信息、外网信息等，综合所有可能渠道深入分析解读调查结果，写出能让网友对该调查主题有深度理解的调查分析性新闻。

很多网站新闻调查页面与数据结果页面甚至相关新闻页面都是互通链接的。凤凰网把同主题的网友评论直接放在调查数据结果显示图表下，方便快速浏览或发表对同主题的评论。新浪四川“小浪调查”不仅把同主题的网友评论嵌入结果显示页面，还嵌入微博上的同主题信息，并可随时刷新。同主题信息尽量整合在同一个页面上的编辑手法，能满足网友在同一页面汇集某主题信息的要求，享受到多媒介信息有机整合呈现的阅读体验。

三、选题设问：深度参与公共话题

网络新闻调查的设问题型比较单一，封闭式问题多，开放式问题少；单选题多，多选题少。最常见的单选封闭式问题，简单易操作，但选项表述易封闭答案范围。其实，一些专业调查网站已开发出更多题型，完全适合网络实时显示调查数据及文字回答信息，问卷星网就有图文结合题、单行文本框题、多行文本框题、组合单选题、组合多选题、下拉框单选题、排序题、态度量表题、矩阵单选题、矩阵多选题、矩阵滑动条题、比重题、数值题、日期选择题、验证题等数十种，均可供网络新闻调查借鉴。

一些新闻网站也开始试用新题型。如新浪四川“小浪调查”里，出现过组合单选题，对封闭式问题添设可由网友输入文字的“其他”选项。凤凰网的调查 PK，把选项分为支持正方和支持反方，并有第三方观点的文本输入框。开放式问题虽不利于数据化汇总信息，但能给被调查者以主动提供信息的开放空间，常能挖掘出来自网友的生动、有趣、有价值的事实或意见。华尔街日报中文网的“投票讨论”，每期都是配上一小段信息的开放式问题，网友的回答以评论形式罗列于页面。开放式问题明确规定了信息反馈范围，能更有针对性地汇集对该问题的回答，使信息的反馈和再传播更为实用。如《你所在地的房价最近是涨了还是跌了?》，能看到网友回答的各地房价涨跌的具体信息。

设问内容方面，目前多是问心情、立场、趋势、预测等抽象意见，问具体意见的还很少。最为流行的网络新闻设问内容，是在新闻正文后点选阅读心情，多为愤怒、搞笑、高兴、难过、感动、无聊等太过泛化、流于浮浅的选项。问立场、意见的调查问题选项设置，常分为支持、反对、不清楚三种，有些会在简单立场后添加一句支持意见作为理由。这种设问内容，因其立场分明而让数据结果区分度大，但缺点也很明显：一是捆绑简单立场及部分理由的选项表述方法，不易展现复杂性分析意见，难以让网友选择到合意的选项；二是容易诱导网友有意无意地简单表态拥护某种立场，从而失去独立、丰富、深入的思考。问趋势的调查问题也较多，但由于大多数网友非专家，一些需要专业知识预测的问题并不适合设计成调查问题。

为达到引导用户协同生产新闻信息的目的，还可问行为。如新浪网调查《地震那一刻我在做什么?》，网友的回答多是他们在地震瞬间的所处情景、想法和行动，这些信息是对传统采访新闻内容非常难得的补充。不过，如果该调查能区分震区用户和非震区用户的回答信息分别呈现，就更有信息的针对性了。

在网络新闻调查选题的提出方面，一些网站开始发挥人人都是编辑的潜力。新浪四川“小浪调查”栏目首页上，曾用“小浪调查由你做主”和“给小浪调查的意见”两个调查搜集反馈意见，首页底端还有文字框可输入“说出你最想进行的调查话题”，请网友提供调查选题。新京报网调查首页上有“发起投票”链接，注册网友可以个人名义设计调查发布到调查首页，并会在网友自己的“我的投票”页面上汇集存储。南都网也可由网友发起投票。

网络新闻调查选题的标准，一般是选择热点新闻配调查，以保证有较多的网友愿意参与投票。目前的调查选题，较重视网友的兴趣与情绪态度的参与性，不太注重问题的有用性和对实际生活的影响力。网络新闻调查的重要作用之一是能快速方便地广集民意，给用户提供一个汇集、交流意见的平台，形成公共舆论。因此，网络新闻调查的选题及设问，还应考虑增强对公共性问题的实际针对性，了解民意，问计于民，推进人们对公共领域的理性参与，最终达到公民在理性基础上交流讨论公共性话题以影响实际生活进程的目的。

【本章小结】

本章探讨了网络新闻链接、跟帖及调查的编辑思路。

在网络新闻链接的编辑方面，介绍了链接的形式；分析了新闻要素直接相关和新闻类似间接相关的多种链接类型；通过实例，探讨了如何选择简单和复杂连续性新闻的相关新闻；探讨了借助链接实现多种功能的呈现形式：频道或栏目的导航链接、新闻来源链接、评论链接、转发链接、收藏链接、播放链接、图片链接、音视频链接、关键词链接、句子链接、标题链接、详细链接、相关阅读链接、专题链接、分页链接、相关新闻链接、关键词链接、事件时间线链接、相关组图链接、相关专题链接、聚合阅读链接、当日频道滑动门小窗链接、排行链接（点击、评论、转发、搜索）、推荐链接、个性化推荐链接、服务链接。

在网络新闻跟帖的信息挖掘与展示方面，提出了跟帖是从直接事实、类似事实、认知评价等方面对正文的信息增量；探讨了不断创新的跟帖编辑手法各自的优劣：最新跟帖、时序跟帖、倒时序跟帖、热门跟帖、精彩“盖楼”、树状延伸、事发地评论、附近评论、网友跟帖个人主页。

在网络新闻调查的编辑手法方面，介绍了栏目设置的方式：有序存储加热门推荐；分析了数据报告呈现的方式：拓展数据并加深解读；探讨了选题设问的方式：深度参与公共话题。

【思考题】

1. 链接的形式有哪些？
2. 可以从哪些方面来分析新闻的相关性？
3. 新闻要素直接相关的链接类型有哪些？新闻类似间接相关的链接类型有哪些？
4. 为简单连续性新闻选择相关新闻应考虑些什么？为复杂连续性新闻选择相关新闻应考虑些什么？
5. 借助链接可以实现哪些功能？
6. 跟帖对正文的信息增量体现在哪些方面？
7. 不断创新的跟帖编辑手法有哪些？各自的优劣如何？
8. 你还能创造出哪些网络新闻跟帖的信息挖掘与展示方法？
9. 网络新闻调查应如何选题？
10. 在为网络新闻调查设计问题和选项时，应注意些什么？
11. 你见过哪些网络新闻调查的数据报告呈现方式？你还能创造出更好的网络新闻调查数据报告的呈现方式吗？

【训练】

1. 请找一篇新闻，分析该新闻正文页上有哪些类型的链接，评价这些链接的作用。

如果是你来编辑，你会怎么编辑？试编辑之，并自评。

2. 请点击某篇新闻的相关新闻链接，观察并分析该新闻相关新闻的选择与编辑状况，评价这些相关新闻链接的作用。如果是你来编辑，你会怎么编辑？试编辑之，并自评。

3. 请找一篇多家网站都转载过的有相关新闻链接的新闻，比较多家网站对同一篇新闻的相关新闻链接的选择与编辑状况，分析这些网站对相关新闻链接信息在内容、页面呈现、功能实现等方面的呈现方式，评价各自的优劣。如果是你来编辑设计，你会怎么编辑设计？试编辑之，并自评。

4. 请找一篇有跟帖的新闻，分析该新闻跟帖的内容、页面呈现形式、信息展示逻辑。如果是你来编辑，你会怎么编辑？试编辑之，并自评。

5. 请观察并比较多家网站的跟帖信息，分析这些网站对跟帖信息在内容、页面呈现、信息展示逻辑等方面的编辑呈现状况，评价各自的优劣。如果是你来编辑设计，你会怎么编辑设计？试编辑之，并自评。

6. 请找一篇有调查的新闻，分析该新闻调查的选题、设问、页面呈现、数据报告呈现方式。如果是你来编辑，你会怎么编辑？试编辑之，并自评。

7. 请观察并比较多家网站的网络新闻调查，分析这些网站的网络新闻调查在选题、设问、页面呈现、数据报告呈现等方面的编辑状况，评价各自的优劣。如果是你来编辑设计，你会怎么编辑设计？试编辑之，并自评。

【推荐阅读】

巴拉巴西．链接：商业、科学与生活的新思维．徐彬，译．长沙：湖南科学技术出版社，2007.

第 10 章　网络新闻专题的选题策划与包装

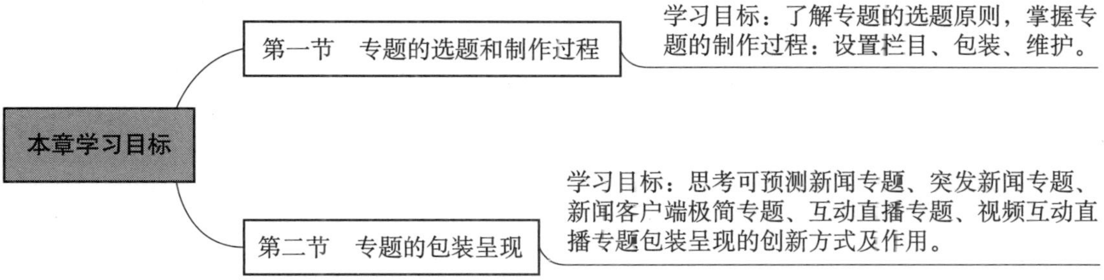

网络新闻专题是把报道某方面的多篇新闻和相关信息集纳到一起，便于用户集中、快速了解该情况的一种新闻汇集呈现方式。

第一节　专题的选题和制作过程

网络新闻编辑在日常发布新闻时，随时会考虑某篇新闻是否值得为之设置专题，把该新闻设置成专题的汇集呈现方式，是否能够方便用户更快速、更全面、更深入地了解该新闻。

一、专题的选题原则

1. 重要

重要，指的是事件对社会产生的影响力。重要新闻常是国内国际重要时政新闻。

2. 热点

热点，指一段时间里有众多网友关注的热点新闻。

3. 连续

连续，指某一重大事件的发生、发展在时间上有连续性，时间跨度较长。会陆续有多篇关于这个事件的报道出来，汇集成专题，方便网友查找和阅读。

4. 关联

关联，指某一事件与其他事件的联系。一个事件与其他事件的关联性越强，涉及的面就越广，对这个事件的报道就越容易开拓广度与深度。

5. 实用

实用，指对某部分网友来说非常实用的生活类、消费类信息。如新浪教育高考频道的报考数据库。

二、专题的制作过程

1. 设置栏目

（1）搜寻相关文章并分类。

使用关键字搜寻相关文章，将其分类罗列。大致设置常规栏目，确定报道重点。

常规栏目，从媒介表现手段来分，有文字新闻、图片新闻、视频新闻等；以混合标准来分，常见的有“最新消息”“图片新闻（幻灯）”“视频新闻”“背景资料”“各方反应”“分析评论”“微博热议”“网友评论”等。

（2）构想特色栏目。

特色栏目常有：“图解”“示意图”“示意地图”“Flash”“网站访谈”“本网专稿”，以及小专题、特色互动等。

（3）栏目划分。

栏目划分时应注意：界定清楚、重点突出、照应周全。

2. 包装

（1）制作标题并加图。

（2）制作导航条。

（3）写出专题摘要、事件概况或大事记。

（4）首屏设计并添加内容。

（5）框架式页面布局。

（6）特色稿件、特色栏目的制作。

3. 维护

（1）不断添加新闻。

（2）逐步添加特色栏目框架。

（3）首屏要闻更新、专题摘要更新。

第二节　专题的包装呈现

汇集多篇新闻的网络新闻专题容易显得信息杂乱无章，为让用户一眼就明白该专题的重点所在以及信息的排列逻辑，编辑常需对专题页面进行设计，以把繁杂的信息清晰、明白、有序、有重点地呈现出来。

【案例10-1】从《恢复高考30周年纪念》看可预测新闻专题包装呈现

新浪有“往日专题回顾”，从中可查看该专题在某日的状况。借着这个功能，我们可回溯看看，一个专题是如何从无到有地进行包装推出的。

《恢复高考30周年纪念》专题①，早在5月10日时，就已有一个简洁模板页面呈现出来（见图10-1）。模板页面上，除了专题标题文字，只有简单的栏目分类，还没往里面填装内容。这些栏目是怎么分类的呢？第一个标准是按时间分，有“最新消息”，排在最前面。第二个分类标准是媒介表现形式，按文图视音频的表现形式来分，有“图文报道”“视频报道”。第三个分类标准是按稿件信息切入角度来分，有“分析评论”“连线访谈”“背景资料”。

在上线大概一小时后装进来的新闻中，除了一般的新闻报道外，在“背景资料”栏目下，装入了一篇《恢复高考30年大事记》。后来大事记的概要信息被提出来放在了边栏直接呈现出来。这说明当一个新闻事件延续时间比较长、事情经过比较复杂时，需要有一篇专门的大事记类的文章，来帮助网友快速了解其大致发展脉络。如果没有其他媒体发出大事记之类的完整文章，就需要网络新闻编辑自己来整理。也有的专题事件发展脉络不算太复杂，编辑常简单汇集编写后，将其放在专题摘要中呈现。对任何一个热点新闻，编辑都可考虑

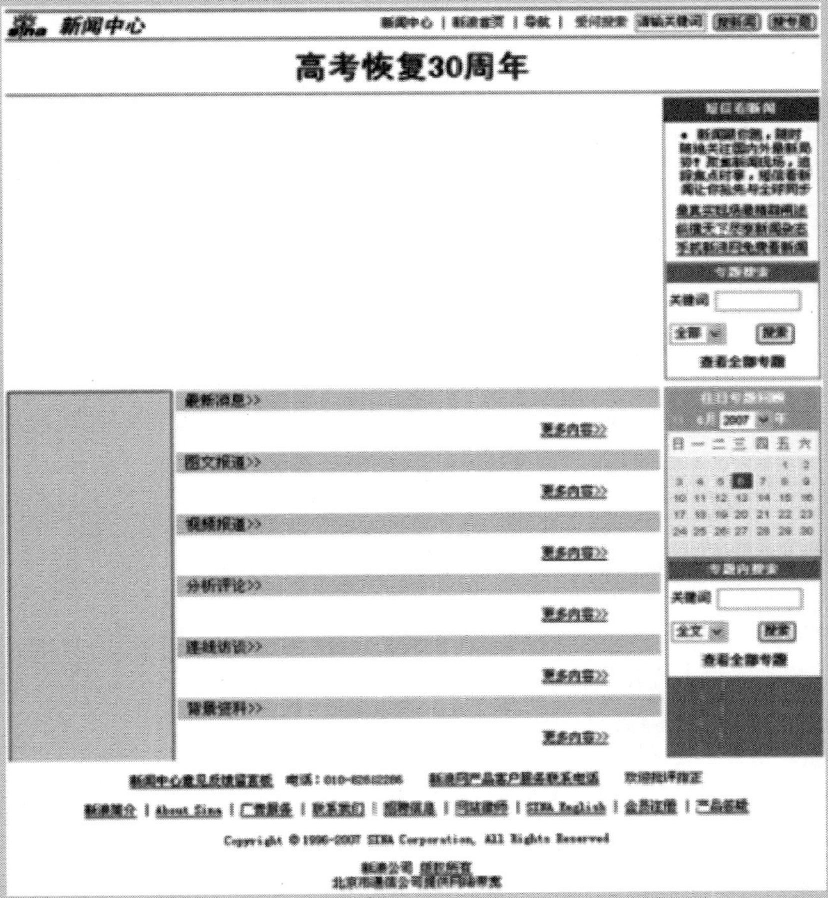

图10-1 新浪PC端专题《恢复高考30周年纪念》最早呈现出的模板页面

① 新浪网．恢复高考30周年纪念［EB/OL］．(2007-05-10)［2020-03-30］．http://news.sina.com.cn/z/gaokao30/.

专门用一段话、或一个简单时间线清单式图表、或一篇“一文读懂”之类的稿件，把这件事情最简要的、按时间顺序叙述的发展历程整理出来。

5月21日的专题页面上，继续增加了一个栏目“高考故事”。这是编辑策划的向网友征集高考故事类文章的活动，该征文活动调动了网友的互动积极性，很多网友写下自己记忆深刻的高考故事经历，通过专题页面该栏目下的标题推荐，分享给了更多网友。

但直到6月1日，该专题首页仍是“素颜”骨架，还没有精致包装。几天后，该专题首页终于包装呈现出来（见图10-2）：

（1）标题字体变了，并配上了标题区横屏大图。

（2）专题导航条出现了。

（3）增加了栏目：“策划”“重做考卷”“电子书”。

这说明编辑在后端花了大量时间来做准备，准备了动态的Flash、策划了互动活动和特色深度报道的子栏目。在专题以精致包装页面呈现出来时，把长期准备的东西一并端上来。

（4）三栏式排版。

（5）首屏呈现：

左：图片幻灯、人物专访（转载其他媒体的人物专访报道）。

中：头条要闻、各栏目推荐、嘉宾访谈（新浪网自己策划制作的嘉宾访谈报道）。

右：特别推荐（重做高考试卷、印象1977、恢复高考视频）、我的高考故事。

（6）第二屏上半部是特别策划的子栏目：“1977年，时代的拐点”“高考变迁与改革”“高考回归常态”“77/78级高考人物谱”。

这4个特别策划的子栏目，有专门包装呈现的“标题＋摘要”式子栏目目录页。分别从事件的关键点、事件发展过程、事件现状、特别人物等方面，进行了信息的汇集与专页呈现。

（7）第二屏下半部：几个特色栏目。

左：影音资料（视频）。

中：历史瞬间（照片）、媒体报道、77/78级名人。

右：考卷、电子书、分析评论、合作专题。

但是，在特色栏目推荐中，有些栏目在页面上多次重复出现，如“77/78级名人”“考卷”“电子书”等栏目。在同一页面上，栏目不宜多次重复呈现。信息超载时代，需要的不是看起来很丰富的信息，而是不要让信息不必要地打扰用户。

（8）第三屏及以下：

左：合作媒体列表。

右：恢复高考大事记。

中：最新消息、图文报道、视频报道、连线访谈、背景资料、高考故事等各栏目新闻标题倒时序清单式呈现。

由此案例可看出，可预见性专题编辑方面需要注意的是：

（1）提前策划、准备。

（2）注意使用背景资料，以特色栏目取胜。

如，以上案例中，“嘉宾访谈”了数十人，规模颇大、功夫颇深。4个“特别策划”子栏目，做出了深度。制作了Flash“电子书”。制作了图片幻灯“77/78级人物谱”“高考老照片”。策划了特色互动“重做考卷”“我的高考故事”博客征文。

图 10－2　新浪 PC 端专题《恢复高考 30 周年纪念》包装后推出的页面

【案例10-2】从《美国波士顿马拉松恐怖袭击》看突发新闻专题包装呈现

2013 年 4 月 16 日凌晨 4 时，新浪推出了专题标题为“美国波士顿马拉松终点处发生爆炸”的专题首页。首页上只有简单的蓝底白字的标题文字，有一行简单的专题摘要，下方 5 条一组清单式罗列了一些标题前打上红星标志的最新消息，共十几条。该事件发生于北京时间 4 月 16 日凌晨 2 时 50 分。新浪专题上出现的最早报道时间是凌晨 3 时 9 分。看来，新浪编辑在发出第一条该事件的新闻后，就已迅速判断此突发新闻可做专题，并快速推出了极简专题页面（见图 10－3）。

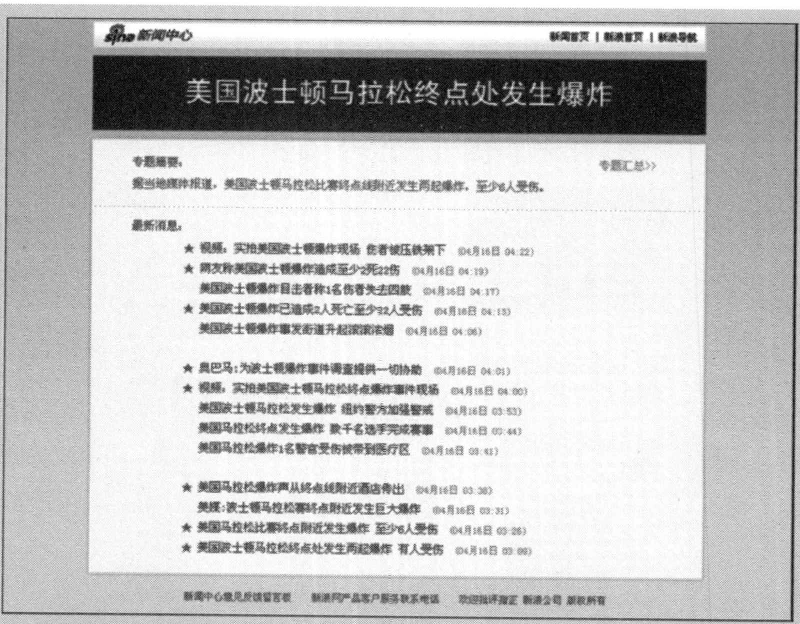

图 10-3　新浪 PC 端专题《美国波士顿马拉松恐怖袭击》最初推出的极简页面

在 4 月 16 日上午 10 点的专题回顾页面，则采取了比较复杂、好看一些的框架式包装的方式（见图 10-4）。

该页面采用首屏 3 栏式排版，首屏中栏放置分类的重要新闻报道，左边栏放置图片幻灯和视频，右边栏放置事件概要和背景。

接下来整屏拉通，从上往下顺次排列为“现场图集幻灯”“外媒报道截图幻灯”“相关专题”“微博热议”“专题内搜索＋最新消息（更多）＋往日专题回顾”等能在短时间内快速制作出的信息板块。

在 4 月 16 日下午 2 点的专题页面回顾中，框架式包装的好处就充分体现出来了。编辑可根据需要，方便地往框架式包装的页面中，添入更多后续新闻报道的相关板块。如，添加了“目击现场”“现场直击＋最新动态（视频）”“微博直击”等 3 个显示更多现场动态信息的板块。

再后来，又往框架里添加了“缉凶路线图”“图解爆炸现场”“小知识：如何探测爆炸物”“最易受恐怖爆炸的国家＋10 大恐怖袭击”“微博直击＋王石亲历视频＋推荐关注”“9-11 后全球重大恐怖袭击事件”“微博热议”等需要更多时间制作的动态图表类板块，以及添加了汇集更多相关信息和直接信源信息的板块。微博热议板块，链接的微博热议多了以后，出现下拉框，还可不断刷新。微博直击板块，链接的是现场目击者的微博，但遗憾的是其微博更新后与专题内容无关了。

该专题标题也几经变化。由原来的《美国波士顿马拉松终点处发生爆炸》，变成了《美国波士顿马拉松爆炸事件》，最后变成了《美国波士顿马拉松恐怖袭击》。标题区配的横屏大图，也由一张原图简单裁剪而成的横图，变成了最后明显设计过的横图。①

---

① 新浪网．美国波士顿马拉松恐怖袭击［EB/OL］.（2013-04-16）［2020-03-30］. http://news.sina.com.cn/z/mgbsdmlsqdbz/.

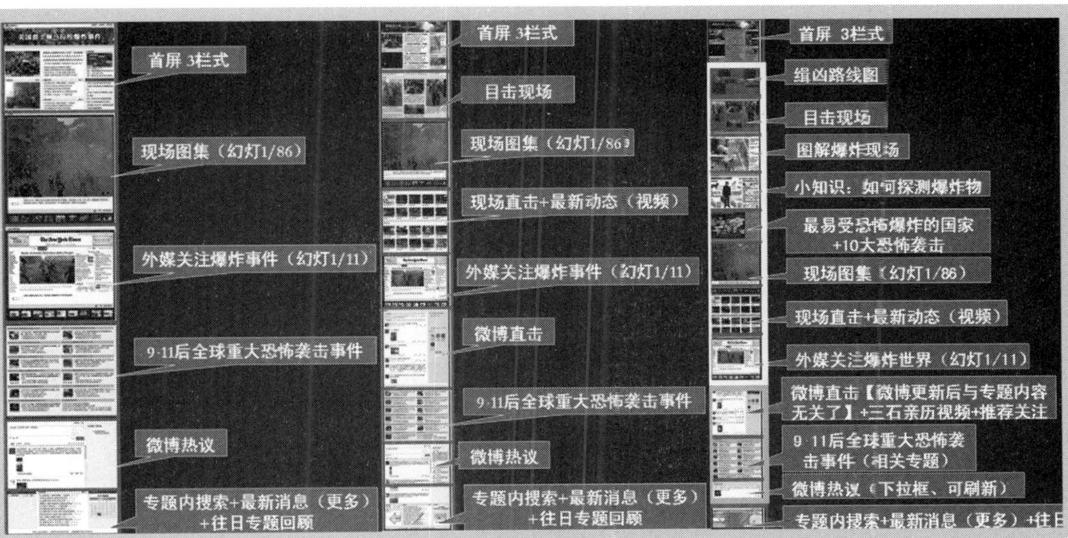

图 10-4　新浪 PC 端专题《美国波士顿马拉松恐怖袭击》陆续推出的框架式包装页面

由此案例可看出，突发新闻专题的编辑方面需要注意的是：

1. 快速启动

最先推出的专题页面可以极简化，仅需快速做个专题标题、摘要。最新消息用清单式罗列即可。

2. 不断添加更多信息板块

随后以框架式包装的专题模板页面，不断添加更多信息板块。

根据具体获得的信息情况，可考虑从以下多方面全力跟进：

（1）及时报道最新消息（文、图、视频）。

（2）关注突发事件现场图片、现场视频。

（3）配发特色图表。

（4）制作图片幻灯。

（5）报道各方反应。

（6）关注外媒报道。

（7）寻找相关背景资料、相关新闻、相关专题。

（8）发掘网友资源：寻找直击现场网友的微博报道、关注微博热议、提供网友跟帖互动。

【案例10-3】新闻客户端极简专题的呈现

手机新闻客户端上的专题页面，因屏幕太小，过于复杂的包装设计受到限制，基本都只能呈现为极简包装页面（见图 10-5）：

1. 标题和摘要

最简化的，是只有标题文字，或者把标题文字铺底翻白。

稍复杂点的，是为标题配个图片，标题压图。

再复杂点的，标题下给出两三行字的摘要。摘要可压图，也可不压图。

2. 分类

简单地把多条新闻分为几类。

分类标准，可以是按文图视音频等媒介表现手段分，常见的有：“最新消息”“视频报道”“图片报道”等。

分类标准，更多的是按内容逻辑分，如同打标签一样，2～4个字的标签挺常见。

3. 导航条

有的没有导航条，直接从上往下给出分类标签。每个分类标签下，常只放置3～5条新闻标题。更多新闻标题，需要点击“展开更多”才在当页出现。

有的把分类标签汇集到导航条上，放在标题之下。一般来说，点击导航条上的分类标签，会跳转到当页分类标签处。

图 10-5 新闻客户端专题的极简包装页面（左一：腾讯专题；左二、三：网易专题）

【案例10-4】互动直播专题的呈现

手机新闻客户端的专题，还出现了一种有特色的互动直播专题的形式。

从互动直播专题在新闻客户端的页面呈现来看，一般会包括如下内容：

（1）标题。

（2）滑动门显示的两个可点选的页面：主持人直播信息、网友聊天信息。

如，搜狐新闻客户端2016年的互动直播《郑州服装厂发生连续爆炸多人被困》（见图10-6），分成“实况直播”和“边看边聊”两个页面。

页面上的信息是以倒时序放置的。这种倒时序放信息的方式，能让用户在进入直播间页面时，第一眼就看到最新消息，但是也让用户在往下翻看时不太适应颠倒的时序。除非用户把信息滑到最底下，再从页面最底端往上倒着看，才有正常的信息接收的时序感觉。应让用户自己选择是以倒时序还是以时序放信息，把显示方面的选择权交给用户。

在“实况直播”页上，主持人不时发布文图视音频等信息，并常在信息前打上“最新消息”“图文直击”等标签。“边看边聊”页上，显示的是网友的聊天，且主持人发布信息也按发布时间嵌入在里面。这种嵌入设计，可让网友浏览“边看边聊”页时，不错过主持人不时发布的信息。

主持人直播的内容，常包括以下几种：

(1) 前方记者发来的消息，包括文字、图片、视频、音频等现场采访信息。

(2) 主持人收集的信息，包括此新闻事件的相关背景信息、其他渠道报道的此新闻事件的最新信息。

(3) 主持人邀请专家和网友等，对此新闻事件进行专业分析和讨论。

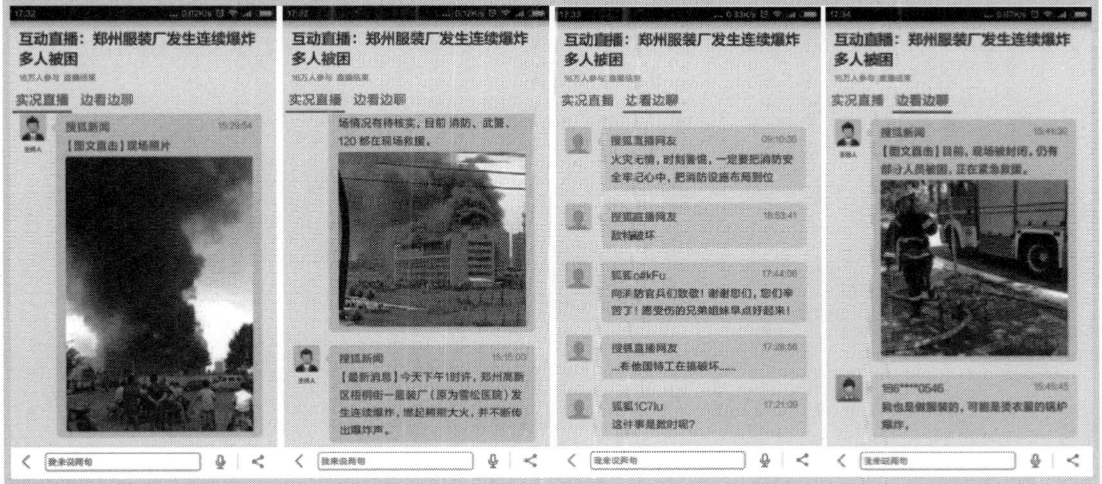

图 10－6　搜狐新闻客户端互动直播专题页面

【案例10-5】视频互动直播专题的呈现

视频互动直播专题的页面，上半屏呈现视频直播画面，下半屏是可上拉滑动浏览的信息页面。用户可一边看视频直播，一边浏览下半屏的信息。

如，腾讯新闻客户端 2019 年的视频直播专题《明天之前｜机器人伴侣成为现实》页面（见图 10－7），上半屏呈现的是视频画面。该视频画面长达 2 小时 18 分 15 秒，前面 45 分钟是一段主持人曾宝仪走访探讨人类前沿话题的专题纪录片《机器人伴侣》；后面 1 个半小时左右的视频，是腾讯新闻邀请了几位专家、多位网友和主持人一起讨论该纪录片涉及的机器人伴侣问题。但嘉宾讨论部分，没配字幕。有时嘉宾的话因口音问题或话筒离远了，难以听清楚。

下半屏的信息，主要是腾讯直播员发布的信息。虽然此节目已有 900 多万人观看，但并没有纳入网友讨论信息。腾讯直播员发布的信息，主要内容包括：对此次直播内容的介绍；对讨论嘉宾的介绍；对纪录片中关键人物事件等进行文字、截图、截取视频等形式的介绍。但并没对嘉宾讨论内容进行重点摘录，也没把嘉宾讨论内容全文转换为文字。这么长的视频，尤其是后面的嘉宾讨论内容，应给用户提供转译为文字来快速浏览跳读的机会。

图 10-7 腾讯新闻客户端直播专题页面

【本章小结】

本章探讨了网络新闻专题的选题策划与包装。首先，探讨了专题的选题和制作过程。提出了专题的选题原则：重要、热点、连续、关联、实用。探讨了专题的制作过程：搜寻相关文章并分类、构想特色栏目、栏目划分、制作标题并加图、制作导航条、写出专题摘要或事件概况或大事记、首屏设计并添加内容、框架式页面布局、制作特色稿件和特色栏目、不断添加新闻、逐步添加特色栏目框架、首屏要闻更新、专题摘要更新。其次，通过实例分析探讨了可预测新闻专题、突发新闻专题、新闻客户端极简专题、互动直播专题、视频互动直播专题的包装呈现。

【思考题】

1. 专题的选题原则是什么?
2. 在专题的制作过程中，编辑常需做哪些事情?
3. 专题的常规栏目设置有哪些?
4. 专题的特色栏目设置常从哪些方面去考虑?
5. 你见过哪些网络新闻专题导航条的设计方式? 评价其优劣之处。

6. 可预测新闻专题、突发新闻专题、新闻客户端极简专题、互动直播专题、视频互动直播专题的包装呈现方面各有何特点?

【训练】

1. 请找一个网络新闻专题，分析评价该专题的选题、专题标题、专题摘要、栏目设置、专题导航条、专题页面设计等方面的编辑状况。如果是你来编辑，你会怎么编辑? 试编辑之，并自评。

2. 请找一个多家网站都有的网络新闻专题，比较多家网站对同一专题的编辑状况，评价各自的优劣之处。如果是你来编辑设计，你会怎么编辑设计? 试编辑设计之，并自评。

【推荐阅读】

吴晨光. 超越门户：搜狐新媒体操作手册［M］. 北京：中国人民大学出版社，2015.

多终端篇

第 11 章　PC 端、微博、微信新闻的编辑特点

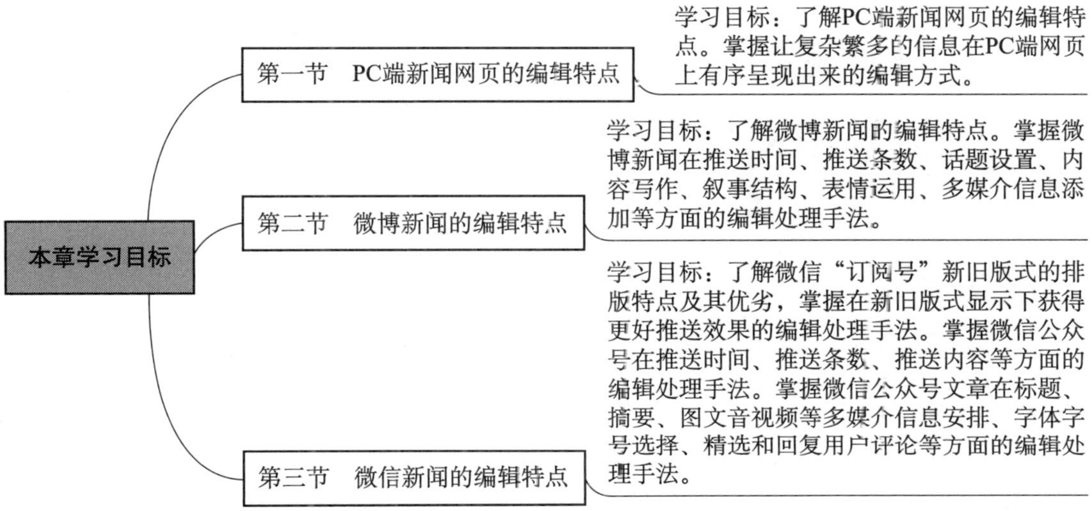

网络新闻的发布平台，从原来的 PC 端独大，发展到以手机端为主的微博、微信、多个新闻客户端、多个社交平台等多终端发布渠道。每种终端发布渠道，因其终端硬件介质不同、终端软件功能设计不同，信息在不同终端页面上的呈现方式也很不相同。网络新闻编辑需要了解不同终端网页的特点，才能更好地编辑适合不同终端的新闻信息，以获得好的推送效果。

第一节　PC 端新闻网页的编辑特点

PC 端的特点是屏幕很大、很宽。基于这种特点，网页上的信息放置，需要分栏、分屏、分块，以把复杂繁多的各类信息有序地罗列出来。

一、表格式多栏编排的超长网页

早期，由于带宽不够，点击一个页面需要等一会儿才会把信息完整显示出来，所以，以新浪为代表的综合新闻门户网站，渐渐采取了把很多标题集中汇集在一个长页面上的方式，让网友点开新闻标题目录页，就可把当日重要新闻基本一网打尽，当时很多网站 PC 端主页可能会上拉滑动二三十屏的长度。后来带宽逐渐宽裕，跳转各频道页、各正文页变得非常快捷后，PC 端主页的长度慢慢开始缩短，目前可上拉滑动十屏左右（见图 11－1）。

PC 端新闻网页是一种表格式的编排。这种表格式编排的好处是，当你点击网页时，页面上最顶端表格中的内容会先出现，然后依次往下出现内容。这样，在带宽有限时，点

图 11－1 新浪网 PC 端主页首屏

出的网页可尽快出现一些信息，等慢慢往下看时，后面表格中的内容差不多也接着出现了，这样可减少用户等待的时间。

表格式的编排，也决定了要以矩形框的方式来放置信息。从整个网页的结构形式来看，最常见的是门型，即顶端有一条横屏，左右有边栏，整体看起来像个门框。整个页面，一般分为三栏。如新浪网 PC 端主页，左边栏窄，中间、右边等宽。每隔一屏高度左右，会有一条横屏截断，让长长的页面隔成多屏。每屏左、中、右栏里，是矩形框的豆腐干式小块，每小块里放 10 条左右标题信息。多个小块拼积木一样，拼成又宽又长的页面。每小块之间，会有较明显的留白，并刻意保持对齐。整个页面有明显的竖条状留白和横条状留白，横竖纵贯清晰。

当长长的页面布满复杂繁多的文图信息时，想让用户一眼就清楚哪部分是哪类信息，快速找到所需信息，还要维持页面信息放置整齐，就需要分门别类，设置好频道、栏目，并以块状整齐排列。

横对齐、竖对齐、过一小段打个横隔断区分一下，让长长的页面自然地分成多屏、三栏的信息块，是很好的整理信息的办法。就如桌上有很多杂乱的零碎东西时，为其找些盒子有序放入其中，是让其呈现出整体性的好办法。把各频道或栏目信息，用整齐的留白、适当的分隔线等，分成一个个矩形信息块，把信息有序装入其中，可让其既有丰富内容又有整齐外观。

二、目录页顶端放置详略不等的导航条

PC 端新闻网站主页的顶端，一般都会放置详细的全网站导航条，把该网站最主要的频道和栏目名显示出来。详细的全网站导航条，常见的有 3 行，每行 20 多个频道和栏目名。为便于查看，每行 20 多个频道和栏目名，分隔成每 4 个或 5 个一组显示。详细的全

网站导航条，虽能放置60多个频道和栏目名，但依然难把网站所有栏目呈现出来。所以，常在网页右上端有“网站导航”链接，点击可查看类似于网站树状结构图的所有频道和栏目名。

在PC端新闻网站的主页、各频道首页、各栏目首页、各正文页的顶端，都会放置适当的详略不等的导航条。如新浪网，新闻频道首页除继续放置3行详细的全网站导航条外，还放置了新闻频道1行栏目导航条；但科技频道、体育频道、娱乐频道、汽车频道等其他与新闻关系不大的频道首页顶端，只放置了1行简略的全网站导航条，以及该频道1行栏目导航条。正文页顶端，放置了1行简略的全网站导航条，以及标题区放置了“某频道＞某栏目＞正文”展示具体进路的导航条。

网站各层级页面顶端的导航条放置内容的设计，是从用户阅看的角度出发，分析用户在点开这个页面后，下一步阅看方向可能是什么，用带链接的导航条来为用户进一步阅读跳转页面提供方便。

三、矩形框信息块：多屏显示、端首对齐

每个矩形框里，原来只有一屏信息的显示，现在则流行滑动门式的多屏显示方式。虽然网页可上拉滑动很长，但用户却一般不会滑看太多，更多时候只在首屏及以下几屏看一看。采用多屏显示方式，可在同样面积上多放置几倍的信息量。用户通过鼠标在不同屏上滑动，相应信息块极速响应出现，几乎无延迟。在每个信息块中多屏显示的方式，让原来动辄二三十屏的标题目录超级长网页，缩短为十屏左右的标题目录长网页。

为让信息看起来清爽有序，在矩形框信息块中让每条信息开头都左对齐，并加圆点做项目符号。看具体情形，大约每5条标题信息之间，会有一行留白，这让页面信息看起来不是密不透风，而是疏密有致、眉目清晰，看的人也感觉能歇口气。

每个矩形框信息块中，以及块与块之间，还适当采用留白、粗线、细线、虚线、有颜色线等设计，以达到分隔清晰、井然有序、强调分明、风格统一，适宜于让用户快速浏览阅看。

另外，同一个页面上使用的字体、字号、颜色及色块等的选择，尽量不要用三个以上的样式。因为每种内容使用的样式太多了以后，会显得过于花哨、非常杂乱。有限制地使用字体、字号、颜色等，反而显得朴素大方，有利于真正重要信息的突出显示。

四、“频道—栏目”多层树形结构

一般来说，网站PC端的结构层级要比手机端多一些。

手机端因屏幕小、难以清晰显示多层级结构，所以对频道和栏目极简化设置，把原来频道及频道下的重要栏目压到一个层级上来，通称为“全部频道”或“所有栏目”。虽然层级简化，但一层里面东西过多而缺乏分类，显得较为杂乱。

网站PC端屏幕大，可较清晰地显示多层级结构，仍按“频道—栏目—子栏目”多层级结构显示在导航条、进路条和网站导航页面上。

一个新闻综合类门户网站，信息极为庞杂，要想有序呈现多样化的信息，需要按逻辑为信息分类。首先可分出各大频道，然后在每个频道下再分出各栏目，再在某些栏目下分

出子栏目等。这样的树状结构、多层级分布，能让庞杂多样的信息有序存放和呈现，方便用户按需获取。

如，新浪网的网站导航页上，可清晰、完整地看到新浪网整个网站频道及栏目设置状况（见图 11-2）。

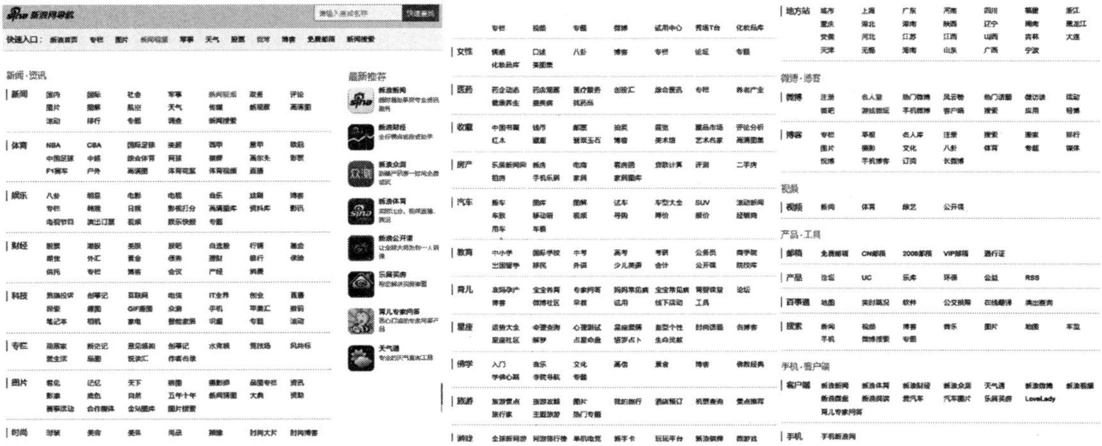

图 11-2　新浪网 PC 端“网站导航”

第二节　微博新闻的编辑特点

早期的微博主要在 PC 端浏览，目前的微博 PC 端和手机端都可浏览，但以手机端浏览为主。微博上的信息每条都很短，用格式整齐划一的信息内容框框住，以倒时序实时更新信息流的模式大量碎片化地呈现。

一、限 140 字的微博是“标题＋摘要”式简讯

一条微博信息，限制在 140 字以内，但可以加链接、配图、配音视频、网友评论等。

最早一条微博信息是无法输入超过 140 字的，为什么微博会对每条信息作出 140 字的限制呢？是考虑到要尽量减少用户阅读负荷，有利于简化信息，提醒人们在有限字数内把一件事尽量说清楚说完整。前面我们在说标题、摘要字数时分析过，20 字左右的标题，只适合出最重要的几个信息点，百来字左右的摘要，能呈现出包括更多重要信息点的完整简讯式内容。所以，把每条微博信息限制在 140 字内，其字数限制所允许的信息呈现特点和作用，就相当于呈现出“标题＋摘要”内容。

一条 140 字微博新闻内容，最适合做成“标题＋摘要”式简讯。

一般可用最能突出显示区别又不太占位置的标点符号——方括号“【】”——把标题文字括起来，表示方括号中的文字是与后面文字不同的标题文字。

而后面百字左右的文字空间，最好是做成能比较完整地呈现出该条新闻重要信息点的简讯式摘要，以支持用户刷微博信息流时既能在目录页快速了解标题重要信息点，又能快速了解简讯式摘要信息点。

微博作出把每条信息都限制在 140 字内的严格规定，就是想要以此规定严格束缚微博

作者，让每条信息都只能呈现精简过的完整简讯式内容，来达到减轻用户信息接收负荷的目的。

可是，微博作者们想尽办法来突破140字对内容表达的限制。

有的微博作者利用评论方式，把还未表述完的内容添加完整。但是，评论内容需要点击“评论”后才能出现评论内容。无法直接显示在微博信息流目录页上。

有的微博作者利用微博信息中可设置文字链接的规则，把发布在其他网站的长文章，用文字链接的方式把短微博信息导流到长文章页。很多新闻机构在发布微博新闻时，就采用“文字链接”到新闻全文页的方式。但文字链接的方式，仍无法把全部内容直接显示在微博信息流目录页上。

有的微博作者利用可直接发图片，或每条微博可配图的规则，把该条微博文字内容转成图片格式，直接发图片，或配图在该条微博140字信息框之下。甚至还出现了专门的软件，来帮助人们把文字信息转换成“长微博”。但也需要用户点击该长微博图片，才能完整展开显示该图片信息。

这么多想方设法突破140字内容限制的方式，反映出微博作者们想要更详细表达全部内容的强烈需求。

后来，微博放松了限制，可以超过140字，但在微博信息流目录页上每条微博仍只显示前面140字，余下部分用“全文”链接提醒用户可再点击看完整信息；点“全文”链接跳出的该条微博单独的正文页上，可显示超出140字的该条微博全部文字信息，但超过的字数仍不可太多。

再后来，微博干脆可直接发“文章”，对文章的字数限制就宽松了许多，几千字长的新闻信息完全可装下了。不过，微博文章发送出去后，在微博信息流目录页上，仍然每条微博只显示有限字数，需要点击“文章”链接才能再跳出正文页面显示出全部内容。

一般情况下微博信息的文字内容每行约22字，大概在6行半左右就会达到140字限制，超过的就用省略号加“全文”链接，但点击“全文”，跳出的该条微博信息正文页上，往往只比140字再多出十几个甚至几个字。而且，由于新浪并没有在跳出的正文页把目录页上用户已阅读过的140字以铺上底色的方式淡化，导致往往需要用户再逡巡寻找需要接着读下去的地方，非常浪费用户时间。因此，微博新闻编辑最好严格遵守140字限制，尽量避免用户多一次点击“全文”链接，却多看不了几个字且还很难找到续读点的情况。

另外，笔者注意到，微博对链接目标为长文章全文页的链接文字命名为“文章”，而对链接目标为短微博信息的完整页面的链接文字叫作“全文”。这样的措辞选择，容易让用户不明白两个链接目标指向的内容有什么不同。“全文”这样的措辞，容易让用户误会成点出来的页面应是一篇长长文章的全文内容。若只是把原本限制为140字的微博适当延长一点的微博，6行半显示不完时，可在后面用“展开”和“收起”键直接在当页显示，避免跳出另一页却只多几个字，还打断了继续往下阅看其他微博信息的行为（见图11－3）。

图 11-3 新浪微博 App 目录页上的一条微博及其“微博正文”页面

二、微博新闻的叙事结构：核心事实＋评论

有学者从叙事学角度研究了多条微博内容后，归纳出微博新闻叙事的几种基本结构①：

1. 事件消息：“核心”＋“卫星”

＃×××＃【标题】（记者从×××获悉/了解）5W＋H＋背景资料＋网址链接＋@＋记者＋图片＋视频

2. 事件消息：“核心”概述＋细化

＃×××＃【标题】（记者从×××获悉/了解）事件概述＋事件详情＋网址链接＋@＋记者＋图片＋视频

3. 事件消息：“核心”并列

＃×××＃【标题】（记者从×××获悉/了解）“核心”1、2、……＋网址链接＋@＋记者＋图片＋视频

① 孙芙佳．从“新华社中国网事”谈微博新闻的叙事结构［J］．中国地市报人，2013（4）：61-63.

4. 人物消息："夹心"模式

＃×××＃【标题】（记者从×××获悉/了解）人物身份＋"核心"事件＋评价＋网址链接＋@＋记者＋图片＋视频

由于微博140字限制，要想在很少字数里写清楚一件事，只有聚焦核心事实，所以5W1H作为核心事实要素，需要首先得到叙述的保证。若字数空间有限，甚至只能出现5W1H中最重要的几个，要点是说清楚出了什么事，而"怎么样"这个"H"，常来不及叙述。若人物不重要，连人物名字都不会出，常只出个身份，甚至略过人物部分不提。若地点、时间不重要，也常略过不提。若有更多空间，常会考虑多出几个"核心事实"并列；或在"核心事实"后跟一点具体详情；或在"核心事实"后配上一句能帮助理解其信息意义的评论；或在"核心事实"后配点有必要提及的背景资料。

据研究，从选择样本显示出，《人民日报》的微博新闻中，只叙述核心事件的微博新闻约占总样本量的44%，"事件＋评论"的约占20%，"事件＋背景＋评论"的约占17%，"事件＋背景"的约占14%，转发原文的事件后续报道约占4%。①

目前的微博新闻中已较少出现记者名字，也很少在标题后出现"记者从×××获悉/了解"这样的话语，而是直接在标题后出核心事实信息。有少部分微博新闻，会在最后用括号括出发布该新闻的机构名，如"（某日报）"。笔者认为，信源是有必要在目录页出现的重要附文信息；记者名字则是可不必出现在目录页、但至少应出现在全文页的附文信息。

因此，微博新闻的叙事结构也可是这样的：

极简版：【标题】＋5W中的核心事实＋网页链接＋信源＋配图（视频）

详版：＃×××＃＋【标题】＋5W1H中的核心事实＋一两个详细事实＋背景＋评论＋网页链接＋信源＋配图（视频）

三、添加"＃×××＃"制造话题效果

在新浪微博中，对点击量大的、标注了某话题的微博信息，会特别推荐到"热门话题""分类话题榜""今日话题榜"等话题榜页上。若被推荐到这些话题榜页，让用户接触到的机会将呈几何倍数级增加。

一条微博新闻，若没被推荐到话题榜页或热搜榜页，只有机会出现在已关注了自己账号用户的"关注"信息流页上，且稍瞬即逝，很快会被其他后发信息挤下去。而若被微博推荐到"推荐""榜单""热搜""话题"等页面，则大大增加了被用户刷到的机会，点击量常会因之而呈几何倍数上升。一条在自己账号上点击寥寥的微博新闻，常会因为被特别推荐，点击量轻轻松松上万，甚至数十万、数百万。但是，因报道事件热门、内容新鲜、报道极速而被微博主动选中来推荐的微博新闻，毕竟只是些"幸运儿"。

微博作者可通过添加"＃×××＃"的方式，尽量想办法来为该条微博新闻提炼、归纳话题，以与已有热门话题相联系，或制造出一个新的有望成为热门的话题。这样，不仅可达到利用热门话题的超高曝光量来推广该微博新闻的效果，也更容易在用户主动搜索某话题新闻时呈现出来。

---

① 尹忠伟．人民网微博新闻的叙事研究［D］．重庆：重庆工商大学，2016．

四、添加表情符以增加表情效果

微博中有插入表情符的功能。很多微博编辑也喜欢利用这个功能，让微博文字信息、尤其是微博标题信息显得文风更活泼、更有网络特点。

表情符能表达某种特别的、强烈的情感，编辑只用一个小小的表情符，即可简洁地表达对该条微博新闻信息内容的某种评价、某种情感体验等。在仅能呈现 140 字的有限空间里，对表情符的运用，很好地达到了言简意赅、寓意深远的效果。

不过，在添加表情符时，编辑应在准确理解表情符含义的基础上，正确选用适当的表情符，以免不适当选用或误用表情符而产生始料不及的偏差甚至负面效果。

五、用“转发+评论”方式进行连续报道

微博编辑常利用微博“转发”时可添加“评论”的功能，通过转发此前报道的某条微博新闻，把该事件的最新变动信息，以转发时添加评论的方式呈现出来，以此进行连续报道。

例如，中国新闻社发布了《河南一马戏团幼虎从笼中逃脱 目前已形成合围》的微博新闻，在该事件有了新的进展后，就在原来发布的微博新闻后，把最新事实变动信息《最新消息：逃脱幼虎已成功捕获》以转发并评论的方式发布了出来。这样的操作方式，能让此前发布的新闻直接放置在最新消息之下，此前消息和最新消息都能同时呈现在信息流目录页上，方便用户直接在同一页上快速浏览最新消息和此前信息。这是微博新闻发布连续报道非常好的方式。

六、发微博新闻的时间有规律吗?

由于微博信息在用户页面上是以倒时序信息流的方式呈现，每条微博信息在各用户页面上的呈现时间极短暂。所以，为了增加被用户刷到的可能性，也考虑到不过分打扰用户的因素，从重要与热点新闻可能发生与报道的集中与分散的程度，以及微博编辑的工作强度和速度出发，机构媒体渐渐形成了每隔半小时左右发一条微博新闻的规律。一般来说，从早上 7 时到晚上 24 时之间，大约可能会发布 20 条到 30 条左右的微博新闻。当有热点或重要新闻需要及时发布时，也会打破每隔半小时左右发布一条微博新闻的规律，根据需要抢秒发布热点或重要新闻。

另外，根据用户阅读微博信息的时间规律，微博编辑会尽量抓住用户阅读高峰时间来发布信息。如，除突发新闻抢秒发布外，常见的微博发布时间点为：早安帖、午聊帖、晚间深读帖、晚安帖等。

第三节　微信新闻的编辑特点

微信从诞生时起就以手机端为主，后来才照顾用户多平台使用的方便，开发了 PC 端的微信。微信主要是一款即时通信软件，微信公众号只是微信中的一种新闻及资讯类信息推送订阅应用。不过，由于微信用户量庞大，微信公众号受到众多机构媒体和自媒体的重视。

【案例11-1】从“订阅号”新旧版式对比看微信新闻的编辑技巧

在微信中推送新闻，会显示在微信“订阅号”页面中。微信“订阅号消息”，在微信默认首页上，会排在用户置顶的微信联系人和微信群之下，也排在比“订阅号”最新推送消息时间更近的联系人消息之下，仅占微信首页清单式罗列中的一小横条而已。

点击“订阅号消息”栏，会进入“订阅号”页面（见图11-4）。

（一）微信“订阅号”旧版式的排版特点

1. 突出置顶公众号

置顶公众号先罗列，普通公众号后罗列。首屏可看约9个标题文字信息。

2. 每个公众号只出一条标题

每个公众号在目录页只显示出一条标题信息。标题1行，超过17字变省略号。

3. 需点击进入公众号

点击进具体公众号目录页（再点才进某条正文页），能看更多推送目录内容。

进入具体公众号后，常能吸引网友往上翻看前几天未读信息。

因用户常进入具体公众号查看信息，所以，公众号的自定义底栏较突出。

（二）微信“订阅号”新版式的排版特点

1. 顶端是“常读的订阅号”

常读的订阅号，是由系统根据用户真实阅读数据自动呈现的。一行能显示4个常读订阅号，左滑可出现更多，总共会出现12个常读订阅号。

也许，设计者认为，根据用户阅读数据给用户计算出常读订阅号，放在顶端，有利于用户方便点击进入该公众号页面去找文章阅读。但笔者认为，大多数用户看信息，并不是因为常读某个公众号而一定要去找这个号的文章来读，而是在遇到该公众号有某条被判断为有价值、值得去读的文章时，才会去点击阅读。至少从笔者的个人体验来看，基本不会从顶端常读的订阅号点击进去阅读。这不仅浪费了顶端黄金信息展示位置，且每次看到的都是几个差不多的订阅号，无任何具体变动的新信息，有人为增多信息干扰之嫌。

2. 不分星标与否的倒时序信息流

不分星标与否的倒时序呈现的信息流，没有对置顶公众号和非置顶公众号的信息进行区分，难以很好地优先显示置顶公众号的信息。不再像旧版页面上部先展示置顶公众号按倒时序显示的信息流，页面下部再展示非置顶公众号按倒时序显示的信息流。

这两种信息流展示方式各有优劣。

旧版的展示方式，一是方便用户快速查看置顶公众号最新发布的头条标题文字信息，信息获取效率较高；二是吸引用户点击进入想继续查看的具体公众号页面，浏览更多该公众号发布的信息，让某个拥有强黏性的公众号的内容更容易被用户全方位地接收到。

新版的展示方式，方便用户以随意浏览的方式，不断上拉滑动查看最新发布的图文标题完整信息，但给想要点击进入某个具体公众号的页面的用户增添了不便。

3. 首屏可看3条左右标题图文信息

标题可折成2行，超过的用省略号表示。

改成新版后，首屏可看的标题信息条数剧减。由旧版可看约9条1行的标题文字信息，变成只能看约3条可折成2行的标题图文信息。仅从标题文字信息量来说，肯定是大大减少了。

但其好处是，每条标题信息能同时出图文信息了。可折成2行显示的标题文字，也能基本完全呈现了。

4. 一般公众号只能显示两条图文标题信息

一般来说，每个公众号能显示两条完整图文标题信息，让每个公众号的头条和二条标题信息的重要性被凸显出来，但同时也极度弱化了每个公众号三条以后的信息。

只有极少的机构媒体公众号被特别授权，如“新华社”，能在信息流页面显示更多图文标题信息。

5. 头条可配大图

常读和星标号的头条信息可配一张横屏大图，第二条信息只能配一张小图。普通号的头条和二条都只能配小图。小图在左，标题文字在右。

新版添加的为头条标题配横屏大图、为二条标题配小图的功能，让微信订阅号信息流页面变得更具观赏性。这样的图文标题信息显示方式，更接近于新闻客户端信息流页面上标题信息区的图文信息显示方式，更有多媒介有机融合起来，不断推送出新的具体信息流的感觉。

旧版更偏向于订阅RSS模式的“信源+最新1条信息”显示方式，按每个订阅公众号清单罗列，方便突出置顶公众号的信息，但浏览起来具体信息不断流动的感觉弱些。

6. 更多条显示“余下n篇”

用户需点击“余下n篇”，才会在当页展开余下的几篇标题文图信息。这样，被折叠的三条及更多条的信息，在信息流目录页上被极度弱化了。

微信公众号对每个公众号授予了不同的每天发送信息次数的限制，一般公众号每天只能发送1次信息，较少的机构媒体公众号每天可发送3次到5次信息，极少的如“新华社”这样的顶级权威机构媒体才有每天可发送10次信息的权限。

在新版出来后，公众号编辑的发布应对策略，会因有不同发布次数权限而策略不同。

每天有发布10次信息权限的公众号编辑，会选择每隔两小时左右就发布一次、多发布几次、每次常发2篇信息、有突发新闻时抢秒发布1篇信息的发布策略。

每天有发送3次信息权限的公众号编辑，常会选择中午、晚间两个时段作常规发布；为多发几篇，每次会发布2条信息以上；每次发布突出头条和二条的选择；余下一次发布机会，尽量留给突发新闻抢秒发布。

每天只可发送1次信息的公众号编辑，常会选择晚间时段发布信息，这能让信息在用户阅读最高峰时段显示出来；尤为注重对头条和二条的选择；至于信息条数，多于2条的只能任其被折叠了。

7. 点公众号logo可进入该公众号目录页

但一般只有特别关注某具体公众号的用户，才会在看到该公众号在信息流中发布的一两条信息标题后，意犹未尽地再点击进入其公众号内页，去阅看更多此前发布信息。

8. 公众号自定义底栏作用大降

原来旧版时，用户常需要点击进入每个具体公众号页面看信息，该公众号的自定义底栏有较多的曝光机会，各公众号也较用心设计其公众号的自定义底栏。但新版的方式下，因点击进入公众号内页阅读的用户很少了，公众号自定义底栏的功能，也就作用不大了。

鉴于很多公众号编辑和用户们在新版推出后，对新版各种吐槽不适应，怀念旧版显示的一些优势，微信采取了折中的办法：在新版“订阅号”页面的右上角，设计一个“☰”图标，点击该图标，跳出“订阅号”旧版式。这样，用户可根据自己的阅读习惯和需求，自行选择或切换在“订阅号”新、旧版式上阅看。

图 11-4 微信“订阅号”页面（左：旧版；右：新版）

【案例11-2】微信公众号“新京报”的一天发布状况分析

笔者选择观察了微信公众号“新京报”在 2019 年 9 月 6 日星期五这天的微信新闻发布状况（见图 11-5）。

微信公众号“新京报”在周五 8 时 36 分，发布了 5 条信息，分别是：

头条《不生孩子是罪过？生育率“破 1”后韩国有些人慌了》（“热点”，1 894 字，阅读 4.4 万，在看 120，精选留言 12 条，留言最高点赞数 689）；

二条《紧急呼叫 | 探访新西兰客车翻车地：现场摆放鲜花 留下车祸痕迹》（视频，2 分 01 秒，播放 3 866，在看 22）；

三条《南海珊瑚拯救行动：如何对付这群不能吃的“魔鬼海星”?》（“热点”，4 675字，阅读 8 443，在看 62，精选留言 1 条，留言最高点赞量 28）；

四条《宋茜：表演道路上，不怕演反派、扮丑》（“热点”，1 860 字，阅读 7 427，在看 7，无精选留言）；

五条《56 岁的年纪，20 多岁的眼睛，这位大姐是怎么做到“逆转时光”的?》(推广，阅读 1.6 万，在看 34)。

微信公众号“新京报”在周五 17 时 43 分，发布了 2 条信息，分别是：

头条《央行 9 月 16 日起降准 0.5 个百分点，释放长期资金 9 000 亿元》（“热点”，590 字，阅读 2.6 万，在看 60，精选留言 10 条，留言最高点赞量 95)；

二条《奋斗也有“副作用”？七成职场人身体堪忧》(“有理数”，1 850 字，阅读 8 994，在看 42，精选留言 5 条，留言最高点赞量 20)。

微信公众号“新京报”在周五 19 时 59 分，发布了 2 条信息，分别是：

头条《海南省委常委、海口市委书记张琦被查》（“热点”，几百字，阅读 2.9 万，在看 55，精选留言 7 条)；

二条《新编京剧〈郭琇洗堂〉：感受传统文化的现代力量》（推广，阅读 7 083，在看 10，无精选留言)。

从上面可看出，微信公众号“新京报”当天发布了 3 次信息。第 1 次信息在早上，8 时半左右发布；第 2 次信息在下午，17 时半左右发布；第 3 次信息在晚上，20 时左右发布。

早上发布的信息，一般来说是前一天就基本准备好的稿子。从“新京报”当天早上发布的 5 条信息来看，头条是一篇近 2 000字的深度现象类新闻稿件，二条是一个热点事件的新闻现场视频，三条是近 5 000字的深度现象类新闻稿件，四条是近 2 000 字的深度人物类新闻稿件，最后一条是篇“推广”即广告稿。

可以看出，前一天就准备好的稿子，其特点偏向于长篇深度稿件。但是，从用户的角度看，早上的时间一般来说还需要上班做事，是否有那么多时间来深度阅读呢？如果早上没有深度阅读的时间，用户会在晚上来点击进入“新京报”公众号页面里，去向前翻读早上推送的深度报道吗？

从阅读数据来分析，早上 8 时多发布的头条新闻，阅读数是全天里最高的，达 4.4 万，比下午和晚上发布的头条新闻阅读数 2.6 万、2.9 万多不少。看来，深度报道，哪怕是早上发出也有很多用户愿意点开看。不排除有些用户并非推送当时看到的，而是往下翻了很长信息流的过程中看到的，或是专门进入“新京报”公众号内页往前翻看到的，也有可能是在朋友圈或其他处的转发信息里看到的。

但早上发布的二条是纯视频类新闻，播放量仅 3 866。看来，在微信公众号里专门点击看纯视频新闻信息的用户较少，远远少于看以文字为主的、融合了图片视频等多媒体信息的深度类报道的用户。

另外，当笔者点击该视频新闻时，会直接出声播放，且当笔者把音量键点击为取消状态后，返回再点击该新闻，仍会直接播放出声音。这样的设置很不友好，笔者建议，视频新闻应默认不出声音播放，但要配完整字幕以便于理解，只有用户自己点开声音，才播放声音。

比较明显的是，即便信息流页面能同时出头条和二条，但头条与二条的阅读数相比起来，依然差距明显。头条阅读数常能上万，二条阅读数常在数千。

还可看出的是，“新京报”当天在下午和晚上发布的头条新闻，都是当天刚刚发生的突发新闻。如，《海南省委常委、海口市委书记张琦被查》这条 19 时 59 分推送的微信新闻，其文内标明的消息来源是“中央纪委国家监委网站”。在中央纪委国家监委网站上，该条消息的发布时间是19时30分。新浪新闻PC端上，该条消息的发布时间是19时33分。这说明，“新京报”微信新闻的推送，在当天突发新闻的推送上是想抢时间尽早发布的．但速度上仍有较大的提升空间。

图11-5 微信公众号“新京报”2019年9月6日发布的3次信息

【案例11-3】一篇微信公众号新闻的编辑呈现分析

笔者选择观察了微信公众号“新京报”在2019年9月8日星期日这天早上10时59分发布的头条微信新闻《四川威远5.4级地震，致1人死亡29人受伤（附现场视频）》的编辑呈现状况（见图11-6）。

点击进入该新闻正文页的首屏，可观察到：

1．标题区包括标题和附文

（1）标题折成2行。

（2）标题区附文是“信源 时间”，即“新京报 时间”。

2．摘要区

（1）摘要区左上端，是栏目名“新京报丨热点丨”。

“新京报”三个字是红色，字号加大。“｜热点｜”是动态显示的。有个小红点，像个小球一样，在“新京报｜热点｜”上弹跳了几下，然后消失。新京报对发布在微信公众号上的新闻正文页上的自身logo及栏目显示，设计得用心、醒目。

(2) 摘要区里，有3行摘要文字。

(3) 摘要区下面一行，显示的是“全文530字，阅读约需1分钟”。

显示全文多少字数、阅读约需要多长时间，让用户对是否有时间在此时阅读下去、紧接着的阅读需花多长时间，有个大致了解，是很贴心的服务。

3. 正文区

(1) 现场视频（时长59秒）。

该视频是“新京报”的“我们视频”。

未点击时，视频截图是拼接的两张现场信息丰富的图片，能呈现出地震房子倒塌的小全景和特写，并非该视频本身的最初画面。这显示出，视频截图是编辑刻意花时间精选并制作过的，目的是为更好地利用静态视频截图的信息块，呈现出更有新闻价值的现场信息。

视频截图的右上端，有“我们”logo文字图标。这样能凸显新京报自己的“我们视频”。利用每个新闻视频来推广自己的视频新闻品牌，效果是持续而正向的。

视频截图下面，是视频说明文字。说明文字的字号比正文字号稍小，颜色也稍浅。说明文字前面还有图标“▲”。从行距上来看，说明文字紧挨视频截图，与正文文字间空出一行。这些多种编辑凸显方式，让说明文字与正文文字的差别更明显，以免混淆。

首屏上，标题区、摘要区、正文区之间，都空出一行左右的距离。整个页面信息适当留白，显得疏密有致、分隔明晰、整齐有序、美观大方。

(2) 正文文字。

正文中的文字段落，段首顶格，每段间空一行。

在选择标准字号时，笔者手机每行文字约显示24字，字体字号看来很清爽舒服。

(3) 图片。

图片一般是横屏大图。

图片宽度，与上下正文文字段落对齐。文图边宽一致，整体感更强。

若是视频截图，图片上有字幕。

若是一般图片，图片下有图片说明文字。

文字段落与图片之间，上下都空一行。

(4) 记者编辑等落名。

文末空一行后，附上《新京报》记者、编辑和校对的名字。

再空一行后，附上值班编辑名字。

记者及编辑等文字的字体加黑显示，与正文文字相区别。

4. 文后区

(1) 推广“新京报App”。

(2) 往期推荐。

往期推荐里，推荐了3条“大图+标题”的新闻。

(3) 推广“新京报”二维码。

(4) 版权声明。

(5) 推广“《新京报》微信矩阵”。

《新京报》微信矩阵，一排4个图标，有8排，共32个微信公众号。

《新京报》在向移动端新媒体发展的过程中，仅在微信平台，就开通了几十个公众号，形成了很有特色的微信矩阵。目前，《新京报》的微信公众号中，确实冒出了多个较为知名的公众号，除了“新京报”外，还有“政事儿”“剥洋葱people”“重案组37号”“我们视频”“新京报动新闻”“新京报评论”等。

在用户阅读越来越碎片化的时代，尽量

在多个流量平台上开通账号，尽量在各平台上多开通一些能有效触达精准用户的信息渠道，是机构媒体发展移动端新媒体的重要策略。

5. 留言区

（1）阅读数、在看数。

留言区上方，左边出现阅读数，右边出现点赞与在看数。

（2）精选留言。

留言区顶端右边，有“写留言”。点击出现留言窗口，窗口里有文字提醒：“留言将由公众号筛选后显示，对所有人可见。”

留言区下方，是清单式罗列的精选留言“头像＋昵称＋留言”。

所谓精选留言，是指由公众号编辑从后台选取放在留言区公开展示的用户留言，而那些没被编辑放出来的留言，其他用户就无法看到了。

这个精选留言功能，给了编辑选择权，让编辑能决定哪些用户留言可放出来，哪些用户留言不能放出来。在编辑选择的过程中，突出什么、忽略什么的议程设置效果就体现出来了。

编辑可对用户留言进行回复并显示出来。看上去编辑只是对一个或几个用户的回复，其实每个用户都能看到，基本上就是对所有用户的信息显示。编辑通过回复功能，加强了与所有用户的互动。

用户只可对留言进行点赞，不能对留言进行回复，这在很大程度上阻塞了用户间的留言互动。虽然可让精选留言区看起来更简洁清爽，常只有几条、十几条精选留言可看，但也少了用户间的信息交流，远不如其他平台网络新闻下面的评论那么丰富、精彩。

图11－6 微信新闻《四川威远5.4级地震，致1人死亡29人受伤（附现场视频）》

【本章小结】

本章探讨了PC端、微博、微信新闻的编辑特点。

首先，探讨了PC端新闻网页的编辑特点：表格式多栏编排的超长网页；目录页顶端放置详略不等的导航条；矩形框信息块：多屏显示、端首对齐；“频道—栏目”多层树形结构。

其次，探讨了微博新闻的编辑特点：限140字的微博是“标题＋摘要”式简讯；微博新闻的叙事结构：核心事实＋评论；添加“＃×××＃”制造话题效果；添加表情符以增加表情效果；用“转发＋评论”方式进行连续报道；发微博新闻的时间规律。

最后，探讨了微信新闻的编辑特点。分析了微信“订阅号”新旧版式的排版特点及其优劣，探讨了在新旧版式显示下获得更好推送效果的编辑处理手法。通过微信公众号“新京报”的一天发布状况实例分析，探讨了微信公众号在推送时间、推送条数、推送内容等方面的编辑处理手法。通过对一篇微信公众号新闻的编辑呈现情况进行实例分析，探讨了微信公众号文章在标题、摘要、图文音视频等多媒介信息安排、字号字体选择、精选和回复用户评论等方面的编辑处理手法。

【思考题】

1. PC 端新闻网页的编辑特点是什么?
2. 让复杂繁多的信息在 PC 端网页上有序呈现出来的编辑方式有哪些?
3. 微博新闻的编辑特点是什么?
4. 微博新闻的一般叙事结构包括哪些内容?
5. 发微博新闻在时间上呈现出什么样的规律?
6. 微信新闻的编辑特点是什么?
7. 微信“订阅号”旧版式的排版特点有哪些? 其优劣如何? 编辑怎样做才能在旧版式显示下获得更好的推送效果?
8. 微信“订阅号”新版式的排版特点有哪些? 其优劣如何? 编辑怎样做才能在新版式显示下获得更好的推送效果?
9. 微信公众号推送新闻信息时，在推送时间、推送条数、推送内容、页面设计等方面怎样做才能获得更好的推送效果?
10. 微信公众号文章在标题、摘要、图文安排、音视频等多媒介信息安排、链接内容及功能设计、页面设计、字体字号选择、精选用户评论、回复用户评论等方面，怎样做才能获得更好的推送效果?

【训练】

1. 请观察比较多家网站 PC 端新闻网页，比较分析这些网站在首页、频道页、正文页上的内容及页面设计等方面的编辑呈现状况，评价各自的优劣之处。如果是你来编辑设计，你会怎么编辑设计? 试编辑设计之，并自评。

2. 请找一条微博新闻，分析评价该微博新闻在标题写作、话题设置、叙事结构、表情运用、语言风格、图文音视频等信息添加、链接设置、对用户评论的回复互动等方面的编辑呈现状况。如果是你来编辑，你会怎么编辑? 试编辑之，并自评。

3. 请观察一家媒体一天的微博新闻推送情况，分析评价该媒体在推送时间、推送主题、标题写作、话题设置、叙事结构、表情运用、语言风格、图文音视频等信息添加、链接设置、对用户评论的回复互动等方面的编辑呈现状况。如果是你来编辑设计，你会怎么编辑设计? 试编辑设计之，并自评。

4. 请找一条微信公众号新闻，分析评价该微信公众号新闻在标题写作、摘要写作、文章结构、图文音视频等信息添加、链接内容及功能设计、页面设计、字体字号选择、精选用户评论、回复用户评论等方面的编辑呈现状况。如果是你来编辑，你会怎么编辑？试编辑之，并自评。

5. 请观察一家媒体一天的微信新闻推送情况，分析评价该媒体在推送时间、推送主题、标题写作、话题设置、叙事结构、表情运用、语言风格、图文音视频等信息添加、链接设置、页面设计、字体字号选择、精选用户评论、回复用户评论等方面的编辑呈现状况。如果是你来编辑设计，你会怎么编辑设计？试编辑设计之，并自评。

第 12 章　新闻客户端的编辑与创新

本章学习目标

- 第一节　新闻客户端的迭代更新
  学习目标：了解多家新闻客户端不断迭代更新的状况。思考新闻客户端在顶栏设计、频道设置、图文信息流标题区设计、底栏设计、推荐方式、信息呈现、功能实现等方面创新编辑手法的可能性。
- 第二节　手机通知栏中新闻推送的策略与创新
  学习目标：了解多家新闻客户端手机通知栏中新闻推送的状况。思考手机通知栏新闻的推送时间策略、推送内容策略、推送标题与摘要策略及编辑手法创新的可能性。

速途研究院的研究报告显示，越来越多的用户从传统浏览器和其他应用陆续转移到新闻客户端。新闻客户端用户规模从 2013 年的 3 亿多人，发展到 2018 年的接近 7 亿人。具体来看，2018 年第二季度，位于第一梯队的今日头条和腾讯新闻两个新闻客户端，新增下载量都超过 7 亿次；位于第二梯队的一点资讯、凤凰新闻、天天快报，新增下载量也超过 1 亿次；位于第三梯队的网易新闻、新浪新闻、搜狐新闻，新增下载量也在数千万次；位于第四梯队的 ZAKER 新闻和百度新闻，新增下载量在数百万次。

第一节　新闻客户端的迭代更新

新闻综合门户网站从 PC 端往移动端迁移时，手机新闻客户端应运而生。随着智能手机技术的快速发展，新闻客户端的页面设计、功能实现、频道设置、推荐方式、信息呈现等方面，也不断地进行着快速的迭代更新。

一、早期新闻客户端的特点：顶栏＋底栏＋信息流图文标题区

早在 2008 年时，就出现了 USA TODAY 新闻客户端。从 USA TODAY 新闻客户端在 2008 年 12 月 22 日的截屏可看出，最早的新闻客户端界面与现在流行的多个新闻客户端界面大体是相似的（见图 12－1）。

从截屏中可看出当时的 USA TODAY 新闻客户端的特点主要有：

1. 有顶栏、底栏

2. 顶栏有 3 行

（1）第 1 行，较宽，左边是 logo、当前页面主题，右边是气温。

（2）第 2 行，显示具体的频道名字，更多频道需点击表示更多的“▶”符号才显示。

（3）第 3 行，显示当前频道名字。

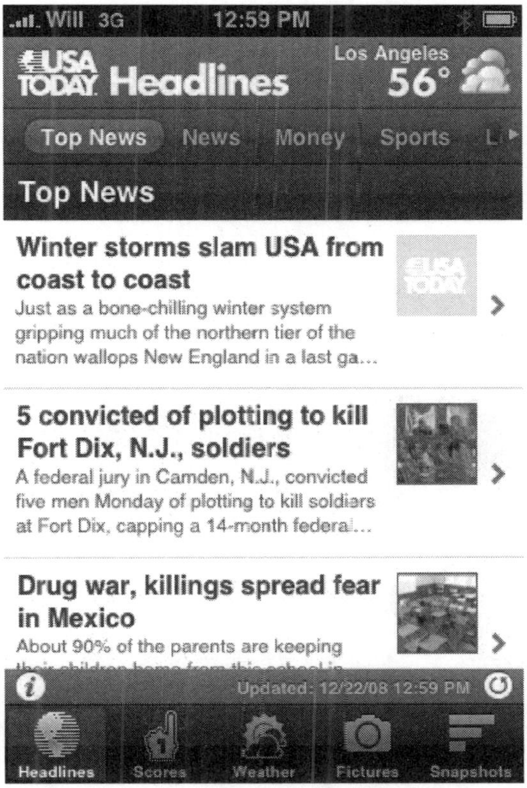

图 12－1　USA TODAY 新闻客户端界面

3. 底栏有 2 行

(1) 第 1 行，较窄，显示信息刷新时间“月日年时分”，最右边是刷新图标。

(2) 第 2 行，较宽，放置 5 个图标，突出显示 5 种想要特别推荐的功能。

4. 新闻标题区信息流

(1) 顶栏和底栏占去约一半屏幕高度后，中间剩下的屏幕高度，仅够显示出 3 条新闻标题区。

(2) 每条新闻标题区的显示内容有：标题、摘要、图片。

图片右边，显示图标“〉”，表示可点击进入正文页。

每条新闻标题区以一条细横线隔开。

二、搜狐新闻客户端的迭代更新：订阅、听新闻、视频、24 小时、时刻……

(一) 搜狐新闻客户端的早期发展历程

2010 年底首创“搜狐早晚报”。

2012 年首创订阅模式。

2012 年 9 月底，易观公布数据显示，搜狐新闻客户端在安卓商店累计下载量中处于第一位，占比达 27.6%，超越网易新闻、掌中新浪、腾讯新闻下载量之和。

2013 年 7 月，《中国好声音》独家入驻搜狐新闻客户端自媒体。

2013 年 12 月，搜狐新闻客户端开放政企平台。

2013 年，获得中国第二届移动互联网拳头奖“最佳新闻客户端奖”。

2014 年 7 月 16 日，新上线“听新闻”功能与“微信搜索”功能。

2014 年 9 月 3 日，搜狐新闻客户端入驻三星 Note 4，独家定制曲屏版搜狐新闻。

（二）搜狐新闻客户端界面的迭代更新

1. 2012 年搜狐新闻客户端的界面显示（见图 12－2）

图 12－2　搜狐新闻客户端界面（左：2012 年；中：2016 年；右：2019 年）

资料来源：左图来源于马荣《看三大门户手机新闻客户端 各有各精彩》，参见 http://soft.zol.com.cn/288/2886567_all.html；后两张是笔者截图。

（1）首页是用户订阅页面。

（2）顶栏中间显示“搜狐新闻”文字 logo。

（3）顶栏右端显示信封图标。该图标的功能是，当用户订阅栏目内容更新时，会在该图标上提醒用户。

（4）首页上半部是图片幻灯，有 3 张图，首张图是“搜狐早报”。

（5）首页下半部是“我的订阅”，清单式显示用户订阅的账号图标和账号名字，但没有具体信息呈现出来。

（6）没有底栏。

笔者认为，突出“订阅”功能是早期搜狐新闻客户端的特色。但是，默认订阅界面为首页，且订阅界面不能呈现具体信息的方式，不符合一进入新闻客户端就能立即看到最新最重要信息的用户期待。即便要把订阅界面设为默认进入客户端的首页显示，也应让各订阅账号的最新消息显示出来一条或多条。否则，用户每次进入客户端，首页都看起来没变化，没有最新消息直接呈现出来，还需要再一个个账号去点击才能看到具体更新消息，不利于用信息的直接展示来发挥快速接收最新消息及吸引进一步阅读。

占屏幕近一半高度的图片幻灯，并非具体一条条的新闻事件的图片信息，只是“搜狐早报”广告图片及压图的两条文字标题，其标题文字与该图无任何关系，这样的信息呈现方式，有浪费黄金显示位置之嫌。

顶栏右端信封图标的更新提醒，不能让人一眼明白是哪个账号有更新及更新数量。若要显示各账号更新数量，可在每个订阅账号旁作更新数量提醒。不过，在信息超载时代，更新数量提醒，常让用户感受到未读信息的压力。也许，把是否给出更新数量的显示权，让给用户自己来设置更好，以免有些用户因信息压力而避之不及。

2.2016 年搜狐新闻客户端的界面显示

（1）顶栏只有 1 行。最左端是搜狐的图标 logo。

（2）顶栏直接显示出 5 个频道名字，更多频道用图标“☰”表示，点击出现专门频道页。

（3）首页上部约 1/3 屏，显示图片幻灯，有 5 张图。每张图是新闻事件图片，标题压图显示。

（4）首页下半部约 2/3 屏，清单式显示新闻标题区。

每条新闻标题区，左图右文。

标题文字可折成 2 行。

标题文字下有 1 行附文，左边显示评论图标及评论数，右边有图标“…”，点击可出现一横条，横条上显示了听新闻、收藏、转发等更多功能。有时，右边也显示新闻分类标签，如“专题”之类。

笔者认为，点击图标“…”展出横条，再从横条的三四个功能中选择一个功能，有些浪费点击。在标题目录页，还未看正文，就需要收藏、转发的情况并不多。完全可把收藏、转发等更多功能键放到新闻正文页上显示。听新闻键可在标题目录页和正文页都显示，以贴合用户实际阅听需求。但搜狐新闻客户端正文页并没有听新闻键。

（5）底栏有 3 个图标，左边是“新闻”，中间是“视频”，右边是“我的”。

底栏图标非常显眼，是新闻客户端突出推荐重要功能页卡的地方。底栏可适当多放置几个图标，以突出推荐更多几个重要功能页卡。

3.2019 年搜狐新闻客户端的界面显示

（1）顶栏有 2 行。顶栏有底图，底图是一张风景图片，2 行顶栏的文字信息压图显示。

笔者认为，为顶栏配风景底图的显示方式，不能增加任何新闻信息，反而干扰对顶栏信息的阅看。

（2）顶栏第 1 行是频道名字，最左端是搜狐的图标 logo，中间直接显示出 6 个频道名字，更多频道用图标“＋”表示。

但点击“＋”时，却出现“搜索”和“全部频道”的二选一信息小窗口，还需再点击选择，才能进入“搜索”或“全部频道”页面。

笔者认为，这样的设置多此一举，人为加多了点击次数。

（3）顶栏第 2 行，左边是几个字的文字信息。点击该文字，会进入“24 小时热点新闻”页面。

但笔者发现，首页顶栏第2行左边显示的文字信息，竟然是当日零点左右发布的一条信息，离笔者点击时点已有十几个小时了，并非最新热点新闻信息。且该信息只有几个字，并没有“24小时热点新闻”频道标签提示，看起来很令人迷惑，还以为是广告，很突兀。

点击进入的“24小时热点新闻”频道页，顶端是一条当日置顶热点新闻，左边是一竖条倒时序时间线，右边是相应排列的热点新闻。由编辑精选出时间流中的热点新闻，专辟一个页面来汇集，并重点推荐给用户，这个编辑思路是好的。

但是，该频道在首页的推荐方式，还可再优化。比如，可把“24小时热点新闻”设置成优先显示频道，在用户进入后的默认首页首屏顶栏频道名中出现，但这需要把长达7字的频道名精简到2字；可把该频道放到底栏页卡重点推出；可在默认首页首屏开辟一个信息框，呈现一条最新热点新闻内容，并提醒用户可点击进入看更多热点新闻的“24小时热点新闻”页。总之，链接目标应让用户易懂。推荐显示时，若有足够空间，可把频道标签和最新热点信息一起呈现出来，且热点信息应及时或实时更新；若显示空间不够，二选一则应首选显示频道标签。

（4）顶栏第2行，右边是搜索图标。点击搜索图标，出现搜索页。搜索页的顶栏，是搜索输入框。搜索输入框下面，呈现了6条热门搜索标题。

笔者认为，顶栏设搜索功能是很好的。但只出现搜索图标，不能直接呈现搜索输入框，却是一个败笔。

（5）每条新闻标题区，或纯文字，或左图右文。

标题文字可折成2行或3行。

标题若是2行，则附文1行显示在标题文字下。左边显示信源、评论数。右边有图标“…”，点击“…”可出现一横条，横条上从左至右显示了举报、听新闻、收藏文章、不感兴趣等4个功能键。

标题若是3行，则附文1行显示在图文之下。

（6）底栏有4个图标，左边是“新闻”，中间是“视频”“时刻”，右边是个人中心（未登录状态）。

三、网易新闻客户端的迭代更新：跟帖、热搜、直播、圈子……

（一）网易新闻客户端早期版本的迭代更新

1. Version 2.4.1

（1）支持将新闻和图片分享到有道云笔记、微信、手机QQ等。

（2）专题全新改版上线。

（3）支持新闻热门跟帖的离线。

2. Version 3.6.0

（1）金币商城上线。

（2）聚合阅读，聚焦热点新闻。

3. Version 3.6.0

媒体订阅中心上线，百家媒体入驻网易新闻客户端。

4. Version 4.0.0

(1) 跟帖支持发送语音。

(2) 本地增加生活信息。

(3) 阅读成就动态呈现。

5. Version 5.0.0

(1) 听原创电台。

(2) 彩票、邮箱、活动、金币兑换……增值服务。

(3) 支持 Apple Watch。

(二) 网易新闻客户端界面的迭代更新

1. 2012 年网易新闻客户端的界面显示（见图 12-3）

图 12-3 网易新闻客户端界面（左：2012 年；中：2016 年；右：2019 年）

资料来源：左图来源于马荣《看三大门户手机新闻客户端 各有各精彩》，参见 http://soft.zol.com.cn/288/2886567_all.html；后两张是笔者截图。

(1) 顶栏有 2 行。

顶栏第 1 行，左边是"网易新闻"文字 logo，右边是当日气温。

顶栏第 2 行，显示出 6 个频道名，点击"〉"可显示出全部频道页面。

(2) 底栏有 1 行，从左至右显示出"新闻""话题""图片""跟帖""投票"等 5 个特别推荐的页卡。可见，网易新闻客户端非常重视网友参与，"话题""跟帖"和"投票"都是邀请网友积极参与创造内容的。

(3) 中间具体信息显示空间里，上半部是图片幻灯，有 3 张图，标题压图显示。

(4) 下半部是以信息流显示的新闻标题区。

首屏能看到 3 条新闻标题区。

每条标题区以左图右文的样式放置。每条标题区都同样占据 3 行文字的高度。

标题占 1 行，都做成约 13 字，刚好占完 1 行，没看到出现省略号。

标题下，显示了摘要 2 行，也未见显示省略号。看来，网易要求编辑严格控制标题和摘要字数。

摘要第 2 行的最右端，还空出了位置给出跟帖数。在众多可显示的附文类型中，独独显示出跟帖数，是网易非常重视跟帖的又一表现。

2.2016 年网易新闻客户端的界面显示

(1) 顶栏有 2 行。

顶栏第 1 行，最左端是文字 logo“网易”。比之最早的 logo 显示，去掉了“新闻”两字，更简洁，也无指代不明之虞。

顶栏第 1 行，右端靠中间是“搜索”图标。看来，网易开始突出推荐搜索功能。

顶栏第 1 行，最右端是“金币”图标及金币数。看来，网易想要突出推荐其开发的金币商城功能。原来的气温不显示了。确实，用户其实并不需要在新闻资讯类客户端上来了解当日气温。

顶栏第 2 行，直接显示出 5 个频道名，更多频道用“V”表示，点击出现全部频道页面。

(2) 底栏 1 行，从左至右显示出“新闻”“阅读”“视频”“话题”“我”等 5 个特别推荐的页卡。

与早期的底栏页卡比较可知，“图片”换成了“视频”，最右端的“投票”换成了“我”，“跟帖”去掉，“话题”还在。这种变动，说明带宽增加后“视频”流行起来；邀请用户参与“话题”讨论仍是持续热点；“跟帖”在每篇新闻中都有功能键和功能区显示，底栏位置可让出来给更需要推荐的功能；“投票”功能走弱，放在相应需要投票的新闻中即可；“我”的用户个人中心设置在底栏最右端，表现出极为重视用户对客户端各种功能的个性化设置，让用户切身感受到这是客户“我”个人的独特显示的客户端。

(3) 中间具体信息显示空间里，上半部仍是图片幻灯，有 4 张图，标题压图显示。

(4) 下半部是以信息流显示的新闻标题区。

首屏能看到 3 条半新闻标题区。

每条标题区仍以左图右文的样式放置。每条标题区都同样占据 3 行文字的高度。

标题由 1 行变为 2 行，字数限制放松，可折成 2 行，但未见折成 3 行的。

标题下，不再显示摘要。

第 3 行，左边有标签，如“新闻热点”之类。右边显示跟帖数，或出“置顶”“专题”之类的标签。

这次较大的改变是不体现摘要，让标题变长，希望 2 行长标题能代替摘要的功能。但是，笔者认为，标题和摘要各有其作用。标题是以适当短的字数，让用户能尽快浏览大量信息。摘要是以适中的字数让用户能以适中的速度，尽快了解此条新闻全面、完整的要点信息。标题侧重在最重要信息，摘要侧重在完整的要点信息。因此，即便是长至 2 行、3 行，字数多至 20 多字、30 多字的长标题，很多时候仍然不能完全代替以摘录完整要点为标准的简讯式摘要。

3.2019年网易新闻客户端的界面显示

(1) 顶栏有2行。

顶栏第1行，比之2016年的变化是，原来靠右的“搜索”图标变成居中搜索框，且搜索框中滚动显示实时网易热搜前几名的标题信息。

点击搜索框出现的页面上，除了顶端第1行显示搜索框，下面推荐了“热门栏目”占2行。再下面是“网易热搜”，每30分钟更新，当页序号清单式显示前10名热搜标题信息及热搜数，并在热搜数旁边标上红色向上箭头或绿色向下箭头，显示其热度是在上涨还是下降。并可“点击查看完整榜单”，点击进去的“网易热搜”页面上，也只显示了前20名热搜标题信息；多了滑动门显示的另一屏“网友跟帖榜”，显示前20条标题信息及跟帖数。笔者认为，完全可把后面这页滑动门显示的两屏并不多的内容，整合在前一个页面上，不需要再多点击一次才出现。这样的搜索框置顶、搜索框滚动显示实时热搜前几名标题信息、点击呈现完整热搜榜单信息的方式，是非常有利于用户快速了解今日热点信息全貌概要的方式。

(2) 底栏1行，从左至右显示出“首页”“视频”“圈子”“我”等4个特别推荐的页卡。

与2016年的底栏页卡比较，页卡由5个减少成4个，“新闻”换成了“首页”，但只是改了下名字，意指差不多；“阅读”去掉了；“话题”换成了“圈子”，点击进入，圈子页面布局类似于微博，可关注更多用户。

(3) 中间具体信息显示空间里，默认显示的“头条”首页，上半部的图片幻灯被去掉了，直接显示新闻标题区信息流。这样省出的空间，首屏可显示出5条标题信息，其中，最底端的那条信息是广告信息。

(4) 每条标题区从左图右文变成左文右图。

笔者认为，鉴于人们看网页的信息浏览顺序常是从左至右，视角焦点首先是放在标题区左上端，而图片特点是仅看图难以明白其准确含义，需结合文字才能了解更准确的意思，所以，先看文字再看图片的左文右图浏览顺序，更适合文图信息的获取。而左图右文的方式，可能会造成先看图但不明白情况，向右看了标题文字后，再回过头来看左边的图，这样的浏览顺序，增加了用户眼球的左右变动轨迹，应想法避免。

(5) 每条标题区，所占高度不一。

若只配1张占3行文字高度的右侧放置小图片，标题在左边占2行，标题文字显示不完的用“…”表示。标题附文占1行。共会占据3行。

若配3张小图横屏占满，标题文字在图片上方占2行。标题附文在图片下方占1行。共会占据6行。

若配1张大图横屏占满，大约6行高。标题文字在图片上方占2行。标题附文在图片下方占1行。共会占据9行。

(6) 附文行中，左端显示信源、跟帖数，右端显示图标“×”。

点击“×”跳出小窗口，分别有“不感兴趣”“屏蔽来源：××”“屏蔽关键词×××”“举报内容×××”可选择。

四、腾讯新闻客户端的迭代更新：地方频道、畅听、视频、精选、热推……

（一）腾讯新闻客户端的早期发展历程

2010 年 10 月，腾讯新闻客户端的第一个版本在苹果商店上架。

2012 年 7 月 15 日，在同类产品中率先推出视频频道。视频无须跳转，可实现页内直接播放。

2012 年 11 月 14 日，支持组图混排。

2012 年 12 月 6 日，新增新闻专题。

2013 年 3 月 6 日，新增分享功能。

2013 年 1 月 21 日，新增图文直播功能。

2013 年 3 月 19 日，新增自选股票实时行情。

2013 年 4 月 16 日，新增频道定制功能。

2013 年 5 月 9 日，全新离线阅读功能。

2013 年 5 月 16 日，新增相关新闻、图片功能。

2013 年 6 月 8 日，新增夜间阅读模式。

2013 年 6 月 21 日，新增独家栏目：体育专场、财经动态。

2013 年 7 月 19 日，新增媒体订阅功能和云收藏。

（二）腾讯新闻客户端界面的迭代更新

1. 2012 年腾讯新闻客户端的界面显示（见图 12－4）

（1）顶栏有 2 行。

顶栏第 1 行，中间是“腾讯新闻”文字 logo，右边是刷新图标。

顶栏第 2 行，显示出 5 个频道名，左滑显示更多频道。

（2）底栏有 1 行，从左至右显示出“新闻”“图片”“视频”“话题”等 4 个特别推荐的页卡。

（3）中间具体信息显示空间里，上半部是一张横屏大图片，标题压图显示。

（4）下半部是以信息流显示的新闻标题区。

除首屏大图新闻外，还能看到 1 条新闻标题区。

标题区以左文右图的样式放置。

标题占 1 整行，没看到出现省略号。

标题下，显示了摘要 2 行，没看到出现省略号。看来，腾讯和网易一样要求了编辑严格控制标题和摘要字数。

摘要下，有 1 行附文。给出了评论数。

2. 2016 年腾讯新闻客户端的界面显示

（1）顶栏从 2 行变为 1 行。

顶栏最左端是用户头像。点击可出现用户的个人中心页面。

腾讯新闻客户端的个人中心页面，先是像 QQ 那样，放在左上端。后来，由于其他新闻客户端的个人中心都放在右下端，并用文字“我”或“我的”表示，腾讯新闻客户端也变成了把个人中心“我”放在右下端了。

新闻客户端的很多功能，其文字或图标表示方式、放置位置、显示方式等，在起初会有各自的设计显示特点，但随着时间的发展，会逐渐约定俗成地把用户接受度高的作为大家都选用的方式。这就和语言符号约定俗成式的发展一样，有利于用户快速明白某符号的意思是什么。

（2）底栏 1 行，从左至右显示出“新闻”“直播”“读书”“关心”等 4 个特别推荐的页卡。

与早期的底栏页卡比较可知，“图片”换成了“直播”，“视频”和“话题”换成了“读书”和“关心”。这种变动，说明腾讯开始重视“直播”；而且，也想特别推荐“读书”和用户自己选择关注的账号内容。

（3）中间具体信息显示空间里，上半部是图片，标题压图显示。

（4）下半部是以信息流显示的新闻标题区。

首屏能看到 4 条半新闻标题区。

每条标题区以左图右文的样式放置。每条标题区都同样占 3 行文字高度。

标题由 1 行变为 2 行，字数限制放松，可折成 2 行，但未见折成 3 行的。

标题下，不再显示摘要。

第 3 行是标题附文。左边为信源，右边是评论数。偶见多出“专题”之类的标签。

相比起 2016 年同一天笔者截屏的搜狐新闻客户端（见图 12－3）、网易新闻客户端（见图 12－4）标题区附文的显示内容，腾讯新闻客户端显然比搜狐和网易更早在附文中呈现信源。不过，有网络截屏图片显示，在一点资讯 2014 年、今日头条 2015 年的截屏上，标题区都显示有信源。笔者认为，在机构媒体和自媒体同台竞技的情形下，在标题目录页给出每条新闻的信源，能让用户从信源角度更好地判断该条新闻的权威度和可信度，是很有必要的。

图 12－4　腾讯新闻客户端界面（左：2012 年；中：2016 年；右：2019 年）

资料来源：左图来源于 DoNews《网易 搜狐 腾讯 Android 新闻客户端横向评测》，参见 https：//www. donews. com/original/201209/1669400. shtm；后两张是笔者截图。

3. 2019 年腾讯新闻客户端的界面显示

(1) 顶栏从 2013 年的 2 行、2016 年的 1 行，又变为 2019 年的 2 行。

顶栏第 1 行，最左端是腾讯图标 logo。

最右端是音频的图标，点击图标出现“畅听”页面。

中间是搜索框，滚动显示实时热搜前几名的新闻标题信息。点击搜索框，出现搜索页。搜索页上，从上至下有搜索框、今日热点、话题榜、独家、星推榜等栏目。

顶栏第 2 行，直接显示出 5 个半频道名，更多频道用“+”表示，点击出现“全部频道”页面。在全部频道中，除了有与其他新闻客户端一样的添加频道、拖动排序、直接点击频道名字进入频道首页等功能外，腾讯新闻客户端还有各省及省内多个城市的“地方频道”可选择，足见其在各地新闻上发力甚多。

(2) 底栏 1 行，从左至右显示出“新闻”“视频”“热推”“我”等 4 个特别推荐的页卡。

与 2016 年的底栏页卡比较可知，“直播”换成了“视频”，点击进入发现直播弱化成视频频道的其中一个栏目。

“热推”是新推出的页卡。点击进入，页面信息呈现方式类似于微博。该页面顶栏从左至右，显示“搜索”图标，以及“推荐”“热榜”“话题榜”“星推榜”，还包括图标“发图文、拍视频”。

(3) 中间具体信息显示空间里，默认显示的“要闻”首页，上半部的大图片被去掉了，直接显示新闻标题区信息流。

(4) 每条标题区的图文位置，从 2016 年时的左图右文，在 2019 年又变回 2012 年时的左文右图。

(5) 附文行中，左端显示信源、评论数，右端显示图标“×”。

点击“×”跳出小窗口，分别是“内容质量差”“重复、旧闻”及 3 个该文所涉及关键词，用户可选择表示不感兴趣的相应理由，以让系统推荐时能够优化。

五、今日头条新闻客户端的迭代更新：推荐、摘要、视频、发布……

(一) 今日头条新闻客户端率先利用算法推荐

国内互联网创业者张一鸣于 2012 年 3 月创建今日头条，于 2012 年 8 月发布第一个今日头条新闻客户端版本。今日头条新闻客户端率先采用大数据分析技术，通过对文本信息的特征分析、对用户的特征分析，向用户进行基于算法推荐的个性化信息。今日头条新闻客户端进行的算法推荐主要从以下几方面着手[①]：

1. 社交和用户行为分析

根据用户的阅读行为、社交行为等挖掘出用户阅读兴趣偏向。

2. 自然语言处理和图像识别技术

对每条信息提取几十个到几百个高维特征，并进行降维、相似、聚类等计算去除重复

① 国搜百科．今日头条［EB/OL］.(2020－03－30)［2020－03－30］. http://baike.chinaso.com/wiki/doc-view-230934.html.

信息；对信息进行机器分类、摘要抽取、主题分析、信息质量识别等处理。

3. 基于机器学习的推荐引擎

根据用户特征、环境特征、文章特征三者的匹配程度，向用户推荐信息。

4. 实时海量数据处理构架

3 秒完成文章提取、挖掘、消重、分类，5 秒计算出新用户兴趣分配，10 秒内更新用户模型。实时推荐，0.1 秒内计算出推荐结果。

（二）今日头条新闻客户端界面的迭代更新

1. 2015 年今日头条新闻客户端的界面显示（见图 12－5）

图 12－5　今日头条新闻客户端界面（左：2015 年；中：2016 年；右：2019 年）

（1）顶栏有 2 行。

顶栏第 2 行，左边显示了年月日星期几，右边显示了“今天”。

笔者认为，没必要显示今天是哪天。用户的手机界面上开机首屏就是时间和日期。一般人也都清楚今日是何日。

顶栏第 1 行，没显示其品牌 logo，直接显示 5 个频道名，更多频道点图标“∨”，可显示出全部频道页面。

笔者认为，新闻客户端其实很有必要在包括首页、正文页在内的客户端内所有网页上，打上其品牌 logo。因为这是免费宣传自己的最佳机会，浪费掉是非常可惜的。用户每天会上很多不同网站或客户端，很多时候会忘了自己正看的是哪个网站或客户端的网页。手机屏幕太小，不再像 PC 端网页顶端有详细导航条，但即便手机导航极简化，也还是有必要在每个页面都给出网站或客户端的 logo，以让用户明白其所在。

网站或客户端的 logo，是用纯图标表示好呢？还是用文字表示好呢？还是用以文字为主的图标表示好呢？笔者认为，用文字 logo 或以文字为主的图标 logo，能让用户一看就明白是哪家网站或客户端，这样更明白易懂，因而更好些。

如果在网站或客户端的文字或图标 logo 上，添加链接目标为默认首页的链接，就更方便用户从任何可能页面直接跳转到默认首页。现在很多客户端，页面上只有左上端的返回键，用来一步步返回原来已看过的页面重新找到位置继续阅看。但其实用户可用手机上的返回键返回，所以页面左上角的返回功能链其实是多余了的。建议客户端页面左上端可设置成自己客户端的默认首页 logo，并提供链接以方便直接跳转。

有的客户端在正文页右上端提供全部频道的图标链接，如“☰”，用户可在每一个正文页看完后，选择点击右上端的全部频道图标“☰”，进入全部频道页面，点击频道名跳转至某频道首页。笔者认为，这样的方式提供了原来 PC 端详细导航条所提供的频道跳转功能，且又符合手机端简化顶栏显示的要求，是功能提供与显示设置的较好结合。

（2）底栏有 1 行，从左至右显示出“首页”“发现”“动态”“我的”等 4 个特别推荐的页卡。

（3）中间具体信息显示空间里，以信息流方式罗列标题区。

每条标题区以左文右图的样式放置。

标题区的显示内容，可由用户在个人中心里选择设置为显示摘要或不显示摘要。

附文行里，左端显示信源和评论数，右端显示发布时间和功能键“×”。点“×”，表明用户不喜欢这类信息的推送。这些选择，会立刻被算法系统所搜集、分析，并运用到下一次推荐中。“×”功能键，后来也被其他新闻客户端所采用。

若选择不显示摘要，则只显示出标题、配图和附文。若选择显示摘要，则会在标题区显示完整摘要。

但笔者发现，很多摘要内容非常杂乱，并没起到完整简讯式摘要的作用。虽然很多摘要多至 5～7 行，但仅是直接自动截取标题之后的一段文字。标题之后的一段文字中，常依次包括有：发布时间、图片说明文字、消息头、正文第一段内容、正文第二段内容的部分，等等。这样虽然加工速度快，但杂乱无比，不是真正的摘要。即便想不经人工花时间写摘要，也可设置为让机器直接写出正文第一段内容即可。鉴于大多数新闻的第一段采用的是直接式导语写法，基本说出了新闻中最重要的几个要素，让机器自动把正文第一段作为摘要，基本还是可行的。

更进一步，应训练机器学习写出摘录全文要点的、完整的、简讯式的摘要。可利用机器自动摘要的技术，为每篇文章极速写出摘要内容，减轻编辑人工写摘要所花的时间和精力。不过，对于每天的热点和重要新闻摘要，编辑可重点关注，在机器自动摘要的基础上，进行修改与完善。

另外，可考虑为过长的摘要内容，设置当页“展开”“收起”功能键，并在展开时把原已出现过的内容部分抹上浅色底，方便用户快速找到继续看下去的准确位置。

2. 2016 年今日头条新闻客户端的界面显示

（1）顶栏从 2 行变为 1 行。去掉了日期显示的那行。

更多频道的图标，由“∨”变成了“＋”。

顶栏最右端添加了搜索图标。但只是一个小图标，还不是一条搜索框。

（2）底栏 1 行，从左至右显示出“刷新”“视频”“关心”“我的”等 4 个特别推荐的页卡。

与 2015 年的底栏页卡比较可知，添加了“视频”和“关心”，“首页”换成了“刷新”。但从2019年的底栏看，“刷新”又变回了“首页”。

底栏最左端的页卡名字显示，搜狐新闻客户端一直是“新闻”；网易新闻客户端2012年、2016年都叫“新闻”，但2019年显示“首页”；腾讯新闻客户端一直显示“新闻”；今日头条新闻客户端除了2016年曾显示过“刷新”外，一直显示“首页”。

从底栏最左端这个小处的显示名字来看，腾讯和搜狐对自己的首要定位一直是主要提供“新闻”服务，今日头条对自己的首要定位一直是主要提供“信息”服务而非仅是“新闻”服务，网易对自己的首要定位从主要提供“新闻”服务变化为主要提供不仅是新闻的“信息”服务。

（3）中间具体信息显示空间里，是以信息流显示的标题区。

仍然可由用户自行选择设置为是否显示摘要。

每条标题区仍以左文右图的样式放置。

附文行里，左边出信源、评论数，最右端仍是功能键“×”。但原来放在右边“×”前面的发布时间，换到左边评论数后面显示了，且有的显示了时间，有的没显示时间。笔者截图时只有一条显示了时间“刚刚”，看来其是对时距非常近的才突出显示时间。笔者认为，每条都显示时间更有利于用户判断该信息的时效性及相应的信息重要性。

3.2019年今日头条新闻客户端的界面显示

（1）顶栏从1行变为2行。

顶栏第1行，首先是搜索框。没有自己的品牌logo。

搜索框里出现“推荐词”信息，但不滚动。点击搜索框，出现搜索页。搜索页上，顶端是搜索框，下面是几行两栏排列的“推荐词”。

与其他几家新闻客户端在搜索框中显示实时热榜新闻标题信息不一样的是，今日头条在搜索框中显示的是推荐词，点出来的搜索页上是更多推荐词，凸显出今日头条依据算法进行个性化推荐的特点。但其实，可把算法推荐信息和用户热榜排名信息都推荐出来。

顶栏最右端是“发布”图标，点击图标出现竖的功能条，从上至下分别是：发图文、写文章、拍小视频、发视频、提问、开直播、爆料。看来今日头条非常注重对网友创造内容的开发。

（2）底栏1行，从左至右显示出“首页”“西瓜视频”“小视频”“我的”等4个特别推荐的页卡。视频都出现两种，基本把底栏占完了，可见今日头条对视频的重视。但底栏黄金地段出现两种视频页卡，毕竟过于重复了，很浪费向用户优先推荐的空间。

（3）中间具体信息显示空间里，默认显示“推荐”频道。

（4）每条标题区的内容设置与2016年的基本一样。看来，新闻客户端标题区的内容设置基本定型，变动很少了。

第二节　手机通知栏中新闻推送的策略与创新[①]

手机通知栏是一种汇集通知的功能界面。当用户从手机顶部状态栏向下拉时，会滑下

---

① 参见胡明川．移动新媒体极简信息页面新闻推送及其优化［J］．郑州大学学报（哲学社会科学版），2017（1）：150-154.

来一个页面，以倒时序信息瀑布流的方式，罗列出实时通知。各大新闻客户端也利用这个功能，每天向用户推送新闻。只要用户没有手动关闭该新闻客户端的推送设置，就会在用户下拉手机通知栏时，顺便看到推送新闻。由于手机通知栏几乎是每个用户每天都会查看的页面，就成为各大新闻客户端第一时间接触到用户的第一新闻门户。

速途研究院 2016 年一季度数据显示，相较于从社交平台（23.1%）和浏览器（12.1%）获取新闻，新闻客户端（64.1%）是人们从移动端获取新闻的最主要方式。① 皮尤报告显示，美国约 55%的手机用户曾得到新闻推送，其中有 47%会点击新闻推送查看更多内容。② 据企鹅智库调查，半数以上用户手机上只装 1 个新闻阅读类应用，约 4 成用户手机上会装 2～4 个新闻阅读类应用。新闻推送被 18.5%的 19 岁及以下用户、23.5%的 20～39 岁用户、26.7%的 40 岁以上用户所看重，仅次于新闻评论，位居最被用户看重移动端新闻应用的第 2 名。③ 因此，做好新闻推送是新闻客户端编辑最重要的工作之一。《卫报》移动创新实验室的编辑萨沙·科伦说："目前许多新闻机构都在研究通知的语气和内容，但是，更重要的那些推送策略，包括发布多少条通知，怎样根据特定事件进行推送，他们很少考虑。"④

为研究如何更好地进行新闻推送，笔者选取一天（2016 年 10 月 10 日，星期一）8 家新闻客户端（网易新闻、一点资讯、ZAKER、新浪新闻、凤凰新闻、腾讯新闻、今日头条、UC 头条）⑤ 的新闻推送为例，进行实证分析。

一、推送时间策略：不打扰＋贴合使用场景

笔者以频繁地不定时下拉查看通知栏并截图的方式⑥，共获取了 81 条推送新闻：网易（5 条，7：24—20：57）、一点资讯（13 条，7：29—22：00）、ZAKER（11 条，7：30—

---

① 李国琦．2016 年 Q1 移动新闻客户端市场报告［EB/OL］.（2016－5－17）［2020－03－30］. http://www.sootoo.com/content/663431.shtml.

② 全媒派．皮尤报告：美国数字新闻十大趋势［EB/OL］.（2016－9－22）［2020－03－30］. https://news.qq.com/original/quanmeipai/piyou.html.

③ 腾讯网．众媒时代：新媒体发展趋势报告［EB/OL］.（2015－11－12）［2020－03－30］. http://news.qq.com/zt2015/cmfh/#page4.

④ 搜狐公众平台．厌倦了 App 没完没了的推送？卫报试验 Push 新玩法，不止是真诚｜独家编译［EB/OL］.（2016－06－26）［2020－03－15］. http://mt.sohu.com/20160626/n456322572.shtml.

⑤ 之所以选择这 8 家新闻客户端，一是根据速途研究院《2016 年 Q1 移动新闻客户端市场报告》，截止到 2016 年 3 月 31 日，移动新闻客户端累计下载量前十依次为：腾讯新闻（超过 10 亿次）、今日头条（6.5 亿次）、网易新闻（25 990 万次），搜狐新闻（25 907 万次），Flipboard（24 644 万次），凤凰新闻（10 582 万次），ZAKER（9 212 万次），新浪新闻（5 440 万次），人民日报（4 297 万次），一点资讯（4 014 万次）。二是根据艾媒咨询《2016 上半年中国移动资讯市场研究报告》，2016 上半年中国移动资讯行业活跃用户前十依次为：腾讯新闻（40.3%）、UC 头条（34.2%）、今日头条（31.8%）、网易新闻（25.6%）、搜狐新闻（21.3%）、新浪新闻（12.5%）、每日头条（7.6%）、凤凰新闻（6.7%）、ZAKER（5.4%）、一点资讯（4.8%）。笔者在采用安卓系统的小米手机上下载了以上多家新闻客户端、UC 浏览器和 QQ 浏览器，并在通知管理中将这些应用设置为允许通知、悬浮通知。但是，笔者手机通知栏上没有收到搜狐新闻、Flipboard、人民日报、每日头条这 4 家的新闻推送，于是，收到推送的 8 家新闻客户端就被选择为此次实证研究的对象。

⑥ 由于是采用频繁地、不定时地下拉查看获取新闻推送，虽已尽量缩短每次下拉查看的时间间隔，但因发现有此前已获取的一两条推送后来在信息瀑布流中消失的情形，所以，还是不能完全保证所获取的当天 81 条新闻就是这 8 家新闻客户端推送的全部新闻，或许有在查看间隙出现又迅速消失的推送笔者没有获取到。

21：36）、新浪（22条，7：36—22：08）、凤凰（5条，7：44—21：54）、腾讯（13条，7：45—21：46）、头条（7条，7：57—19：04）、UC（5条，9：19—20：37）。

（一）推送起止时间：约7点半到22点

第一条推送发出的时间，除了UC晚到9点后才发，其他7家都在7—8点之间发出。新浪、凤凰、腾讯、头条在7点半到8点之间发出，网易、一点资讯、ZAKER最迟在7点半发出。推送首先应遵循不打扰用户原则。建议所有推送都默认设置为不响铃不振动（但有让用户在通知设置中调整选择的机会），默默地推送。其次，应找准用户作息规律，让用户每天醒来查看时间时，顺便能浏览一下昨夜今晨的新闻。若用户手机上设定有起床闹钟时间，可在闹钟时间稍前发出推送。

最后一条推送发出的时间，新浪最晚到22点后，头条最早在19点，UC、网易在20点30至21点之间，ZAKER、腾讯、凤凰、一点资讯在21点30至22点之间。最后一条仍应遵循不打扰用户原则。从人体生理规律来看，在22点以前入睡更有利于身体健康，所以，最后一条推送最好在21点30之前发出。

（二）推送高峰时段：早、中、下午、晚

从8家新闻客户端当天推送的发出时间来看，可大致分为早、中、下午、晚4个推送高峰时段（见图11-6）。早上7点多，是推送的第一波高峰；中午12点多，是第二波高峰；下午的15点多和17点多，是第三波高峰；晚上的21点多，是最后一波高峰。企鹅智库的调查显示，一天中使用移动设备最多的时段依次是：21—24点（53.6%）、18—21点（45.6%）、11—13点（21.9%）、13—18点（19.2%）、9—11点（17.5%）、7—9点（16.7%）、0—3点（5.9%）、3—7点（1.3%）。用户浏览移动端新闻最常见的几种场景依次是：休息或闲暇时间（60.1%）、在床上（早起或睡前）（43.8%）、等待或乘交通工具时（28.3%）、卫生间（26.3%）、学习或工作的同时（14.9%）、吃饭时（12.2%）。[①]在工作日，7点多正在早起后的上班路上、12点多是午饭午休时间、15点多一天的工作干得差不多了、17点多在下班路上、21点多是睡前休息时间。这几个时间点正贴合了用户手机使用场景与需求，便于用户利用工作和生活间隙的碎片化时间。

（三）推送条数：多少不宜vs有选择

从8家新闻客户端一天的推送条数来看，新浪（2聚合+20条）推送最多，一点资讯（4聚合+9条）、腾讯（13条）、ZAKER（5聚合+6条）推送居中，头条（7条）、网易（1聚合+4条）、凤凰（1聚合+4条）、UC（1聚合+4条）推送很少。

一天多少条推送最合适呢？一点资讯高级顾问、前副总裁兼总编辑吴晨光说："一般情况下，每日Push不宜超过6条，否则有打扰用户之嫌。"[②] 曾任今日头条研发总监的梁汝波则认为，推送频率应个性化，对接受度高的用户给予更频繁的推送，并对不同用户设置不同的推送时间。笔者认为，新闻推送这种非必要、非紧急、长期来看又重要的信息，

---

① 腾讯网．众媒时代：新媒体发展趋势报告［EB/OL］.（2015-11-12）［2020-03-30］. http://news.qq.com/zt2015/cmfh/#page4.

② 吴晨光．超越门户：搜狐新媒体操作手册［M］. 北京：中国人民大学出版社，2015：46-47.

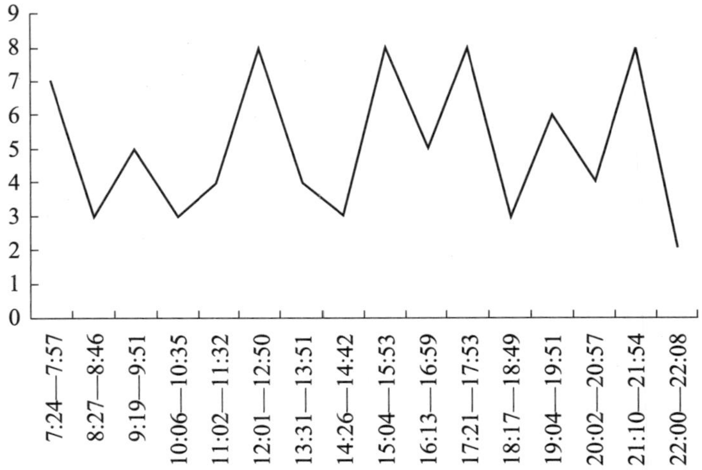

图 12－6　推送条数的时间段分布

若不贴合用户需要就特别容易形成信息打扰（从用户关闭某类推送，或关闭全部推送，甚至因关闭不了推送而干脆卸载新闻客户端的行为，可看出用户受到了哪方面及多大程度的打扰），因此不仅应有一键关闭所有推送的功能选项，还可有更精细化的关闭/允许推送的功能选项以贴合用户需求。在推送条数方面，可允许让用户自己选择推送条数，甚至可允许再细分某种新闻的推送条数。如，可选择每天 n 条编辑人工判断的重要新闻，或每天 n 条点击量前十的新闻，或每天 n 条评论量前十的新闻，或每天 n 条某主题或某关键词相关的新闻等。

二、推送内容策略："娱乐＋社会" vs "重要＋个性"

（一）早推送策略：聚合新闻［早报］

若以 9 点前算作早间推送时段，当天早间推送 1 条单条新闻的有新浪、凤凰、头条等 3 家，推送 1 条聚合新闻的有网易、ZAKER，推送 2 条单条新闻的有腾讯，推送 1 条聚合新闻和 1 条单条新闻的有一点，而 UC 在 9 点后才推送了 1 条单条新闻。

用户休息一晚上之后，与互联网断开连接七八个小时，需了解昨夜今晨发生了些什么信息变化。多条新闻容易形成过多的打扰，若帮助用户挑选、聚合昨夜今晨的重要新闻信息简报，那就满足了其全面、重要、简洁的早间新闻需求。

聚合新闻推送的具体呈现方式，是给标签好呢还是不给标签好呢？标签显示在哪个位置好呢？虽然给标签会占据几个字的位置，但会更明确推送内容是汇集了多条昨夜今晨重要信息的聚合新闻。网易的聚合新闻没有给标签，就容易让人误以为是单条新闻；ZAKER 的聚合新闻是直接用"ZAKER 早报"字样占据了整个标题栏，这又浪费了标题栏空间；一点的聚合新闻处理得最好，挑了一条新闻标题作为整个聚合新闻的大标题，并在摘要开头处加了细方括号括上的标签"［早报］"。这样，既没有浪费标题栏空间，又明示网友这是聚合新闻，汇集了多条信息以便一起查看。聚合新闻中的多条信息如何区分呢？几家新闻客户端的处理都相同，采用了在摘要中用分号明确隔开不同新闻内容的方式，不至于被误解。

（二）中午推送策略："娱乐"vs"社会/经济"

中午时段（12—14 点），最显著的特点是有 4 家新闻客户端都只推了娱乐新闻。ZAKER 推送了 1 条标签为［ZAKER 星八刻］的娱乐聚合新闻，UC 推送了 1 条未加标签的娱乐聚合新闻，凤凰推送了 1 条标签为［八小妹］的娱乐聚合新闻，一点推送了 1 条标签为［娱味］的娱乐聚合新闻和 1 条标签为［搞笑］的视频新闻，新浪也推送了 1 条标签为［茶娱］的娱乐聚合新闻。看来，重点推送娱乐聚合新闻是多家新闻客户端的中午推送策略。这可能是因为考虑到午饭时间，人们聚餐时最容易聊开来的话题就是娱乐明星的动向。

不过，网易没有在中午时段推送任何内容，腾讯推的是 1 条社会新闻和 1 条说楼市股市的经济新闻，头条推的是 1 条说楼市的经济新闻。新浪在娱乐新闻之外还推了 3 条社会新闻。看来，中午时段的推送内容还应关注社会新闻和经济新闻。

（三）下午推送策略："社会＋娱乐＋快讯"＋"突出特色"

下午时段（15—17 点），显著的特点是：（1）社会新闻推送最多：新浪 2 条，腾讯、ZAKER、头条各 1 条。（2）娱乐新闻仍仅次于社会新闻条数。由于当天王宝强离婚风波后首次现身新片发布会，新浪、网易各推送了 1 条，而 UC 在下午时段竟然只推送了 2 条王宝强的新闻。（3）当天下午诺贝尔经济学奖揭晓，腾讯、网易、凤凰、ZAKER 等 4 家推送了快讯，时间非常靠近，先后仅在几分钟内。

另外，不同新闻客户端呈现出不同的下午推送特色：（1）一点的下午推送重在本地服务，只推送了 1 条本地新闻（分区域停电）、1 条做菜资讯（如何做十种虾）。（2）ZAKER 的下午推送重在特色聚合，在 15：30 推送了聚合新闻"［Tea Time］"，在 17：30 推送了聚合新闻"十说今日"。但在聚合新闻的标签呈现方面仍缺乏统一，Tea Time 不仅占据标题栏，还在摘要栏最前端有"［Tea Time］"字样，但十说今日则只占据标题栏。（3）腾讯的推送较为注重股市分析，不仅在上午股市刚开盘时 9：31 推送了"开盘：两市高开 沪指涨 0.52％"，中午 13：31 推送了"楼市入冬 热钱会进入股市么?"，下午 15：08 股市刚收盘时又推送了 1 条对股市收盘数据进行分析的新闻，还在晚间 19：36 推送了"一文看后市：A 股反转 or 反弹?"。

（四）晚推送策略：聚合新闻［夜读］

晚推送时段（19—21 点）呈现出的特点是：（1）一半的新闻客户端推送了晚间的聚合新闻。一点在 19：19 推送了标题栏上写"一点资讯"、摘要栏前端写"［荐］"的聚合新闻，并在 22：00 推送了摘要栏前端写"［夜咖］"的聚合新闻；ZAKER 在 21：15 推送了标题栏上写"ZAKER 夜读"的聚合新闻；新浪在 21：39 推送了摘要栏前端写"［悦读］"的聚合新闻；凤凰在 21：54 推送了摘要栏前端写"［夜读］"的聚合新闻。（2）从推送条数来看，新浪 6 条、一点 4 条、ZAKER 3 条、腾讯 2 条，其余 4 家都只有 1 条。

（五）推送主题分布偏差：娱乐过多，深度缺乏

从当天 8 家新闻客户端的推送主题分布来看（见表 12－1），第一是娱乐新闻（9 聚合＋11 条，25％）；第二是社会新闻（19 条，23％）；第三是国内新闻（10 条，12％）；第四是经济新闻（8 条，10％）；第五是国际新闻（5 条，6％）；第六是股市新闻（4 条，5％）；第七是本地新闻（2 条，2％）。

表 12-1　推送主题分布条数及百分比

客户端	娱乐	社会	国内	经济	国际	股市	本地	其他单条	其他聚合	总计
新浪	[茶娱]、5 条，27%	9 条，41%	2 条，9%	2 条，9%	1 条，5%	无	无	1 条（科技），5%	[悦读]，5%	22 条
腾讯	1 条，8%	4 条，31%	1 条，8%	2 条，15%	1 条，8%	4 条，31%	无	无	无	13 条
一点	[娱味]、[搞笑] 2 条、[视频]，31%	无	2 条，15%	无	无	无	2 条，15%	1 条（做菜），8%	[早报]、[荐] 2 条、[夜咖]，31%	13 条
ZAKER	ZAKER 星八刻，9%	2 条，18%	2 条，18%	1 条，9%	1 条，9%	无	无	无	ZAKER 早报、[Tea Time]、十说今日、ZAKER 夜读，36%	11 条
头条	无	4 条，57%	无	3 条，43%	无	无	无	无	无	7 条
网易	[夜读] +1 条，40%	无	1 条，20%	无	1 条，20%	无	无	无	1 聚合，20%	5 条
凤凰	[八小妹]，20%	无	2 条，40%	无	1 条，20%	无	无	无	[夜读]，20%	5 条
UC	1 聚合+4 条，100%	无	无	无	无	无	无	无	无	5 条
总计	9 聚合+11 条，25%	19 条，23%	10 条，12%	8 条，10%	5 条，6%	4 条，5%	2 条，2%	2 条，2%	11 聚合，14%	81 条

若以是否聚合新闻来分，占了总新闻条数 1/4 的 20 条聚合新闻中，娱乐类聚合新闻 9 条，夜读类聚合新闻 4 条，早报类聚合新闻 3 条，推荐类聚合新闻 2 条，下午茶类和总结类聚合新闻各 1 条。

总体来说，娱乐新闻过多，尤其是明星八卦过多；社会新闻较多，尤其是涉暴涉性的社会新闻较多；但国内、国际、经济、本地等重大硬新闻较少，尤其是深度报道缺乏。即使是应该注重深度阅读的夜间推送，仍然偏向于轻松娱乐的悦读型新闻。

吴晨光在《超越门户：搜狐新媒体操作手册》中说，新闻推送应“将重大新闻或重要资讯送至用户面前”，早高峰“以重大‘硬新闻’为主”，午高峰“以‘重要+可读性’为选择标准”，晚高峰“以‘可读性’为选择标准”。[①]

笔者认为，在对新闻是否重要的判断上，应区分大众和个性两个不同的维度。首先，应有从一般大众维度，即对大多数用户来说都应判断为重要的新闻，这可满足用户监测一般信息环境的基本要求，避免用户陷入只接收个性化信息而形成的信息茧房。其次，应有从个性维度判断的重要新闻，即有针对性地对某个用户来说应判断为重要的新闻。新闻推送的内容应以“重要+个性”为标准。在寻找用户个性以判断个性维度的重要信息时，需要同时注重“推”与“拉”的方式。一方面，新闻客户端要利用大数据分析，不断地深入了解每个用户的所在地点、性别、年龄、职业、家庭、收入等人口基础特征，以及关注主题范围、个性阅读质与量的偏好、点击阅读行为与时长、手机使用习惯场景等更细致微妙的个人化特点，以精准地向用户“推”个性化重要信息。例如，《纽约时报》会根据用户的阅读历史、时区、语言等来进行个性化推送，有关特朗普的最新报道会推送给阅读了大量政治性文章的用户，奥巴马把阿拉斯加州的麦金利山峰重新命名为德纳里峰的新闻只推送给处于阿拉斯加所在时区的用户，报道哥伦比亚两对双胞胎的新闻以西语推送给西班牙语为阅读语言的人群，等等。[②] 另一方面，要给用户自己“拉”的选择机会。如，可让用户选择接收推送的新闻主题类别；或者可让用户填写允许/关闭某任意关键词相关的新闻推送；或者请用户写一小段话说明白在新闻信息方面的需求。这样，结合推与拉的方式，结合大众与个性维度的重要信息，才能实现真正内容精准、适时适量、高质量、高有用性地个性化推送。

三、标题与摘要策略：个人信息助理

用户的新闻信息接收目的，是监测环境以作出适当的行为反应。作为满足用户监测信息环境需要的新闻资讯类应用来说，最核心的原则应是为用户省时间。手机通知栏新闻推送作为新闻客户端每天服务用户的第一渠道，应想办法做好为用户省时间的个人信息助理的角色。

要做好用户的个人信息助理，重点不仅在于每天选择推送精准重要的信息，还应精心制作并完整显示每条推送新闻的标题和摘要，以更好地利用通知栏这种目前对用户来说最

---

① 吴晨光．超越门户：搜狐新媒体操作手册［M］．北京：中国人民大学出版社，2015：46－47.

② 全媒派．如何让“骚扰”变有趣？《纽约时报》客户端力推“个性化 push”｜独家编译［EB/OL］．(2015－11－11)［2020－03－30］．http://mp.weixin.qq.com/s?__biz=MzA3MzQ1MzQzNA%3D%3D&idx=2&mid=401607992&scene=21&sn=182b33b5a155285a055c53037ffbd43f.

方便的信息接收、汇集与处理的形式，为用户省时间。《卫报》移动创新实验室的编辑萨沙·科伦说："高参与度似乎表明，推送通知可以承担更多工作，包含更多信息。它是人们可以选择获取新闻信息的快速、简单、方便方式。"① 从目前来看，手机通知栏已经成为手机用户几乎每天必看的第一页面，是对用户来说最方便的信息接收与处理的汇集页面。如果每天因监测信息环境而需要了解的重要新闻简况，能在一个汇集页面上就方便、高效地接收并处理了，对用户来说，就能起到帮其节省时间的高级信息助理的作用。《纽约时报》为研究新闻推送特意组建了一支 11 人的"push 小分队"，其负责人菲尔普斯说："就我们所知，读者们很喜欢推送通知，并把锁屏当成是他们的收件箱。"②

不过，笔者在阅读目前的通知栏推送新闻时遇到的最大问题，是每条新闻摘要都显示不全。用户常会"懒"得点击。彭兰在一次演讲中提到施拉姆"信息选择或然率公式"（选择的或然率＝报偿的保证/费力的程度）后说："要尊重用户是懒的这一基本规律，有时候我们要尽可能减少他们所付出的代价，另一方面我们要想办法提高他们的报偿。"③

其实，新闻客户端在进行新闻推送时，应考虑到"懒惰的"用户对推送新闻标题与摘要在完整和不完整情形下的点击与不点击意味着什么：(1) 在标题摘要不完整情形下的不点击，可能意味着用户对之不感兴趣，也很可能是想看完整的简讯式信息，但因"懒"或"忙"而不愿花时间去看详情式信息。(2) 在标题摘要不完整情形下的点击，虽然可能意味着用户想看完整详细版的信息，也很可能是用户并不想花时间点击去正文页看详情，但因没有选择而被迫花更多时间进入正文页。(3) 在标题摘要完整情形下的不点击，很可能意味着用户通过浏览标题与摘要已获得了该新闻的完整简讯式信息，并觉得这样程度的了解就行了（不点击并不意味着不需要看，只要没卸载，就意味着用户愿意看推送给他的信息内容）。(4) 在标题摘要完整情形下决定的点击，才真正是因为用户在了解完整简讯式信息后，明确判断该新闻对用户本人非常重要、值得花时间点击进入正文页以了解更多详细信息。正如一项基于荷兰媒体与用户的调查显示，"即便用户可能不会点开链接去阅读大部分的新闻，但是他们仍旧想查看标题，这样用户就能获知大范围事件中各种各样的问题"。④ 因此，笔者建议，新闻客户端应把手机下拉通知栏作为用户便捷地信息接收与发出的极简信息处理页面来开发。推送消息应在通知栏当页能显示完整简讯版信息以节约用户时间，不应为了让用户点击进去而故意藏起重要信息点。若是因为目前系统设置限制了字数而导致摘要无法完整显示，应让技术人员想办法解决这个问题。如，可把摘要（单条新闻或聚合新闻摘要）以某种方式（如展开/折叠）在通知栏当页显示完整，并给予用户默认显示 n 行后折叠或展开的选择机会，以满足不同用户习惯。如果暂时技术上无法

① 小小.《卫报》试水直播评论，推送还可以这么玩！[EB/OL].(2016-09-30)[2020-03-30]. http://news.163.com/college/16/0930/18/C280B03N000181KO.html.

② 全媒派.如何让"骚扰"变有趣？《纽约时报》客户端力推"个性化 push"｜独家编译 [EB/OL].(2015-11-11)[2020-03-30]. http://mp.weixin.qq.com/s?__biz=MzA3MzQ1MzQzNA%3D%3D&idx=2&mid=401607992&scene=21&sn=182b33b5a155285a055c53037ffbd43f.

③ 彭兰：从"受众"到"用户"的"变"与"不变" [EB/OL].(2015-08-26)[2020-03-30]. http://www.tvoao.com/a/177650.aspx.

④ 熊铮铮.用户真的需要定制新闻吗?：一项基于荷兰媒体与受众的调查 [J]. 新闻记者，2015 (4)：45.

解决每条推送的字数限制，可试试不再严格区分标题与摘要分行呈现，而是把目前可有的标题 1 行加摘要 2 行共 3 行的空间最大化地利用起来，每条新闻都做成一句话简讯式新闻，应该可以暂时达到每条新闻信息能显示简讯式完整版的要求。在 8 家新闻客户端中，一点和 ZAKER 的摘要可显示 2 行，但其余 6 家的摘要都只显示了 1 行。笔者认为，目前最大化地利用摘要可显示行数才是较好的做法。

标题和摘要制作的标准，是尽量以最少的字词最大化信息的含金量。从目前 8 家新闻客户端的推送新闻内容来看，还是存在着标题无效、冗余信息过多的问题。例如，网易推送的标题《浙江温州 4 栋楼房坍塌已致 4 人遇难》（见图 12－7），此标题可删去“浙江”一词，因为温州对全国的网友来说都是知名的地方，不写浙江省份名也知道其是哪里；还可删去“已致”一词，改为“温州 4 栋楼房坍塌 4 人遇难”。这样重要信息并没减少，但减少了 4 个字。不过，比起标题冗余信息，更大的问题是标题和摘要之间重复信息太多。例如，《浙江温州 4 栋楼房坍塌已致 4 人遇难》的摘要是“浙江温州 4 栋楼房坍塌已致 4 人遇难，附近多为自建..”，一行 22 个字的摘要空间，把标题 15 个字完全重复一次，增加的信息仅 6 个字“附近多为自建”。再如，一点推送的标题《温州民房倒塌致 17 死》，显示了 2 行的摘要是“温州民房倒塌死亡人数升至 17 人。救援人员现场救出一名小女孩，倒塌原因尚未公布＞＞更多”（见图 12－7），此摘要本有 2 行 40 个字的空间，但第一句仅是换了个说法重复标题信息，增加的信息仅 21 个汉字“救援人员现场救出一名小女孩，倒塌原因尚未公布”。因此，各大新闻客户端应重视标题与摘要的配合问题。由于通知栏推送新闻的标题和摘要会在同一页面紧跟着显示，所以摘要应不重复标题，直接给出更多该新闻的重要信息与细节信息。推送新闻的标题和摘要，可借鉴报纸主副式标题的做法，主标题给出最重要的信息，摘要像副标题那样紧接着给出更多具体的次重要信息和细节信息，完全不必重复主标题。

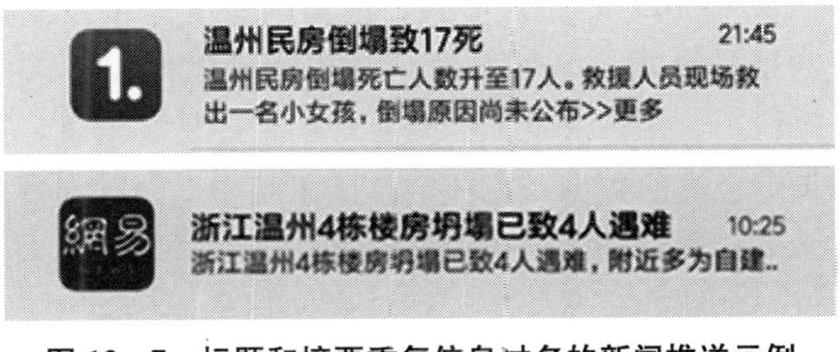

图 12－7　标题和摘要重复信息过多的新闻推送示例

另外，为了最大化利用摘要的可展示空间，8 家新闻客户端都采用了特征图文来表示“还有更多”的意思：UC 用“＞＞”；ZAKER 用省略号“…”；网易、新浪、凤凰、腾讯、头条等用“..”；一点既用“..”，也用“＞＞更多”“＞＞现场图”和“＞＞视频”。笔者认为，靠给出约定俗成的特征图文来简明地表达某种特定意思的图文，应该统一、简单，才更有利于培养用户对该特征图文的习惯化理解与接受。而一点等的省略号由 3 点再省为 2 点，既让用户能明白这也表省略，又能最大化节省展示空间。

每条推送新闻，除了显示标题和摘要等具体新闻内容，还会同时在左侧显示该新闻客户端 logo。曾有新闻客户端不仅在左侧显示 logo，还占据标题栏来显示新闻客户端名字，仅在摘要栏给出具体新闻内容。这样的显示方式明显是重复占位。从 8 家新闻客户端的

logo设计来看（见图12-8），要么简化为一个数字（一点）、字母（ZAKER），要么用一个图形（腾讯、凤凰），要么字母与图形结合（新浪、UC），要么干脆写两个汉字（网易、头条），较好地顾及了在手机屏幕小尺寸显示时的可识别性。相对来说，一个简单的数字、字母、图形，若被拿来使用并在用户头脑中占位联想为该新闻客户端，是很有利的设计思路。过于复杂的图形难以辨识并产生联想，如UC的图形需要仔细辨认才能看出是个松鼠，且其轮廓有UC的字母痕迹，不如直接用两个字母，至少一看就明白是哪家。头条已经把“头条”两个字率先占位为今日头条的标志了，其他的某某头条就不好再来抢这两个汉字了。网易logo上的汉字是繁体字，在汉字下面还有“NEWS”英文字母，但在手机屏幕上显示时已基本看不清英文字母。由于手机屏幕较小，设计时应注意提高小尺寸显示时的可识别性。另外，笔者发现，点击新闻推送进入正文详情页面后，很多新闻正文页上并没有该新闻客户端的logo，导致难以分辨进入的是哪家新闻客户端。虽然用户在手机里常只装一个或几个新闻客户端，但logo能起到广告的作用，随时提醒用户“某某新闻客户端正为您服务”，还是应重视在自己网页上对自己的显示，也能让用户在手机使用中记得自己在哪里，起到醒目路标的作用。

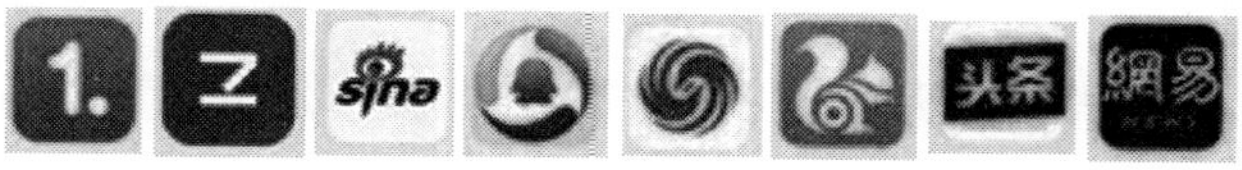

图12-8　八家新闻客户端的logo

在手机通知栏新闻推送上，一些国外的新闻客户端在尝试着做有创意的叙事与呈现方式。《纽约时报》编辑菲尔普斯说：“我们其实是在把推送看成是一种新形式的叙事。”[①]《卫报》在2015年6月创建了移动创新实验室，不断测试与新闻推送有关的新技术，如自动更新推送通知、嵌入小测试的推送通知、以通知形式发送实时评论等。例如，《卫报》创造了一种名叫“In the Room”的通知形式，在美国总统选举投票报道中，根据每个州实时投票结果自动更新推送数据。又如，给对最新就业报告数据感兴趣的用户推送新闻时，设置了一个操作按钮，让用户决定他们是看好消息还是坏消息，点好消息按钮的用户会收到失业率下降而工资上涨的数据，点坏消息按钮的用户会看到青少年失业率上升、人们丢失工作的信息，结果发现点好消息按钮的人数是点坏消息按钮人数的2倍。这种点击选择按钮的方式，通过一个新的交互型方式转述新闻信息以满足用户的交互需求。[②] 该报在美国总统大选电视辩论时，还通过推送通知的方式，把两个专栏作家通过谷歌聊天应用GChat发给编辑的实时评论，加载到移动实验室开发者康纳·詹宁斯（Connor Jennings）定制的迷你“内容管理系统”（CMS）中，然后把这些评论直接推送给用户。《卫报》还计划继续扩展网页推送通知实验，“建立可覆盖更大新闻事件的直播报道”。[③] 这些创意，值

---

① 全媒派．如何让“骚扰”变有趣?《纽约时报》客户端力推“个性化push”｜独家编译［EB/OL］.(2015-11-11)［2020-03-30］. http://mp.weixin.qq.com/s?__biz=MzA3MzQ1MzQzNA%3D%3D&idx=2&mid=401607992&scene=21&sn=182b33b5a155285a055c53037ffbd43f.

② 搜狐公众平台．厌倦了App没完没了的推送? 卫报试验Push新玩法，不止是真诚｜独家编译［EB/OL］.(2016-06-26)［2020-03-20］. http://mt.sohu.com/20160626/n456322572.shtml.

③ 小小．《卫报》试水直播评论，推送还可以这么玩!［EB/OL］.(2016-09-30)［2020-03-30］. http://news.163.com/college/16/0930/18/C280B03N000181KO.html.

得更多的新闻客户端借鉴，并在此基础上继续开发通知栏推送新闻的极简页面的信息接收与处理方式，以成为帮用户以最少的时间、最有效地监测信息环境并做出反应的个人信息助理。

【本章小结】

本章探讨了新闻客户端的编辑与创新。

首先，探讨了新闻客户端不断迭代更新的状况。早期的新闻客户端，已具有了沿袭至今的“顶栏 + 底栏 + 信息流图文标题区”的页面设计特点；搜狐新闻客户端首推订阅和听新闻；网易新闻客户端依然是主打跟帖，也推出了圈子、热搜；腾讯新闻客户端的特色是有众多的地方频道，重视编辑精选推荐，还推出了畅听、热榜；今日头条新闻客户端最早进行算法推荐，重视自媒体发布信息，还可以选择显示摘要。通过对多个新闻客户端不断迭代更新的实例分析，探讨了新闻客户端在顶栏设计、频道设置、图文信息流标题区设计、底栏设计、推荐方式、信息呈现、功能实现等方面不断创新的编辑手法。

其次，探讨了手机通知栏中新闻推送的策略与创新。通过对 8 家新闻客户端一天的新闻推送实例进行分析，提出推送时间策略应为“不打扰 + 贴合使用场景”，推送内容策略应为“重要 + 个性”，推送标题与摘要策略应为做好用户的“个人信息助理”。

【思考题】

1. 新闻客户端不断创新的编辑手法有哪些?

2. 比较算法推荐、编辑推荐这两种新闻信息推荐方式，你更喜欢哪种推荐方式? 为什么?

3. “重要”“热榜”“算法”“关注”这 4 种推荐维度，各自的特色和优劣是什么?

4. 若让你来设计一个新闻客户端，你会如何设计以更好地为用户推荐新闻信息?

5. 若让你来制订手机通知栏中新闻推送的策略，你会如何设计以更好地为用户省时间?

【训练】

1. 请体验多家新闻客户端，比较分析这些新闻客户端在顶栏设计、频道设置、图文信息流标题区设计、底栏设计、推荐方式、信息呈现、功能实现等方面的编辑呈现状况，评价各自的优劣之处。如果是你来编辑设计，你会怎么编辑设计? 试编辑设计之，并自评。

2. 请体验多家新闻客户端的手机通知栏新闻某一天的推送情况，比较分析它们在推送时间、推送条数、推送新闻选择、推送主题分布、标题写作、摘要写作、图文音视频信息呈现、客户端 logo 等方面的编辑呈现状况。如果是你来推送该天的新闻，你会如何推送？试推送之，并自评。

【推荐阅读】

1. 吴晨光．超越门户：搜狐新媒体操作手册［M］. 北京：中国人民大学出版社，2015.

2. 吴晨光．自媒体之道［M］. 北京：中国人民大学出版社，2018.

图书在版编目（CIP）数据

网络新闻编辑/胡明川著．-- 北京：中国人民大学出版社，2020.8
21世纪新媒体专业系列教材
ISBN 978-7-300-28460-6

Ⅰ．①网… Ⅱ．①胡… Ⅲ．①互联网络-新闻编辑-高等学校-教材 Ⅳ．①G210.7 ②G213

中国版本图书馆CIP数据核字（2020）第139105号

21世纪新媒体专业系列教材

网络新闻编辑

胡明川 著

Wangluo Xinwen Bianji

出版发行 中国人民大学出版社
社　　址 北京中关村大街31号　　**邮政编码** 100080
电　　话 010－62511242（总编室）　010－62511770（质管部）
010－82501766（邮购部）　010－62514148（门市部）
010－62515195（发行公司）　010－62515275（盗版举报）
网　　址 http://www.crup.com.cn
经　　销 新华书店
印　　刷 北京昌联印刷有限公司
开　　本 787 mm×1092 mm　1/16　　**版　　次** 2020年8月第1版
印　　张 17.75 插页1　　**印　　次** 2025年5月第9次印刷
字　　数 430 000　　**定　　价** 45.00元

关联课程教材推荐

书号	书名	作者	定价	出书时间
978-7-300-33049-5	新媒体概论（第 4 版）	匡文波	49.80 元	2024-08-01
978-7-300-31972-8	网络传播概论（第 5 版）	彭兰	69.80 元	2023-09-15
978-7-300-30449-6	网络与新媒体概论	詹新惠	39.90 元	2022-04-15
978-7-300-26519-3	数据新闻概论：操作理念与案例解析（第二版）	方洁	49.80 元	2019-02-22
978-7-300-21417-7	社会化媒体：理论与实践解析	彭兰	45.00 元	2015-07-06
978-7-300-17786-1	新媒体编辑	詹新惠	35.00 元	2013-08-15
978-7-300-21033-9	超越门户：搜狐新媒体操作手册	吴晨光	39.80 元	2015-05-01
978-7-300-25971-0	自媒体之道	吴晨光	49.80 元	2018-07-31
978-7-300-18923-9	精确新闻报道：记者应掌握的社会科学研究方法（第四版）	［美］菲利普·迈耶	45.00 元	2015-01-01
978-7-300-28067-7	新媒体用户研究：节点化、媒介化、赛博格化的人	彭兰	88.00 元	2020-05-15
978-7-300-28412-5	源流说：内容生产与分发的 44 条法则	吴晨光	59.80 元	2020-08-15

配套教学资源支持

尊敬的老师：

衷心感谢您选择人大版教材！相关的配套教学资源，请到中国人民大学出版社官网（www.crup.com.cn）下载。部分教学资源需要验证您的教师身份后，才可以下载。请您登录出版社官网后，点右上角“注册”，填写“会员中心”的“我的教师认证”项目，等待后台审核。我们将尽快为您开通下载权限。

如您急需教学资源或教材样书，也可以直接与我们的编辑联系。

联系人：龚洪训　　电话：010-62515637　　电子邮箱：6130616@qq.com

全国新闻教师群
扫一扫二维码，加入群聊

俯仰天地　心系人文

www.crup.com.cn

中国人民大学出版社

欢迎登录浏览，了解图书信息，下载教学资源